Das Staatskirchenrecht Elsaß-Lothringens

von

Dr. O. G. Fischbach
Landrichter.

Erster Band:

I. Teil: Gemeinsamer Teil für alle Kulte.
II. Teil: Katholischer Kultus.

Straßburg.
Verlag von Karl J. Trübner.
1917.

Druck von M. DuMont Schauberg, Straßburg.

Vorwort.

Der vorliegende Leitfaden war bereits geschrieben und etwa zur Hälfte gedruckt, als der große Krieg ausbrach und der weiteren Drucklegung ein Ende machte. Der Verfasser hatte eigentlich beabsichtigt, mit der Herausgabe des Buches bis zum Kriegsende zu warten, indessen ließen verschiedene Gründe, insbesondere solche technischer Natur, es geboten erscheinen, den ersten Teil des Werkes bereits jetzt erscheinen zu lassen.

Trotz der augenscheinlichen Ungunst der Zeitverhältnisse war hierfür namentlich auch der Gedanke bestimmend, daß, einerlei, welches auch die staatsrechtliche Zukunft des Reichslandes sein wird, gerade das Staatskirchenrecht am wenigsten von etwaigen Änderungen des öffentlichen Rechts ergriffen werden wird.

Das Buch gibt eine Darstellung des besonderen elsaß-lothringischen Rechts und zwar in erster Linie des Staatskirchenrechts, während das kirchliche Vermögens- und Stiftungsrecht nur ganz kurz behandelt wird. Es muß dessentwegen auf die ausführlicheren privatrechtlichen Werke verwiesen werden. Es ist beabsichtigt, am Ende des zweiten Bandes eine kurze vergleichende Darstellung der einschlägigen preußischen und bayrischen Rechtsverhältnisse anzugliedern.

Der Zweck des Buches ist nicht etwa, ein umfassendes Kompendium über alle Einzelfragen zu geben, sondern es soll allen, insbesondere auch Geistlichen und Studierenden einen Wegweiser bilden, sich in den zum Teil recht schwierigen Materien des elsaß-lothringischen Staatskirchenrechts zurechtzufinden. Bei der Darstellung sind die Kultusakten des Ministeriums vielfach benutzt worden.

Da die Gesetzestexte, wenigstens soweit das französische Recht in Betracht kommt, ziemlich verstreut und schwer aufzufinden sind, ist als Anhang der Abdruck der wichtigsten Bestimmungen nach dem Wortlaut der Möllerschen Sammlung beigefügt.

Straßburg, den 24. März 1917.

Fischbach.

Inhaltsverzeichnis.

I. Teil: Gemeinsamer Teil für alle Kulte.

1. Kapitel:

Die Beziehungen zwischen Staat und Kirche.

2. Kapitel:

Die Verfassung der Glaubensgesellschaften.

3. Kapitel:

Placet.

4. Kapitel:

Die sogenannten gemischten Angelegenheiten.

5. Kapitel:

Das Bestattungsrecht.

6. Kapitel:

Die Friedhöfe.

7. Kapitel:

Das Verhältnis der verschiedenen Kulte zueinander.

8. Kapitel:

9. Kapitel:

Kirche und Unterricht.

II. Teil: Katholischer Kultus.

1. Kapitel.

2. Kapitel.

Die kirchliche Ämterorganisation und die Diözesananstalten.

3. Kapitel.

Die Pfarrgeistlichkeit.

4. Kapitel.

Die kirchliche Vermögensverwaltung.

5. Kapitel.

Die einzelnen kirchlichen Vermögensträger, ihre Organisation und rechtliche Natur.

6. Kapitel.

Das Pfründenrecht.

7. Kapitel.

8. Kapitel.

Besondere Bestimmungen über die Verwaltung des Kirchenvermögens.

9. Kapitel.

Finanzielle Verpflichtungen der Gemeinden in bezug auf Kultuslasten. Baulast.

10. Kapitel.

11. Kapitel.

Die Orden und Kongregationen.

Abkürzungen.

A. B. = Ev. Kirche Augsburger Bekenntnisses.
Arch. = Archiv.
A. f. k. K. R. = Archiv für kath. Kirchenrecht.
BGB. = Bürgerl. Gesetzbuch f. d. Deutsche Reich.
Bolze = Bolze, Praxis des Reichsgerichts in Zivilsachen.
C. Bl. = Central- u. Bezirksamtsblatt.
D. = Dekret.
D. P. = Dalloz, Recueil périodique.
D. Z. f. K. R. = Deutsche Zeitschrift für Kirchenrecht.
E. G. = Einführungsgesetz.
E.-L. = Elsaß-Lothringen.
G. Bl. = Gesetzblatt für E.-L.
G. S. = Sammlung der in E.-L. geltenden Gesetze, Verordnungen pp. herausgeg. von der Justizverwaltung.
Jur. Z. = Juristische Zeitschrift für E.-L.
Jur. W. = Juristische Wochenschrift d. d. Anwaltvereins.
K. R. = Kaiserlicher Rat.
Min. = Ministerium.
Öff. Arch. = Archiv für öffentliches Recht.
R. G. E. (Civ.) = Entscheidungen des Reichsgerichts in Zivilsachen.
R. G. E. (Str.) = Entscheidungen des Reichsgerichts in Strafsachen.
Reger = Sammlung von Entscheidungen der Gerichte u. Verwaltungsbehörden, hcr. v. Reger.
St. R. G. = Staatsratgutachten.

Literaturverzeichnis.

(Es sind nur die häufiger zitierten Werke erwähnt.)

André, Cours alphabétique de la législation civile ecclésiastique, 4. éd., Paris 1887.
Bréquet, De la personnalité civile des diocèses, fabriques et consistoires.
Boeckenhoff, K., Katholische Kirche und moderner Staat, 1911.
Bruck, E., Verfassungs- und Verwaltungsrecht Elsaß-Lothringens I—III.
Campion, Manuel de droit ecclésiastique, 1866.
Champeaux, Code des fabriques I, II.
— Recueil général du droit civ. eccl. franç. I—III.
Dalloz, Recueil Périodique des lois etc. (D. P.).
— Répertoire (Rép.).
— Supplément au Rép. (suppl.)
Dufour, Traité de la police des cultes.
Dupin, Traité de l'autorité eccl. et de la puissance temporelle.
— Manuel du droit public eccl. français. Paris 1847.
Dursy, Staatskirchenrecht in E.-L.
Dubief-Gottofrey, Traité de l'administration des cultes I—III, Paris 1888—1892.
Durand de Maillane, Dictionnaire de droit can. 2. éd.
Fédou, Police du culte.
Gaubert, Manuel pratique de la législation sur les pompes funèbres, 1890.
Gaudry, Traité de la législation des cultes, Paris 1856.
Geigel, Französisches Staatskirchenrecht.
— Reichs- u. reichsländisches Kirchen- und Stiftungsrecht, 1898, 1899, 1900.
— Kirchensteuern, Friedhöfe, reformierte Synode, 1906.
Geiger, Der kirchenrechtl. Inhalt der bundesstaatl. Ausführungsgesetze zum BGB., Arch. für kath. Kirch. R., B. 81, 82.
Girod, Administration des fabriques paroissiales, Paris 1886.
Graßmann-Piloty, Bayerisches Staatsrecht Bd. II.
Fischbach, Das öffentliche Recht des Reichslandes Elsaß-Lothringen, Bd. 26 des Öffentl. Rechts der Gegenwart, herausg. v. Huber, Jellinek †, Laband u. Piloty, 1914.
Hauck's Realencyklopädie für protest. Theologie, Bd. 18, 23.
Heimbucher, Die Orden und Kongregationen der kath. Kirche, Teil 1—3, 1907.

Heiner, Kirchenrecht I.
Hermens, Reichsgesetzgebung über den christl. Kultus am linken Rheinufer.
Hervé-Bazin, Les grands ordres et congrégations des femmes Paris 1889.
Hinschius, Die Orden und Kongregationen in Preußen, 1874.
— Kathol. Kirchenrecht I—V.
Hussareks, M. v., Grundriß des Staatskirchenrechts, aus Grundr. des östr. Rechts, herg. von Finger u. A., Bd. 3 Abt. 3, 1899.
Journal des conseils des fabriques.
Kahl, Lehrsystem des Kirchenrechts und der Kirchenpolitik, 1896.
Kisch, Elsaß-lothringisches Landesprivatrecht, 1905.
Kohlers Encyklopädie des Rechts. U. Stutz, ebenda II 875 f.
Laband, Das Staatsrecht des Deutschen Reichs, 5. Aufl. 1912–1913.
Leoni-Mandel, Das öffentliche Recht des Reichslandes E.-L., Handbuch des öff. R. her. v. Marquardsen, Bd. 1/2. Teil II: Das Verwaltungsrecht 1895.
Leoni, A., Das öff. Recht des Reichslandes E.-L. Teil I: Verfassungsrecht, 1892.
Lehr, Dictionnaire d'administration eccl. à l'usage des deux églises prot. 1869.
O. Mayer, Deutsches Verwaltungsrecht I u. II. 1895, 1886.
— Theorie des französischen Verwaltungsrechts 1886.
— D. V. R. 2. A. Bd. I.
Meurer Ch., Der Modernisteneid und das bayr. Placet, 1811
Molitor-Stiebe, Komment. zum elf.-lothr. AG. BGB. 1912
Molineau, Manuel des fabriques d'église.
Pasicrisie Belge.
Portalis, discours, rapports et travaux inédits sur le concordat, Paris 1845.
Prompsault, Dictionnaire de droit et jurisprudence civ. eccl.
Rieker, Ursprung von Staat und Kirche, Festschrift für Friedberg 1908.
Rothenbücher, K., Die Trennung von Staat u. Kirche, 1908.
— Die Wandlungen im Verhältnis zwischen Staat und Kirche, Jahrb. d. öff. Rechts, II S. 178, III S. 336.
Sägmüller, Staat und Kirche 1904.
— Der Rechtsanspruch der kath. Kirche in Deutschland auf finanzielle Leistungen seitens des Staates 1913.
— Lehrbuch des kath. Kirchenrechts.
Silbernagel, Lehrbuch des kath. Kirchenrechts, 2. A.
Thudichum, Deutsches Kirchenrecht des 19. Jahrh., 1877.
Vuillefroy, Traité de l'administration du culte cath., Paris 1842.

I. Teil.

Gemeinsamer Teil für alle Kulte.

1. Kapitel.

Die Beziehungen zwischen Staat und Kirche.

§ 1.

Der Begriff des Staatskirchenrechts und das Verhältnis von Staat und Kirche (Konkordate).

I. Das Staatskirchenrecht umfaßt die Gesamtheit derjenigen Grundsätze, welche für die Regelung des Verhältnisses zwischen dem Staat und den Religionsgesellschaften maßgebend sind. Es scheidet also das innere Recht der Kirchen aus unserer Betrachtung aus, oder, richtiger gesagt, es gelangt nur insoweit zur Darstellung, als die innerkirchlichen Einrichtungen mit den Staatseinrichtungen und mit der Staatsgewalt in Berührung kommen und dadurch die Quelle von rechtlichen Beziehungen werden können.

Das Staatskirchenrecht, also der Inbegriff aller die Kirchen und Religionsgesellschaften betreffenden staatlichen Gesetze und Verordnungen, ist entweder Reichs- oder Einzelstaatskirchenrecht. Die Reichsgesetzgebung hat sich bisher jedoch nur vereinzelt mit kirchlichen Materien befaßt. [1])

[1]) So in einigen vom Norddeutschen Bund übernommenen Gesetzen (z. B. über Freizügigkeit v. 1. 11. 1867, über die Gleichberechtigung der Konfessionen in bürgerlicher und staatsbürgerlicher Beziehung v. 3. 7. 1869, im Reichsstrafgesetzbuch, im Personenstandsgesetz v. 6. 2. 1875 (vgl. Art. 46 E.G.B.G.B.), im B.G.B. § 1303 f.;

Während nach dem Kirchenrecht die Kirche als ein Rechtssubjekt behandelt wird, als eine übernatürlich gestiftete Anstalt,[1]) sieht der Staat in ihr wesentlich ein Rechtsobjekt, einen auf staatlichem Boden bestehenden Verband von Untertanen, den er dem Staatszweck unterordnen will.

II. Das Verhältnis zwischen Staat und Kirche muß nun stets als ein historisch gegebenes betrachtet werden.[2])

1. Die katholische Kirche hat nach der Äußerung katholischer Kirchenrechtslehrer (vgl. z. B. Heiner, Kirchenrecht I 356) bisher den Standpunkt der Neben-, nicht der Unterordnung eingenommen (Koordinationstheorie); sie beansprucht die Souveränität auf geistlichem Gebiet;[3]) quoad temporalia wird indessen der Kirche nur eine direktive Gewalt (potestas directiva) zugeschrieben.[4]) Eine äußere Wiedergabe findet diese Koordination nach der Meinung mancher Schriftsteller[5]) in der Regelung der Beziehungen zwischen Staat und Kirche durch Konkordate, die man als Verträge und zwar analog den Rechtssätzen über Verträge des Völkerrechts behandelt hat. Tatsächlich sind jedoch diese Vereinbarungen von den Regierungen wie auch von den Päpsten nicht als wahre Verträge in dem Sinne angesehen worden, daß kein Vertragsteil ohne Zustimmung des andern

im G.V.G. § 15 über die Beseitigung der bürgerlichen Wirksamkeit der geistlichen Gerichtsbarkeit, im Jesuitengesetz v. 4. 7. 1872, im Reichsgesetz v. 8. 2. 1890, betr. die Wehrpflicht römisch-katholischer Geistlicher. Vgl. Kahl, Lehrsystem des Kirchenrechts und der Kirchenpolitik 1894. U. Stutz in Kohlers Enzyklopädie II, S. 875 f. betr. das B.G.B. vgl. Geiger, der kirchenrechtliche Inhalt der bundesstaatlichen Ausf. Gesetze zum B.G.B. Arch. f. Kath. K. R. 81, 82 (1901—02).

[1]) Vgl. M. v. Hussarek, Grundriß des Staatskirchenrechts aus Grundr. des österreich. Rechts, her. v. A. Finger, Franke, Ullmann, Bd. 3, Abt. 3, 1899.

[2]) Vgl. Ricker, Der Ursprung von Staat und Kirche in Festschr. f. Friedberg 1908.

[3]) Boeckenhoff, K., Kath. Kirche und mod. Staat 1911.

[4]) Sägmüller, Staat und Kirche (1904) S. 10.

[5]) So z. B. Hussarek a. a. O. S. 2.

etwas daran zu ändern befugt gewesen wäre.[1]) Konkordate sind eigentlich nur eine allgemeine Regelung des Verhältnisses zwischen Staat und Kirche; soweit es sich um Abmachungen über bestimmte einzelne Gegenstände handelt, kann überhaupt von einem Konkordat nicht gesprochen werden.[2])

Bei dem Abschluß von Konkordaten behält sich also der Staat sein Kirchenhoheitsrecht (die Staatsgewalt über die Kirche) vor; er trifft mit der Kurie nur Abmachungen über seine Ausübung. Der Staat kann sich überhaupt nicht, wenn er seinem Wesen getreu bleiben will, irgend eines Teiles seiner Staatsgewalt entkleiden; er kann ferner auch nicht kommende Generationen in dauernde geistige Fesseln schlagen.[3])

Durch die seitens der Staaten mit der Kirche abgeschlossenen Vereinbarungen wird diese als Rechtssubjekt des internationalen Verkehrs anerkannt. Das Konkordat regelt an sich nur die Beziehungen zwischen dem Staat und diesem Rechtssubjekt; damit sein Inhalt auch den Staatsbürgern gegenüber verbindliche Kraft erlange, ist noch ein Akt der Gesetzgebung erforderlich.

2. Der Staat kann auch in seiner Rechtsordnung von der Stellung der Kirche als einer ethischen, von ihm unabhängigen Institution mit transzendentem Zweck abstra-

---

[1]) Thudichum, Deutsches Kirchenrecht des 19. Jahrhs., 1877, Bd. I, S. 9.

[2]) U. Stutz in Holtzendorff-Kohlers Encyklopädie, II, S. 907. Hinschius, S. 273. Kein Konkordat ist daher auch das zwischen dem Deutschen Reiche und dem Hl. Stuhl getroffene Abkommen vom 5. Dez. 1902 über die Errichtung einer kath.-theol. Fakultät an der Universität Straßburg [A. f. k. K. R. 83, S. 116; D. Z. f. K. R. 13 (1903) S. 151]. Als Konkordat bezeichnet übrigens die Kurie nur eine solche Vereinbarung, die sie mit einem katholischen Staatsoberhaupt schließt; andere Vereinbarungen werden als conventiones bezeichnet. So genannt werden übrigens auch das französische Konkordat von 1801 und das italienische von 1803. Vgl. auch Cahen, De la nature juridique du Concordat, Rev. du droit publ. 5, S. 220 f. Mathieu, Le concordat de 1801, Paris 1903 (th).

[3]) Thudichum S. 10.

hieren[1]) und die Kirche lediglich als einen im Staat bestehenden Personenverband betrachten, der sein letztes Ziel auch mit weltlichen Mitteln zu erreichen sucht, und der deshalb staatlicherseits überwacht werden muß. Hierbei müssen jedoch zwei Möglichkeiten unterschieden werden: a) Der Staat trägt dem besonderen Charakter der Kirche Rechnung, indem er sie einem besonderen Korporations- und Vereinsrecht unterstellt. Die Kirche erlangt in diesem Falle die Stellung einer öffentlich-rechtlichen Korporation im Staate und muß sich dafür eine Reihe lästiger und günstiger Vorschriften gefallen lassen, die der Staat in Ausübung der Kirchenhoheit (als iura circa sacra) handhabt, oder b) der Staat unterstellt die Kirche dem gewöhnlichen Vereinsrecht; hier spricht man regelmäßig von einer Trennung von Staat und Kirche.[2]) Über diese Frage soll mit Rücksicht auf ihre Aktualität nunmehr eine besondere, wenn auch gedrängte Darstellung folgen.

§ 2.

Die Trennung von Staat und Kirche.[3])

I. Die „Trennung von Staat und Kirche" ist neuerdings, namentlich mit Rücksicht auf die vor beinahe einem

[1]) Hussarek S. 3.

[2]) Ueber die Bedeutung dieses Schlagworts, Hinschius, Staat und Kirche in Marquardsens Handbuch I S. 222.

[3]) Von der außerordentlich reichen (namentlich französischen) Literatur seien erwähnt: K. Rothenbücher, Die Trennung von Staat und Kirche 1908. Derselbe, Die Wandlungen im Verhältnis von Staat und Kirche, Jahrb. des öffentl. Rechts. Bd. III. S. 336f. Ebenda, Bd. II. S. 178. Tardis u. Prost, Die Trennung von Staat und Kirche in Frankreich. K. Neundoerfer, Der ältere deutsche Liberalismus und die Forderung der Trennung von Staat und Kirche. Rechtsanw. Geigel, Die Trennung von Staat und Kirche in Frankreich 1908. E. Foerster, Entwurf eines Gesetzes betr. die Religionsfreiheit im preuß. Staat 1912. J. B. Sägmüller, Trennung von Staat und Kirche 1907. W. Kahl, Aphorismen

Jahrzehnt in Frankreich stattgehabten großen staatskirchenrechtlichen Umwälzungen, zu einem politischen Schlagwort der verschiedensten Parteien geworden. Die einen schreiben diese Losung auf ihre Fahnen aus Begeisterung für die Kirche, sie wollen die reine entstaatlichte Kirche, andere sind entweder religiös indifferent, bzw. religionsfeindlich, oder, und das sind die zahlreichsten, sie wollen nur die Entkirchlichung des Staates herbeiführen, indem sie den jetzigen Zustand der Bevorzugung bestimmter Religionen für ungerecht erklären usw. In Wirklichkeit läßt sich ein Normalbegriff der „Trennung zwischen Staat und Kirche" überhaupt nicht aufstellen, das Verhältnis von Staat und Kirche ist eben irrational.

II. Die Trennung soll nach der Meinung Vieler dem modernen Staat endgültig die Religionsfreiheit bringen, die zwar verfassungsmäßig (in Elsaß-Lothringen und z. B. auch in Preußen) garantiert ist, aber trotzdem in gewisser Hinsicht nur auf dem Papier steht. Es sei hier nur daran erinnert, daß es in Elsaß-Lothringen keinen „Austritt" aus einer der anerkannten Kirchen gibt, daß also gewissermaßen ein Konfessionszwang besteht; der letztere macht sich namentlich aber

---

zur Trennung von Staat und Kirche 1908. E. Troeltsch, Die Trennung von Staat und Kirche, der staatliche Religionsunterricht und die theologischen Fakultäten 1906. W. Lüttge, Die Trennung von Staat und Kirche in Frankreich, 1912. Ältere Werke: E. Friedberg, Grenzen von Staat und Kirche (1872) S. 777 f. O. Mayer in Haucks, Protestant. Realencycl. XVIII 707. Hinschius, Staat und Kirche 1583, S. 189 f., 220 f. Kahl, Lehrsyst. des Kirchenrechts I. 1894, S. 294 f. Friedrich, Die Trennung von Staat und Kirche in Frankreich 1907.

G. Audibert, La séparation des églises et de l'état et l'organisation des cultes protestants. Paris 1912 (th). M. Bérard, La séparation de l'église et de l'état pendant la révolution 1905. Keller, Trennung von Staat und Kirche in Genf 1907. Bunke, Trennung von Staat und Kirche in Genf 1907. Muser, Die Trennung von Staat und Kirche und der badische Klosterstreit. Speiser F., Die staatliche Neuordnung des Verhältnisses von Kirche und Staat in den schweizerischen Kantonen Basel und Genf. D. Z. f. K. R. 1912 S. 225.

auch hinsichtlich des Religionsunterrichts geltend, da der Unterricht in dieser Disziplin zu den obligatorischen Schulfächern gehört. Immerhin läßt sich diese letztere Frage gesondert von der eigentlichen Trennungsfrage behandeln.

III. Was bedeutet überhaupt Trennung im Sinne der in obiger Darstellung zuletzt wiedergegebenen Ansicht? Keinesfalls soviel wie Vernichtung, Beseitigung der Religion, also keine Trennung von der Religion als solcher, sondern nur Freiheit der Religion. Trennung braucht nicht etwa völlige Zusammenhangslosigkeit zu bedeuten; es wird sich vielmehr nur darum handeln, das Mindestmaß der an und für sich unvermeidlichen Rechtsbeziehungen zwischen Staat und Kirche festzustellen (Kahl S. 7); und die weitere Tendenz ist die: es soll keine privilegierten Kulte im Gegensatz zu den früher öffentlichen Kulten mehr geben. Man hat diese Bestrebungen in die Worte gefaßt: „Entkirchlichung des Staates und Entstaatlichung der Kirche". Niemand wird leugnen können, daß nach unserem geltenden elsaß-lothringischen Staatskirchenrecht die Kulte, insbesondere der protestantische Kultus, in ziemlich absolutistischer Weise eingeengt sind. Eine Reform muß den Kirchen in Form der Selbstverwaltung größere Freiheit bringen. Nur soweit soll sich das Kirchenhoheitsrecht des Staates geltend machen dürfen, als der Staat hierbei eigene Interessen vertritt.

Der weitergehende Trennungsgedanke, der darauf abzielt, die Religion für das Volk entbehrlich zu machen, etwa durch Darbietung irgend einer populären Philosophie, erweist sich auf alle Fälle für gänzlich utopistisch. Wer für die völlige Beseitigung der Religion stimmt, müßte zunächst, um ernsthaft genommen zu werden, einen Ersatz für die in unseren Religionen enthaltenen hohen ethischen Werte bieten können, was wohl kaum gelingen wird; in diesem letzteren Sinne genommen wird verständlich, daß die Forderung der Trennung auch ein Kulturproblem von weittragendster Bedeutung ist.

IV. Zur Veranschaulichung dessen, was mit der Trennung

bezweckt ist und was sich mit der Trennung erreichen läßt, sei in Kürze der Entwicklungsgang der Trennung in Frankreich geschildert. In Frankreich war es tatsächlich ein Kampf, den der Staat, gestützt auf die Gleichgültigkeit der großen Masse in religiöser Beziehung, gegen die Kirche führte, und zwar ein Kampf gegen den der Demokratie gefährlichen Katholizismus. Dieser Kampf verlief siegreich, denn das Endergebnis war, daß sich der Staat von der Kirche, nicht dagegen die Kirche vom Staat trennte.

Bereits das Vereinsgesetz vom 1. Juli 1901 ließ eine gewisse feindliche Tendenz gegen den Katholizismus erkennen. Kongregationen sollten nur mehr auf Grund eines Gesetzes, und Ordensniederlassungen auf Grund einer staatlichen Erlaubnis zugelassen werden (Art. 13). Die Vermögensverwaltung wurde der Aufsicht des Präfekten unterstellt und der Erwerb von Vermögen beschränkt (Art. 15, 11). Schon im Jahre 1901 begann sodann eine Bewegung auf Schließung der Kongregations- und überhaupt der klerikalen Schulen und am 8. Juli 1904 wurde das Gesetz verkündet, das den in Frankreich befindlichen Kongregationen jeden Unterricht untersagte. Der unverhüllte Zweck dieser Maßnahmen war, den Einfluß der Kirche auf das Volk zu brechen.

Bis zu diesem Zeitpunkt hatten die offiziellen Beziehungen zur Kurie keine Störung erlitten, wenngleich auch schon ein latenter Kriegszustand herrschte. Zum offenen Ausbruch der Feindseligkeiten kam es erst anläßlich der Bischofsernennung und der Frage des disziplinaren Einschreitens der Kurie gegen Glieder des französischen Episkopats. Im Juli 1904 erfolgte der Abbruch der diplomatischen Beziehungen zur Kurie, und bereits am 10. Nov. 1904 wurde der Kammer ein von E. Combes ausgearbeiteter Gesetzentwurf[1])

[1]) Hauck, Realencykl. f. prot. Theol., Bd. 23, S. 459. Bereits am 18. 6. 1903 hatte sich in der Kammer unter dem Vorsitze von Aristide Briand ein Ausschuß zur Beratung der Trennungsfrage gebildet. Vgl. bezügl. näherer Einzelheiten: Rothenbücher, S. 235 f.

über die Trennung vorgelegt. Das Ministerium „Combes" kam zwar zu Fall, aber der Kultusminister Bienvenu-Martin brachte am 9. Febr. 1905 eine neue Vorlage ein, die mit 341 gegen 233 Stimmen angenommen wurde. Nachdem auch der Senat zugestimmt hatte, wurde das Gesetz am 9. Dez. 1905 vom Präsidenten der Republik (Loubet) vollzogen und am 11. Dez. 1905 bekannt gemacht.[1]) Das Gesetz umfaßt 44 Artikel, die unter 6 Titeln zusammengefaßt sind: Titel I umfaßt die allgemeinen Grundsätze, Titel II die Überweisung der Güter und das Pensionsrecht, Titel III die Kultusgebäude, Titel IV die Kultusvereine, Titel V die Kultuspolizei und Titel VI allgemeine Bestimmungen.

An der Spitze des Gesetzes steht auch jetzt der Grundsatz der Gewissens- und Kultusfreiheit (Art. 1), aber gleich darauf (Art. 2) lehnt der Staat jede finanzielle Unterstützung irgend eines Kultus ab. Die bisher anerkannten Kulte, wie überhaupt alle Kulte werden unter die Gesetze der Privatvereine gestellt, und es werden ihnen nicht einmal die Vorrechte der associations d'utilité publique eingeräumt. Die Kultvereine sollen sich freiwillig binnen einer einjährigen Frist bilden, und zwar à l'entretien et à l'exercice public d'un culte (Artt. 4, 18). Ihnen soll das bisherige Kirchengut, soweit nicht anderweitig darüber verfügt worden ist, insbesondere die kirchlichen Gebäude[2]) und Geräte übertragen werden. Sie erhalten ferner das Recht, Beiträge und Gebühren zu erheben, Stiftungen für gottesdienstliche Zwecke anzunehmen und einen in der Höhe sehr beschränkten Reservefonds anzusammeln. Die Vermögensverwaltung wird einer eingehenden polizeilichen Kontrolle unterstellt. Dagegen wird den Kultvereinen die Möglichkeit eröffnet, sich in Verbänden zusammenzuschließen (Art. 20).

Die Kurie wandte sich mit aller Entschiedenheit gegen diese Neuerungen. Pius X. verdammte am 11. Febr. 1906

[1]) Am 16. 3. 1906 wurde eine Ausführungsverordnung erlassen.

[2]) Pfarrhäuser dagegen nicht.

in der Enzyklika „Vehementer nos“ das Trennungsgesetz und verbot am 10. Aug. 1906 durch eine zweite Enzyklika an das französische Episkopat „Gravissimo officii“ die Bildung von Kultvereinen.

Die französische Regierung hatte aus politischen Gründen keinerlei Interesse daran, das Aufhören des katholischen Kultus in Frankreich herbeizuführen. Durch das sogen. zweite Trennungsgesetz vom 2. Jan. 1907 wurde unter Beibehaltung der Überweisung „der Kirchen und Kirchengeräte zur Verfügung der Gläubigen und der Kultusdiener behufs Ausübung ihrer Religionen“ die Möglichkeit gewährt, den katholischen Kultus, sei es auf Grund des Vereinsgesetzes von 1901 oder des Versammlungsgesetzes von 1881 (Art. 4) auszuüben. Durch die letztere gesetzliche Bestimmung war auf die Vereinsmitgliedschaft der Gläubigen Verzicht geleistet. Indessen wurde auch dieses neue Gesetz am 6. Jan. 1907 durch Pius X. verdammt.

Durch das Trennungsgesetz erlitt naturgemäß auch die protestantische Kirche in Frankreich starke Veränderungen. Indessen geschah hier in Anpassung an die gesetzlichen Vorschriften die Reorganisation des Kultus verhältnismäßig sehr rasch.[1])

V. Überblickt man diesen Entwicklungsgang der französischen Gesetzgebung, so erscheint es von vornherein ausgeschlossen, daß es in nächster Zeit in Deutschland zu einer der französischen gleichen oder ähnlichen Trennungsgesetzgebung kommen könne.[2]) Immerhin erscheinen gewisse Reformen nicht nur nicht ausgeschlossen, sondern sogar wahrscheinlich. Die

[1]) Dasselbe läßt sich vom israelitischen Kultus sagen.

[2]) Durch eine völlige Trennung von Staat und Kirche würde insbesondere die protestantische Kirche A. K. in E.-L., die gewissermaßen ihr ganzes Fundament im Staate hat, in ihrer Lebensfähigkeit stark beeinträchtigt. Die lutherischen Reformatoren sind eigentlich von vornherein auf die Unterstützung der Fürsten bzw. Stände angewiesen gewesen. Vgl. auch die Déclaration des consistoires de Strasbourg et de Colmar vom 23. Vend. X (13. Okt. 1801) bei Audibert, Séparation, S. 61.

gesamte Kultuspolizei wäre in der oben wiedergegebenen Beschränkung beizubehalten, sie ist auch in diesem Sinne, wie wir gesehen haben, mit dem Trennungsgedanken [1]) durchaus vereinbar. Reformen sind anzustreben nach mehreren Richtungen: 1. hinsichtlich der Neuregelung der finanziellen Beziehungen zwischen Staat und Gemeinden einerseits und den anerkannten Religionsgesellschaften andrerseits. Im Zusammenhang hiermit 2. gesetzliche Festlegung der Möglichkeit des Austritts aus der Kirche sowie Bewilligung des Steuerrechts an die Religionsgesellschaften. Hand in Hand mit dem letzteren Recht müßte 3. den Religionsgemeinschaften ein weitgehendes Selbstverwaltungsrecht eingeräumt werden, das auch seine Wirkung auf die einzelnen Ortskirchen äußern müßte. 4. Der Religionsunterricht müßte ohne Zwang erteilt werden; der Staat hätte aber bei Vorliegen eines gewissen (zahlenmäßig festzustellenden) Bedürfnisses für Religionsunterricht zu sorgen. 5. Schwierigkeiten wird die Frage bereiten, ob und welche Beihilfe seitens der Staatsregierung sowie seitens der Gemeinden an die Religionsgemeinschaften zu leisten sind. Bei der Erörterung dieses Punktes wird gewöhnlich geltend gemacht: die Belassung der Kirchengüter an die Protestanten bei der Säkularisation vor ca. 100 Jahren einerseits und die Wegnahme derselben gegenüber den Katholiken andererseits; [2]) aus letzterem

[1]) Von einer wirklichen Trennung zwischen Staat und Kirche wird man erst dann sprechen können, wenn jede finanzielle Leistung des Staates an die Kirche aus dem Budget überhaupt verschwunden ist.

[2]) Die Nationalversammlung verstaatlichte am 2./4. 11. 1789 alle kirchlichen Güter und ordnete am 23. 10. u. 5. 11. 1790 ihre Veräußerung an. Ausgenommen blieben nur die Güter der Kirche Augsb. Konf. und der reformierten Kirche. Von dem katholischen Kirchengut wurde, soweit es weder veräußert noch öffentlichen Zwecken gewidmet war, für jede Pfarrei eine Kirche und ein Pfarrhaus nebst Garten der bürgerlichen Gemeinde vorerst nur zur baulichen Unterhaltung und Benutzung, und sodann durch Gesetz vom 18. Germ. X. als Eigentum durch den Präfekten überwiesen. Auch die bischöflichen Paläste, Dome und Seminare blieben im Eigentum des Staates.

Umstand wird seitens der katholischen Kirche ein Rechtsanspruch auf Dotation ihrer kirchlichen Einrichtungen und insbesondere auf angemessene Besoldung ihrer Geistlichen hergeleitet. Über diese Frage soll das Nähere im nächsten Paragraphen gehandelt werden.

§ 3. Der Rechtsanspruch der Kirche auf finanzielle Leistungen des Staates.

I. Angesichts der jährlich wachsenden Leistungen der Staaten für Kultuszwecke sind Stimmen laut geworden, welche eine Beschränkung oder gar Beseitigung der staatlichen Aufwendungen für die Kirche verlangen. Dem gegenüber hat man darauf hingewiesen,[1]) daß infolge der Säkularisation der katholischen Kirchengüter vor mehr denn hundert Jahren und der durch die Konkordate erfolgten Neuregelung der rechtlichen Beziehungen zwischen Staat und Kirche, ein Rechtsanspruch der letzteren auf gewisse staatliche Zuwendungen besteht.

II. Für Elsaß-Lothringen wird eine rechtliche Verpflichtung des Staates aus Art. 14 des Konkordates hergeleitet.[2]) Danach „sichert die Regierung den Bischöfen und Pfarrern, deren Diözesen und Pfarreien in der neuen Abgrenzung einbegriffen sind, ein angemessenes Gehalt (traitement convenable)" zu. Faßt man das Konkordat als einen quasivölkerrechtlichen Vertrag auf, so könnte man gewissermassen hier sogar von einem vertragsmäßigen Anspruch der katholischen Kirche sprechen. Betreffs der Protestanten

[1]) Vgl. vor allem die Schrift von Sägmüller, Der Rechtsanspruch der katholischen Kirche in Deutschland auf finanzielle Leistungen des Staates 1913. Für die deutschen Bundesstaaten kommt als Rechtsgrundlage hauptsächlich § 35 des Reichsdeputationshauptschlusses in Frage.

[2]) Vgl. hierzu auch die Landesausschußverhandlungen 1909 Bd. 76 36. Seff. I. Bd. Vorlage Nr. 12. Für das preuß. Recht. RG. v. 24. 10. 1898. Jur. Woch. 1898. S. 687 Nr. 87 u. J. Weill, Die Unterhaltsansprüche der Geistlichen nach bayr. u. preuß. Staatskirchenrecht. Diss. Straßburg 1912.

heißt es in Art 7 der organischen Artikel für die protestantischen Kirchen: „Die Pfarrer der Konsistorialkirchen beziehen ein Staatsgehalt." Daß es sich auch hier um ein angemessenes Gehalt handeln muß, versteht sich von selbst, nur besteht der Unterschied, daß der Anspruch gegen den Staat nicht auf vertraglicher, sondern nur auf gesetzlicher Grundlage beruht; Gesetze aber können jederzeit abgeändert oder aufgehoben werden. Was schließlich den israelitischen Kultus anlangt, so gewährt der Staat auch hier aus Paritätsrücksichten auf Grund des Besoldungsgesetzes und der jährlich zu bewilligenden Etats[1]) den Rabbinern Gehälter.

Der der katholischen Kirche zustehende Anspruch auf finanzielle Leistungen seitens des Staates kann aber nicht ohne weiteres als Äquivalent für die durch die Staatsregierung säkularisierten Kirchengüter gelten. Wenn auch eine gewisse ethische Verpflichtung des Staates bestand, die katholische Kirche für den Verlust der Güter schadlos zu halten, so ist doch zu bedenken, daß Napoleon I. sich zum Abschluß des Konkordats hauptsächlich aus Gründen der Staatsraison bewegen ließ, daß er im Interesse der Festigung der eigenen Herrschaft des beträchtlichen Einflusses der katholischen Geistlichkeit nicht entraten wollte. Daneben kommen aber noch weitere allgemeine Erwägungen in Betracht, welche den Gesichtspunkt des Äquivalents ausscheiden lassen: Die reichen Güter, welche die katholische Kirche im Laufe der Jahrhunderte angesammelt hat, sind ihr zum großen Teil, nicht bloß zu rein kirchlichen, sondern zu sozialen Zwecken (Unterricht, Kranken-, Armenpflege) übermacht worden. Dadurch daß der moderne Staat immer mehr die Wohlfahrtspflege in den Bereich seiner Tätigkeit einbezogen hat, ist einerseits die Kirche von ihren den ursprünglichen Spendern gegenüberstehenden Verpflichtungen entlastet worden, andrerseits besteht, insoweit der Staat diese Verpflichtungen erfüllt, keine Bereicherung desselben.

III. Damit soll indessen nicht geleugnet werden, daß

[1]) Ges. 8. Febr. 1831.

dem Wortlaut des Gesetzes nach der Staat auch heute noch verpflichtet ist, durch materielle Zuwendungen die Existenz der Kirche zu ermöglichen. Nur kann davon natürlich keine Rede sein, daß bei einer künftigen Trennungsgesetzgebung der Staat die säkularisierten Kirchengüter ganz oder zum Teil zurückerstatte oder daß er einen Fonds in Form einer Kirchendotation[1]) gründe, aus welchem die Kirche künftig ihre Einkünfte bezieht; eine solche Lösung der Angelegenheit würde schon an der gegenwärtigen Finanzlage des Staates scheitern. Dagegen eröffnet sich dem Staat ein geeigneter Weg, um seinen Verpflichtungen gerecht zu werden, in der Bewilligung des Besteuerungsrechts an die Kirche.

Bedenkt man, daß die staatlichen Mittel für Kultuszwecke aus allgemeinen Steuern, und zwar zum kleineren Teil aus direkten, zum größeren aus indirekten Steuern stammen, so wird man sich des Eindrucks nicht erwehren können, daß diese Art der Aufbringung der Mittel allen denjenigen gegenüber als unbillig erscheinen muß, die keine Anhänger einer der anerkannten Kirchen sind. Die gegenwärtig herrschende staatskirchenrechtliche Regelung dieser Frage ist auf alle Fälle eine rückständige und verschleierte, indem Beiträge der Untertanen als Staatssteuern eingefordert werden, die nur für kirchliche Zwecke Verwendung finden. Kirchen sind keine Staatsanstalten und deshalb bilden Staatszuschüsse an die Kirchen ihrer rechtlichen Natur nach eigentlich nur Unterstützungen. Konsequenterweise muß also den Kirchen ein eigenes Besteuerungsrecht verliehen werden, damit sie selbständig Umlagen seitens der kirchlichen Angehörigen erheben können und nicht um die Unterstützung des Staates und Privater nachsuchen müssen.[2])

---

[1]) Vgl. hierzu die Verhältnisse in Baden (Dotationsgesetze v. 25. 8. 1876, 15. 5. 1882, 5. 4. 1886) u. Österreich. Bastgen H. in d. Z. f. K. R. 1912 S. 76 (Östr. R.).

[2]) Meurer, Das Problem der Gehaltsaufbesserung auf dem Pfründengebiet, aus Festschr. f. Burckhardt 1910. J. Niedner, Die Ausgaben des preuß. Staats für die evang. Landeskirche 1904. F. Giese, Deutsches Kirchensteuerrecht 1910.

IV. In Elsaß-Lothringen ist bis zum Jahre 1901 ein eigenes kirchliches Besteuerungsrecht nicht aufgekommen, weil als Grundlage der staatlichen Unterstützungspflicht immer die Verpflichtung der Zivilgemeinden zur Tragung der Kirchenlasten bestanden hat.[1]) Durch Gesetz v. 6. Juli 1901 betr. die Gehalts- und Pensionsverhältnisse der protestantischen Pfarrer usw. (GBl. S. 50) wurden sodann, aber nur für die protestantische Kirche, kirchliche Umlagen zur Deckung des Bedarfs für Gehaltserhöhungen und Pensionen eingeführt.[2]) Durch Gesetz v. 15. Nov. 1909 (GBl. S. 126 f.) wurde das Gesetz von 1901 wieder aufgehoben, und es wurden den katholischen,[3]) swie den protestantischen Geistlichen und ebenso den Rabbinern erhöhte Gehälter und Pensionen aus der Landeskasse zugewiesen.

Die im Anschluß an die Gehaltserhöhung der Staatsbeamten neuaufgerollte Frage der Gehaltserhöhung der Geistlichen hat notwendigerweise auch wieder das Problem der Selbstbesteuerung der Kirchen auf die Tagesordnung gebracht. Dieses Selbstbesteuerungsrecht wird den Kirchen auch die in ihrem eigenen Interesse liegende Unabhängigkeit von staatlichen Einflüssen bringen und die Kirche zu einer „freien im freien Staat" machen. Wenn hiergegen geltend gemacht

---

[1]) Vgl. Art. 36 Nr. 11 Dekr. v. 30. 12. 1809; ebenda Artt. 92, 37. Das Fabrikdekret wurde später auf Grund von Entscheidungen des Oberkonsistoriums (VIII $_{18}$; XXXI $_{39}$) auch auf die protestantische Kirche angewandt.

Auch das Gesetz v. 14.—24. 2. 1810 geht von der subsidiären Verpflichtung der bürgerlichen Gemeinden zugunsten beider Kirchen aus. Vgl. ferner Art. 30 Nr. 13—14 des Ges. v. 18. 7. 1837 über die Gemeindeverwaltung. Vgl. St. R. G. v. 21. 8. 1839 u. betr. d. Prot. Ord. v. 7. 8. 1842.

[2]) Vgl. Geigel A. K. K. R. Bd. 69, 269 f. Z. K. R. 28 (Bd. 16/3. F. S. 106. Ders., Kirchensteuern, Friedhöfe, reform. Synode in Preußen u. Els.-Lothr. 1906 S. 57. Entw. des Oberkonsistoriums (50 S. 219, 228) v. 15. 5. 1895. Vgl. Giese, a. a. O. S. 195.

[3]) Nur das Gehalt der nichtständig angestellten katholischen Vikare ist grundsätzlich von den Kirchenfabriken oder den bürgerlichen Gemeinden zu bestreiten. § 9 des Ges.

worden ist, daß eine Kirchensteuer einen Massenaustritt aus der Kirche herbeiführen werde, so kann dem nur entgegengehalten werden, daß eine Zugehörigkeit zur Kirche, die in so lockerem Boden wurzelt, der Kirche selbst nicht erwünscht sein kann. Es heißt allerdings für die Kirche eine Kraftprobe bestehen, aber eine Kirche, die sich dieser Probe nicht unterziehen zu können glaubt, stellt sich selber ein Armutszeugnis aus.

Daß das der Kirche zu gewährende Steuerrecht nicht bloß der Kirche als Gesamtkorporation, sondern auch der örtlichen Kirchengemeinde zu gewähren ist, dürfte wohl auf alle Fälle zu empfehlen sein. Auf weitere Einzelheiten bezüglich der Besteuerung, insbesondere betreffs der juristischen Personen, und der Ausländer, ferner der Organe der Steuererhebung kann hier nicht näher eingegangen werden. Dagegen möge noch erwähnt werden, daß das Besteuerungsrecht nur den anerkannten kirchlichen Verbänden, nicht dagegen allen Religionsgesellschaften zu gewähren sein dürfte; den nicht anerkannten Religionsgesellschaften ist es freigestellt, im Wege privater Bindung seitens ihrer Mitglieder Beiträge zu erheben. Ob die anerkannten Kirchengemeinschaften von ihrem Besteuerungsrecht Gebrauch machen wollen oder nicht, dürften ihrem Ermessen vorbehalten bleiben (kein Steuerzwang). Für die Übergangszeit wären in den jährlichen Etat gewisse Beträge für die einzelnen Kulte einzustellen, bis die Kirchen selbst in der Lage wären, einen Überschlag über die durch die Kirchensteuer aufzubringenden Beträge herzustellen.

§ 4.

Die Glaubens- und Gewissensfreiheit.

I. Dem Grundsatze der Souveränität des Staates über alle in seinem Gebiete zutage tretenden Assoziationen steht der Grundsatz der Glaubens- und Gewissensfreiheit gegenüber, d. h. der Freiheit jedes einzelnen Staatsbürgers, seiner Überzeugung zu einem religiösen Glauben oder auch zu keinem Ausdruck zu geben.[1]) Der Staat kann sich nicht mit den Gedanken der Bürger und folglich auch nicht mit deren Glauben und dessen Betätigung befassen, und zwar auch dann nicht, wenn tatsächlich eine Mehrheit von Staatsuntertanen in ihrer religiösen Überzeugung übereinstimmt. Der moderne Staat kann deshalb auch grundsätzlich seine Aufgabe nicht darin erblicken, religiös zu erziehen; er muß an sich auf die religiöse Wohlfahrtspflege verzichten.[2]) Tatsächlich haben aber viele Staaten und insbesondere das deutsche Reich und die Einzelstaaten die Pflege der Religion und den Religionsunterricht in den Bereich ihrer Aufgaben einbezogen.

II. Die religiöse Freiheit ist bereits durch Art. 10 der Erklärung der Menschenrechte vom 26. August 1789 gewährleistet worden;[3]) danach darf niemand wegen seiner religiösen Ansichten beunruhigt werden, wenn nur nicht durch deren Äußerung die öffentliche Ordnung gestört wird. Dieser Grundsatz ist durch § 25 des elsaß-lothringischen Verfassungsgesetzes vom 31. Mai 1911 neu bestätigt worden. Der erwähnte

[1]) Hinschius a. a. O. S. 221. Die katholische Kirche lehnt die Gewissensfreiheit ab, nicht aber das Erfordernis der Bekenntnis- und Kultusfreiheit. Boeckenhoff, a. a. O. Der letztere Grundsatz gestattet denjenigen, die dasselbe religiöse Bekenntnis verbindet, dasselbe in gemeinsamem Gottesdienst und in hierfür gebildeten Vereinigungen zu betätigen. Die Kultusfreiheit bildet somit die notwendige Ergänzung der Gewissensfreiheit.

[2]) U. Stutz, a. a. O. S. 908. Vgl. den Ausspruch Friedrichs d. Gr.: In meinem Staate kann jeder nach seiner Façon selig werden.

[3]) Vgl. Leoni-Mandel S. 284. Geigel, Reichs- und reichsländisches Kirchen- und Stiftungsrecht 1898 S. 12. Heim, Das e.-l. Verfassungsgesetz S. 120. Fischbach, Das öff. Recht des Reichslandes (1914) S. 272. Der Grundsatz ist demnächst in alle Verfassungen übergegangen, so in die Verfass. v. 3.—14. Sept. 1791 (Einl.) Art. 10, Verfass. v. 5. fruct. III (22. 8. 1795); charte v. 4. 6. 1814 Artt. 5, 6. Charte v. 14.—24. 8. 1830, Art. 5. Verf. v. 4.—10. 11. 1848, Art. 7. Chacun professe librement sa religion et reçoit de l'Etat, pour l'exercice de son culte, une égale protection. Verf. v. 14. 1. 1852.

Paragraph bestimmt, daß das Gesetz betr. die Gleichberechtigung der Konfessionen in bürgerlicher und staatsbürgerlicher Beziehung vom 3. Juli 1869[1]) (Bundesgesetzblatt S. 292) in Elsaß-Lothringen eingeführt wird. Die danach verfassungsmäßig gewährleistete Glaubens- und Gewissensfreiheit des Einzelnen verschafft demselben jedoch kein subjektives öffentliches Recht gegen den Staat; es handelt sich vielmehr nur um die Reflexwirkung einer verfassungsrechtlichen Bestimmung. Überhaupt wird durch den genannten Grundsatz nicht freigegeben die Betätigung des Glaubens durch Gottesdienst, wenn sie außerhalb des Verbands einer anerkannten Glaubensgesellschaft unter Überschreitung des Kreises der Hausgemeinschaft erfolgt. (Einschränkung der Religions- und Kultusfreiheit mit Rücksicht auf die staatliche Ordnung.)

Als weitere Folge der Religions- und Kultusfreiheit ergibt sich, daß niemand verpflichtet ist, einer Religionsgesellschaft anzugehören, daß er ferner nach freier Überzeugung aus seiner bisherigen Religionsgesellschaft ausscheiden und sich einer anderen anschließen kann. (Vgl. S. 5, 26.) Aus der Religionsfreiheit ist ferner das Recht des Vaters, die religiöse Erziehung des unmündigen Kindes selbständig zu bestimmen, herzuleiten. Endlich folgt aus den genannten Grundsätzen die Unzulässigkeit, Angehörige einer Religionspartei zur Teilnahme an dem Gottesdienste einer anderen Religion oder zur Verehrung gewisser heiliger Gegenstände (z. B. bei öffentlichen Prozessionen) oder zur Leistung von Gebühren und Abgaben zu zwingen.[2])

Dagegen verstößt nicht gegen den Grundsatz der Gewissensfreiheit und ist daher dem Staate unbenommen, die rechtliche Religionsangehörigkeit seiner Untertanen zu er-

[1]) Das Gesetz lautet: „Alle noch bestehenden, aus der Verschiedenheit des religiösen Bekenntnisses hergeleiteten Beschränkungen der bürgerlichen und staatsbürgerlichen Rechte werden hierdurch aufgehoben. Insbesondere soll die Befähigung zur Teilnahme an der Gemeinde- und Landesvertretung und zur Bekleidung öffentlicher Ämter vom religiösen Bekenntnis unabhängig sein."

[2]) Hinschius, S. 235. Thudichum S. 30 f.

forschen, sei es nun zu statistischen oder sonstigen Verwaltungszwecken. Ferner kann sich niemand auf seine religiöse Überzeugung berufen, um gesetzlich vorgeschriebene Verpflichtungen (eidliches Zeugnis, Militärdienst) abzulehnen. Die Gesetzgebung kann allerdings die Härten, die nach dieser Richtung entstehen können, tunlichst mildern.[1])

[1]) Handschlag der Mennoniten an Eidesstatt. Die Frage, ob es in Elsaß-Lothringen den Mennoniten gestattet ist, an Stelle des Zeugeneids die Beteuerungsformeln ihrer Religionsgesellschaft zu gebrauchen, ist vom Schwurgericht Mülhausen bejaht worden und das Reichsgericht v. 15. 8. 1913 hat sich dieser Rechtsauffassung angeschlossen, wobei es sich von folgenden Erwägungen leiten ließ:

Die in Elsaß-Lothringen bis zu der Einführung der deutschen Prozeßgesetzgebung geltenden französischen Prozeßgesetze hatten überhaupt keine besondere Form des Eides, namentlich des Zeugen- und Sachverständigeneides, ausdrücklich festgesetzt. Sie enthielten insbesondere nicht eine religiöse Eidesformel, wie die deutschen Gesetze; es hieß faire serment, prêter serment. Nur bei der Verpflichtung der Geschworenen erscheint das Wort je le jure und der vorausgehende Hinweis, daß devant dieu geschworen werde. Wenn auch nicht ganz ohne Widerspruch der Rechtslehre nehmen nunmehr die französischen Gerichte ausnahmslos an, daß bei dieser Sachlage die Mennoniten im Hinblick auf die ihnen verfassungsrechtlich zukommende Gewissens- und Religionsfreiheit mittels ihrer Beteuerungsformeln den gesetzlichen Anforderungen nach feierlicher Bekräftigung genügten. In Bezug auf die Partei-, Zeugen- und Sachverständigeneide haben sich demnächst auch die deutschen Gerichte des rheinisch-französischen Rechtsgebiets dieser Auffassung angeschlossen. Die Rechtsprechung folgert sonach unter Heranziehung des Verfassungsrechts aus den französischen Prozeßgesetzen, daß in dem durch sie beherrschten Gebiete der Mennonit zur Leistung körperlicher Eide unter Anrufung Gottes nicht verpflichtet sei; das Prozeßgesetz zeigte teilweise schon durch seine eigene Fassung, daß darin der verfassungsrechtliche Grundsatz der Gewissensfreiheit bei Gestaltung der Vorschriften über die Art der Eidesleistung beachtet sei, sodaß im Hinblick hierauf auch Beteuerungen anderer Art als der eigenliche Eid den Anforderungen, die sich mit dem Begriff serment verbinden, genügen könnten, falls sie von solchen Personen abgegeben würden, denen ihre Religion die Eidesleistung verbiete. Selbst durch die anscheinend zwingende Vorschrift über den Wortlaut des Geschworeneneids soll diese dem Verfassungsrecht entspringende Befugnis nicht ausgeschlossen werden. Soweit der Zeugeneid in Frage kommt, besteht kein Grund, diese Gesetzesaus-

In keinem Zusammenhang mit der Gewissensfreiheit steht auch die gewerbliche **Sonntagsruhe**, sowie die sich aus dem dienstlichen Verhältnis ergebende Verpflichtung zur Anwesenheit bei religiösen Handlungen Anderer.[1])

III. Die Gewissensfreiheit[2]) im Sinne vorstehender Ausführungen genießt jeder **Gewissensmündige**; für den Eintritt der Gewissensmündigkeit läßt sich eigentlich ein bestimmtes Lebensalter nicht aufstellen; gewöhnlich wird als Grenze das 13. bzw. 14. Lebensjahr genommen (Tag der Kommunion, Konfirmation). Gewissensunmündige können zur Teilnahme an gewissen kirchlichen Handlungen gezwungen werden; berechtigt einen solchen Zwang auszuüben, sind die Inhaber der elterlichen oder der vormundschaftlichen Gewalt, auf Grund öffentlichen Rechts ferner auch der Staat.

§ 5.

Die Glaubensgesellschaften.

I. Während die Betätigung des Glaubens durch den Einzelnen, innerhalb der allgemeinen Gesetzesschranken frei ist,

legung, auf die sich eine hundertjährige gleichartige Uebung der französischen Gerichte stützt, zu beanstanden. Ist sie aber zutreffend, dann haben allerdings zur Zeit des Inkrafttretens der deutschen Prozeßordnungen in Elsaß-Lothringen die damals dort bestehenden Gesetze „ihrem Sinne und ihrem Zusammenhange nach" den Grundsatz aufgestellt, daß die Mennoniten sich der Beteuerungsformel ihrer Religionsgesellschaft an Stelle des Eides bedienen dürfen. Ein solcher aus dem Gesetze sich ergebender Grundsatz ist eine Rechtsnorm, sonach ein „Gesetz" im Sinne des § 64 der Strafprozeßordnung.

Wahrung des Beichtsiegels und der geistlichen Amtsverschwiegenheit. Vgl. OLG. Zweibrücken in Seuff. Arch. 57 Nr. 253. § 383 Nr. 4 ZPO. Als „anvertraut" im Sinne dieser Bestimmung können jedoch nicht gelten die Hingabe von Sachen an den Geistlichen; der Geistliche muß vielmehr über die Hingabe aussagen, braucht sich aber über das dabei Gesprochene nicht zu äußern.

[1]) Hussarek, a. a. O. S. 6.

[2]) Sie ist wohl zu unterscheiden von dem politischen Begriff der **Parität**.

tritt diese Betätigung in den Bereich der staatlichen Rechtsordnung ein, sobald das religiöse Wirken die Form der Glaubensgesellschaft annimmt, denn mit dieser Form ergeben sich naturgemäß von selber rechtliche Beziehungen. Der Staat betrachtet nach dem gegenwärtigen Rechtszustande die Glaubensbetätigung in gesellschaftlicher Form als von öffentlichem Interesse, einmal, weil, wie bereits oben angedeutet, auch das geistige Leben des Volkes einen Gegenstand der staatlichen Aufgaben bildet, und sodann, weil dem Staate von den Glaubensgesellschaften her mit Rücksicht auf deren großen Einfluß auf breite Volksmassen auch gewisse Gefahren drohen. Der Staat sucht daher aus diesen Gründen sich die Kirchen unterzuordnen (Kirchenhoheit); er will keine Neben-, sondern eine Unterordnung der Kirche.[1])

II. Die öffentliche Ausübung der verschiedenen Glaubensbekenntnisse, insbesondere in Elsaß-Lothringen, ist daher von dem staatlichen Willen abhängig. Es muß hierbei zwischen den vom Staate anerkannten Religionsgesellschaften und den nicht anerkannten Gesellschaften unterschieden werden.[2]) Zu den ersteren gehören die katholische Kirche[3] (Konkordat vom 26. Mess. IX, ratifiziert am 23. Frukt. IX nebst den dazu erlassenen organischen Artikeln, beide als Staatsgesetz publiziert durch Gesetz vom 18. Germ. X), die protestantische Kirche[4]) Augsburger Konfession und die

---

[1]) A. Stutz, a. a. O. § 55; Neumayer, Internat. Verwaltungsrecht I § 31. Graßmann-Piloty, Bayr. Staatsrecht II S. 460.

[2]) Leoni-Mandel S. 285, Molitor-Stiebe, Komm. z. AGBGB. S. 31; Heim, S. 121; Geigel I 12; Fischbach, S. 373.

[3]) Vgl. Dursy, Das Staatskirchenrecht in E.-L. Bd. I 1876; Geigel, Französisches Staatskirchenrecht 1887; derselbe, Reichs- u. reichsl. Kirchen- u. Stiftungsrecht I 1898. Leoni-Mandel, 284; Bruck, das e.-l. Verfass.- und Verwaltungsrecht III 255 f.

[4]) Dursy, Bd. II (1879). Stübel, Samml. der Bestimmungen des els.-l. protest. Kirchenrechts 1898. Geigel II 1 f.; Fischbach S. 373, 387.

reformierte Kirche (organ. Bestimmungen der protestantischen Religionsbekenntnisse im Gesetz v. 18. Germ. X, Dekr. v. 26. März 1852 nebst Ausführungsverordnungen, Gesetz v. 21. Juni 1905) und der israelitische Kultus (Dekr. v. 17. März 1808, Gesetz v. 8. Febr. 1831, Ver. v. 25. Mai 1844; Dekr. v. 15. Juni 1850 und v. 29. Aug. 1862).[1])

1. Die gesetzlich anerkannten Religionsgesellschaften können, unter der Voraussetzung, daß die Ausübung innerhalb der öffentlichen, dem Gottesdienst geweihten Kirchen erfolgt, ihren Gottesdienst öffentlich und gemeinschaftlich ausüben. Außerhalb der Kirchen dürfen auch die anerkannten Religionsgesellschaften ohne besondere Genehmigung der Regierung keine Versammlungen zu religiösen Zwecken veranstalten. Aus dem gleichen Grunde ist auch die Errichtung von Privatkapellen und Bethäusern, selbst wenn sie dem Bekenntnis einer anerkannten Religionsgesellschaft zu dienen bestimmt sind, von der Genehmigung der Regierung abhängig.[3])

2. Gesetzlich nicht anerkannte Glaubensgesellschaften bedürfen zur öffentlichen Ausübung ihres religiösen Bekenntnisses einer Ermächtigung durch kaiserliche Verordnung, welche nunmehr vom Statthalter erteilt wird.[4]) Die Ermächtigung wird nach freiem Ermessen erteilt und verweigert, sie kann auch nachträglich wieder entzogen werden. Die Voraussetzungen für die Erteilung der Ermächtigung wird man im allgemeinen in zwei Gruppen teilen können: In negativer Beziehung wird gefordert werden müssen, daß

[1]) Geigel II S. 101 f.; Leoni-Mandel S. 295 f.; Bruck III S. 262 f.

[2]) Vgl. Ducrocq Nr. 337; Dalloz Rép. v° associations illicites Nr. 37 (Kass.-Hof v. 12. 4. 1838 u. v. 22. 4. 1843); Leoni-Mandel S. 285.

[3]) Art. 44 organ. Art. (kath.), Dekr. v. 22. 12. 1812 u. Art. 1, Dekr. v. 19. 3. 1859.

[4]) Art. 2, Dekr. v. 19. 3. 1859 u. Ver. v. 28. Sept. 1885 (RGBl. S. 273), v. 5. 11. 1894 (RGBl.), v. 23. 11. 1907 (RGBl. S. 759) u. v. 14. 5. 1914 (RGBl. S. 123); Dalloz, Pér. 19. III. 59 A. 3.

weder die Lehre, der Gottesdienst und die Verfassung noch die Benennung gesetzwidrig oder unsittlich ist; in positiver Beziehung, daß eine nennenswerte Anzahl von Anhängern und ferner eine gewisse Organisation vorhanden ist. Eine Glaubensgesellschaft ist eine Personenvereinigung mit dem Zweck der Religionsausübung, d. h. der Verehrung der Gottheit. Notwendig ist, daß die Mitglieder auf eine bestimmte Glaubensformel verpflichtet sind,[1]) und daß die Gesellschaft selbst eine Verfassung hat.

Ist einer gesetzlich nicht anerkannten Religionsgesellschaft die Ermächtigung zur öffentlichen Ausübung ihres Kults erteilt, so ist sie den allgemeinen Bestimmungen der Artt. 4, 32, 52 des Gesetzes v. 18. Germ. 10. (org. Art. kath.) oder des Art. 2 eod. (org. Art. prot.) unterworfen. Es dürfen also ohne Erlaubnis der Regierung keine Konzile, Synoden oder kirchliche Versammlungen abgehalten werden, keine Ausländer geistliche Funktionen ausüben, keine Anschuldigungen gegen die übrigen staatlich anerkannten Religionsgesellschaften erhoben, und keine Verbindung mit einer auswärtigen Macht angestrebt werden.

Handelt es sich nur um gelegentliche Versammlungen, so können hierzu auch die Bezirkspräsidenten die Erlaubnis geben.[2])

Vorstehende Grundsätze, die aus dem Dekret v. 19. März 1859 (Bull. d. L. Sér. XI Nr. 6411) abgeleitet sind, stehen nach wie vor in Geltung; sie sind insbesondere nicht durch § 25 elſ.-lothr. VG. beseitigt worden, weil diese Bestimmung sich nicht auf die öffentliche Ausübung eines Kultus bezieht.[3]) Unzutreffend ist die Ansicht, als sei das genannte

[1]) Wird den einzelnen Mitgliedern freigegeben, zu glauben, was sie wollen, so liegt keine Glaubensgesellschaft vor.

[2]) Art. 3 Abs. 3, Dekr. v. 19. 3. 1859. Im Falle von Anständen entscheidet das Ministerium. Möller Smlg. II 848.

[3]) Molitor-Stieve S. 31 Note 1 und die Praxis. And. Ans. Laband, Staatsrecht 5. A. II 258. Durch § 24 RVG. sind die landesgesetzlichen Vorschriften aufrecht erhalten worden. Vgl.

Dekret infolge seiner Eigenschaft als „Ausführungsverordnung" zu den damaligen vereinsgesetzlichen Vorschriften (Art. 291 C. pén., Ges. v. 10. April 1834 i. V. m. Dekr. v. 25. März 1852) mit dem Inkrafttreten der neuen vereinsgesetzlichen Vorschriften außer Wirkung gesetzt worden. Beim Erlaß des els.-lothr. Vereinsgesetzes v. 21. Juni 1905 (GBl. S. 47) hat niemand an die Aufhebung des fraglichen Dekrets gedacht.[1]) Wenn nun zwar auch aus dem Schweigen des Gesetzes noch nicht ohne weiteres Schlüsse für die Weitergeltung des genannten Dekrets gezogen werden können (insbesondere dann nicht, wenn aus dem sonstigen Gesetzesinhalt ein dem fraglichen Dekret widersprechender Gesetzesinhalt sich ergäbe), so muß doch berücksichtigt werden, daß an und für sich schon die öffentliche Ausübung nicht anerkannter Kulte nur künstlich unter die Vereins- und Versammlungsvorschriften zu bringen ist,[2]) ferner, daß praktische Erwägungen schon eine solche Anwendung des Grundsatzes der Vereins- und Versammlungsfreiheit ausschließen. Denn während die öffentliche Ausübung der gesetzlich anerkannten Kulte von einer Reihe polizeilicher Bestimmungen abhängig wäre, könnte die öffentliche Ausübung gesetzlich nicht anerkannter Kulte fast ganz frei von staatlicher Aufsicht stattfinden. Weiterhin sprechen aber auch gewichtige Gründe dafür, das Dekret von 1859 nicht als Ausführungsverordnung zu vereinsgesetzlichen Vorschriften aufzufassen, so namentlich der Umstand, daß das Dekret zunächst die Eröffnung neuer Kultusstätten des im Gesetz v. 18. Germ. X geordneten protestantischen Bekenntnisses und erst in zweiter Linie die öffentliche Ausübung der im Staate nicht anerkannten religiösen Bekenntnisse regelt.[3])

Fischbach, Das RVG. in Nelkens Els.-l. Verwaltungsgesetzen Bd. II.

[1]) Vgl. Petri Els.-l. Vereinsgesetz v. 21. 6. 1905 S. 33.

[2]) Der Geistliche und die Mitglieder mußten etwa als Vorsitzender und Beisitzer des fragl. Vereins aufgefaßt werden.

[3]) In dem Vorlagebericht zu dem Dekret an den Kaiser (B.d.L. 1859 I S. 583) wird hinsichtlich der nicht anerkannten Reli-

Nur, wenn die nicht anerkannten Religionsgesellschaften von der ihnen durch das Dekret von 1859 gewährten Möglichkeit keinen Gebrauch machen, werden sie dem gewöhnlichen Vereinsrecht unterstellt, und zwar ganz abgesehen von dem Momente öffentlicher Kultusausübung.[1]) Man kann also gewissermaßen drei Klassen von Religionsgesellschaften unterscheiden: die gesetzlich anerkannten (cultes reconnus), die ermächtigten (cultes autorisés, mais non reconnus) und die freien (cultes absolument ignorés de l'Etat: leur régime est celui des réunions et des associations) Glaubensgesellschaften.[2])

Der Rechtsgrund für das Dekret von 1859 ist nicht in vereinsgesetzlichen Vorschriften, sondern in Art. 1 des

gionsgesellschaften ausgeführt, daß dieselben keine Verbindung (alliance) mit dem Staat haben und daher schlechthin den Vereinsgesetzen und der allgemeinen Polizeiaufsicht des Ministeriums des Innern unterstehen. Man könnte zögern, ihnen die gleichen Garantien (Würdigung ihrer Gesuche durch den Kaiser im Staatsrat) zu geben. Allein auch bei ihnen handelt es sich um „ce qu'il y a de plus intime et de plus respectable dans la conscience humaine; was die Gleich- (nicht die Besser-)stellung mit den anerkannten Kulten auf dem zu regelnden Gebiet erfordert. Das Dekr. v. 1849 hat also weniger eine Ausführungsverordnung zu den vereinsgesetzlichen Vorschriften geben, als die fragliche Materie aus den einschlägigen Vereinsvorschriften herausheben wollen. Vgl. Dalloz Rép. Suppl. Culte No. 35: „Le décret de 1859, qui est une sorte de loi organique des églises libres non reconnues, leur fait une situation mixte entre les cultes reconnues et les associations purement privées. Il leur donne les garanties, mais leur impose des devoirs. Il leur assure plus de sécurité, mais se réserve sur elles une surveillance. Il en résulte, qu'à défaut d'autorisation obtenue dans les termes du décret du 19. 3. 1859, elles encourent l'application des artt. 291, 294 C. p. et de la loi de 1834".

[1]) Vgl. Dalloz suppl. associations illicites No. 17. Die im Dekr. v. 1859 geregelte öff. Kultusausübung ist weder durch das Gesetz v. 6. 6. 1868 noch durch die Gesetze v. 30. 6. u. 1. 7. 1871 sur la liberté des réunions berührt worden. Bez. der Weitergeltung des Dekr. vgl. Dalloz, Dict. prat. de droit 1905 v° Culte No. 14.

[2]) Dalloz Dict. a. a. O. Nr. 12.

Konkordatgesetzes zu suchen, wonach einerseits die Ausübung der Religion jedem Staatsbürger verfassungsmäßig freisteht, gleichzeitig aber die Einschränkung gemacht ist, daß die öffentliche Ausübung eines Bekenntnisses den Polizeiverordnungen unterworfen ist, welche der Staat im öffentlichen Interesse für erforderlich erachtet.[1])

[1]) Solche polizeilichen Bestimmungen enthalten die organischen Artikel und das Dekr. v. 1859. Vgl. Art. 6 der Verfass. v. 14. I. 1852.

Dafür, daß das Dekr. v. 1859 seinen Rechtsgrund in art. 1 Conc. hat, vgl. Ducrocq, Cours de droit admin. 6. A. I Nr. 701. Auf der gleichen Anschauung beruht wohl auch die Auffassung des Berichterstatters zu Art. 21 Ges. v. 1. 7. 1901, welcher die Artt. 291—293 C. p. schlechthin und den Art. 294 in Ansehung der Vereine (nicht in Ansehung der Kultusübungen) aufgehoben hat (cf. Duvergie, Collection 1901 S. 285 N. 1) u. ferner die Tatsache, daß, obwohl das Gesetz v. 6. 6. 1868, also auch dessen Art. 1 Abs. 2 durch Ges. v. 30. 6. 1881 Art. 12 aufgehoben worden ist, sich doch nach 1881 noch Entscheidungen finden, die auf Grund des Dekr. v. 1859 die Genehmigung erteilen oder versagen. Cf. Dubief-Gottofrey, Traité de l'administration des cultes 1892 III S. 474 u. Journal des conseils des fabriques 1893 S. 144. Allerdings ließe sich die Weitergeltung des Dekrets in der franz. Praxis auch aus dem Umstande erklären, daß das VG. v. 1901 den Art. 294 C. p. aufrecht erhalten hat.

Zuzugeben ist allerdings, daß gewisse, nicht unbeachtliche Momente vorliegen, die dafür sprechen, daß das Dekr. v. 1859 eine Ausführungsverordnung ist, vgl. Dalloz, Suppl. d. assoc. ill. Nr. 17, Block, Dict. 2. Aufl. v. culte Nr. 43 S. 738. Ducrocq I 665 u. 666.

Aus der elsaß-lothr. Praxis ist der Fall zu erwähnen, wonach der Bischof einer altkatholischen Gemeinde die Erlaubnis zur Abhaltung eines öffentlichen Gottesdienstes durch Ermächtigung des Statthalters v. 18. 12. 1909 erhalten hat; weiterhin die freie evang. lutherische Christusgemeinde in Mülhausen, Ermächt. v. 21. Sept. 1911; man denke ferner an Erlaubniserteilung an Methodisten. Die Ermächtigung bzw. die Erlaubnis n. Art. 3 Abs. 3 des Dekrets wird nur zu versagen sein, wenn durch die Propaganda der betr. Glaubensgesellschaft die öffentliche Ordnung oder der konfessionelle Friede gestört werden könnte. Die Ermächtigung gehört zum Ressort der Verwaltung des Inneren. (Vgl. Recueil officiel du consistoire supérieure et du Directoire XV S. 172. Dursy II S. 138 f.)

III. Die Bildung religiöser **Vereine** bedarf einer staatlichen Genehmigung nicht. Man versteht unter religiösen Vereinen im weiteren Sinne alle Vereine, welche die Förderung des inneren oder äußeren religiösen Lebens sich zur Aufgabe gemacht haben.[1]) Nach § 24 RVG.[2]) sind zwar die Vorschriften des Landesrechts über religiöse Vereine unberührt geblieben; da aber das elsaß-lothringische Vereinsgesetz v. 21. Juni 1905 die Genehmigungspflicht unterschiedslos für alle Vereine beseitigt hat, bestehen in Elsaß-Lothringen landesrechtliche Vorschriften über die Genehmigungspflicht religiöser Vereine nicht. Insbesondere besteht kein Hindernis, daß sich Vereinigungen zu dem Zwecke bilden, um Kultusübungen nach dem Vorbild einer anerkannten Religionsgesellschaft vorzunehmen.[3]) Die Mitglieder eines solchen Vereins können, in Ermangelung eines entgegenstehenden Gesetzes, aus der anerkannten Kultusgemeinschaft, der sie bisher angehörten, jederzeit tatsächlich austreten (cf. S. 10) und sich dadurch auch von der ihnen etwa obliegenden Beitragspflicht[4]) für die Zukunft befreien. Gegen staatsfeindliche oder den Strafgesetzen zuwiderlaufende Vereinigungen kann sich der Staat durch Auflösung der betr. Vereine sichern (§§ 1, 2 RVG.).

IV. Von der Frage der Ermächtigung zur öffentlichen Kultusausübung ist die Frage nach der Verleihung der **Rechtsfähigkeit** an religiöse Vereine wohl zu unterscheiden.

---

[1]) Hierher gehören auch Vereine zur Errichtung von Pfarrkirchen (Bayr. ObLG. 1. 2. 04 „Recht" 1904 S. 191). Dagegen nicht Vereine, die auf konfessioneller Grundlage andere, z. B. politische Zwecke, erstreben. **Komm. der Reichsgerichtsräte** zu § 61 BGB.

[2]) **Fischbach**, Das Reichsvereinsgesetz für Els.-L. bearb. in **Nelkens** Els.-l. Verwaltungsgesetze, Bd. II S. 251; **Delius**, RVG. a. a. O.

[3]) Auf dem Gebiete des evangelischen Kultus sind solche **Separatistengemeinden** von jeher gestattet gewesen.

[4]) Z. B. Kirchensteuern. Eine gesetzliche Beitragspflicht existiert in Els.-L. zur Zeit nicht. Eine Verpflichtung könnte nur aus einem zivilrechtlichen Grunde (Gesellschaft) hergeleitet und gerichtlich geltend gemacht werden.

Das Dekret vom 19. März 1859 hat lediglich polizeiliche Bedeutung und berührt daher die Materie der Rechtsfähigkeit nicht. Die französische Gesetzgebung und die Praxis haben sich, bei der geringen Bedeutung der Sekten in Frankreich, nur wenig mit der einschlägigen Materie befaßt. Leoni-Mandel[1]) und Kisch[2]) vertreten die Auffassung, daß mangels besonderer gesetzlicher Vorschriften, der Erwerb der Rechtsfähigkeit an ein Gesetz geknüpft ist. Gestützt wird diese Annahme durch den Hinweis, daß die Revolutionsgesetzgebung alle associations religieuses — und nicht etwa bloß die Kongregationen[3]) — aufhob und jede Neubildung untersagte, und daß sonach nur das Gesetz eine Ausnahme vom Gesetz schaffen könne. Mit Recht hebt demgegenüber Molitor (Komm. S. 32) hervor, daß beim Schweigen des Gesetzes, und nachdem das BGB. die Erlangung der Rechtsfähigkeit für Vereine allgemein nur von der Erfüllung gewisser Normativbestimmungen abhängig gemacht habe, für die Angehörigen einer Sekte Ausnahmebestimmungen nicht eingeführt werden könnten. Die Erwägung, daß in diesem Falle die Anstalten und Genossenschaften der gesetzlich anerkannten Religionsgesellschaften

[1]) II S. 285.

[2]) S. 159. Vgl. auch die Abhandl. in Jur. Woch. 1911 S. 511.

[3]) Es wird hierbei namentlich auch auf das Gesetz v. 2. 1. 1817, das bei einer anderen Auffassung unverständlich sein soll, verwiesen. Vgl. auch Dupin bei D. P. 61. 1. 219; Laurent I Z. 318; XI Z. 143 f., 191, 232. In Frankreich hat denn auch, obwohl dort eine Anzahl freier kirchlicher Vereine besteht, eine Anerkennung solcher Vereine als gemeinnützige Anstalten wohl nie stattgefunden. (Vgl. die anonyme Schrift: Une église séparée de l'Etat, Paris 1890 S. 65 f.) Auch Art. 3 des Dekrets v. 19. 3. 1859, das, wie der Vorlagebericht der Minister hervorhebt, den nicht anerkannten Kultusgesellschaften größere Garantien zu verleihen bezweckte, schweigt über deren Ausstattung mit Korporationsrechten. Daher fand sich auch im Entwurf des AGBGB. (Art. 3) im Anschluß an EGBGB. Art. 84 eine diesbezügliche Bestimmung, die wieder gestrichen worden ist, weil man die fragliche Materie nicht zum Gegenstand parlamentarischer Erörterungen machen wollte.

schlechter ständen als die Sekten, kann nicht als ausschlaggebend erachtet werden, um einen so schwerwiegenden Eingriff in die bürgerliche Freiheit, wie sie die Versagung der Rechtsfähigkeit bedeuten würde, zu rechtfertigen. Das Gesetz vom 2. Jan. 1817 (Möller Smlg. II S. 393), welches die Erwerbsfähigkeit der gesetzlich anerkannten kirchlichen Anstalten regelt, sowie das Gesetz vom 24. Mai 1825 (Möller Smgl. II 433), welches für die nach dem 1. Jan. 1825 errichteten Frauenkongregationen mit den neuen Satzungen gesetzliche Ermächtigung verlangt, wenden sich nur an die einer gesetzlich anerkannten Kirche angelehnten Ordensgesellschaften. Die erwähnten Gesetze verschaffen ferner die Rechtsstellung einer juristischen Person des öffentlichen Rechts, während es sich bei der unserer Auffassung nach zu gewährenden Verleihung an Sekten nur um die private Rechtsfähigkeit handelt.[1])

V. Die gesetzlich anerkannten Religionsgesellschaften genießen abgesehen von der öffenlichen Ausübung ihrer Bekenntnisse noch gewisse weitere Privilegien. Zwar sind die Religionsgesellschaften selber, also die katholische Kirche, die Kirche Augsburgischer Konfession, die reformierte Kirche und der israelitische Kultus als solche nicht rechtsfähig, aber gewisse Einzelorganisationen derselben, z. B. bei der katholischen Kirche die bischöfliche Tafel, das Domkapitel, die Seminare, die Kirchenfabrik, das Pfarrgut, bei den

[1]) Diese private Rechtsfähigkeit können Orden und Kongregationen auch nicht durch Eintragung in das Vereinsregister erlangen. Es richtet sich dies nach dem Staatskirchenrecht des Staates, in welchem die betr. Genossenschaft ihren Sitz hat. Durch beliebige Wahl eines Sitzes kann jedoch eine solche Vereinigung nicht etwa in einem anderen Bundesstaat, wo geringere Anforderungen gelten, die Eintragung in das Vereinsregister erlangen. Vgl. RGE. 77 S. 19. Die Rechtsfähigkeit kann auch nicht in Gestalt einer G. m. b. H. erworben werden. ROLG. 9 S. 371. KG. Jahrb. 39 A. 300. Tatsächlich haben die elsaß-lothringischen Amtsgerichte den religiösen Sekten die Eintragung in das Vereinsregister nicht versagt, sobald von der Verwaltungsbehörde dagegen kein Einspruch eingelegt wurde. § 62 BGB. Wenn ein solcher Verein im Auslande die Rechtsfähigkeit erlangt hat, kommt Art. 10 EGBGB. in Frage.

protestantischen Kirchen die Pfarreien und die Konsistorien, bei dem israelitischen Kultus die Bezirkskonsistorien und die staatlich anerkannten Gemeinden, genießen die Rechte juristischer Personen und gelten als öffentliche Anstalten.[1]) Der Staat besoldet ferner die Geistlichen und stellt die Gebäude zur Verfügung (bischöfliche Paläste und Seminargebäude).[2]) Schließlich schützen gewisse strafgesetzliche Vorschriften die Ausübung des Gottesdienstes der gesetzlich anerkannten Religionsgesellschaften. Der Schutz des § 167 StGB.[3]) wird nicht allen, sondern nur den im Staate bestehenden[4]) Religionsgesellschaften zuteil. Welche Religionsgesellschaften hierher gehören, bestimmt sich nicht nach dem Reichsgesetz vom 3. Juli 1869 in Verbindung mit den Vorschriften der Reichsverfassung einheitlich für das ganze Reich, sondern lediglich nach dem Staatskirchenrecht der Einzelstaaten und Elsaß-Lothringens.[5]) Den Schutz des § 166 StGB.

[1]) Vgl. Kisch S. 154 f.; Molitor-Stieve S. 31, Hinschius, a. a. O. 251 f., Fischbach S. 373 f. Ueber die Errichtung von Handelsgesellschaften durch Religiöse vgl. Kahl in Berliner Festgabe für Dernburg 1900. Ueber die Verneinung der Handelsregisterpflichtigkeit eines Vereins für kirchliche Zwecke trotz des Betriebs von Gastwirtschaften RG. v. 18. 4. 1904 Reger, 3. ErgzBd. 1905 S. 151.

[2]) Die Gemeinden haben die Reparaturlast an den dem Kulus dienenden Gebäuden.

[3]) E. Kohlrausch, Die Beschimpfung von Religionsgesellschaften. 1908.

[4]) Zu den bestehenden Religionsgesellschaften werden nach der Rechtsprechung die Baptistengemeinde (RGE. v. 11. 7. 1898 (Str.) Bd. 31 S. 237), ferner die Heilsarmee (RGE. v. 10. 5. 1900 (Str.) Bd. 32 S. 212) gerechnet. Vgl. dagegen RG. vom 22. 1. 1907 (Str.) Reger E. 28 S. 422.

[5]) Vgl. RG. v. 22. 1. 1907 (Str.) Jur. Woch. 1907 S. 551 Nr. 21, und bzgl. der Heilsarmee RG. v. 2. 6. 1899 Jur. Woch. 1900 S. 121. Vgl. ferner bzgl. der beschimpfenden Aeußerungen gegenüber „Einrichtungen und Gebräuchen" RG. v. 1. 12. 1894 Jur. Zeitschr. 20 S. 207 (Unfehlbarkeit des Papstes), ferner RG. v. 4. 4. 1895 ebenda S. 487 (über dieselbe Frage) Arch. f. Kath. KR. 58 S. 73, 73 S. 328, 75 S. 286. RG. v. 14. 1. 1897 Jur. Z. 28 S. 405. Ferner RG. v. 27. 3. 1900 Jur. Z. 28 S. 403.

genießen dagegen nicht bloß die anerkannten Kirchen, sondern alle mit Korporationsrechten ausgestatteten Religionsgesellschaften.[1])

2. Kapitel.

Die Verfassung der Glaubensgesellschaften im allgemeinen.

Über die Bildung ihrer Verfassung entscheiden die Religionsgesellschaften grundsätzlich selbständig. Der Staat sichert sich jedoch in Bezug auf ihre Organisation einen gewissen Einfluß hauptsächlich nach zwei Punkten: einmal nach der Richtung der Zugehörigkeit der Bewohner zu einer Glaubensgesellschaft, und ferner mit Rücksicht auf das Vorliegen der juristischen Persönlichkeit; nach beiden Richtungen wird die Aufstellung gewisser Normen und die Schaffung gewisser Organe für die Glaubensgesellschaften notwendig.

Außerdem macht sich der staatliche Einfluß geltend bei der Ämtererrichtung, der Gebietseinteilung (Diözesen, Pfarreien, Rabbinate) und vor allem bei den sogen. gemischten Gegenständen. Was die Verwaltung der Glaubensgesellschaften angeht, so hat hier der Staat namentlich bei der Vermögensverwaltung ein gewichtiges Wort mitzusprechen.

Der Staat beschränkt seine Kirchenhoheit auf die sog.

[1]) Zu Religionsgesellschaften werden Vereinigungen dann, wenn sie sich organisieren und die Rechtsfähigkeit erlangen. Das ist nach Landesrecht jedoch nur möglich, falls die Landesbehörde gegen die Eintragung keinen Einspruch erhebt (S. 61 BGB.) oder was n. Art. 84 EG. zulässig bleibt, wenn ein Gesetz die Berufsfähigkeit verleiht (Verkapptes und offenes Konzessionssystem). R. Sohm. Das Verhältnis von Staat und Kirche, Z. f. K. R. Bd. 11 (1873) U. Stutz, Exc. S. 913.

iura circa sacra, während er die sacra interna d. h. die eigentliche kirchliche Sondersphäre (Gottesdienst, Lehre usw.) unberührt läßt.

§ 6.

Die Zugehörigkeit zu einer Glaubensgesellschaft.

Wären die Glaubensgesellschaften Gesellschaften oder Vereine des bürgerlichen Rechts (was für die gesetzlich nicht anerkannten religiösen Vereinigungen ohne weiteres Rechtens ist), so wäre der Rechtsgrund der Zugehörigkeit zu denselben, der Eintritt in die Gesellschaft oder in den Verein, mithin ein Vertrag. Die gesetzlich anerkannten Glaubensgesellschaften gelten jedoch als öffentlich-rechtliche juristische Personen, und die Zugehörigkeit zu ihnen ist daher ein öffentlich-rechtliches Verhältnis, ähnlich wie die Gemeinde- und Staatsangehörigkeit.[1]) Neben der Geburt muß noch ein Rechtsgrund hinzukommen, der die Aufnahme in die Glaubensgesellschaft bewirkt; es muß mit anderen Worten zwischen der Zugehörigkeit zur Glaubens- und zur Rechtskirche unterschieden werden.

Allgemeine gesetzliche Bestimmungen über die Frage, unter welchen Voraussetzungen Jemand Mitglied einer Religionsgesellschaft wird oder aufhört, es zu sein, existieren nicht. Nach Art. 134 EGBGB. sind nur die landesgesetzlichen Vorschriften, welche die religiöse Erziehung der Kinder betreffen, in Kraft geblieben.[2]) Nach

[1]) So zutreffend Graßmann-Piloty II 468 f. Die Zugehörigkeit zu einer Glaubensgesellschaft ist aber nicht von der Staatsangehörigkeit abhängig.

Ein Zivilprozeß zweier Kirchengemeinden über die Zugehörigkeit bestimmter Personenklassen zu der einen oder anderen ist ausgeschlossen, weil es sich um eine reine Verwaltungsangelegenheit handelt. Pr. Ger. Hof f. Kompet. Konfl. v. 1. 7. 1905 D. J. Z. 1906 S. 659.

[2]) Dem Staatsrecht sind die in Frage kommenden Grundsätze an sich fremd. Die elterliche Erziehungsgewalt gehört

§§ 119—122 AGBGB. gelten in dieser Beziehung folgende Vorschriften.

I. Die religiöse Erziehung ist Ausfluß des Erziehungsrechts und obliegt daher demjenigen, welchem die Sorge für die Person des Kindes zusteht. Sie umfaßt die Bestimmung des Glaubensbekenntnisses und auf dieser Grundlage die Anhaltung zu den religiösen Übungen nach Maßgabe der kirchlichen Vorschriften; darüber hinaus erfaßt sie aber auch die ganze ethische Erziehung des Individuums. 1. Während bestehender Ehe steht das Bestimmungsrecht beiden Eltern zu mit der Maßgabe, daß bei Meinungsverschiedenheit der Vater vorgeht (§ 1634 BGB); ist der Vater an der Ausübung der elterlichen Gewalt tatsächlich verhindert (§ 1685 I) oder ruht[1]) seine elterliche Gewalt, so geht das Bestimmungsrecht auf die Mutter über. Hat

dem bürgerlichen Recht an. Eingriffe des Staats können grundsätzlich nur auf Grund gewisser Vorschriften des BGB. und des öffentlichen Rechts erfolgen, welche den Schutz der Kinder gegen den Mißbrauch der elterlichen Gewalt betreffen. (cf. §§ 1666, 1668 BGB.) Eine Ausnahme von diesem Grundsatz gilt nur hinsichtlich des staatlichen Unterrichtszwanges. Da die Materie vorwiegend dem Privatrecht angehört, ist sie nur in gedrängter Kürze wiedergegeben. Es wird auf die ausführlichen Darstellungen bei Kisch S. 932 f., und Molitor-Stiebe verwiesen. Vgl. ferner Geigel, Elf.-l. Z. 1903 (28) S. 306; K. Fauser, Die Konfession der Kinder in Württemberg. D. Z. f. K. R. Bd. 21 (1911). Hellmuth, Die religiöse Erziehung der Adoptivkinder, Oeff. Arch. 29 (1912) S. 233.

[1]) In Betracht kommt § 1677 (wegen festgestellter längerer Verhinderung), § 1676 Abs. 1 (wegen Geschäftsunfähigkeit). Ist der Vater wegen Geisteskrankheit entmündigt und nach Feststellung des Vormundschaftsgerichts die Wiederherstellung ausgeschlossen (§ 121 Ziff. 3 AG.BGB.), so kann die Mutter das religiöse Bekenntnis des Kindes auch ändern. Drittens kommt in Frage der Fall, daß der Vater in der Geschäftsfähigkeit beschränkt oder wegen körperlicher Gebrechen unter Pflegschaft gestellt ist; hier geht die Meinung der Mutter vor (§§ 1676 Abs. 2, 1685), falls ihr nicht selbst die elterliche Gewalt aus irgend einem Grunde entzogen ist. Eine Aenderung des Bekenntnisses ist der Mutter in diesem Falle nicht gestattet.

der Vater während der Ehe die elterliche Gewalt verwirkt, so steht der Mutter ebenfalls das Bestimmungsrecht zu, aber nur neben dem alsdann zu bestellenden Vormund und mit Vorrang vor diesem (BGB. § 1684 Abs. 1 Nr. 2, 1773, 1698, AGBGB. § 120). Das Gleiche gilt, wenn dem Vater die elterliche Gewalt entzogen und ein Vormund bestellt, oder wenn ihm nur die Sorge für die Person des Kindes entzogen und ein Pfleger bestellt wird (§§ 1666, 1667 BGB.)

2. Nach beendeter Ehe a) im Falle des Todes eines Ehegatten (Vaters) erhält die Mutter das Bestimmungsrecht (§ 1684 I BGB.), und zwar auch dann, wenn ihr ein Beistand bestellt ist.[1])

b) im Falle der Scheidung der Ehe oder der Aufhebung der ehelichen Gemeinschaft, falls beide Ehegatten für schuldig erklärt sind (§ 1635 BGB.), entscheidet, falls nicht das Vormundschaftsgericht aus besonderen Gründen eine abweichende Bestimmung trifft, das Alter und das Geschlecht des Kindes (§§ 1635, 1637) darüber, welcher Ehegatte das Bestimmungsrecht hat.[2]) Fällt dieses der Mutter zu, so hat sie kein Änderungsrecht (§ 121 AGBGB.). Ist ein Ehegatte für alleinschuldig erklärt, so steht bei Lebzeiten beider dem anderen Ehegatten das Bestimmungsrecht zu (§§ 1635, 1586); dies ändert sich naturgemäß im Falle des Todes des letzteren.[3])

3. Bei unehelichen Kindern steht das Bestimmungsrecht der Mutter zu, auch wenn sie nicht Vormünderin ist.

[1]) §§ 1887, 1889 BGB. Dies gilt auch für den Fall der Minderjährigkeit der Mutter und des Eingehens einer neuen Ehe.

[2]) Analoges gilt im Falle des § 1637 BGB.

[3]) Bezüglich des Falles, daß bei Scheidung der Ehe dem Vater die Sorge für die Person des Kindes zusteht und daß dieser an der Ausübung der Gewalt tatsächlich verhindert ist, sowie bzgl. weitere Einzelfälle vgl. Molitor-Stieve S. 433.

Eine zivilrechtliche Klage auf Feststellung des religiösen Bekenntnisses eines Kindes ist unzulässig. OLG. Colmar v. 14. 12. 1894 Elf.-l. Z. 21. (1896) S. 221.

(§ 1707 BGB., § 120 AGBGB.). Bei Legitimation durch nachfolgende Ehe gelten die gleichen Vorschriften wie für eheliche Kinder (§ 1719 BGB.); bei Ehelicherklärung des Kindes gilt hinsichtlich des Vaters das Gleiche.[1])

4. Bei Adoptivkindern erlangt der Adoptierende das Bestimmungsrecht. (§ 1757 BGB.).[2])

5. Findelkinder gehören, wenn sie Jemand zum Unterhalt und zur Erziehung angenommen hat, zu dessen Glaubensgesellschaft (§ 119 AGBGB). Sind sie in einer Anstalt aufgenommen, welche für Angehörige eines bestimmten Glaubens eingerichtet ist, so gehören sie zu der betreffenden Glaubensgesellschaft.

6. Der Mutter ist die Änderung des religiösen Bekenntnisses des Kindes, solange der Vater lebt, nur gestattet (§121 AGBGB.), wenn a) ihr die elterliche Gewalt zusteht, oder b) wenn im Falle der Scheidung der Ehe oder der Aufhebung der ehelichen Gemeinschaft der Vater allein für schuldig erklärt, oder c) der Vater wegen Geisteskrankheit entmündigt und nach Feststellung des Vormundschaftsgerichts die Aussicht auf Wiederherstellung ausgeschlossen ist.

7. Ein Vormund oder Pfleger kann das religiöse Bekenntnis eines Kindes nicht ändern. (§ 122 AG.) Ein Bestimmungsrecht kommt ihnen nur in den sehr seltenen Fällen zu, in denen beim Beginne der Vormundschaft das Bekenntnis des Kindes noch nicht bestimmt ist, und Vater oder Mutter hierzu außerstande sind, oder wenn der Personenstand des Kindes überhaupt nicht zu ermitteln ist. (§ 1733 II BGB.).[3])

[1]) Vgl. Staudinger Komm. 7. 8. A. 1913 IV 1 S. 896.

[2]) So Krick, Verwaltung des kath. Pfarramts, 2. A. S. 457; And. Ans. bair. Verw.gerichtshof E 28 S. 165 u. 31 S. 76, mit der Begründung, daß das Recht der Religionsbestimmung nur den leiblichen Eltern zukomme. Vgl. aber § 1626 BGB.

[3]) Dem der Mutter zugeteilten Beistand oder dem Vormund, der die rechtliche Stellung des Beistandes hat (§§ 1696, 1697, 1707 BGB.), steht eine Mitwirkung bei der Bestimmung des religiösen Bekenntnisses nicht zu. Ueber die Zuständigkeit des Vormundschaftsgerichts, Molitor-Stieve S. 436 insb. zu § 121

8. Bezüglich der Verhältnisse in gemischten Ehen gibt weder das BGB. noch das AGBGB. Auskunft. Erziehungsrecht und Erziehungspflicht regeln sich auch hier nach §§ 1629, 1634, 1631 BGB. Für den Elternteil, der ein Interesse an einer konfessionellen Erziehung seines Kindes hat, muß trotz der vorherrschenden Stellung des Vaters, die Möglichkeit offen gelassen werden, seine Wünsche geltend zu machen.

II. Ob die Eltern namentlich bei gemischten Ehen einen Vertrag über das Kindern zu gebende religiöse Bekenntnis schließen können, ist bestritten. Molitor-Stieve (S. 436) verneinen im Hinblick auf das Landesrecht die Gültigkeit solcher Verträge, weil auf das Recht und die Pflicht zur Sorge für die Person des Kindes, welche nach § 119 AG. für das Bestimmungsrecht maßgebend sind, nicht verzichtet werden könne. Die genannten Schriftsteller müssen aber selbst zugeben, daß im § 119 cit. eine Pflicht zur Wahl eines bestimmten religiösen Bekenntnisses nicht enthalten ist. Weshalb nun die Eltern, namentlich bei verschiedener Konfession, nicht einen Vertrag über das den Kindern zu bestimmende religiöse Bekenntnis sollen schließen können, ist unerfindlich. Es wird nur verlangt werden müssen, daß der Vertrag in eine bestimmte Form gekleidet wird, wenn nicht die betr. Vertragsbestimmung überhaupt, — was die Regel ist — vorher in den Ehevertrag aufgenommen wird.[1])

Z. 3 AG. Maßgebend für die religiöse Erziehung des Mündels ist in Ermangelung einer abweichenden landesrechtlichen Vorschrift das Recht des Heimatstaates des Mündels. Der Vormund hat dafür zu sorgen, daß der Mündel in dem landesrechtlich bestimmten Bekenntnis erzogen wird. Der Erziehung in dem vorgeschriebenen Bekenntnis darf nicht durch Teilnahme des Mündels am Gottesdienst einer anderen Religionsgesellschaft oder durch entgegengesetzten häuslichen Unterricht entgegengewirkt werden. Der Besuch der Schule einer anderen Konfession ist dagegen zulässig, sofern nicht der dem Mündel zu erteilende Religionsunterricht hierunter leidet. RQLG. 7 S. 423. Komm. d. Reichsgerichtsräte zu § 1801 BGB.

[1]) Vgl. RG. v. 23. 11. 1905 DJZ. 1906 S. 202. Daselbst auch Näheres über die Folgen des Nichteinhaltens des Vertrages. Hellmuth Oeff. Arch. 29 S. 233 f. Nach RG. in Jur. Woch. 1906

Ist bei gemischten Ehen vertraglich nichts über die Konfession der Kinder bestimmt, so folgen die Söhne der Religion des Vaters, die Töchter derjenigen der Mutter.

III. Die Bestimmung des religiösen Bekenntnisses ist nicht an besondere Formen gebunden; sie kann daher auch stillschweigend erfolgen, was besonders dann der Fall ist, wenn das Kind in einem bestimmten Bekenntnis erzogen wird. Regelmäßig erfolgt allerdings die Bestimmung durch die Aufnahme in die betr. Religionsgesellschaft, welche in einen sakralen Akt (Taufe, Beschneidung) gekleidet wird.

Eine bestimmte Altersgrenze für die Befugnis des Kindes, seine Glaubensangehörigkeit zu bestimmen, besteht nicht;[1]) § 1631 BGB. erklärt das Erziehungsrecht als einen Bestandteil der Sorge für die Person. Diese Sorge erlischt mit der Volljährigkeit des Kindes. Daraus kann aber nicht der Schluß gezogen werden, daß die Erziehung bis zur Volljährigkeit dauert. Aus dem Begriff der Erziehung ergibt sich, daß dieselbe nur so lange dauern soll, als dies im Interesse des Kindes gelegen ist. Das Interesse des Kindes an einer religiösen Erziehung erlischt aber mit der Erlangung des moralischen Selbsturteils in religiösen Dingen oder mit der Gewissensfreiheit.[2])

IV. Die in seinem Erziehungsrechte begründete Befugnis eines Vaters, die Religion seines unmündigen Kindes zu bestimmen, umfaßt auch sein Recht, den Austritt des Kindes aus einer Kirche zu erklären.[3]) Eine Schranke findet das Recht des Vaters nur an dem staatlichen Religions-

---

S. 21[21] kann durch rücksichtslose Ausübung der Wahl des religiösen Bekenntnisses der Ehemann (der wiederholt Erziehung in einer bestimmten Konfession versprochen hatte) der Frau gegenüber ein Unrecht begehen, das diese zur Verweigerung der Rückkehr berechtigt. Vgl. ferner Staudinger, Komm. 7. 8. A. IV_2 S. 347.

[1]) Molitor-Stiebe S. 436 nehmen das 16.—18. Lebensjahr an.

[2]) Vgl. Staudinger Komm. z. BGB. IV § 1631 Anm. 5.

[3]) Vgl. RG. v. 14. 12. 05 Recht 06 S. 751 u. Puchelts Zeitschr. 37 S. 187; Geigel, Reichsl. KR. I S. 243.

unterricht. Der durch die deutsche Schulgesetzgebung eingeführte Schulzwang enthält auch die Verpflichtung zur Teilnahme an denjenigen Religionsstunden, welche das Programm des Elementarunterrichts in sich schließt. Da dieses Programm auch die Privaterziehung einbegreift, so muß auch derjenige, welcher seinen Kindern Hausunterricht erteilt, für die entsprechende religiöse Unterweisung sorgen. Natürlich kann der Unterricht nur in demjenigen Glauben erzwungen werden, dem die Kinder nach der elterlichen Bestimmung oder mangels einer solchen nach staatlichen Gesetzen zugehören. Der Einwurf eines Vaters, daß er nach seiner religiösen Überzeugung keiner der Landeskirchen angehöre, muß als unerheblich gelten, da nach Landesrecht ein Ausscheiden aus der Kirche formell überhaupt nicht vorgesehen ist. Dieser Umstand nötigt zur näheren Untersuchung der Frage über die Entstehung und den Verlust der Zugehörigkeit zu einer der anerkannten Glaubensgesellschaften.

V. Wenn man vom „Austritt aus der Landeskirche" spricht, so ist dieser Sprachgebrauch eigentlich ungenau, da die Landeskirche keine Gesellschaft und kein Verein ist, der seine Entstehung dem Willen der Mitglieder verdankt. Nach der französischen Gesetzgebung gehört eigentlich jeder Staatsbürger einer der drei „cultes reconnus" an;[1]) daher ist dem Staat auch der Übergang von einem Kult zum anderen gleichgültig. Die organischen Artikel sprechen daher auch immer nur im Plural von den Kirchen, und Gegenstand der staatlichen Gesetzgebung ist die Fürsorge für den Gottesdienst ganz allgemein. Da kein Bedürfnis bestand, die Zugehörigkeit zu einem bestimmten Glaubensbekenntnis abzugrenzen, hat das französische Staatskirchenrecht auch keine diesbezüglichen Rechtssätze aufgestellt. In dieser Ordnung der Dinge kann ein Gewissenszwang nicht erblickt werden, weil die Zugehörigkeit zur Landeskirche zu

---

[1]) Die Sekten betrachtet der Staat gewissermaßen als etwas ganz Nebensächliches.

nichts verpflichtet. Jedermann steht es frei, von den Einrichtungen zur Pflege des religiösen Lebens Gebrauch zu machen oder nicht. Die Teilnahme am Gottesdienst, der Empfang kirchlicher Gnadenmittel usw. sind nicht Gegenstand staatlichen Zwanges.

1. Dies änderte sich allerdings für die Angehörigen der Kirche Augsburgischer Konfession, als durch Gesetz v. 6. Juli 1901 zur Erhöhung der Gehälter der protestantischen Geistlichen eine Kirchensteuer eingeführt wurde, und wird sich in verstärktem Maße bemerkbar machen, wenn das Problem der Trennung zwischen Staat und Kirche Geltung erlangen sollte. Nach § 6 des Gesetzes von 1901 waren „umlagepflichtig die natürlichen Personen .... die einer der beiden protestantischen Landeskirchen angehören.“[1]) Die Zugehörigkeit zur Landeskirche von der Entrichtung der Steuer abhängig zu machen, wäre ein zweischneidiges Schwert gewesen. Auch wurde damals die Frage akut, ob die Mitglieder der sogen. Protestgemeinden[2]) bei Verweigerung der Steuerzahlung als aus der Landeskirche ausgeschieden zu betrachten seien. Die protestantischen Landeskirchen wurden aller dieser Schwierigkeiten dadurch wieder ledig, daß das Gesetz v. 15. Nov. 1909 betr. die Gehalts- und Pensionsverhältnisse der Religionsdiener die Kirchensteuer wieder aufhob.[3]) Das enthebt natürlich nicht der Prüfung der Frage, ob die Nichtzahlung der Steuer gegebenenfalls den Ausschluß oder Austritt aus der fraglichen Glaubensgesellschaft bedeutet hätte. Die

---

[1]) Die minist. Ausfbest. über die Erhebung von Umlagen für kirchliche Zwecke v. 18. 3. 1903 zogen in Art. 11 IV die richtige Folgerung, daß die Erklärung des Austritts aus der Landeskirche unwirksam ist, „wenn nach deren Abgabe der Ausgetretene die Einrichtungen einer der beiden protestantischen Landeskirchen weiterbenutzt.“

[2]) Die zum Teil, wie die Protestgemeinde Schillersdorf-Obermodern und die Minoritengemeinde Plobsheim ihren Pfarrer selbst besolden.

[3]) Die katholische Kirche war in einer glücklicheren Lage, da sie sich gegen eine Besteuerung ihrer Angehörigen erklärt hatte.

Frage wird aber unbedingt zu verneinen sein, weil ihre Bejahung gegen die Grundprinzipien jeder Religionsgesellschaft verstoßen würde.

2. Die Steuerzahlungspflicht äußert aber noch eine andere rechtliche Wirkung auf kirchlichem Gebiet. Von der Zugehörigkeit zur Landeskirche ist nämlich streng zu scheiden die Teilnahme an der kirchlichen Selbstverwaltung; maßgebend in dieser Richtung sind Art. 14 Dekret v. 26. März 1832 und die Ministerialinstruktion von 10. Sept. 1852; hiernach ist von der Zugehörigkeit zur Kirche das aktive Wahlrecht zu unterscheiden. Äußerlich gibt sich diese Scheidung der Begriffe schon darin kund, daß man kirchlicher Wähler nur durch einen besonderen Akt, durch Einschreibung in die Pfarregister werden kann.[1]) Die Erlangung der Stellung als Wähler kann aber von der Zahlung der Kirchensteuer abhängig gemacht werden.

3. Abgesehen von der Steuerfrage ist der Austritt aus der Kirche, insbesondere derjenige aus der katholischen Kirche an keinerlei Form gebunden. Voraussetzung wird nur sein Abgabe der Austrittserklärung an den zuständigen Pfarrer, weil es sich um eine rein religiöse Angelegenheit handelt. Das Letztere ist auch von dem Ausschluß aus einer Kirchengesellschaft zu sagen oder von der Entziehung eines innerhalb derselben wirkenden Rechts; die diesbezüglichen Maßnahmen unterliegen nicht der Nachprüfung im ordentlichen Rechtsweg, denn das würde eine staatliche Einmischung in die innersten mit der dogmatischen und sittlichen

[1]) Dieses Erfordernis ist so wichtig, daß der französische Minister einem Beschluß des Oberkonsistoriums vom Jahre 1853, welcher die Aufnahme der Berechtigten von Amtswegen zulassen wollte, die Genehmigung versagte. (Minzirk. v. 8. 12. 1855.)

Das Oberkonsistorium hatte ferner unter den „garanties religieuses" des Wahlrechts als Bedingungen für die Eintragung in das Pfarregister verlangt: 1. die Konfirmation; 2. für Verheiratete Eheschließung nach ev. Ritus, und bei gemischten Ehen, wenn dies nicht möglich war, Erziehung wenigstens eines Kindes in der protestantischen Religion.

Auffassung der Kirche verknüpften Angelegenheiten der Religionsgesellschaft bedeuten.[1])

4. An dieser Stelle ist auch in eine Prüfung der bestrittenen Frage[2]) einzutreten, ob die Staats-(Landes) angehörigkeit Voraussetzung der Zugehörigkeit zur Landeskirche ist. a) Für das elsaß-lothringische Staatskirchenrecht ist im Hinblick auf die protestantischen Bekenntnisse die Frage jedenfalls zu verneinen, weil bis zu dem Erlaß des Oberpräsidenten vom 17. Nov. 1873 (Dursy II 102) die Ausländer nach dreijährigem Aufenthalt im Inland selbst in die Pfarregister einzutragen, also zum kirchlichen Wahlrecht zugelassen waren, und um so mehr als passive Mitglieder der Kirche zu gelten hatten.[3]) Dieser Rechtssatz ist durch

---

[1]) RG. v. 4. 1. 06 Recht 06, 389; Gruch. Beitr. 50 S. 1038. JurWoch. 06, 125 (cf. 05, 438, RGE. 26 S. 277; JurWoch. 90, 24; 99, 768). And. Ans. JurWoch. 94, 378.

Das Gesagte gilt weiterhin nicht nur von den inneren Mitgliedschaftsrechten der Kollegiatstifter und korporationsberechtigten Klöster (RGE. 41 S. 295, 308, JurZ. 16 S. 168), sondern auch von den auf dem Gebiete der Religionsübung tätigen Brüderschaften. Vgl. Geigel I 146, 302, 305 f., 364 f.

[2]) Vgl. die Abhandlungen von Mejer (bejahend) und von Braun und Rehm (verneinend) in ZfKR. 21 S. 401, 22 S. 211; 3. Folge II S. 102.

[3]) Die in Betracht kommenden Bestimmungen des französischen Rechts lauten: Dekr. 26. 3. 1852 Art. 1 Abs. 3: Sont électeurs (pour les conseils presbytéraux) les membres de l'église portés sur le régistre paroissial. AusführVerordnung des Kultusministers v. 10. 9. 1852. Art. 9 S. 2: Pour être membre d'un conseil presbytérial il faut être électeur. Art. 10 Abs. 2: Les étrangers, après trois ans de résidence dans la paroisse, sont admis à ce faire inscrire au registre paroissial aux mêmes conditions que les nationaux.

Das Direktorium erließ auf Grund des Erlasses des Obpr. v. 17. 11. 1873 ein Zirkular, wonach alle Nichtdeutschen in den Wahllisten auszustreichen seien. Erst mit Schreiben v. 25. 10. 1876 stellte es gemäß Beschluß des Oberkonsistoriums (AS. 32 S. 86, 109) den Antrag auf Aufhebung des Erlasses des Obpr. Der Obpr. lehnte den Antrag ab (AS. 33 S. 89) mit der Begründung, bei den kirchlichen Wahlen handle es sich um die Ausübung einer

die Aufhebung des Art. 10 Abs. 2 der Verordnung vom 10. Sept. 1852 nicht beseitigt worden, weil dieser nur das Wahlrecht und die Wahlfähigkeit betrifft. Nach dem genannten Erlaß des Oberpräsidenten haben die Ausländer das Wahlrecht und die Wahlfähigkeit verloren, nicht dagegen die Möglichkeit der Zugehörigkeit zur Landeskirche.

b) Analoge Verhältnisse bestehen im katholischen und israelitischen Kultus:

α) Die Fabrikräte der katholischen Kirchen werden z. T. durch Wahl (Kooptation) gebildet (Art. 8 Dekr. vom 30. Dez. 1809). Eine ausdrückliche Bestimmung über die Frage, ob ein Ausländer Mitglied des Fabrikrats sein kann, ist nicht getroffen, doch ist die Frage ohne weiteres zu verneinen.[1])

β) Was den israelitschen Kultus anlangt, so waren von der Notabelnliste n. Art. 28 Ord. v. 25. Sept. 1844 Ausländer ausgeschlossen. Art. 5 Nr. 8 Dekr. v. 29. Aug. 1862 gibt ihnen nach dreijährigem Wohnsitz im Wahlbezirk die aktive, aber nicht die passive Wahlfähigkeit.[2])

§ 7.

Die Organisation der einzelnen Kirchengemeinden.

Von der Zugehörigkeit zu einer bestimmten Glaubensgesellschaft ist die Zugehörigkeit zu einer gewissen Kirchen-

---

Befugnis des öffentlichen Rechts, wobei die Staatsangehörigkeit wesentliche Voraussetzung sei. Dafür spreche die Natur der Sache und die Terminologie des Germinalgesetzes, an welche sich das Dekret v. 26. 3. 1852 eng anschließe. Eine frühere entgegengesetzte Uebung habe nicht stattgefunden.

[1]) Der franz. Kultusminister hat die Frage, ob ein Ausländer Mitglied des Fabrikrats werden könne, in einem Schreiben an den Erzbischof von Reims verneint. D.P. 1870. 3. 90.

[2]) Wegen des Rechtszustandes in den deutschen Einzelstaaten, wo fast durchgängig das Staatsbürgerrecht verlangt wird, vgl. Friedberg, Das geltende Verfassungsrecht der Landeskirchen 1888 S. 280 u. Boehmers Jus parochiale S. 149.

gemeinde (Pfarrei) zu unterscheiden. Eine solche Kirchen-(Kultus)gemeinde ist das notwendige und wesentliche Verfassungselement einer jeden Religionsgesellschaft.[1]) Das Substrat der Kultusgemeinde bilden eine Personenmehrheit und ein abgegrenztes örtliches Gebiet. Wie viele Personen erforderlich sind, bestimmt die Verwaltungsbehörde, jedenfalls muß es sich um einen leistungsfähigen Personenverband handeln, nicht bloß um eine Hausgenossenschaft (Betstube). Der Personenverband selbst muß eine gewisse Organisation aufweisen, es muß ein Organ für den äußeren Verkehr (mit Behörden und rechtsgeschäftlicher Verkehr) und ein Seelsorger für die geistlichen Funktionen vorhanden sein.

Zur Errichtung einer Kultusgemeinschaft, zur Änderung ihres örtlichen Gebietes[2]) sowie zur Vereinigung mehrerer Kultusgemeinden ist ein Staatsakt erforderlich. Daß der Staat sich auch einen gewissen Einfluß auf die Ernennung der kirchlichen Organe und der Seelsorger sowie auf die Vorbildung der letzteren vorbehält, erscheint selbstverständlich.

Über die Frage, ob bestimmte Personen oder Personenklassen zu dieser oder jener Pfarrei gehören, ist der Rechtsweg nicht zulässig.[3])

§ 8.

Religionsgesellschaften als Selbstverwaltungskörper in rein kirchlichen Angelegenheiten.

Jede Glaubensgesellschaft hat das Recht, ihre inneren Angelegenheiten selbständig zu regeln (kirchliche Selbst-

[1]) v. Hussarek. S. 10. Geigel I 15.

[2]) Für den Streit verschiedener Kirchengemeinden über die Grenzen der Pfarreien vgl. (preußR. Rechtsweg zulässig) RGE. 5 S. 300; JW. 04 S. 564. PreußGerHof f. Komp. confl. v. 25. 2. 05 DJZ. 06, 659. Für Elf.-Lothr. dagegen ElfLJurZ. 26 S. 273. Geigel III S. 23.

[3]) Für das preuß. Recht vgl. KompGerhof v. 29. 6. 1901 DJZ. 1901 S. 511. Abw. Ans. RGE. 5 S. 300. cf. 37 S. 346. JurWoch. 1901 S. 340[34].

verwaltung), insbesondere Glaubenslehren und Kirchengebote aufzustellen und eine Gesinnung oder ein Verhalten, welches den Kirchensatzungen widerspricht, mit geistlichen Strafen zu bedrohen. Diese Befugnis der Glaubensgesellschaften bildet kein Selbstgesetzgebungsrecht im staatlichen Sinne, da die Urteile der geistlichen Gerichte nur das Gewissen binden und ihre Befolgung vom Rechtsstandpunkte aus keine erzwingbare Pflicht ist.[1])

Im Einzelnen kommen folgende Rechte der kirchlichen Selbstverwaltung in Betracht:[2])

I. Der Gottesdienst des Einzelnen wie der Hausgenossenschaften fällt in den Rechtsbereich des Staates nur, falls hierbei ein gesetzlicher Verstoß oder ein unsittliches Verhalten zutage tritt. Die staatliche Normierung des Gottesdienstes als solchen beginnt erst da, wo eine Versammlung, um die Religion zu betätigen, über den Rahmen einer häuslichen Genossenschaft oder Versammlung hinaustritt.

Die Kirche dagegen ordnet die Form und die Feier des Gottesdienstes einschließlich der einzelnen gottesdienstlichen Verrichtungen (Liturgie, Sprache, gottesdienstliche Bücher). Zur Verwaltung des Predigtamts sind jedoch nur diejenigen Geistlichen berechtigt, welche nach Maßgabe der staatlichen Gesetzgebung die Befugnis zur Vornahme kirchlicher Amtshandlungen besitzen.[3]) Über die nähere Ausübung des

[1]) Vgl. für das bair. Staatsrecht Graßmann-Piloty S. 484.

[2]) Geigel I 21 f. — J. Niedner, Der Begriff der innerkirchlichen Angelegenheiten aus der Festschrift für A. Thon. Jena 1911: Den Gegensatz zu den innerkirchlichen Angelegenheiten bilden einmal die äußeren kirchlichen A. und sodann die nichtkirchlichen A. Mit den innerkirchlichen A. sind entweder nur die Vorgänge gemeint, die sich lediglich im Interesse des Seelenlebens abspielen, oder jene A., welche unmittelbar auf die spezielle Zwecktätigkeit der Kirche gerichtet sind, also auf Erzielung religiöser Betätigung und religiöser Wirkungen. In der katholischen Kirche spielt die Unterscheidung in innere und äußere kirchliche A. keine Rolle.

[3]) Das von Napoleon I. für Frankreich 1806 erlassene Verbot, Priester ohne feste Anstellung als Prediger zu verwenden, ist schon seit langer Zeit in Vergessenheit geraten, Gaudry, Traité de la législation des cultes 2 S. 327.

Predigtamts hat der Staat jedoch grundsätzlich keine Bestimmung zu treffen: insbesondere darf er nicht die Prediger als Publikationsorgane für staatliche und kommunale Zwecke benützen.[1]) Dem Staat ist jedoch die Ermächtigung zuerkannt, jeden Mißbrauch der Kanzel zu verbieten, soweit staatliche oder politische Angelegenheiten behandelt, der öffentliche Frieden gefährdet,[2]) andere Kulte beschimpft[3]) und die Ehre gewisser Personen oder Personenklassen angetastet[4]) werden.

Was insbesondere die Eheschließung anlangt, so ist durch § 67 des Personenstandsgesetzes bestimmt, daß Geistliche oder andere Religionsdiener, welche zu den religiösen Feierlichkeiten einer Eheschließung schreiten, bevor ihnen nachgewiesen ist, daß die Ehe vor dem Standesbeamten geschlossen sei, bestraft werden. Eine strafbare Handlung ist nur dann nicht vorhanden, wenn der Geistliche oder Religionsdiener im Falle einer lebensgefährlichen, einen Aufschub nicht gestattenden Erkrankung eines der Verlobten zu der religiösen Feier der Eheschließung schreitet.

Der Staat hat die rechtliche Seite der Ehe von der kirchlichen scharf getrennt, wie dies auch in § 1588 BGB. (Kaiserparagraph) zum Ausdruck kommt. Eine Klage auf Er-

---

[1]) Vgl. Org. Art. 50 u. 53: „Ils ne feront au prône (d. h. gelegentlich der erbaulichen Belehrung, der nicht formalen Predigt während der Pfarrmesse) aucune publication étrangère à l'exercice du culte, si ce n'est celles qui seront ordonnées par le gouvernement". cf. André Cours alphabétique de législation civile ecclésiastique IV. éd. 4. 186, 200.

[2]) Vgl. Hinschius 4 S. 476. RStGB § 130a u. C. p. Art. 201. Letztere Bestimmung bestraft ohne Rücksicht auf den Gesichtspunkt der Gefährdung des öffentlichen Friedens die bloße Kritik der Regierung und der Regierungsakte, während § 130a RStGB. sich auf alles bezieht, was den Staat angeht, also umfassender ist. Olshausen, Komm. 8/9 Aufl. zu § 130a.

[3]) § 166 RStGB. Olshausen, a. a. O.

[4]) Organ. Art. 52. Neben der Beleidigungsklage kommt hier noch der appel comme d'abus in Anwendung. Geigel, Das frz. u. reichsl. Staatskirchenrecht S. 20f.

füllung der kirchlichen Verpflichtungen in Ansehung der Ehe steht einem Ehegatten gegen den anderen nicht zu. [1])

II. Die öffentliche Kultusausübung der anerkannten Kulte unterliegt den polizeilichen Anordnungen, soweit dies seitens der Regierung im Interesse der öffentlichen Ruhe für nötig erachtet wird (Art. 1. org. Art.). [2]) Bezüglich der Ausübung des Kultus selbst treffen die kirchlichen Würdenträger Bestimmung (Art. 9 Ges. 18. Germ. X). Eine Ausnahme besteht nach dieser Richtung nur insoweit, als betreffs der Fürbitte für die Landesregierung oder den Landesherrn gewisse staatliche Vorschriften erlassen sind. [3])

III. Das öffentliche Gotteshaus steht zur ausschließlichen Verfügung der kirchlichen Behörde; der Eigentümer des Gotteshauses (Staat, Gemeinde, Privatperson) darf die Kirchenbehörde am gottesdienstlichen Gebrauch der Kirche, insbesondere durch Vorenthaltung der Schlüssel nicht hindern, es sei denn, daß durch die Ingebrauchnahme des Hauses das Leben und die Gesundheit der Kirchenbesucher gefährdet werden könnte. Das kirchliche Gebäude darf seiner Zweckbestimmung nicht durch Benutzung zu weltlichen (profanen) Zwecken, wie Versammlungen, musikalischen Aufführungen usw. entzogen werden. Auch über die innere Ausstattung der gottesdienstlichen Gebäude haben die kirchlichen Behörden Bestimmung zu treffen, so insbesondere über die Verteilung der Plätze, die Aufstellung von zu Eigentum erworbenen oder gemieteten Stühlen, die Anbringung von Bildern und Statuen und

[1]) Vgl. hierzu Staudinger zu § 1588 BGB.

[2]) Vgl. auch Cirk. v. 22. 3. 1831 Dursy I 366, welches den Bürgermeistern zur Vermeidung von Konflikten verbietet, bei Abhaltung des Gottesdienstes im Innern der Kirchen dem Pfarrer Weisungen zu geben.

Das Dekr. v. 24. Meff. XII betrifft die Rangordnung der Behörden bei kirchlichen Feierlichkeiten, vgl. dazu Cirk. v. 20. 7. 1837, Art. 47 Germ. ges. Dursy I 346.

[3]) Vgl. Cirk. v. 23. 2. 1831, Dekr. v. 29. 2. 1848; Cirk. v. 29. 12. 1851, Cirk. v. 1. 12. 1852, Cirk. v. 7. 4. 1856, 10. 11. 1857, 28. 11. 1857. Art. 49 Germ. ges. Ueber sonstige Fürbitten 26. 12. 1857 Dursy I 350 f.

sonstigen der Ausschmückung dienenden Gegenständen; es versteht sich aber von selbst, daß der Staat solche Verzierungen und Ausschmückungen nicht dulden kann, welche politische Tendenzen verraten und geeignet sind, die Gemüter zu beunruhigen. [1])

Außer den rein kirchliche Angelegenheiten betreffenden Bekanntmachungen dürfen innerhalb und an der Außenseite der Kirche Anzeigen nicht angeschlagen werden, es sei denn, daß durch Beschluß der Ortspolizeibehörde die Kirchentüre oder Kirchenmauer (Außenseite) als der für öffentliche Anschläge bezeichnete Platz bezeichnet sind. [2])

Bei Verübung strafbarer Handlungen in Kirchen, bei Störung der öffentlichen Ruhe und Sicherheit daselbst, haben die polizeilichen Sicherheitsorgane auch ohne ein besonderes Ansuchen des Geistlichen einzuschreiten. [3])

§ 9.

Leichenfeierlichkeiten außerhalb der Kirchengebäude; Prozessionen.

Besondere Grundsätze gelten für gottesdienstliche Handlungen, soweit dieselben sich außerhalb der Kultusgebäude abspielen.

I. Nach Art. 45 des Germ.-Gesetzes ist bestimmt, daß in den Städten, in welchen sich Kirchen (temples, Gotteshäuser) verschiedener Konfessionen befinden, religiöse Feierlichkeiten außerhalb der zum katholischen Gottesdienst bestimmten Gebäude nicht vor sich gehen dürfen. In Verbin-

[1]) Man denke an politisch aufreizende Gedenktafeln usw.

[2]) Eine Ausnahme gilt nur für Bekanntmachungen gemäß Enteignungsgesetz vom 3. 5. 1841 artt. 6, 15, 19, 21, 23, 61.

[3]) Grün, Pol. admin. 311. Geigel I 25. Von strafbaren Handlungen, die in Frage kommen können, seien erwähnt: StGB. §§ 166, 167, 304, 123, 360 Ziff. 11, ferner kommen in Betracht Ortspolizeiverordnungen auf Grund des Ges. 16.—24. Aug. 1790 Tit. XI Art. 3[3] u. GemO. § 16; Strafbest. Art. 471, 474 C. p.

dung damit bestimmt Art. 18 des Dekrets vom 23. Prair. XII, daß die bei den verschiedenen Glaubensgenossenschaften bei Leichenzügen üblichen Feierlichkeiten außerhalb der Kirchen und Begräbnisplätze nach Art. 45 Germ.-Ges. nur in den Gemeinden zulässig sind, in welchen ausschließlich ein Glaubensbekenntnis geübt wird. Soweit Orte in Frage kommen, an denen mehrere Glaubensbekenntnisse ausgeübt werden, dürfen bei Leichenfeierlichkeiten Geistliche an den Leichenzügen nur als Leidtragende und ohne kirchliche Amtstracht teilnehmen. Im Sterbehause selbst dürfen religiöse Zeremonien vorgenommen, insbesondere ein nicht öffentlicher Gottesdienst abgehalten werden, doch darf die Trauerfeier nicht nach außen hervortreten.

II. Von besonderem Interesse ist der Art. 45 Germ. Ges. hinsichtlich der Frage der Zulässigkeit von Prozessionen. Dieselben dürfen nicht stattfinden in Orten, die Kirchen[1])

[1]) Portalis hat im Jahre XI den Art. 45 dahin erläutert, daß das Verbot der Prozessionen nur für Orte mit Konsistorialkirchen gelte. Es erklärt sich dies dadurch, daß P. Kirchen außerhalb der Konsistorialorte nur wenig Bedeutung beimaß. Die französische Praxis hat dies lange festgehalten (Leoni-Mandel S. 289 Nr. 6), hat aber entsprechend dem Wechsel der Regierungen auch ihre Ansicht geändert. In Elf.-Lothr. hat der Oberpräsident in einer Verfügung v. 24. 11. 1875 die französische Praxis als irrtümlich bezeichnet. In einem Bericht des Staatssekretärs an den Statthalter v. 10. 8. 1880 wird die Auffassung vertreten, daß, nachdem das Dekret v. 26. III. 1852 den selbständigen Bestand der bis dahin nur als Sektionen der Konsistorialkirchen bestehenden protestantischen Pfarrkirchen anerkannt hat, die Interpretation des franz. Ministers vom Jahre XI keine Geltung mehr beanspruchen könne. Denselben Standpunkt haben im Jahre 1896 anläßlich eines Einzelfalls die Abteilungen I u. II des Ministeriums eingenommen. Auch in Frankreich hat der Kassationshof in diesem Sinne entschieden. U. v. 26. 5. 1882 D. P. 1882. I. 379. Der Kultusminister ist in einem Circ. v. 13. 6. 1882 (Circul. IV S. 402) noch weiter gegangen, in dem er die ganze frühere Interpretation verworfen hat. Vgl. auch Staatsrat v. 27. 7. 1882 Dall. Suppl. Culte No. 175 u. v. 3. 3. 1894. Dall. 1895. III. 75.

Für den Art. 45 Germ-Ges. gibt es keine strafrechtliche Sanktion; möglich ist also nur eine jurisdiction disciplinaire (Kass. v. 6. 5.

(temples) eines anderen Bekenntnisses [1]) besitzen. Die französische Praxis (Ministerium), namentlich in der ersten Hälfte des 19. Jahrh., hat die Bestimmung des Art. 45 allerdings insofern erheblich gemildert, als sie sich auf den Standpunkt stellte, daß Prozessionen dann geduldet werden dürfen, wenn es sich um eine hergebrachte Übung handle, und wenn seitens Angehöriger der anderen Konfession kein Widerspruch erhoben werde. [2]) Es handelt sich jedoch in solchen Fällen nur um eine stillschweigende Duldung (tolérance) der Prozession, die jederzeit widerrufen werden kann; die Regierung hat sich jedoch niemals für befugt erachtet, an denjenigen Orten, die unter Art. 45 fallen, die

---

1899 Journ. des Cons. de fabr. 1899 (S. 132.) Dagegen ist Art. 471 Z. 15 anwendbar, wenn im Interesse der öffentlichen Sicherheit, Ruhe und Ordnung die Prozession polizeilich verboten war. Vgl. Els.-l. Z. 11 S. 324. Geigels Ansicht (I § 11 Anm. 2 u. 10) stützt sich noch auf die frühere französische Praxis. Ueber eine gewisse Milderung in der Praxis vgl. oben Text.

[1]) Auch Synagogen kommen in Betracht.

[2]) Vgl. Min. Zirk. v. 3. 5. 1849, wo es heißt: Aux termes de l'art. 45 de la loi du 18. germ. X partout où il existe une église . . . protestante les processions ne sauraient avoir lieu, si, néanmoins l'usage contraire était établi, et si les citoyens qui professent les cultes dissidents ne réclamaient pas, on pourrait continuer d'user de la même tolérance. En résumé prohibition de droit des cérémonies extérieures du culte dans les communes où se trouve placée une église protestante, tolérance, nonobstant les dispositions de cet article, là, où les vœux des populations la réclament; faculté à l'autorité d'interdire, par mesure de police partout ou l'on peut craindre des troubles: telles étaient, en substance, les instructions, que Portalis adressait aux préfets, dès l'année même, où le Concordat fut signé. Ces principes ont servi de règle depuis l'époque du Consulat jusqu'à nos jours. Je ne puis que vous inviter de nouveau à vouloir bien vous y conformer". In Uebereinstimmung hiermit steht ein Min.-Zirk. v. 28. 5. 1872: l'article 65 est une mesure de protection en faveur des cultes dissidents, s'ils ne réclament pas cette protection, l'autorité civile peut ne pas exiger son application, c'est une règle qu'a admise la jurisprudence ministérielle. Dubief-Gottofrey I 268.

Abhaltung von Prozessionen ausdrücklich zu erlauben oder sich auch nur dahin auszusprechen, daß sie die Abhaltung einer nicht herkömmlichen Prozession dulden wolle. Im Gesetz selbst findet diese Praxis allerdings keine Stütze, die deutsche Verwaltung hat sie aber in gewissem Maße übernommen und duldet stillschweigend gewisse Prozessionen.[1])

§ 10.

Die Kirchenzucht.

I. Die Reinhaltung des religiösen Lebens und die Aufrechterhaltung der gottesdienstlichen Ordnung erreicht die Kirche durch die Handhabung der Kirchenzucht.[2]) Dieselbe wendet sich sowohl gegen die Laien wie gegen die Organe der Kirche, die Priester. Die katholische Kirche hat als wirksame Zuchtmittel die Ausschließung von gewissen rein religiösen Rechten, Maßnahmen, denen die Staatsgewalt nicht gegenüber treten kann, weil es sich um Interna der Kirche handelt. Hierher gehören namentlich die große Exkommunikation und die Verweigerung des kirchlichen Begräbnisses.[3])

[1]) So ist dies namentlich geschehen, und zwar im Einverständnis mit dem Herrn Reichskanzler, anläßlich des Eucharistischen Kongresses in Metz 1907. Falls die Regierung von ihrem Verbotsrecht keinen Gebrauch machen will, findet in der Regel eine mündliche Verständigung des Bischofs statt.

[2]) Vgl. Hinschius Syst. d. KKR. VI₁ S. 221, 201 u. Geigel, ReichslKR. S. 29.

[3]) Es kommen ferner in Betracht der sogen. kleine Kirchenbann, die Verweigerung der Grabrede, der Bestattung in einem geweihten Grabe oder auf einem katholischen (konfessionellen) Friedhof. Unzulässig erscheint jedoch die Verweigerung der Beerdigung auf einem solchen Friedhof, wenn die Leiche nach dem bestehenden Landesrecht auf einem solchen begraben werden muß. Denn hier greift die Ablehnung der Bestattung über das kirchliche Leben hinaus in staatliches Gebiet.

II. Gegenüber den **Religionsdienern** ist die kirchliche Disziplinargewalt durch die staatliche Gesetzgebung anerkannt. Das französische Konkordat erwähnt zwar nichts darüber und Art. 14 der organischen Artikel gedenkt nur des Überwachungsrechts der Erzbischöfe, aber aus dem Schweigen der genannten gesetzlichen Bestimmungen in Verbindung mit der Tatsache, daß vor ihrer Verkündung die Bischöfe die Disziplinargewalt tatsächlich ausgeübt haben, ergibt sich die Weitergeltung dieser Strafgewalt. Die Ausübung der Disziplinargewalt der Bischöfe in Elſ.-Lothr. über die Geistlichen und die bischöflichen Sekretariats-, Kanzlei- und Unterbeamten ist seit jeher anerkannt; bezüglich der niederen Kirchenbeamten besteht das Disziplinärrecht des Ausschusses des Fabrikrats (bureau des marguilliers).[1])

An Disziplinarstrafen sind statthaft: Mahnung und Verweis, dagegen keine Geldstrafen,[2]) weil es sich bezüglich der letzteren um einen Übergriff auf das staatliche Gebiet handeln würde. Denkbar sind aber Freiheitsstrafen in Gestalt der Verweisung in ein Kloster auf Zeit oder an ein Seminar,[3]) mit der Maßgabe allerdings, daß dieselbe nicht wider den Willen des Betroffenen vollzogen werden darf;

---

[1]) Hinschius VI₁ S. 255, Geigel S. 249, 263. Dursy I 235. Decr. conc. les fabr. v. 30. 12. 1809 Art. 33. Ord. v. 12. 1. 1825. André IV 490. Für die Rabbinate vgl. Dekret von 1844.

Gegenüber den gewählten Mitgliedern des Fabrikrats (einschl. des trésorier) besteht keine Disziplinargewalt. Nach MinCirc. v. 24. 12. 1841, André 4, 495, Dursy I 241, bleibt daher bei Pflichtvergessenheit der einzelnen Mitglieder nur übrig, dieselben zivilrechtlich verantwortlich zu machen und äußerstenfalls die Aufhebung der Pfarrei in Aussicht zu nehmen. Eine Abberufung der gewählten Mitglieder durch den Minister (so Geigel S. 302) kommt wohl nicht in Frage. Vgl. Ord. v. 12. 1. 1825 Art. 5. Hinschius VI₁ S. 255.

[2]) Gaudry 2 S. 148 f. Geigel S. 14, 15 u. 249. Dagegen steht der Hingabe von Geld zu frommen Zwecken nichts im Wege.

[3]) Hermens 4, 299, André 3, 408, Geigel S. 14 Nr. 7, S. 249 Nr. 1, S. 275 Nr. 1, Hinschius VI₁ 184, 260, Dalloz Rep. 1853. 14, 915 u. 698 a f.

eine Einwirkung auf den Geistlichen zum Antritt der Strafe durch rein geistliche Mittel ist indessen nicht verboten.[1])

Bei denjenigen Religionsdienern, zu deren Anstellung die Staatsgewalt nicht mitgewirkt hat, kommt ferner die zeitweilige Amtsenthebung und auch die Dienstentlassung in Frage.

Eine Verurteilung zu Zuchthaus, die Aberkennung der bürgerlichen Ehrenrechte und der Fähigkeit zur Bekleidung öffentlicher Ämter bewirken ohne weiteres den Verlust der Stellung, des Gehalts und der etwaigen Pfründen.

Macht sich ein Geistlicher eines Vergehens nach § 130a StGB.[2]) schuldig, so kann der Staat neben der Gefängnis- oder Festungsstrafe allenfalls auch von der sogen. Temporaliensperre[3]) Anwendung machen.

---

[1]) Verboten sind aber: Gefängnis, Galeerenstrafe, körperliche Strafen, Abbitte in der Oeffentlichkeit und unter beschimpfenden Begleitumständen, z. B. im Büßergewand. Hericourt, Les lois eccl. de la France, nouv. éd. Paris 1721. P I ch. 23 p. 186; Durand de Maillane, dict. de droit can. II. éd. I 151, 276; II 516, 526, IV, 136, 137.

[2]) Der § 130a StGB. lautet: Ein Geistlicher, welcher in Ausübung oder in Veranlassung der Ausübung seines Berufs Angelegenheiten des Staates in einer den öffentlichen Frieden gefährdenden Weise a) öffentlich vor einer Menschenmenge oder in einer Kirche, oder an einem zu religiösen Versammlungen bestimmten Orte vor Mehreren zum Gegenstand einer Verkündung oder Erörterung macht oder b) Schriftstücke ausgibt oder verbreitet, worin Angelegenheiten des Staates in einer den öffentlichen Frieden gefährdenden Weise zum Gegenstand einer Verkündung oder Erörterung gemacht sind, wird mit Gefängnis oder Festung bis zu 2 Jahren bedroht.

[3]) D. h. dem Geistlichen das staatliche Gehalt entziehen; vgl. Hinschius VI 1, S. 273. In Els.-Lothr. ist bisher von dieser Möglichkeit noch nicht Gebrauch gemacht worden.

3. Kapitel.

Das staatliche Überwachungsrecht in einzelnen Beziehungen.

§ 11.

Landesherrliche Genehmigung kirchlicher Satzungen; Plazet.

Die Feststellung von Glaubenssätzen oder -formeln, die Verwerfung von Dogmen, Irrlehren usw., sowie die Entscheidung von Lehrstreitigkeiten gehört zu den Interna der Kirche und ist grundsätzlich ihrer alleinigen Regelung unterworfen. Da aber die kirchlichen Gesetze, Verordnungen und anderweitigen Anordnungen allgemeine staatliche Interessen berühren können, wird in vielen Staaten ein landesherrliches Plazet verlangt, durch welches die genannten Erlasse pp. daraufhin geprüft werden, ob sie nichts dem Staate Nachteiliges enthalten. Erhält ein solcher Erlaß das Plazet nicht, so darf er innerhalb des Staatsgebiets nicht amtlich verkündet oder vollzogen werden. Auch in Elsaß-Lothringen wird, da die inländischen kirchlichen Korporationen im Staate stehen, eine vorgängige Erlaubnis des Kaisers (landesherrliches Plazet)[1]) und zwar ganz allgemein hinsichtlich der Formeln und Entscheidungen verlangt,[2]) durch welche

[1]) Hinschius III 839 f, 853. IV, 18, 448. Geigel S. 32. Kath. org. Art. 3, 4; prot. org. Art. 4, 5. Vgl. Chr. Meurer, Der Modernisteneid und das bair. Plazet 1911.

[2]) An Stelle des Staatsoberhauptes (gouvernement) kann der Statthalter oder das Ministerium nicht handelnd eintreten, doch dürfen diese Organe ohne weiteres die amtliche Verkündigung eines dem Plazet unterliegenden Erlasses verhindern. Min. Erl. 30. 6. 1884. Oberkons. 43 S. 6.

die Sitten- und Glaubenslehre betroffen oder die Kirchenzucht und Kirchenverfassung geändert werden.[1]) Unzulässig sind ferner beschließende Versammlungen (Synoden usw.), in denen ohne Erlaubnis der Regierung über die obigen Materien gehandelt werden soll.[2])

§ 12.

Der recursus ab abusu (recours comme d'abus).

I. Zur Abwehr kirchlicher Mißbräuche und Übergriffe ist in den romanischen Ländern, besonders in Frankreich, ein besonderes Rechtsmittel, der recursus ab abusu oder appel comme d'abus ausgebildet worden.[3]) Sitz des zur

---

[1]) Der kirchliche Befehl, etwas zu glauben, unterliegt grundsätzlich dem Plazet nicht. Auch die Ordnung des Gottesdienstes fällt nicht unter die obigen Kategorien, daher ist hier eine staatliche Genehmigung nicht erforderlich. Die kirchliche Glaubenslehre (discipline) steht im Gegensatz zur Kirchenzucht als der äußeren Ordnung der Kirche.

[2]) Pastoral- oder Kantonalkonferenzen von Pfarrern, vertrauliche Besprechungen und ähnliche Zusammenkünfte bedürfen jedoch keiner Genehmigung.

[3]) Die Entstehung des recursus ab abusu geht bis ins Ende des 13. Jahrh. zurück und knüpft an an die damals aufgekommenen Appellationen an den König und an die Parlamente wegen der Überschreitung der Grenzen der kirchlichen Jurisdiktion. (Hinschius V, S. 400 Nr. 5, VI 1 S. 213.) Hieraus entwickelte sich sodann im Laufe des 15. Jahrh. der appel comme d'abus, der zuerst im 16. Jahrh. gesetzliche Regelung erhielt und zwar als Rechtsmittel zum Schutze der gallikanischen Freiheiten. (Pithou art. 79.) In der Folgezeit entwickelte sich der appel comme d'abus zu einem fest ausgestalteten Verfahren. Die Appellationen gehörten zur Zuständigkeit der Parlamente. Erhoben werden konnte der appel von dem Verletzten und dem procureur général. Das Urteil des Parlaments ging dahin, daß entweder ein Mißbrauch oder kein Mißbrauch vorliege. Im ersteren Falle erfolgte eine Kassation der mißbräuchlichen Handlung, wobei zugleich Strafen, z. B. Geldbußen ausgesprochen werden konnten. Hatte das Parlament etwa mißbräuchlich das Vorliegen eines

Zeit in Elsaß-Lothringen geltenden Rechts ist Art. 6 der kath.-organ. Bestimmungen: „Il y aura recours au conseil d'état dans tous les cas d'abus de la part des supérieurs et autres personnes ecclésiastiques. Les cas d'abus sont l'usurpation ou l'excès de pouvoir, la contravention aux lois et réglements de la République, l'infraction des règles consacrées par les canons reçus en France, l'attentat aux libertés, franchises et coutumes de l'église gallicane, et toute entreprise ou tout autre procédé, qui, dans l'exercice du culte, peut compromettre l'honneur des citoyens, troubler arbitrairement leur conscience, dégénérer contre eux en oppression ou en injure ou en scandale public".[1])

Durch diese Bestimmung ist der Grundsatz der „séparation du spirituel et du temporel" deutlich zum Ausdruck gebracht.[2]) Der recours comme d'abus[3]) stellt sich

---

abus angenommen, so war dagegen Rekurs an den Staatsrat, den conseil du roi zulässig, welcher gegebenenfalls die Entscheidung kassierte. Vgl. des Näheren auch Friedberg, Grenzen; Derselbe, Lehrb. 6. A. S. 324; Renard, appel c. d'abus (Par. 96) Rev. adm. du culte cath. 1901. Treich J., La police du culte cath. (Par. 1900) S. 127. Collavet, Du recours pour abus (Par. B); Cagnac, de l'appel comme d'abus (Par. 06). Für Deutschland: Eichmann, Der Recursus ab abusu (Bresl. 1903); Fischbach, Öff. Recht S. 374.

[1]) Als weitere Vorschriften kommen in Betracht art. 52: „Les curés ne se permettront dans leurs instructions aucune inculpation directe ou indirecte, soit contre les personnes, soit contre les autres cultes autorisés dans l'état; sowie art. 53: „Les curés ne feront aux prônes aucune publication étrangère à l'exercice du culte, si ce n'est celles, qui seront ordonnées par le gouvernement".

[2]) Vgl. Dalloz, Rép. v. culte Nr. 168 S. 768. Dubief-Gottofrey, I 356/7: „Le recours comme d'abus a pour objet de maintenir la séparation entre la société religieuse . . . Cette institution est une des formes du principe de la séparation des pouvoirs."

[3]) Dieser Ausdruck und nicht l'appel comme d'abus entspricht dem jetzigen gesetzlichen Sprachgebrauch.

somit als eine Art Rechtsbeschwerde dar, welche von einer dazu berufenen staatlichen Behörde eingelegt werden kann, wenn entweder ein Geistlicher in Ausübung seines kirchlichen Amtes die Grenzen seiner amtlichen Befugnisse überschreitet, oder ein öffentlicher Beamter bei Entfaltung seiner amtlichen Tätigkeit die öffentliche Ausübung des Kultus oder die staatlich garantierten Freiheiten der Geistlichen beeinträchtigt.[1]) Das Schutzmittel des recours comme d'abus kommt somit beiden Teilen, sowohl kirchlichen Behörden wie weltlichen Beamten, zu gut. Art. 6 des Gesetzes vom 18. Germ. X führt nun fünf Hauptgruppen auf, die sämtlich Mißbräuche der geistlichen Gewalt behandeln; es kommt in allen diesen Fällen eine Überschreitung der kirchlichen Gewalt, ein excès de pouvoir in Frage.[2]) Die einzelnen Fälle sind: 1. Die Anmaßung und Überschreitung der amtlichen Gewalt.[3]) 2. Das Zuwiderhandeln gegen die Gesetze[4]) und gegen die Reglements des Staates. 3. Die Verletzung der durch die in Frankreich rezipierten kirchlichen Kanonen geheiligten Bestimmungen.[5]) 4. Die

[1]) Dalloz, Rép. Nr. 210 S. 777.

[2]) Dalloz, Rép. Nr. 233 S. 783: L'excès de pouvoir est la source principale de tous les abus; on peut en effet diviser l'abus en deux points principaux: 1) celui qui a son principe dans le défaut de puissance; 2) celui qui se tire de l'excès dans l'exercice de la puissance légitime. Or l'abus ramené à ces deux points principaux est toujours un excès de pouvoir.

[3]) Hinschius VI 1 S. 268 erwähnt als Bsp. die Absetzung oder Suspension eines Hauptpfarrers vor der Bestätigung des Staatsoberhauptes.

[4]) Es muß sich um öffentlich-rechtliche Gesetze handeln. Bezüglich der zivilrechtlichen Gesetze genügt die Zivilgerichtsbarkeit. Gaudry I 386. Bezüglich der Reglements muß es sich um solche Verordnungen handeln, welche von Behörden innerhalb ihrer Kompetenz erlassen sind. Hinschius, a. a. O. Vgl. die Beispiele bei Geigel, ReichsIKR. S. 33, 34 Note 2.

[5]) Eine sehr dehnbare Bestimmung. Gaudry I 397 f. Schiappoli I 19. Nach Hinschius a. a. O. bleibt nichts anderes übrig, als in jedem einzelnen Falle zu untersuchen, ob eine kirchliche Vorschrift in Frage steht, welche die frühere Gesetzgebung und

Beeinträchtigung der Freiheiten und Gewohnheiten der gallikanischen Kirche[1]) und 5. jedes Vorgehen bei Ausübung des Kultus, welches die Ehre der Bürger beeinträchtigen[2]) oder willkürlich ihr Gewissen beschweren[3]) oder gegen sie in Unterdrückung oder Beleidigung oder zu einem öffentlichen Ärgernis ausarten kann.[4])

Nach Art. 7 kann andrerseits auch die Geistlichkeit Rekurs einlegen, wenn die öffentliche Ausübung des Kultus

---

Doktrin als rezipiert betrachtet hat. Rein kirchliche Bestimmungen kommen nicht in Betracht, sondern nur solche, welche zum Bestandteil des französischen Rechts geworden sind. Dalloz rép. 14 S. 782. Bsp. bei Geigel S. 33. Nach letzterem Schriftsteller muß es sich handeln 1. um einen Übergriff in die Zuständigkeit der weltlichen Gewalt oder einer anderen kirchlichen Behörde (Amtliche Schreiben oder Aussprüche kirchlicher Oberen gegen Regierungsmaßnahmen, selbst sogar gegen Gesetzentwürfe) oder 2. um Überschreitungen der Amtsbefugnisse mittels Androhens oder Verhängens einer ungesetzlichen Strafe oder mittels Außerachtlassung des vorgeschriebenen oder herkömmlichen Verfahrens hinsichtlich zulässiger Strafen.

[1]) Es sind dies die Normen, welche in der Deklaration von 1682 aufgestellt sind, und welche die Unabhängigkeit der weltlichen Gewalt von der kirchlichen verlangen. Dursy I S. 36. André 2, 413.

[2]) z. B. Verweigerung des kirchlichen Begräbnisses, beschimpfende Vollziehung einer kirchlich statthaften Strafe. Hinschius, VI 1 S. 244, 245 und Hellmuth, Grenzen der staatlichen Schutzgewalt z. G. der Glaubensgesellschaften Öff. Arch. 29 S. 468.

[3]) Bedingung für diesen Fall ist, daß der Geistliche bei Ausübung einer Kultushandlung, namentlich bei Spendung der Sakramente, beim Abhören der Beichte und bei der Predigt handelt und daß er hierbei eine willkürliche Handlung vornimmt, zu der er nicht befugt ist. Eine Handlung dagegen, die im freien Ermessen des Geistlichen steht, oder welche irgend welche andere Interessen schädigt, kommt nicht in Betracht. Hinschius a. a. O. S. 268 N. 8. Gaudry I 417. Geigel, Franz. Staatskirchenrecht S. 24 N. 5.

[4]) Die Praxis des Staatsrats verlangt, daß die Handlung eine schwere sein muß, und nimmt keinen Mißbrauch an, wenn der Geistliche seinen Fehler durch Widerruf oder Entschuldigung mildert. Gaudry I, 418. And. Ans. Hinschius a. a. O. N. 9.

oder die ihr gesetzlich gewährleistete Freiheit angetastet wird.[1])

II. Sowohl Art. 6 wie Art. 7 sind durch Art. 6 prot. org. Art. und Art. 55 der Ver. v. 25. Mai 1844 auf die protestantische und jüdische Geistlichkeit ausgedehnt worden.

III. Nach Art. 8 des Ges. v. 18. Germ. X kann der recours comme d'abus von jeder beteiligten Person (toute personne interessée) d. h. von allen, welche unmittelbar oder persönlich in ihren Rechten oder in ihrer Ehre verletzt sind, und außerdem (à défaut de plainte particulière) von Staatswegen durch den Präfekten (Bezirkspräsidenten § 11 Ges. 30. Dez. 1871) eingelegt werden; durch die französische Verwaltungspraxis wurde dieses Recht auch dem Kultusminister zugesprochen,[2]) und zwar allgemein, nicht bloß in dem Falle, wenn die öffentliche Ordnung interessiert ist.[3])

IV. Nach dem gegenwärtig in Elsaß-Lothringen geltenden Rechtszustand[4]) (vgl. § 9 Ges. v. 30. Dez. 1871) ist bezüglich des Verfahrens folgendes zu bemerken: An Stelle des Staatsrats entscheidet der Bundesrat über Rekurse wegen

---

[1]) Geigel, S. 37. Die einzelnen Gläubigen haben hier kein Recht der Beschwerde. Legitimiert sind nur die landeskirchlichen Beamten, Fabrik-Presbyterialräte, Konsistorien und sonstige landeskirchlichen Behörden. Voraussetzung ist hier, daß der ordentliche und selbst der außerordentliche Beschwerdeweg erschöpft sind.

[2]) Dubief-Gottofrey I 460. Bei der Verweigerung einer Beerdigung sind z. B. die Erben oder Familienmitglieder die Interessierten.

[3]) Gaudry I, 427.

[4]) Früher war das Verfahren folgendes: derjenige, der einen Rekurs einreichen wollte, hatte eine Denkschrift beim Kultusminister einzureichen, der sie mit den etwa entstandenen Verhandlungen und seinem Bericht dem Staatsrat vorlegte. Letzterer hatte die Angelegenheit in der für streitige Verwaltungssachen vorgeschriebenen Form zu beraten und die zu treffende Entscheidung sowie etwa damit zu verbindende Maßnahmen vorzuschlagen. Die Entscheidung selbst und etwa nötig werdende Anordnungen wurden auf den Bericht des Kultusministers durch eine Verordnung (Dekret) des Staatsoberhauptes getroffen. cf. Hinschius VI 1 S. 269 Note 12.

Mißbrauchs der kirchlichen Gewalt, und zwar nach Genehmigung seines Ausschusses für Justizwesen. Durch die Fassung des Gesetzes v. 30. Dez. 1871 § 9 ist nun insofern eine Streitfrage entstanden, als man angenommen hat, der Bundesrat sei lediglich an Stelle des französischen Staatsrats getreten, so daß er also nur die Aufgabe hätte, die durch den Rekurs zur Sprache gebrachte Angelegenheit zu beraten und die zu treffende Entscheidung nebst den etwa erforderlich werdenden Maßnahmen dem Staatsoberhaupt (Kaiser) zur Beschlußfassung vorzulegen. Indessen läßt sich der Ausdruck „entscheidet" — und dies ist auch der Standpunkt der Praxis[1]) — auch so auslegen, daß der Bundesrat über den Rekurs in eigener Zuständigkeit zu entscheiden hat, ohne daß eine Verordnung des Staatsoberhaupts nötig wäre. Für den Erlaß der zu treffenden weiteren Maßnahmen ist allerdings der Bundesrat nicht zuständig.

V. Über den Rekurs wird ohne mündliche Verhandlung und kostenfrei entschieden.[2])

Die auf Grund des Rekurses ergehende Entscheidung stellt zunächst fest, ob ein Mißbrauch (abus) gegeben ist oder nicht. Wird ausgesprochen, daß ein Mißbrauch vorliege, so hat dieser Ausspruch den Charakter einer Disziplinarstrafe, einer Rüge[3]) (il y a d'abus[4]).) Einen weiteren Inhalt darf der Ausspruch nicht haben; nur im Falle, daß der Mißbrauch durch Publikation eines Schriftstückes begangen ist, kann dessen Unterdrückung, oder wenn die Handlung zugleich gegen die Zivil- oder Strafgesetze verstößt, kann die Verweisung an die zuständigen Gerichte[5]) stattfinden.

[1]) Leoni-Mandel II 300; Hinschius VI 1 S. 270 N. 8. Fischbach S. 374.

[2]) Friedberg, S. 525. Geigel, Franz. KR. S. 30. Derselbe, ReichslKR. S. 38.

[3]) Dubief-Gottofrey I 469: „Le décret d'abus est une mesure disciplinaire qui contient un blâme solennellement infligé à celui contre lequel il est prononcé."

[4]) Vgl. die Endscheidung bei André 1, 191 f. u. Arch. f. kath. KR. 49 S. 458 u. 68 S. 399.

[5]) Während es früher in Frankreich streitig gewesen war, ob,

Die Erklärung des Bundesrats, daß ein Mißbrauch vorliege, hat abgesehen von dem Charakter einer öffentlichen Rüge noch die Bedeutung einer Feststellung, daß die Handlungsweise sich als eine Machtüberschreitung der betr. Organe darstellt, und daß sie gleichzeitig kassiert oder für nichtig erklärt wird.[1])

Strafen zur Durchführung seiner Entscheidung zu verhängen, ist der Bundesrat (ebenso wie früher der Staatsrat) nicht befugt, insofern ist der Ausspruch des Bundesrats eine lex imperfecta. Unzulässig ist es ferner, dem Geistlichen anläßlich der Mißbrauchserklärung Auflagen zu machen.[2])

Geht die Entscheidung dahin, daß die in Frage kommende Handlung keinen Mißbrauch darstelle, so kann gleichzeitig die Sache, wenn es sich um eine Angelegenheit der inneren kirchlichen Disziplin handelt, an die höhere geistliche Behörde abgegeben, oder wenn es sich um einen Verstoß gegen Zivil- oder Strafgesetze handelt, an das zuständige Gericht überwiesen werden. Aber auch wenn die Überweisung nicht gleichzeitig ausgesprochen ist, können die Zivil-

---

wenn eine einen Mißbrauch darstellende Handlung zugleich kriminellen Charakter hat, der Geistliche unmittelbar vor den Gerichten verklagt werden könne oder erst dann, wenn der Staatsrat vorher das Bestehen eines Mißbrauchs festgestellt hatte, ist durch die neuere Rechtsprechung zu Gunsten der ersteren Ansicht entschieden worden. Auch nach der von Leoni-Mandel (X 300) zitierten Entscheidung des Kassationshofs v. 10. 8. 1861 (D.P. 61. I. 348) ist für die gerichtliche Verfolgung keinerlei Vorentscheidung nötig, auch braucht insb. der Rekurs wegen Mißbrauchs nicht abgewartet zu werden. Dieser Grundsatz findet auch auf Privatklagen Anwendung.

[1]) Vgl. Dupin, manuel du droit public eccl. franç. Paris 1847 p. 217: L'appel comme d'abus est un procès fait non à la personne, mais à l'acte, c'est . . . une véritable cassation dans l'intérêt de la loi.

[2]) Etwa ihm die Vornahme eines kirchlichen Begräbnisses oder die Spendung eines Sakraments anzubefehlen. Hinschius a. a. O. S. 270 N. 11. Gaudry I 433 And. Ans. Friedberg S. 525.

und Strafgerichte nachträglich mit der Angelegenheit befaßt werden.[1])

Die Entscheidung des Bundesrats wird durch ein Dekret des Staatsoberhaupts genehmigt und im Gesetzblatt veröffentlicht; auch kann deren öffentlicher Anschlag angeordnet werden. Ferner ist die Entscheidung dem dadurch Betroffenen persönlich zu zu stellen.

Mit Recht[2]) ist die Frage aufgeworfen worden, ob die Staatsregierung einzelne Übergriffe in das staatliche Gebiet ohne vorausgegangenen appel comme d'abus als nichtig behandeln kann. Die Frage muß grundsätzlich verneint werden; durch den appel comme d'abus ist nicht nur jedem Bürger, sondern auch dem Bezirkspräsidenten ein Mittel an die Hand gegeben, durch das zuständige Organ prüfen zu lassen, ob die kirchliche Gewalt die Grenzen ihrer Sphäre überschritten hat. Wird von diesem Mittel kein Gebrauch gemacht, so würde es eine Beunruhigung des öffentlichen Lebens bedeuten, wenn jede Behörde geistliche Amtshandlungen ohne weiteres für nichtig erklären könnte. Eine Ausnahme wird nur für die Fälle angenommen werden können, wo für die Gültigkeit einer Handlung bestimmte gesetzliche Erfordernisse vorgeschrieben, wo dieselben aber nicht erfüllt sind.[3])

VI. Da mit der Entscheidung, daß ein Mißbrauch vorliege, eine Strafe nicht verbunden werden kann, erhebt sich die Frage, wie der Staat verfahren soll, wenn ein Geistlicher ungeachtet der ihm auf Grund des Rekurses erteilten Rüge, fortfährt, die ihm zukommende kirchliche Sphäre zu überschreiten. Als Repressivmaßregel, d. h. um solchen Übergriffen eines Geistlichen entgegenzuarbeiten, erweist sich die schon oben (S. 51) erwähnte Gehalts- (Temporalien-)sperre als geeignet. Die französische Regierung hat namentlich in Fällen, in denen

[1]) Dies folgt aus § 6 EGStPO. Leoni, Staatsrecht in Marquardseus Handbuch II 1 S. 302.

[2]) Hinschius VI 1 S. 271.

[3]) z. B. Fehlen des Plazets oder Absetzung eines Hauptpfarrers durch den Bischof ohne staatliche Genehmigung.

Geistliche gegen die Regierung oder gegen staatliche Behörden oder Einrichtungen Angriffe gerichtet, oder die Beobachtung staatlicher Vorschriften verweigert haben, im Verwaltungswege die Einstellung der Gehaltszahlungen angeordnet. Gegen die Zulässigkeit einer solchen Maßnahme sind jedoch insofern Zweifel geltend gemacht worden, als die Art. 6—8 des Gesetzes vom 18. Germ. X, das dem Staat gegen Geistliche zustehende Disziplinarrecht erschöpfend geregelt haben, ohne daß der Gehaltssperre Erwähnung getan worden wäre. Ferner hat man geltend gemacht, daß spätere Gesetze (Dekr. betr. die Stellvertretung der Pfarrer bei Abwesenheit und Krankheit vom 17. Nov. 1811 und Dekr. (betr. die Erhaltung und Verwaltung der Güter, welche die Geistlichen in mehreren Teilen des Reichs besitzen) vom 6. Nov. 1813 für einzelne Fälle, in welchen die Einstellung der Gehaltszahlung in Frage kommt (Krankheit, Dienstenthebung), ausdrücklich Bestimmung getroffen haben. Schließlich hat man darauf hingewiesen, daß die aus der Staatskasse an Bischöfe, Generalvikare, Domherren, Pfarrer und Vikare gezahlten Gehälter, im Hinblick darauf, daß die Kirchengüter während der französischen Revolution eingezogen worden sind, auf einem Rechtsanspruch der genannten geistlichen Organe gegen den Staat beruhen und sonach nicht entzogen werden können.[1]) Allen diesen Einwendungen, am wenigsten der zuletzt genannten, kommt jedoch eine durchschlagende Beweiskraft gegen die Zulässigkeit der Temporaliensperre nicht zu. Die französische Regierung hat denn auch trotz widersprechender Ansichten in der Literatur von ihrem Recht der Gehaltssperre Gebrauch gemacht und hat hierbei die Unterstützung des Staatsrats gefunden.[2]) Einkünfte aus kirchlichen Gütern

[1]) Saegmüller, Der Rechtsanspruch der katholischen Kirche auf finanzielle Leistungen seitens des Staates. 1914.

[2]) Gutachten des Staatsrats v. 26. 4. 1883 u. Entscheidung v. 1. 2. 1889. Hier wird ausgeführt, daß die Geistlichen „en ce qui touche leur rapport avec le pouvoir civil et les observations des lois de l'Etat" der „haute discipline du gouverne-

werden durch die Temporaliensperre jedoch nicht geschmälert; je nachdem entscheidet sich auch die Frage, ob der betr. Geistliche aus der Pfarrwohnung (Pfarrhaus) gewaltsam entfernt werden kann.

VII. Stellt sich der Gebrauch eines kirchlichen Straf- oder Disziplinarmittels auf Grund der Feststellung des Bundesrats als Mißbrauch (abus) heraus, so hat der durch die betr. Handlung des Geistlichen Verletzte, da eine unerlaubte Handlung (§ 823 f. BGB.) in Frage kommt, auch einen zivilrechtlichen Schadensersatzanspruch.[1]) Die Gerichte können über diesen Anspruch erkennen, ohne gegen den Grundsatz der Trennung der Gewalten zu verstoßen, da eben nach der Feststellung des Bundesrats keine amtliche Handlung, sondern ein Mißbrauch der geistlichen Amtsgewalt in Frage steht.

---

ment" unterstellt seien. Die Disziplinargewalt nach dieser Richtung, die vor 1789 mittels appel comme d'abus und der „saisi du temporel" durch den König ausgeübt worden sei, habe durch das Konkordat und die nachfolgenden Gesetze keine Änderung erfahren. Der recours comme d'abus sei im Gesetz v. 18. germ. X ausdrücklich aufrecht erhalten und die saisi du temporel in der Form der suspension ou retenue des traitements durch Art. 16 des Konkordats aufrechterhalten worden. Vgl. über die strittige Frage: Dubief-Gottofrey, I 210 f. O. Mayer Frz. VR. S. 509. Unter der deutschen Verwaltung ist von der Gehaltssperre bisher, wie bereits erwähnt, noch kein Gebrauch gemacht worden.

[1]) Hinschius VI 1 S. 278 erwähnt als Beispiel, daß ein Kaufmann, gegen welchen die Exkommunikation unter Nennung seines Namens verkündet worden ist, auf diese Weise einen großen Teil seiner katholischen Kundschaft verloren hat und in Konkurs gefallen ist.

4. Kapitel.

Die sogen. gemischten Angelegenheiten.

Im Staatskirchenrecht scheidet man von den sogen. innerkirchlichen Angelegenheiten die gemischten kirchlichen Angelegenheiten (affaires mixtes), d. h. diejenigen Materien, bei denen nicht bloß die in das Gebiet des „pouvoir spirituel" fallenden Fragen in Betracht kommen, bei denen sich vielmehr der Staat infolge der dabei in Betracht kommenden weltlichen Interessen ein erhebliches Mitwirkungsrecht vorbehalten hat.[1]) Im einzelnen gehören hierher: Die Eröffnung neuer Kultusstätten, die staatliche Genehmigung der Ernennung von Religionsdienern, die Mitwirkung bei der Vermögensverwaltung und die Bestimmungen über die Geschäftssprache der Kultusverwaltungen. Während über die drei erstgenannten Punkte bei der Darstellung der einzelnen Kulte gesondert berichtet werden soll, folgt bereits jetzt, im gemeinsamen Teil eine Darstellung der Bestimmungen über die Geschäftssprache und in den nächsten Paragraphen eine solche über gewisse wichtige Einzelmaterien mixti generis.

§ 13.

Die Geschäftssprache der kirchlichen Behörden.

Nach § 26 des elsaß-lothr. Verfassungsgesetzes vom 31. 5. 1911 ist die amtliche Geschäftssprache der öffentlichen Körperschaften, mithin auch der Kultusbehörden, die deutsche. Ausnahmen können nur in Landesteilen mit überwiegend französischer Bevölkerung[2]) zugelassen werden. Inhaltlich

---

[1]) Fischbach, Öff. Recht S. 376.

[2]) Ortschaften mit überwiegend französisch sprechender Bevölkerung sind nur diejenigen Gemeinden, welche durch die Verordnung des Oberpräsidenten v. 5. 12. 1877 und die folgenden, den Gegenstand regelnden Ministerialverordnungen (zuletzt v. 21. 3. 1910), formell als solche bezeichnet sind. Vgl. auch Geigel, Annal. d. D. R. 1914 S. 365.

deckt sich hiermit die Verordnung des Staatssekretärs vom 5. Mai 1891 (Zentr.Bl. S. 87), erlassen auf Grund des Gesetzes vom 31. März 1872 (§ 5) über die amtliche Geschäftssprache (G.Bl. S. 159). Danach haben die sämtlichen Kirchenfabrikräte, Presbyterialräte und Synagogenverwaltungen sowie die Verwaltungskommissionen der kirchlichen Unterrichtsanstalten ihre amtlichen Schriftstücke, insbesondere die Protokolle, Beschlüsse, Verfügungen, Etatsrechnungen und Register in deutscher Sprache abzufassen, sofern nicht einzelnen derselben auf ihren Antrag der Gebrauch der französischen Sprache zeitweise durch das Ministerium gestattet wird. Im schriftlichen amtlichen Verkehr mit den Staatsbehörden und mit den Gemeindebehörden haben die Verwaltungsbehörden der anerkannten Kulte und alle ein Kultusamt bekleidenden Geistlichen und Religionsdiener sich der deutschen Sprache zu bedienen.[1]) Zweisprachige Formulare der Kirchenfabrikräte sind nicht zulässig, falls nicht eine besondere, dahin lautende Erlaubnis erteilt ist.

Die den inneren Kirchendienst betreffenden Schriftstücke, wie an den Kirchentüren angeheftete Anzeigen von Andachtsübungen, sind obigen Vorschriften nicht unterworfen. Sie entziehen sich mangels einer diesbezüglichen Bestimmung im Konkordat der staatlichen Aufsicht und Einwirkung.[2])

§ 14.

Die Fest- und Feiertage.

Das Wesen der Fest- oder Feiertage[3]) beruht darin, daß der Gottesdienst an einem solchen in Erinnerung an die be-

[1]) Ausnahme: § 4 Ges. 31. III. 1872. Das Ministerium kann auf Antrag gewissen Geistlichen und Religionsdienern, die vor Erlaß der Verordnung v. 5. 5. 1891 angestellt sind, Dispens erteilen.

[2]) Die Regierung hat aber die kirchlichen Oberbehörden ersucht, auch auf diesem Gebiete einer mißbräuchlichen Anwendung der französischen Sprache entgegenzutreten.

[3]) Hinschius IV 279.

deutungsvollen Momente der christlichen Erlösung oder an andere für die Kirche und ihre Entwicklung wichtigen Begebenheiten und deshalb auch in entsprechender liturgischer Ausgestaltung (vielfach mit besonderen Feierlichkeiten) gehalten wird, daß daher einerseits die Verpflichtung zur Feier für alle Kirchen, welche den regelmäßigen gottesdienstlichen Bedürfnissen der Gläubigen oder bestimmter Kreise derselben dienen, besteht, andrerseits auch diese letzteren verbunden sind, dem Gottesdienste beizuwohnen und sich der Andacht zu widmen, sowie auch aller Arbeiten, Geschäfte und Vergnügungen, welche diese stören und hindern, zu enthalten.[1])

Ohne staatliche Genehmigung darf die Kirche keine neuen Feiertage, selbst nicht bloß kirchlich zu begehende, anordnen.[2]) Die unterdrückten Festtage sollen weder in den zum Gottesdienst gebrauchten Büchern besonders hervorgehoben, noch die Gläubigen an diesen Tagen durch das übliche Geläute zur Feier eingeladen oder gar zur Beiwohnung derselben kirchlich angehalten werden.[3])

---

[1]) Ordentliche Festtage sind solche, die jährlich wiederkehren, die anderen sind außerordentliche.

Die Fest- und Feiertage werden nach einer seit Jahrhunderten währenden Übung in bürgerlicher Weise, d. h. von Mitternacht zu Mitternacht gerechnet.

[2]) Friedberg S. 403; Hinschius IV 293; Geigel, Reichsl. KR. S. 56, Art. 41 Organ. Best.: „Aucune fête à l'exception du dimanche ne pourra être établie sans la permission du gouvernement“. Dupin, (manuel du droit publ. eccl. 1847 p. 223) bezieht diese Anordnung nur auf die sog. fêtes chômées, d. h. diejenigen, welche auch bürgerlich durch Enthaltung von der Arbeit gefeiert werden sollen; And. Ans. mit Recht Gaudry, traité I 247, welcher sogar eine Ankündigung von bloß für die Gewissen der Gläubigen verbindlichen Festtage für unstatthaft erklärt.

[3]) Ver. v. 29. Germ. X., welche die Veröffentlichung des auf Betreiben des Ersten Konsuls ergangenen päpstlichen Indults v. 9. 4. 1802 gestattete und dessen Einrückung in die Gesetzsammlung verfügte. Betreffs Neujahr vgl. StRG. v. 21. 3. 1810.

Was die staatliche und bürgerliche Feier betrifft, so entscheidet hierüber der Staat allein (durch Gesetz).

Staatlich anerkannte Festtage, an welchen die Arbeit ruht, sind die Sonntage, Neujahr, Christi Himmelfahrt, Allerheiligen, der 1. Weihnachtstag und Mariä Himmelfahrt; außerdem gelten als allgemeine Feiertage im Sinn der Reichsgesetze der Karfreitag, Ostermontag, Pfingstmontag.

Von den aufgehobenen Feiertagen sind nur fünf, nämlich Epiphaniä Dom. (6. II), Fronleichnam, Peter und Paul, Fest des Patrons der Diözese und des der Pfarrei auf den nächstfolgenden Sonntag verlegt.[1])

Nur auf die genannten gesetzlichen Feiertage finden die Bestimmungen des Gesetzes vom 18. Nov. 1814[2]) Anwendung. Danach wird bestraft, wer an einem Sonn- oder Feiertag a) als Kaffee-, Speise- oder Schänkwirt, Limonadeverkäufer oder Billard- oder Ballspielhalter in Orten unter 5000 Seelen während des vor- oder nachmittägigen Gottesdienstes seinen Geschäftsraum offen hält, spielen läßt oder anderen als Reisenden Getränke verabreicht, oder b) als gewerbsmäßiger Frachtführer, Kärrner oder Vertreter eines solchen, während oder außerhalb der Gottesdienststunden, ohne als regelmäßiger Bote im Dienste der Post oder eines sonstigen öffentlichen Beförderungsunternehmens oder zur Be- und

---

[1]) Der Sonntag, auf den Fronleichnam fällt, wird vielfach durch Prozessionen gefeiert, soweit diese an dem Ort gesetzlich gestattet oder gemäß anerkannten Herkommens geduldet sind. In anderen Orten (z. B. im Straßburger Münster) wird die äußere Prozession durch einen in der Kirche stattfindenden Umzug ersetzt.

Karfreitag, Oster- und Pfingstmontag sind durch Landesgesetz v. 16. 8. 1882 als gesetzliche Feiertage eingeführt worden.

Betreffs der Festtage für Militärpersonen vgl. den Paragraph über das Militärkirchenwesen.

[2]) Die Geltung dieses Gesetzes ist in Frankreich gegenüber der Charte v. 1830 in Zweifel gezogen worden. André, Cours alphab. 4e éd. II 448 f. Geigel Franz. StKR. S. 50, 51. In Frankreich ist das Gesetz von 1814 durch Gesetz v. 12. 7. 1880 aufgehoben worden.

Entladung eines Handelsschiffes tätig zu sein, innerhalb des Gemeindebezirks seines Wohnortes Rohmaterialien oder Waren an öffentlichen Orten auf- oder ablädt oder über öffentliche Orte fährt.[1]) Die weiteren Bestimmungen des Gesetzes v. 1814 kommen nur dann zur Anwendung, wenn sie durch besondere Polizeiverordnungen in Geltung gesetzt worden sind.

Die deutsche Reichsgesetzgebung hat folgende Bestimmungen über Feiertage getroffen: a) § 366 St.G.B., welcher die Störung der Feier der Sonntage bestraft; b) Reichsgewerbeordnung § 105 $^{a-i}$, 126, 136, 146; c) ZPO. §§ 188, 216, 222, 761; d) St.P.O. § 228.

§ 15.

Die Kirchenglocken.

I. Das Glockengeläute war ursprünglich nur als äußerliches Mittel zur Zusammenberufung der Gläubigen gedacht, ist aber bald zu einer kirchlichen Solennität geworden.[2]) Ursprünglich kam das Recht, Glocken zu haben, d. h. sich des Geläutes derselben öffentlich zu bedienen, nur den öffentlichen Kirchen und nicht den Privatkapellen zu, weil bei letzteren ein Bedürfnis, die Gläubigen zu laden, nicht vorlag.

Die Benutzung der Kirchenglocken hat von jeher Anlaß zu Streitigkeiten zwischen weltlichen und kirchlichen Behörden gegeben.[3]) Bald strebte man dahin, den Organen der Kirche jede Verfügung über die Glocken durch die Gesetzgebung zu entziehen, bald versuchten die kirchlichen Behörden extremer Richtung auf dem Wege der Auslegung

---

[1]) Vgl. Geigel, ReichslStKR. S. 57. Ausnahmen von dem Verbot des Verabreichens von Getränken kann der Kreis- (Polizei-) Direktor gestatten. Vgl. BPV. für U. E. v. 1. 6. 1914. Herbergs- und Gastwirte fallen nicht unter das Verbot.

[2]) Fischbach, Els.-Lothr. öff. R. S. 379 f. Hinschius IV 413.

[3]) Vgl. Otte G., Glockenkunde 2. A. 1884.

früherer Gesetzesstellen den weltlichen Organen jedweden Gebrauch der Glocken abzusprechen. Obwohl das geltende französische Staatskirchenrecht den Gebrauch des Glockengeläutes durch eine klare, wenn auch allgemeine Gesetzesbestimmung geregelt hatte, sind doch in Frankreich und in Elsaß-Lothringen die Streitigkeiten an der Tagesordnung geblieben.

II. Streng zu unterscheiden von der Frage des Benutzungsrechts ist jedenfalls diejenige des Eigentumsrechts an den Kirchenglocken. Indessen tritt die Frage des Eigentums an Bedeutung hinter diejenige des Benutzungsrechts erheblich zurück, da sie eigentlich nur dann praktisches Interesse hat, wenn es sich um die Ausbesserung, Umschmelzung oder Veräußerung von unbrauchbar gewordenen Glocken handelt.

1. Das Eigentum an den Kirchenglocken: Unerheblich für die Frage des Eigentums ist der Umstand, ob die Glocken wie die übrigen gottesdienstlichen Sachen geweiht sind oder nicht. Im übrigen verlangt die Frage der Feststellung des Eigentums an Kirchenglocken in jedem Falle ein näheres Eingehen auf die tatsächlichen Verhältnisse. Als bewegliche Sachen, die in erster Linie kirchlichen Zwecken zu dienen bestimmt sind, werden die Glocken gemäß Dekret über die Kirchenfabriken vom 30. Dezember 1809 Art. 27, 37, 55 regelmäßig Eigentum der Kirchenfabriken sein, soweit nicht bei ihrer Anschaffung besondere Vereinbarungen getroffen worden sind. Durch ihre Verbindung mit unbeweglichen Sachen (Kirchtürmen) können die Glocken aber auch den Charakter wesentlicher Bestandteile oder wenigstens von Zubehör erhalten[1]) und befinden sich dann im Eigentum desjenigen, welchem das Kirchengebäude oder der Glockenturm gehört. Da nun Eigentümer der Pfarrkirchen, soweit dieselben zu den in Ausführung des Gesetzes vom 18. Germ. X dem Gottesdienst zurückgegebenen Kirchen gehören, die Zivilgemeinde

[1]) Vgl. Artt. 524, 525 C. c. §§ 93 f. BGB.

ist,[1]) kommt diese auch regelmäßig als Eigentümerin der Kirchenglocken in Frage.

2. Die Benutzung der Glocken. Das Glockengeläute gehört zu den sogenannten gemischten Angelegenheiten (affaires mixtes),[2]) d. h. zu denjenigen Angelegenheiten, bezüglich welcher weder die Kirchenbehörde ohne Genehmigung (approbation) der Staatsgewalt, noch letztere ohne Antrag (proposition) oder Zustimmung der Kirchenbehörde Änderungen vornehmen darf. Schon während der französischen Revolution war der Gebrauch der Glocken ein gemischter.[3]) Bei der Reorganisation des katholischen Kultus wurde in die Vereinbarung zwischen Staat und Kirche (Konkordat vom 26. mess. IX)[4]) eine Bestimmung über die Benutzung der Kirchenglocken nicht aufgenommen. Dadurch ist implicite zum Ausdruck gebracht, daß die Staatsgewalt auch nach der französischen Revolution in keiner Weise gehindert war, Bestimmungen über die Benutzung der Kirchenglocken zu weltlichen Zwecken zu treffen.

Die im Anschluß an das Konkordat verkündeten organischen Artikel enthalten daher auch in Art. 48 folgende Bestimmung: „L'évêque se concertera avec le préfet pour règler la manière d'appeler les fidèles au service divin par le son des cloches. On ne pourra les sonner pour

[1]) In diesem Sinne muß jedenfalls heutzutage der Streit zwischen Zivilgemeinden und Kirchenfabriken entschieden werden. Soweit später erbaute Kirchen in Frage kommen, steht das Eigentum an ihnen demjenigen zu, der sie durch Kauf, Schenkung usw. erworben hat. Vgl. OLG. Karlsruhe v. 7. 4. 1900. PuchZ. 33 S. 467.

[2]) Vgl. Bethke W., Das Kirchengut der Katholiken nach elf.-lothr. Recht Diss. Freiburg 1911 S. 88f. Geigel ReichlKR. I 40.

[3]) Während der Revolutionszeit wurden die Glocken als Nationalgut behandelt und ihre Umschmelzung in Münzen (Dekr. 25—28. 6. 1791) und Kanonen (Dekr. 23. 2. 1893) beschlossen. Nach Wiedereröffnung der Kirchen wurde es bei Strafe verboten, die Glocken zu Kultuszwecken zu läuten. (Ges. 22. Germ. IV.)

[4]) Nach Art. 1 des Konk. steht der Verwendung der Kirchenglocken zu anderen als kirchlichen Zwecken jedenfalls nichts entgegen.

toute autre cause sans la permission de la police locale." Nach dieser Gesetzesbestimmung steht dem Bischof bloß die Regelung der Benutzung der Glocken zu rein gottesdienstlichem Gebrauche zu; derselbe ist von vornherein an das Einvernehmen mit dem Präfekten (Bezirkspräsidenten) gebunden. Jeden weiteren Gebrauch der Glocken zu nichtgottesdienstlichen, wenn auch kirchlichen Zwecken, z. B. das Läuten beim Einzug eines Bischofs, macht die Genehmigung der Ortspolizeibehörde erforderlich.[1]) Im Anschluß an diese Bestimmung können bezirks- und ortspolizeiliche Reglements oder Läuteordnungen erlassen werden.[2]) Können sich der Bezirkspräsident und die kirchliche Oberbehörde über den Gebrauch der Glocken nicht einigen, so entscheidet das Ministerium.[3])

III. Der kirchliche Gebrauch der Glocken.

Die kirchlichen Zwecke, für welche die Glocken in erster Linie bestimmt sind, sind a) gottesdienstliche, b) solche,

---

[1]) Z. B. das Läuten zu gewissen Abendstunden vgl. Geigel franz. StKR. S. 39, Anm. 11. Der Schlußsatz des Art. 48 verbietet den Geistlichen, nicht minder jedem dritten, auch wenn derselbe die Zustimmung des Geistlichen haben sollte, jeden Gebrauch der Kirchenglocken ohne Erlaubnis der Ortspolizeibehörde, d. h. regelmäßig des Bürgermeisters. Unter Voraussetzung dieser Erlaubnis ist das Glockenläuten zu anderen Zeiten als zu kirchlichem Dienst gestattet. Es ist dies die dispositive Vorschrift des Gesetzes. Allgemeine gesetzliche Vorschriften, welche die Nebenbenutzung der Glocken regeln, sind bisher nicht ergangen. Die Entscheidung über solche Fälle liegt daher der Verwaltungsbehörde ob. Als Richtschnur für die Entscheidung hat das Herkommen zu dienen. Portalis in seinem Rapport sur les art. organ. bemerkt hierzu: „Cet article (art. 48) fait avec raison régler par l'évêque et par la police locale l'usage des cloches, qui doit être sagement rendu utile au service de l'Eglise, sans devenir incommode au repos des citoyens."

[2]) So ist für die Diözese von Versailles ein durch das Ministerium am 13. 1. 1840 bestätigtes Reglement vom 28. 12. 1839 ergangen. In Els.-Lothr. bestehen derartige Reglements aber nicht. Es richtet sich deshalb hier z. Zt. die Benutzung der Kirchenglocken zu Kultuszwecken nach dem herkömmlichen Brauch.

[3]) Geigel, ReichslKR. S. 45, 46 Anm. 15.

welche innerhalb der kirchlichen Verwaltung liegen, und c) solche, welche durch die Pflicht der Kirche, bei öffentlichen Unglücksfällen für die Gläubigen mit ihrer Hilfe einzutreten, gegeben sind.[1]) Unter a) fällt das Läuten zum Ankündigen oder Einleiten des Gottesdienstes oder der Sonn- und Feiertage; unter b) das Läuten beim Empfang des Bischofs oder anderer hoher kirchlicher Würdenträger; unter c) z. B. das sog. Wetterläuten, oder das Läuten bei Feuer- oder Wassersgefahr.

IV. Die Benutzung der Glocken zu weltlichen Zwecken.

Das bürgerliche Geläute gehört zum Amtsbereich des Bürgermeisters oder in den Städten Straßburg, Metz oder Mülhausen des Polizeidirektors (-präsidenten). Diese können das Geläute anordnen bei Feuer-, Wassers-, Kriegs- oder einer sonstigen öffentlichen Gefahr,[2]) ferner beim Einzug des Kaisers,[3]) der Kaiserin, kaiserlicher Prinzen und Prinzessinnen und des Statthalters. Der Bürgermeister oder Polizeidirektor hat vor jedem zivilen Gebrauch der Glocken den Pfarrer zu benachrichtigen mit dem Ersuchen, das Geläute anordnen zu wollen; erst wenn dem Ersuchen nicht stattgegeben worden ist, läßt der Bürgermeister (Polizeidirektor) selbst läuten. Ohne die Aufforderung der Ortspolizeibehörde abzuwarten, lassen die

---

[1]) Hinschius IV 417.

[2]) Geigel I 45. Aus der gleichen Befugnis kann auch ein Verbietungsrecht zum Läuten auf seiten der gen. Organe hergeleitet werden, um z. B. bei Epidemien die Aufregung und Angst des Publikums nicht zu vergrößern.

[3]) Spezialbestimmung des K. Dekrets v. 24. mess. XII art. XXIII: „A l'entrée de l'empereur dans chaque commune, toutes les cloches sonneront.“ Ob diese Bestimmung überhaupt noch geltendes Recht ist, erscheint zweifelhaft. Jedenfalls könnte sie durch eine Kaiserl. Verordnung jederzeit erneuert werden. Auf den Statthalter, als den verfassungsmäßigen Vertreter des Kaisers, können die Bestimmungen über das Glockengeläute entsprechende Anwendung finden, nicht dagegen auf andere Beamten, z. B. Bezirkspräsidenten.

Kirchenbehörden am Vorabend um 6 Uhr und am Morgen des Kaisersgeburtstages läuten.[1])

V. In der Praxis sind des öfteren Schwierigkeiten zwischen Bürgermeister und Pfarrer hinsichtlich der Frage entstanden, ob der Bürgermeister, welcher gemäß Art. 48 Germ.-Gesetzes ohne Mitwirkung des Pfarrers über die Glocken zu nichtkirchlichen Zwecken verfügen kann, den Glöckner direkt zum Läuten anweisen darf. Ein Staatsratsgutachten vom 21. Juli 1835 bejaht die Frage,[2]) während ein späteres Gutachten des Staatsrates vom 17. Juni 1840 mehr einschränkende Gesichtspunkte aufstellt.[3]) Man

[1]) Geigel, ReichlKR. I 45 u. cod. Anm. 12a.

[2]) Mit folgender Motivierung: „Qu'il impliquerait contradiction que l'autorité appelée à permettre les sonneries, ne pût les ordonner de son propre mouvement le cas échéant.“

[3]) Nämlich: 1) Les cloches des églises sont spécialement affectées aux cérémonies de la religion catholique; d'où il suit, qu'on ne peut en exiger l'emploi pour les célébrations concernant les personnes étrangères au culte catholique ni pour l'enterrement de celles à qui les prières de l'Eglise auraient été refusées en vertu des règles canoniques. 2) Le curé ou desservant doit avoir seul la clef du clocher, comme il a celle de l'église, et le maire n'a pas le droit d'avoir une seconde clef. 3) Les usages existants dans les diverses localités relativement au son des cloches des églises, s'ils ne présentent pas de graves inconvénients, et s'ils sont fondés sur de vraies besoins, doivent être respectés et maintenus. 4) A cet égard le maire doit se concerter avec le curé ou desservant; les difficultés, qui pourraient s'élever entre eux sur l'application de cette règle doivent être soumises à l'évêque et au préfet; lesquels s'entendront pour les résoudre et pour empêcher que rien ne trouble sur ce point la bonne harmonie qui doit régner entre l'autorité ecclésiastique et l'autorité municipale. 5) Dans le cas de périls communs qui exigent un prompt recours ou dans les circonstances pour lesquelles des dispositions de lois ou de réglements ordonnent des sonneries, le curé ou desservant doivent obtempérer aux réquisitions du maire, et en cas de refus le maire peut faire sonner les cloches de son autorité privée.

Vgl. hierzu auch das Min. Zirk. v. 1859, bull. off. du min. de l'Int. S. 261.

wird grundsätzlich annehmen können, daß die Ortspolizeibehörde ohne Mitwirkung des Pfarrers über die Glocken insoweit verfügen kann, als es sich um nichtkirchliche Zwecke[1]) handelt; in solchen Fällen kann er den Glöckner direkt zum Läuten anweisen. Die bürgerliche Behörde kann aber auch einen eigenen Glöckner bestellen, wenn der Kirchenglöckner das bürgerliche Geläute nicht mit ausüben will.

VI. Eine Benutzung des Glockengeläutes zu rein weltlichen Zwecken, z. B. bei gewissen Volksfesten ist unstatthaft, und zwar auch dann, wenn es durch die kirchliche Behörde angeordnet ist. Eine Benutzung der Glocken zu Wahlzwecken dürfte ebenfalls gegen Art. 40 Organ. Art. verstoßen.

VII. Schwierigkeiten macht in der Praxis manchmal auch die Frage der Benutzung des Glockengeläutes einer katholischen Kirche bei protestantischen[2]) Begräbnissen. Indessen kann bei richtiger Auslegung der allgemeinen Grundsätze über das Glockengeläute und mit Rücksicht auf ein festes Herkommen kein Zweifel bestehen, daß über den diesbezüglichen Glockengebrauch nur die zuständige kirchliche

[1]) Zu rein kirchlichen Zwecken gehören Taufe, Eheschließung und Begräbnis von Katholiken. In diesen Fällen darf der Bürgermeister nicht im Widerspruch mit der Anordnung des Pfarrers das Geläute anordnen. Vgl. Fischbach, Öff. R. S. 379, N. 19. Das Muster eines Reglements findet sich bei André, Cours de la législation civ. eccl. II S. 199. Auf Grund des Art. 48 Ges. v. 18. Germ. X ist hier in Art. 7 bestimmt: „La destination des cloches étant, d'après la loi, essentiellement religieuse, le maire ne pourra les faire servir pour aucun autre usage que ceux dont il est parlé plus haut, qu'après qu'il en aura référé au préfet, par l'intermédiaire du sous-préfet, par le curé à l'évêque et qu'il sera intervenu une décision des deux autorités supérieures qui se concerteront à cet effet. En cas de dissidence d'opinion entre l'évêque et le préfet, la question sera soumise a Mr le ministre des cultes."

Für Els.-Lothr. kommt hierbei noch in Betracht, daß die Funktionen des Staatsrats, soweit dieselben in diesem Zusammenhang in Frage kommen, auf das Ministerium übergegangen sind. Art. 9 letzt. Abs. Ges. v. 30. 12. 1871 u. Art. 3 Ges. 4. 7. 1879.

[2]) Für den protest. Kultus ist die Bestimmung des Art. 48 Org. Art. (f. d. kath. Kultus) auch anwendbar.

Behörde selbst zu entscheiden hat. Bei der Frage der Gewährung oder Versagung des kirchlichen Glockengeläuts, das als ein Bestandteil der kirchlichen Trauerfeier zu erachten ist, ist die weltliche Behörde ganz ausgeschaltet, da es in das Ermessen der kirchlichen Behörde gestellt ist, ob sie überhaupt bei einer Beerdigung mitwirken will oder nicht. Auch ein Beschwerderecht an weltliche Behörden kommt daher hier nicht in Frage.

VIII. Ganz allgemein wäre über die Benutzung der Glocken für die kirchlichen Zwecke anderer Konfessionen noch folgendes zu sagen: Ihre Kirchengebäude überläßt die katholische Kirche zwar anderen christlichen Konfessionen nicht zu gottesdienstlichen Handlungen, wohl dagegen ausnahmsweise Kirchenglocken.[1]) So ist grundsätzlich das Läuten derselben bei der Beerdigung von Angehörigen anderer Konfessionen niemals für unbedingt unzulässig erklärt, vielmehr in manchen Fällen in widerruflicher Weise gestattet worden. Dies wird dadurch erklärlich, daß die Kirchenglocken nicht ausschließlich als gottesdienstliche Sachen gelten, und daß das Läuten mit denselben auch anderen christlichen Kulten eigentümlich ist.[2]) Aus dem gleichen Grunde können auch Gebrauchs- und Benutzungsrechte anderer kirchlicher Anstalten oder Gemeinden an katholischen Kirchenglocken geschaffen werden, und zwar abgesehen von den Fällen des Simultaneums.[3])

[1]) Vgl. hierzu Hinschius IV S. 424. Während des Krieges haben die Bischöfe des Landes zugunsten des Militärgottesdienstes Ausnahmen zugelassen.

[2]) Vgl. Arch. f. kath. KR. 8 S. 35. Aus dem gleichen Grunde benutzt die katholische Kirche auch die Glocken protestantischer Kirchen. Nach dem Staatsratsgutachten v. 17. 6. 1840 (Dursy I 309, Dalloz, Rép. v. culte Nr. 168, Dubief-Gottofrey I Nr. 347, 350) kann das Geläute der Glocken zur Beisetzung von Personen, welche einem anderen Kult angehören, nur in denjenigen Gemeinden beansprucht werden, wo dies dem Herkommen entspricht oder durch gemeinschaftliche Verordnung der staatlichen und kirchlichen Behörden bestimmt ist.

[3]) Über Simultaneen und Gebrauchsrechte an Kirchenglocken vgl. OLG. Zweibrücken v. 20. 5. 1896 PuchZ. 28 S. 308.

§ 16.

Sammlungen und Kollekten.

I. Sammlungen (Kollekten) bildeten von jeher eine ganz erhebliche Einnahmequelle der Kirchen.[1]) Das Dekret vom 30. Dez. 1809 (Art. 36 [7] und 75) überläßt der kirchlichen Oberbehörde (Bischof) die Veranstaltung von Sammlungen freiwilliger Beiträge in und außerhalb der Gotteshäuser zu kirchlichen Zwecken. Unberührt von diesen Sammlungen bleiben die für die Armen in den Kirchen stattfindenden Sammlungen, die so oft stattfinden können, als der Armenrat es für geeignet erachtet. Der Armenrat kann auch Opferstöcke in den Kirchen aufstellen lassen. Außer den genannten Sammlungen können durch den Bischof oder den Fabrikrat auch noch für andere Gegenstände als Kultuszwecke und Armenpflege Sammlungen veranstaltet werden, ohne daß der Bischof hierbei an die Zustimmung des Fabrikats und der Fabrikrat an die Zustimmung des Bischofs gebunden wäre.[2]) Die weltlichen Behörden dürfen auch außerhalb der Gotteshäuser keine Sammlungen veranstalten.[3])

II. Die Frage, ob kirchliche Sammlungen von Haus zu Haus im Interesse der öffentlichen Sicherheit auf Grund der Bestimmung in Art. 2 Ziff. 9 Dekr. v. 22. Dez. 1789 durch Bezirkspolizeiverordnung allgemein von einer vor-

---

[1]) Friedberg S. 561. Geigel I 22f.

[2]) StRG. v. 6. 7. 1831; circ. v. 19. 7. 1865. — Die durch Ver. v. 5. Prair. XI den Verwaltungskommissionen der Pflegehäuser erteilte Berechtigung zu Sammlungen in Kirchen ist durch Art. 75 Dekr. v. 1809 (siehe Entscheid. Min. d. Inn. v. 15. 2. 1827) aufgehoben worden.

Nach Art. 36 Z. 7 bilden die für die Kosten des Gottesdienstes veranstalteten Sammlungen eine wichtige Einnahmequelle der Kirchenfabriken.

[3]) In Privatkapellen darf nur mit Genehmigung des Bischofs gesammelt oder ein Opferstock aufgestellt werden.

herigen Genehmigung des Bezirkspräsidenten abhängig gemacht werden können, ist zu verneinen.[1]) Indessen gilt dies nur für *inländische* Sammler; Ausländer bedürfen einer polizeilichen Ermächtigung, die aber nicht von der Ortspolizeibehörde, sondern von der zur Ausweisung berechtigten Behörde (denn darin wurzelt das Verbotsrecht), dem Bezirkspräsidenten oder dem Ministerium zu erteilen ist. Auf öffentlichen Wegen und Plätzen kann der Bürgermeister, auch wenn die öffentliche Ruhe nicht gefährdet ist, das Sammeln allgemein oder im Einzelfalle untersagen und ohne vorausgehende Strafandrohung verhindern.[2])

Über die bei Sammlungen auftauchenden zivilrechtlichen Fragen[3]) zu handeln, ist hier nicht der Ort.

III. Auch der protestantische und der israelitische Kultus kennt Sammlungen für Kultuszwecke.[4]) In der protestantischen Kirche A. K. ordnet der Presbyterialrat mit Bestätigung des Direktoriums,[5]) in der reformierten Kirche der Synodalvorstand,[6]) bei dem israelitischen Kult das Konsistorium Sammlungen an.

---

[1]) In einer Min. Verf. v. 4. 2. 1890 (I A 99) an die Bezirkspräsidenten ist dies als im Einklang mit der franz. Praxis und Rechtsprechung stehend anerkannt worden. Vgl. DP. 59. 1. 43, 44. DP. 85. 1. 48. *Dalloz* Rép. v.° secours public 341, Suppl. 297. Ob eine von Jesuitenorden für eine außerhalb des Reichs liegende Niederlassung veranstaltete Sammlung als eine den Frieden des Reichs gefährdende Tätigkeit angesehen werden kann (Ges. v. 8. 7. 1872 Sten. Ber. des Reichstags S. 1 001, 1091), erscheint zweifelhaft.

[2]) RStrGB. § 366 [10]. DP. 81. 1. 65. DP. 81. 1. 187. In Straßburg, Metz, Mülhausen hat an Stelle des Bürgermeisters der Polizeidirektor (-präsident) das Verbietungsrecht.

[3]) Vgl. hierzu *Fischbach*, Das Sammelvermögen 1907, *Ders.* RheinZ. Bd. 3 S. 276. Nicht in allen Punkten zutreffend, *Geigel* I 89. Ferner *Lohmann*, Ueber Kollekten und ähnliche Veranstaltungen im *Verwaltungsarchiv* 21 S. 297, sowie die Kommentare zu § 1914 BGB.

[4]) Vgl. *Geigel* II 49, 61, 118.

[5]) *Dursy* II 93. Oberkonsistorium 51 S. 24.

[6]) *Geigel* III S. 99. Soweit nicht Haussammlungen für rein ortskirchliche Zwecke in Frage kommen.

5. Kapitel.

Das Bestattungsrecht.

Das Bestattungsrecht steht nur insofern mit dem Staatskirchenrecht im Zusammenhang, als die Leichenbestattung vom kirchlichen, insbesondere vom Standpunkte der katholischen Kirche aus als religiöse Handlung aufgefaßt wird. Deshalb erfolgt im Rahmen dieser Darstellung wegen der mannigfachen Berührungspunkte des Begräbniswesens mit dem religiösen Leben auch eine Darstellung des Bestattungsrechts, zu dessen besserem Verständnis wiederum ein Exkurs über die Rechtsnatur des menschlichen Leichnams vorausgeschickt wird.

§ 17.

Die Rechtsnatur des menschlichen Leichnams.

I. Nach der herrschenden Ansicht ist der Leichnam des Menschen herrenlos; er ist eine Sache, die nicht zum Vermögen des Erblassers gehört und die infolgedessen auch nicht auf den Erben übergeht.[1])

Für die Beerdigung des Toten hat der Erbe zu sorgen, der auch die Kosten der Bestattung zu tragen hat (§ 1968 BGB.). Ist kein Erbe vorhanden oder ist der Erbe nicht leistungsfähig, so tritt der Armenverband an seine Stelle.[2])

[1]) Frank, Komm. z. StGB. zu § 168. Der Erbe kann indessen den Leichnam okkupieren und ihn z. B. an die Anatomie verkaufen. And. Ans. Enneccerus, Lehrb. 1909 I 1 § 114 S. 276 Note 5.

[2]) Vgl. über die gegenseitige Verpflichtung der Bundesstaaten und Elf.-Lothr. zur Bestattung armer Toten, Art. 3 Abs. 4 RVO.

An sich kann der Erblasser Anordnungen und Verfügungen über die Bestattung seines Leichnams gültig nicht erlassen, da es sich hierbei um Verfügungen über einen zukünftig herrenlosen Gegenstand handeln würde, der nicht zum Nachlaß gehört.[1]) Indessen können solche Anordnungen den Charakter von Auflagen an die Erben haben (§ 1940 BGB.).[2]) Vorstehende Ansicht ist indessen nicht unbestritten. Namentlich die französische Praxis nimmt ein im Naturrecht begründetes Recht einer jeden Person an, Bestimmungen hinsichtlich ihres Leichenbegängnisses zu treffen (vgl. Art. 895. C. c.).[3]) Dritte können über den Leichnam in der Regel nur in ihrer Eigenschaft als Erben verfügen. Wie das Verhältnis unter den Erben und „Hinterbliebenen" zu halten ist, kann unter Umständen schwierig sein. Über Streitigkeiten betreffs der Art und der Form der Beerdigung (z. B. ob nach katholischem oder protestantischem Ritus) haben allenfalls die ordentlichen Gerichte durch Urteil oder einstweilige Verfügung zu entscheiden, nicht die Kultusverwaltung. Regelmäßig wird man den Wünschen des Ehemannes (-frau) oder der elterlichen Gewalthaber in analoger Anwendung der §§ 1354 und 1631 Rechnung zu tragen haben; es können je-

---

und Eisenacher Konv. v. 11. 7. 53 und die Ergänzungen v. 1854. Fischbach, Öff. Recht S. 229 f.

Besondere Vorschriften über die Kostentragungspflicht enthalten § 844 BGB. u. § 3 Abs. 1 Reichshaftpflichtges. v. 7. 6. 1871.

[1]) So zutreffend Wüst, Das privatrechtliche Begräbnisrecht (Diss. 1913) S. 34.

[2]) So kann der Erblasser die Feuerbestattung anordnen. Vgl. preuß. Gesetz v. 14. 9. 1911. Das Vermächtnis der eigenen Leiche an die Anatomie ist aber kein eigentliches Vermächtnis, weil nach dem oben Gesagten es sich nicht um Zuwendung eines Gegenstandes aus dem Nachlaß oder aus Mitteln des Nachlasses handelt.

[3]) Belg. Kasshof. v. 8. 7. 1899. Pasicrisie belge 99. 1. 318. PuchZ. 31 S. 1. Der Wille des Verstorbenen kann aus den Umständen entnommen werden, deren Würdigung nicht allein bezüglich der Bestattung, sondern auch bezüglich des der Leichenfeier zu gebenden zivilen oder religiösen Charakters dem Gericht zusteht. Ein entsprechendes Urteil enthält keine Machtüberschreitung des Richters.

doch gewisse konkrete Umstände, z. B. unglückliche, kurze Ehe, Befürchtung der pietätlosen Bestattung seitens des Mannes, für eine andere Anordnung des Gerichts maßgebend sein.[1])

An Stelle der in erster Linie zu Anordnungen bezüglich des Leichnams befugten Erben können sonstige Familienangehörige treten, wenn z. B. die Erben nicht bekannt sind oder sich um den Toten nicht kümmern können und wollen; vielfach werden auch diejenigen Personen oder Anstalten als zuständig erachtet werden müssen, welchen die tatsächliche Verwahrung des Leichnams zusteht, oder welche sich zuletzt mit der Pflege des nunmehr Toten befaßt hatten, wie Krankenhäuser, Armenanstalten usw.

Die Verfügungen, welche die sonach in Betracht kommenden Personen über den Leichnam treffen, dürfen nicht gegen gesetzliche Vorschriften oder gegen die guten Sitten verstoßen.[2]) Aus der bestehenden öffentlich-rechtlichen Beerdigungspflicht muß man auch ein Beerdigungsrecht der

---

[1]) Ueber das Recht der Witwe und der Kinder, auf dem Grabstein des verstorbenen Ehemannes oder Vaters Gedenkschriften anzubringen, vgl. ROLG. 22 S. 180; „Recht" 1911 N. 2165.

Der Vater und die Mutter haben das Recht, für die Beerdigung ihres Kindes zu sorgen, wenn der überlebende Ehegatte dieser Pflicht nicht nachkommt, oder wenn er sie aus verschiedenen Gründen ungenügend oder unvollständig erfüllt. Insbesondere können sie ermächtigt werden, den Körper ihrer Tochter ausgraben zu lassen, um ihn in einer Gruft zu bestatten, wenn der überlebende Gatte ihn einfach in der Erde bestattet hat. Der Mangel eines Geldinteresses kann in einem solchen Fall die Klage der Eltern nicht als unzulässig erscheinen lassen. Trib. Versailles v. 15. Nov. 1898 Pand. franç. 99. 2. 248.

[2]) Die Anordnungen bzgl. des Begräbnisses können auch Gegenstand eines Vertrags sein, so z. B. Begräbnis in einer Familiengruft ROLG. 14 S. 248; 2 S. 426. Bezüglich der Photographierung oder Sezierung der Leiche vgl. RGE. 45 S. 173. Der Verkauf der Leiche an die Anatomie zu wissenschaftlichen Zwecken ist gültig, auch wenn er entgeltlich geschlossen ist, nur darf der Zweck des Verkaufs nicht lediglich der sein, die Nachlaßmasse zu erhöhen. Bei Leichenverbrennung können die Erben oder die sonstigen Verfügungsberechtigten bestimmen, wo die Aschenreste beizusetzen sind.

Erben folgern; dieses Recht kann der Erblasser nicht ausschließen.[1])

Die Beerdigung darf in Elsaß-Lothringen erst nach einer Frist von 24 Stunden erfolgen, und nachdem der Gemeinde- (Kantonalarzt) die Todesursache in einem amtlichen Zeugnis festgestellt hat. Wer ohne Vorwissen der Behörde[2]) einen Leichnam beerdigt oder beiseite schafft, oder wer unbefugt einen Teil einer Leiche aus dem Gewahrsam der dazu berechtigten Personen wegnimmt, wird nach § 367 Ziff. 1 StGB. bestraft.

§ 18.

Die Leichenbestattung.

I. Vorausgeschickt werden möge, daß das Landespolizeirecht in bezug auf Leichenfeierlichkeiten durch das Reichsvereinsgesetz keine Änderungen erlitten hat (§ 24 RVG.)[3])

II. Was das Leichenbestattungsgewerbe anlangt, so wird es in der Reichsgewerbeordnung überhaupt nicht erwähnt, so daß an sich die Zulassung zu seinem Betrieb gemäß § 1 GewO. keiner Beschränkung unterliegt. Nach elsaß-lothringischem Landesrecht nahm man jedoch bis jetzt auf Grund der Artt. 22 und 24, Dekr. v. 23. Prair. VII und Art. 7, Dekr. v. 18. Mai 1806 ein Beerdigungs-

[1]) Und zwar hat die Beerdigung in der herkömmlichen Weise zu erfolgen ROLG. 16 S. 262 f. Pietätsrücksichten sind zu wahren. Betreffs Hingerichteter vgl. § 486 Abs. 5. StPO.

[2]) Es ist dies diejenige Behörde, welche von dem Todesfall amtliche Kenntnis erlangt haben muß, bevor die Fortschaffung oder Beerdigung erfolgen darf, und dies ist, falls nicht besondere Vorschriften in Betracht kommen, die ärztliche Polizeibehörde. JurWoch. 1896 S. 492 N. 98.

[3]) Vgl. Fischbach, RVG. zu § 24. Delius, ebenda, Stier-Somlo, ebenda.

monopol[1]) der katholischen Kirchenfabriken und protestantischen Konsistorien[2]) an, soweit es sich um die Beerdigung von Angehörigen der betr. Kirchengemeinschaften handelte.[3]) Man hat dieses Monopol damit gerechtfertigt, daß man sagte, es handle sich bei der Leichenbestattung überhaupt nicht um einen Gewerbebetrieb,[4]) und infolgedessen könnten § 1 GewO. und Art. 2 RV., wonach Reichsgesetze den Landesgesetzen vorgehen, keine Anwendung finden. Es ist ferner eingewendet worden, der Grundsatz der Gewerbefreiheit könne dann keine Anwendung finden, wenn Rechte Dritter, also hier solche der fraglichen kirchlichen Anstalten entgegenständen. Aber wenn auch der Wortlaut des Art. 22 des Prairialdekretes von einem „Rechte" der Kirchenfabriken usw. spricht, so ist es doch sehr fraglich, ob es sich hierbei um wirkliche subjektive Rechte der betr. Anstalten und nicht bloß um Reflexwirkungen solcher Gesetzesbestimmungen handelt, durch welche der einheitliche und feierliche Charakter der be-

---

[1]) Vgl. über die höchst bestrittene Frage: Friedberg, Das kirchliche Bestattungsrecht und die Reichsgewerbeordnung in Grünhuts Z. Bd. 15; Brie in Z. f. KR. 20 S. 269 und Zentralblatt f. Rechtswiss. herausgeg. von Kirchenheim Bd. 7 (1911) S. 101. Ferner die Monographie von Gouffier, La législation des de funérailles et des pompes funèbres th. 1902. D. Lacombes, Des sépultures 1886 p. 286 f.

[2]) Auf die Israeliten findet dasselbe keine Anwendung vgl. Dekr. v. 10. Februar 1806. Niedner, Zur Frage der kirchlichen Kompetenz auf dem Gebiete des Begräbniswesens d. Z. f. KR. 18 Bd. (3. F.) S. 161.

[3]) Auf diesem Standpunkte steht vor allem auch das OLG. Colmar. Vgl. die Urteile v. 26. 6. 1894 (ElsLothrZ. 19 S. 550 f.), u. v. 22. 3. 1910 (ebenda 36 S. 101). Vgl. ferner RGE. 23 S. 22 f. Reger E. 13 S. 353 f.; 14 S. 213 f. Siehe dagegen Pasicrisie belge 1882. V. 253 und 1883. II. 317.

[4]) Tatsächlich waren in Frankreich Kirchenfabriken, welche das Leichenbestattungswesen ausübten, nicht zur Patentsteuer herangezogen worden. Auch in der Rheinprovinz ist das Dekret v. 23. Prair. XII noch nach Einführung der RGO. in Kraft geblieben. RG. v. 24. 9. 1889 Reger E. 10 S. 491 u. ElsLothrZ. 21 S. 173 (Rheinhess. Recht).

treffenden, gewöhnlich an kirchliche Handlungen sich anschließenden Maßnahmen gewahrt werden sollte.[1])

Es kommt hinzu, daß nach § 7 Ziff. 1 und 2 GewO.: 1. die noch bestehenden ausschließlichen Gewerbeberechtigungen, d. h. die mit dem Gewerbebetrieb verbundenen Berechtigungen, Anderen den Betrieb eines Gewerbes, sei es im allgemeinen oder hinsichtlich der Benutzung eines gewissen Betriebsmaterials zu untersagen oder sie darin zu beschränken und, 2. die mit den ausschließlichen Gewerbeberechtigungen verbundenen Zwangs- und Bannrechte mit Ausnahme der Abdeckereiberechtigungen, aufgehoben sind. Es heißt nun eigentlich den Worten Gewalt antun, wenn man in der ausschließlichen Berechtigung der fraglichen Kultusanstalten kein Gewerbe erblicken wollte.[2]) Schon

---

[1]) Vgl. hierüber Landmann-Rohmer Gew.O. § 1 S. 63; § 7 A. 6 S. 47; § 10 A. 2. In den Motiven zu dem Entwurf einer Gewerbeordnung für den Nordd. Bund v. Jahre 1869 heißt es übrigens unter § 34: „Es ist hervorzuheben, daß dem Antrage der Kommission des Reichstages, das Monopol der Leichenreiniger und Leichenbestattungsunternehmer zu beseitigen, Folge gegeben ist, indem anzunehmen ist, daß die Kommunalbehörden wohl in der Lage sein werden, die Zwecke, zu welchen die Bestellung solcher Personen eingeführt ist, auch ohne ausschließliche Gewerbeberechtigung derselben zu erreichen.“

[2]) Das Reichsgericht hat in einer Entscheidung v. 28. 1. 1889 E. 23 S. 22 und ferner das OLG. Colmar in einer solchen vom 30. 12. 12 die Frage verneint, ebenso Brie (vgl. oben vorherg. S. 80 Anm. 2). Nach letzterem Schriftsteller ist das Begräbnis eine religiöse und darum kirchliche Angelegenheit und ist darum wegen der Einheitlichkeit dieses kirchlichen Aktes als Bestandteil desselben, insbesondere auch der Leichentransport als religiöse Handlung anzusehen. Nach Friedberg (Z. f. KR. 20 S. 269) dagegen ist mindestens nach der Anschauung der evangelischen Kirchen Deutschlands, das Begräbnis an und für sich überhaupt kein religiöser und kirchlicher Akt, sondern wird zu einem solchen nur durch den Hinzutritt der Kirche, durch die Tätigkeit, welche die Inhaber der geistlichen Ämter dabei ausüben. „Jedenfalls muß man zwischen den verschiedenen Bestandteilen der kirchlichen Leichenbegängnisse unterscheiden. Auch hängen dieselben nicht in der Weise

allein der Umstand, daß die Negation der gewerblichen Natur des Leichenbestattungswesens sozusagen einzig aus der Tatsache abgeleitet wird, daß dasselbe seitens gewisser kirchlicher Anstalten betätigt wird, läßt berechtigte Zweifel aufkommen, ob die bisherige Praxis begründet war. Kraft ausdrücklicher Bestimmung gilt für Israeliten das Beerdigungsmonopol nicht (Dekr. v. 10. April 1806). Ein gleiches muß von dem Begräbnis der Angehörigen nicht anerkannter Kulte und solcher Personen gelten, welche selbst oder deren Erben die sog. zivile Beerdigung verlangen.[1] Eine weitere Ausnahme gilt für die Angehörigen der Militärkirchengemeinden. Wenn auch die Kgl. pr. Militärkirchenordnung vom 12. Febr. 1832 in Elsaß-Lothringen nicht eingeführt ist, so sind die Militärpersonen und deren Angehörige doch vermöge der sie persön-

zusammen, daß diejenigen Bestandteile der Feier, welche kein selbständiges kirchliches Gepränge trugen, doch wegen der Einheitlichkeit des Aktes ebenfalls als kirchlich angesehen werden müssen. Insbesondere ist es für das Wesen des kirchlichen Begräbnisses völlig indifferent, ob bei dem Leichengeleite der Kirchengemeinde gehörige Gerätschaften benützt werden oder nicht, oder ob kirchliche Beamte die Leiche transportieren und bei der Beerdigung Dienste leisten."

[1]) Das ist diejenige Beerdigung, bei welcher auf die dem Religionsbekenntnis des Verstorbenen entsprechenden religiösen Zeremonien verzichtet wird. Abw. Ansicht Prompsault, Dict. de droit en mat. civ. eccl. Bd. 3 S. 654, der eine Entscheidung Napoleons v. 16. 7. 1806 anführt, sowie das Schreiben, das Portalis der Entscheidung beifügte, als sie den Präfekten bekannt gemacht wurde, und das folgenden Wortlaut hatte: „Tous les hommes professent un culte ou sont censés en professer un: l'impiété n'est pas avouée par les lois: elle menace trop ouvertement les mœurs et l'ordre public; il n'est donc pas libre aux familles de négliger assez leur propre honneur et celui des défunts, pour supprimer toute cérémonie religieuse dans les derniers devoirs qu'on leur rend."

Bei Zuwiderhandlungen gegen die Vorschriften des Dekr. v. 23. Prair. XII trat Bestrafung n. Art. 471 Z. 15 C. p. ein. cf. OLG. Colmar v. 22. 3. 1910 ElsLothrZ. 36 S. 101.

lich bindenden Vorschriften[1]) hinsichtlich der Befriedigung ihrer religiösen Bedürfnisse auf die Militärgeistlichen angewiesen; sie bleiben der Zivilkirchengemeinde fremd.[1])

Was den Umfang des sogen. Begräbnismonopols der katholischen Kirchenfabriken und protestantischen Konsistorien anlangt — das natürlich de facto namentlich in kleineren Gemeinden noch lange weiterbestehen wird — so hatten sie bezw. die von ihnen angestellten Unternehmer nur dasjenige Material zu liefern, welches zur Beerdigung und zu einem schicklichen Leichengepränge notwendig war und nicht mehr.[2]) Der in Art. 22 des Dekrets vom 23. Prair. XII vorkommende Ausdruck „fournitures“ beschränkt sich begrifflich auf die Lieferung von beweglichen Sachen und kann nicht auf diejenige Tätigkeit bezogen werden, welche zur Herstellung des Grabes und zur eigentlichen Beerdigung, d. h. zur Einsenkung und Bedeckung des Sarges gehören.[3]) Den Kirchenfabriken ist nur der Transport der Leiche auf den Friedhof und die Lieferung der zur Vorbereitung und Ausführung dieses Transports erforderlichen Gegenstände übertragen worden.[4]) Das Begräbniswesen ist in neuerer Zeit auf

---

[1]) Vgl. Kabinettsorder v. 13. Nov. 1873. Abgedruckt im Reichs- und Staatsanzeiger. OLG. Colmar v. 26. 6. 1894 ElsLthrZ. 19 S. 550. Fischbach S. 400.

[2]) Vgl. Kass. v. 5. 7. 1904 DP. 04. 1. 579. Ein doppelter Zinksarg konnte danach von jedem beliebigen Geschäftsmann bezogen werden; Die Tragbahre liefert dagegen die Kirchenfabrik. (Art. 7. Dekr. 18. 5. 1806.)

[3]) Vgl. RG. v. 24. 9. 1889. Bolze, Rechtspr. 8 Nr. 675 u. Puch. Z. 21 S. 133. Jur. Woch. 1889 S. 427[24].

[4]) Deshalb haben dieselben auch nur Anspruch auf die hierfür zu entrichtenden Gebühren, bezüglich deren in Art. 25 Prair. Dekr. die Aufstellung eines besonderen Tarifs vorgeschrieben ist. Der Zweck der Bestimmungen des Prairialdekrets war im wesentlichen der, die Leidtragenden und deren Familie gegen die Ausbeutung durch gewissenlose Unternehmer zu schützen. Art. 36 Z. 10 Dekr. v. 30. 12. 1809 kann für eine weitergehende Auslegung des Prair. Dekr. hinsichtlich der Befugnisse der Kirchenfabriken und Konsistorien nicht angerufen werden.

Grund der Dekrete vom 23. Prair. XII (1804) und vom 18. Mai 1806, der Ordonnanz vom 6. Dez. 1843, der Oberpräsidialverfügung vom 28. Febr. 1873 und der Gemeindeordnung vom 6. Juni 1895 von den größeren Gemeinden des Landes selbst in die Hand genommen worden.[1]) Ein besonders eingerichtetes Friedhofsamt besorgt das Begräbnis auf Grund einer Bestellung der zur Anzeige des Sterbfalls verpflichteten Person. Wegen der kirchlichen Feierlichkeiten haben sich die Leidtragenden an die Pfarreien zu wenden.

---

6. Kapitel.

Die Friedhöfe.

§ 19.

Zweckbestimmung und rechtliche Natur der Friedhöfe.

I. Friedhöfe[2]) sind öffentliche Begräbnisstätten auf Grundstücken, die nach ihrem bestimmungsgemäßen Gebrauch der Beerdigung menschlicher Leichname dienen. Sie werden regelmäßig von der Zivilgemeinde gestellt und bilden einen Teil des öffentlichen Eigentums der Zivilgemeinde[3]) (vgl.

Ueber die dem Geistlichen zufließenden Begräbnisgebühren (Stolgebühren) vgl. RG. v. 6. II. 1806 Jur. Woch. 1886 S. 77 Nr. 23. Vgl. ferner an Literatur: Gaubert, Manuel pratique de législation sur les Pompes funèbres 1890 u. R. Bonnin, Les funérailles 1908.

[1]) Vgl. die vorbildliche Begräbnis- und Friedhofsordnung der Stadt Straßburg v. 11. Sept. 1912 mit Tarif vom gleichen Tage.

[2]) Vgl. Fischbach, Öff. Recht S. 396. Geigel III S. 76 f.

[3]) Bis zum Erlaß des Dekr. v. 20. Prair. X bildeten die Kirchhöfe Zubehör der Kirchen. Durch Art. 719 des Dekr. v. 23. Prair. XII wurde vom Staat das Eigentumsrecht auf die Zivilgemeinden übertragen. Vgl. RG. v. 12. Jan. 1906 Puch. Z. 37 S. 145 u. v. 15. Jan. 1901, Jur. Woch. 1901 S. 98 Nr. 51 u. Kassat. v. 13. 6. 1903 DP. 05. I. 507 sowie Puch. Z. 37 S. 430; ferner OLG. Zwei-

Artt. 7 u. 9 Dekret v. 23. Prair. XII). Kirchenfabriken können gemäß der Rechtsprechung des französischen Staatsrats in keinem Falle Eigentümer von Begräbnisstätten sein,[1]) da ihnen Korporationsrechte nur für bestimmte Kultuszwecke und in gewissen Grenzen verliehen sind; es wird ihnen sogar die Fähigkeit abgesprochen, ein zur Anlage eines Friedhofs bestimmtes Grundstück zu erwerben.[2]) Art. 11 des Konkordats und Art. 75 Organ. Art. beziehen sich nicht auf Kirchhöfe, es kann deshalb auch keine Rede davon sein, daß sie à la disposition des évêques, curés et prêtres desservants belassen worden sind, weder zu Eigentum noch zur ausschließlichen Benutzung; die Kirchhöfe sind vielmehr vollständig in die Hand des Staates gegeben worden.[3]) Wollte eine Kirchengemeinde ein ausschließliches Benutzungsrecht an dem Kirchhofe beanspruchen, so müßte sie dem Inhalt des Prairialdekretes gegenüber eine besondere Gesetzesbestimmung nachweisen, die ihren Anspruch begründen könnte. Wenn auch auf Grund der Vorschriften des Konkordats der katholischen Kirche die freie Ausübung ihres Kults gewährleistet worden ist, und wenn auch als richtig anerkannt werden muß, daß zur Ausübung des katholischen Kultus auch die Bestattung der Verstorbenen katholischen Glaubensbekenntnisses auf dem kirchlich geweihten Friedhof gehört, und die Kirche eine ungestörte Ausübung auch dieses Zweiges des katholischen Kults auf Grund des Konkordats verlangen kann, so ist doch in diesem der Kirche gewährleisteten Recht kein zivilrechtliches Eigentum oder ein vom Eigentum der Zivilgemeinde losgelöstes ausschließliches Benutzungsrecht zu erblicken, sondern lediglich die Wirkung eines dem öffentlichen Recht an-

brücken v. 31. Dez. 1902, Puch. Z. 34 S. 106; OLG. Cöln v. 26. 6. 1888, Puch. Z. 19 S. 464, sowie RG. v. 5. Juni 1885, Bolze 1 Nr. 1472 u. v. 30. 4. 1897, Puch. Z. 28 S. 478.

[1]) Dalloz, Rép. culte Nr. 783. Vuillefroy, admin. du culte cath. S. 150.

[2]) Béquet, de la personnalité civile des diocèses, fabriques et consistoires S. 73.

[3]) RG. v. 15. I. 01 Jur. Woch. 01 S. 98 Nr. 51.

gehörenden Rechtssatzes, welcher mit der dem katholischen Kultus zugewiesenen Stellung als Staatsreligion zusammenhängt. Das ausschließliche Benutzungsrecht der katholischen Kirche ist insbesondere auch nicht aus Art. 15 Prair. Dekr. zu folgern. Wenn hier vorgesehen ist, daß in denjenigen Gemeinden, in welchen verschiedene Konfessionen betätigt werden, jeder Religionsgemeinschaft ein besonderer Ort für die Beerdigung der Toten zugewiesen werden soll, und daß, wenn nur ein einziger Friedhof vorhanden ist, dieser für die verschiedenen Konfessionen abgeteilt und jeder Teil durch Mauern, Hecken und Gräben für sich abgeschlossen werden soll, so ist daraus kein ausschließliches Recht der katholischen Kirche abzuleiten. Die Vorschrift des Art. 15 cit. hat ihre Bedeutung auch für solche Fälle, in welchen bei Erlaß des Dekrets nur eine Religionsgemeinschaft vorhanden war und später andere hinzugekommen sind. Hätte das Dekret die Absicht gehabt, der einen bestehenden Gemeinschaft die ausschließliche Benutzung des ganzen Kirchhofs zuzuwenden, so würde es nicht zugleich angeordnet haben, daß dieser Gemeinschaft später bei Bildung anderer Religionsgemeinschaften in der Gemeinde wieder Teile des Kirchhofs entzogen werden sollten. Dazu kommt noch die Bestimmung des Art. 19 Dekrets, welcher allgemein für alle Kirchhöfe anordnet, daß, falls ein Geistlicher einer Religionsgemeinschaft sich weigert, seinen Beistand zur Beerdigung eines Toten zu leisten, die Zivilbehörden für die Beerdigung auf dem Kirchhof Sorge zu tragen haben. Auch diese Bestimmung ist mit dem ausschließlichen Benutzungsrecht der kirchlichen, insbesondere der katholischen Kirche an dem Friedhof unvereinbar.

Die konfessionelle Einteilung der Friedhöfe ist in Art. 15 Dekr. vom 23. Prair. XII (12. 6. 1804) unter gewissen Voraussetzungen vorgesehen, nämlich da, „où l'on professe plusieurs cultes“. Die deutsche Verwaltung hat stets den Standpunkt eingenommen, daß die Voraussetzung des „professer“ nur dann gegeben ist, wenn in einer Gemeinde mehrere anerkannte Kulte öffentlich ausgeübt werden;[1]) es genügt also nicht, daß an einem Orte Angehörige verschiedener Bekenntnisse wohnen.

Von Interesse ist aber auch die weitere wichtige Frage, ob für Gemeinden, in denen eine öffentliche Ausübung mehrerer Religionsbekenntnisse tatsächlich stattfindet, die konfessionelle Einteilung der Friedhöfe unbedingt vorgeschrieben, oder die Ergreifung dieser Maßnahme nur in das pflichtmäßige Ermessen der Staats- und Gemeindebehörden gestellt ist.[2])

---

[1]) Auf diesem Standpunkt stand insbesondere schon der Erlaß des Oberpräsidenten v. 19. Jan. 1877.

Nachdem anläßlich des Falles Fameck auch der Kaiserl. Rat in seiner Entscheidung vom 15. 4. 1905 Nr. 406 sich ebenfalls im Sinne des von der Regierung vertretenen Standpunktes ausgesprochen hatte, ist die Frage für alle staatlichen Behörden einheitlich entschieden. Im Interesse eines einheitlichen Verfahrens hat das Ministerium im Jahre 1905 bestimmte Grundsätze aufgestellt, die bei Anträgen auf konfessionelle Einteilung der Friedhöfe von den Staats- und Gemeindebehörden zu befolgen sind. Diese Grundsätze sind durch Verfügung des Min. v. 6. Dez. 1905 den Bezirkspräsidenten mitgeteilt und im Juli 1906 auch den kirchlichen (kath. u. prot.) Behörden bekannt gegeben worden. Sie finden in allen Fällen Anwendung, in denen die konfessionelle Einteilung eines Friedhofs in Frage kommt, ohne Rücksicht darauf, ob der bezügliche Antrag auf das Dekr. v. 23. Prair. XII gestützt wird oder nicht.

[2]) Im folgenden sei der wesentliche Urteilsinhalt des bekannten Famecker Kirchhofstreits (K. Rat. v. 15. 4. 1905 Nr. 406) wiedergegeben:

Der Art. 15 des Dekretes vom 23. Prairial XII schreibt für „les communes où l'on professe plusieurs cultes" eine Trennung vor durch Einrichtung eines besondern Kirchhofs für jeden „culte" oder, wenn nur ein Kirchhof vorhanden ist, durch Teilung in näher bezeichneter Weise insbesondere hinsichtlich der Größenverhältnisse mit Berücksichtigung der Zahl der Angehörigen der verschiedenen Glaubensbekenntnisse. Seitens der Rekurrenten wird geltend gemacht, diese Bestimmung beziehe sich nicht, wie der Bezirkspräsident angenommen hat, lediglich auf solche Gemeinden, in denen eine Minderheit ihr Bekenntnis in einer zu Tage tretenden Weise, insbesondere durch häufigere und regelmäßige Vornahme einer gottesdienstlichen Feier als Gemeinschaft ausübe; sie finde vielmehr Anwendung überall, wo Angehörige verschiedener Bekenntnisse wohnen. Dies allein entspreche dem Wortlaut und dem Zwecke des Art. 15. Schließlich wurde bemerkt, daß schon in

Der Art. 15 Prair. Dekr. ist vielmehr nur eine in der Regel nach Maßgabe der örtlichen Bedürfnisse und Gewohnheiten zu beachtende Ordnungsvorschrift, nicht aber eine die Staats- und Gemeindebehörden in allen Fällen bindende Norm.

der kirchlichen Beerdigung die Ausübung einer gottesdienstlichen Handlung zu erblicken sei und sohin, auch wenn die enge Auslegung jener Vorschrift zutreffe, für die Gemeinde Fameck die Voraussetzung zur Trennung gegeben sei. Diesen Ausführungen konnte der Kaiserliche Rat nicht beitreten.

In erster Linie entspricht die Auslegung in der angefochtenen Entscheidung dem Wortlaute des Artikels 15. Das Wort „professer" bedeutet, wie allgemein angenommen ist, soviel als „avouer publiquement" „reconnaître hautement", auch „exercer, enseigner publiquement", also eine in die Öffentlichkeit tretende Handlung. „Professer un culte" setzt hiernach gewisse äußerliche Betätigungen des Glaubensbekenntnisses voraus. Allerdings wird dieser Ausdruck auch in einem weiteren Sinne, in dem der bloßen Angehörigkeit zu einem Glaubensbekenntnisse gebraucht. In dem hier in Frage stehenden Artikel 15 aber haben diese Worte zweifellos eine engere Bedeutung. Dies ergibt sich schon aus der Fassung: „où l'on professe plusieurs cultes", „chaque culte doit avoir". Hier wird unzweideutig das Vorhandensein einer größeren Zahl von Personen, welche einem bestimmten Glaubensbekenntnis angehören, vorausgesetzt. Hätte der Artikel 15 auch den Fall treffen sollen, daß nur einzelne Angehörige einer Religionsgemeinschaft in der Gemeinde wohnen, so wäre dies sicher anders ausgedrückt worden. Dazu kommt, daß das Dekret, wie die angefochtene Entscheidung mit Recht hervorhebt, den gleichen Ausdruck „professer un culte" wenige Artikel später nochmal gebraucht und hier unzweifelhaft im Sinne der öffentlichen Ausübung. Im Art. 18 wird bestimmt, daß religiöse Handlungen bei Beerdigungen außerhalb der Kirchen und Kirchhöfe nur in den Gemeinden zulässig seien, „où l'on ne professe qu'un seul culte, conformément à l'art. 45 de la loi du 18 Germinal an X". Die Rekurrenten machen hiergegen geltend, der Hinweis auf den Art. 45 des Gesetzes vom 18. Germinal X beweise, daß im Art. 18 der Ausdruck weit über die Absicht des Art. 15 hinaus eingeschränkt sei; denn jener Art. 45 finde überhaupt nur Anwendung an Orten, wo eine Konsistorialkirche bestehe. Aber die Annahme ist ausgeschlossen, daß wörtlich der gleiche Ausdruck im gleichen Gesetz in zwei nahe beieinander stehenden Artikeln eine so verschiedene Bedeutung haben sollte, wie es nach der Ansicht der Rekurrenten der Fall wäre.

II. Ob für Gemeinden, die **nicht** unter die Vorschrift des Art. 15, Dekr. vom 23. Prair. XII, fallen, die konfessionelle Einteilung überhaupt zulässig ist, könnte zweifelhaft erscheinen. Dagegen spricht eigentlich nur der Umstand,

---

Der Hinweis auf den Art. 45 des Germinalgesetzes bedeutet nicht eine Einschränkung, sondern eine Bezugnahme darauf, daß etwas ähnliches schon in jenem Gesetze gesagt sei. Eine Einschränkung ist schon deshalb nicht wohl möglich, weil der Art. 45 seiner Stellung nach nur von katholischen Kultushandlungen spricht und sohin, wenn die Auffassung der Rekurrenten richtig wäre, der Art. 18 nur für katholische Beerdigungen gelten würde.

Es fragt sich sohin weiter, ob die Auslegung des Art. 15, wie sie in der angefochtenen Entscheidung enthalten ist, nicht etwa mit dem **Sinne und Zwecke** dieser Vorschrift in Widerspruch steht.

Der Rekurs behauptet dies; der Zweck des Art. 15 sei der gewesen, den verschiedenen Kultusgemeinden die Freiheit zu geben, auf den Kirchhöfen ihre Kultushandlungen nach den Vorschriften ihrer Kirche auszuüben. Dazu gehöre die Weihe und Einsegnung des Kirchhofes und der Ausschluß aller Andersgläubigen vom Kirchhofe. Man beruft sich hierfür insbesondere auf die Entstehungsgeschichte des Art. 15, wie sie in dem der Entscheidung des französischen Staatsrats vom 8. Februar 1868 (Sache Jousseaume) vorausgegangenen Gutachten des Regierungskommissars Aucoc gegeben wurde, sowie auf die Ausführungen dieses Regierungskommissars und diejenigen des Regierungskommissars David in der Staatsratssache Tamelier (Urteil vom 13. März 1872).

Zunächst bietet die Entstehungsgeschichte, d. h. die Entwickelung des Art. 15 aus dem Regierungsentwurf und einem Gegenantrage, keine Grundlage für die hieraus von den beiden Regierungskommissaren gezogenen Schlüsse, daß die Freiheit der Kirche gewahrt werden sollte. Diese Schlüsse beruhen nur auf allgemeinen Erwägungen. Es handelt sich aber beim Art. 15 um ein Grenzgebiet zwischen Kirche und Staat. Die Beurteilung der Tragweite der auf dieses Grenzgebiet bezüglichen gesetzlichen Bestimmungen ist naturgemäß beeinflußt von der Stellung des Beurteilenden zu dem Verhältnisse zwischen Kirche und Staat im allgemeinen; sie schwankt daher auch bei den Vertretern der Regierungen zu verschiedenen Zeiten. So stehen den von der Rekursschrift angerufenen Äußerungen belgischer Minister und älteren belgischen Entscheidungen spätere belgische Urteile entgegen, welche, entsprechend den Anträgen der Regierungsvertreter, im entgegengesetzten Sinne ergangen sind. Ebenso stimmen die Ausführungen der beiden Regierungskommissare Aucoc und David nicht überein mit der Stellung der französischen

daß die in das Eigentum der Gemeinden übergegangenen und damit der gemeinschaftlichen Benutzung aller Gemeindeangehörigen überlassenen Friedhöfe dieser Gemeinschaftlichkeit nur insoweit wieder entzogen werden dürfen, als dies vom

---

Regierung in früheren Zeiten und später. Beispielsweise hat in einer Verhandlung vor dem Staatsrat am 16. April 1880 (Sache Deharque-Gasnier) der damalige Regierungskommissar bei ganz der gleichen Rechtsfrage über die Auslegung des Art. 15 ein Gutachten abgegeben, genau entgegengesetzt dem des vorgenannten Regierungskommissars David vom 11. Juni 1875 (Sache Hallé). Wie der Rekurs jenen späteren belgischen Entscheiduugen um deswillen glaubt kein Gewicht beilegen zu sollen, weil die damalige liberale belgische Regierung den Sinn des Präsidialdekretes einzuschränken gesucht habe, ebenso muß man allgemein von den verschiedenen Auslegungen, die der Art. 15 in späterer Zeit gefunden hat, absehen und vielmehr, um den tatsächlichen Zweck und Sinn der einzelnen Bestimmungen festzustellen, sich auf den Inhalt des Dekretes und auf die Auslegungen aus der Zeit des Erlasses des Dekretes beschränken.

In letzterer Beziehung liegt nur der Ministerialerlaß vom 8. Messidor XII. vor, durch den das Dekret den unterstellten Behörden bekannt gegeben wurde. Aber diese, nur 15 Tage nach dem Erscheinen des Dekretes erlassene Anweisung genügt völlig, um die Tragweite und die Absicht des Dekretes klar zu stellen. Hierin ist bezüglich des Art. 15 mit keinem Worte angedeutet, daß er bezwecke, den Kirchen die von ihnen in Anspruch genommene Freiheit auf den Kirchhöfen zu gewähren. Als Zweck dieses Artikels nach dem Gedanken der Regierung ist vielmehr lediglich die Verhütung der Wiederkehr „des querelles et discussions" wie solche „la profession de différents cultes dans la même commune" öfter bei Beerdigungen hervorgerufen habe, angegeben. Der Art. 15 bezweckt also offenbar das gleiche, wie die Art. 45, 46 des Gesetzes vom 18. Germinal X, welche in Gemeinden mit Kirchen verschiedenen Bekenntnisses religiöse Zeremonien auf den Straßen ausschließen und vorschreiben, daß die Kirchen nur einem Bekenntnisse dienen sollen. Es handelt sich also beim Artikel 15 um eine Vorschrift im Interesse der Ordnung, der Erhaltung der öffentlichen Ruhe; er bildet eine Vorschrift der Sicherheitspolizei, wie sich auch aus seiner Stellung als erster Artikel des Titels „de la police des lieux de sépulture" ergibt.

Die sonstigen Bestimmungen des Dekretes schließen diese Auffassung nicht aus. Für die angebliche Absicht, der katholischen Kirche diejenige Freiheit zu gewähren, die sie beansprucht, spricht

Gesetz ausdrücklich vorgesehen ist. Unter deutscher Verwaltung hat man indessen die fraglichen Bestimmungen nicht so streng ausgelegt, vielmehr die konfessionelle Einteilung der Friedhöfe auch in den Fällen zugelassen, wo es an dem Er-

kein Wort. Das Gegenteil ergibt sich nicht nur aus dem mehrerwähnten Art. 18, sondern namentlich und ganz unverkennbar aus dem Art. 19. Dieser Artikel enthält in besonders schroffer Form („lorsque le ministre d'un culte, sous quelque prétexte que ce soit, se permettra de refuser son ministère") einen Eingriff in die Freiheit der Kirche, wie er schärfer kaum gedacht und ausgedrückt werden kann. Er geht mit der Anordnung, daß der Bürgermeister einen Geistlichen mit der Vornahme kirchlicher Handlungen beauftragen und eine Leiche gegen den Willen des zuständigen Geistlichen in die Kirche bringen (présenter) solle, soweit, daß er wohl kaum in Anwendung kam und durch einen späteren Ministerialerlaß in seiner Tragweite abgeschwächt wurde.

Hieraus ergibt sich mit Sicherheit, daß nicht die Rücksicht auf die Kirche sondern das Interesse der Ordnung, die Vermeidung von Streitigkeiten aus dem Zusammentreffen der verschiedenen Konfessionen auf dem gemeinschaftlichen Kirchhofe, den Art. 15 veranlaßt hat. Das Interesse der Ordnung verlangt die konfessionelle Trennung aber nur dort, wo tatsächlich im Hinblick auf die größere Zahl von Angehörigen verschiedener Bekenntnisse eine Gefahr in erheblicherem Maße besteht; die Absicht des Gesetzes deckt sich daher mit dem Wortlaute.

Zugegeben ist dem Rekurse, daß in den anderen Gemeinden die Möglichkeit einer Ordnungsstörung nicht ausgeschlossen ist, wenn nicht auch dort die Trennung stattfindet. Aber polizeiliche Vorschriften können Ordnungswidrigkeiten nie völlig verhüten; auch die Bestimmung des Art. 45 des Germinalgesetzes über kirchliche Umzüge beschränkt sich auf Gemeinden, wo die Gefahr der Störung eine größere ist. Hier, wo bleibende Einrichtungen geschaffen werden müssen, selbständige Kirchhöfe oder Trennung durch Mauern, Zäune, Graben, lag es noch näher, die Maßregel auf diejenigen Fälle zu beschränken, in denen die Größe der Gefahr einigermaßen im Einklang steht mit der Bedeutung der Maßregel — abgesehen davon, daß eine Teilung nach dem Verhältnisse der Zahl der Angehörigen der einzelnen Konfessionen überhaupt nicht durchführbar wäre, wo auf der einen Seite nur vereinzelte Personen in Betracht kommen.

Auch scheint die im Interesse der Ordnung gegebene Vorschrift des Art. 15 von Anfang an nur in dem Sinne gedacht gewesen zu sein, daß sie in der Regel angewendet werden sollte, dort wo

fordernis des Art. 15 cit. fehlt. Es ist aber klar, daß diese Verwaltungspraxis nicht dazu führen darf, den vom französischen Recht aufgestellten Grundsatz der Kommunalisierung der Friedhöfe außer Kraft zu setzen. Soll daher in einer Gemeinde, wo die Voraussetzungen des Art. 15 cit.[1])

ein Bedürfnis tatsächlich bestand, als eine sogenannte „Sollvorschrift" im Sinne der jetzigen feineren Gesetzessprache. Denn nur dadurch erklärt es sich, daß sie in zahlreichen Gemeinden, die Hauptstadt Paris und einige ihrer Vororte an der Spitze (auch in vielen Ortschaften des heutigen Elsaß-Lothringens, darunter nicht wenige mit Kultusgemeinden verschiedenen Bekenntnisses) von Anfang an niemals zur Ausführung kam.

Hiernach war mit der angefochtenen Entscheidung anzuerkennen, daß der Art. 15 die Trennung der Kirchhöfe nach Bekenntnissen nur für solche Gemeinden vorschreibt, in denen eine öffentliche Ausübung verschiedener Religionsbekenntnisse stattfindet. Daß vereinzelte Beerdigungen von Angehörigen eines Bekenntnisses als öffentliche Ausübung in diesem Sinne nicht angesehen werden können, ist selbstverständlich. Erforderlich zur Anwendung des Art. 15 ist, daß ein größerer Kreis von Angehörigen einer anderen Konfession mit bleibendem Wohnsitz in der Gemeinde vorhanden ist und gottesdienstliche Handlungen in einer gewissen Regelmäßigkeit, nicht bloß vorübergehend öffentlich vorgenommen werden. In Fameck, wo erst seit kurzer Zeit einige Protestanten sich niedergelassen haben, die in benachbarten Gemeinden beschäftigt sind, ist diese Voraussetzung jedenfalls zur Zeit nicht gegeben. Eine Verletzung des bestehenden Rechts kann also in der angefochtenen Entscheidung nicht erblickt werden.

Ob es, wie die Rekursschrift geltend macht, angezeigt gewesen wäre, die Trennung zu gestatten, unterliegt nicht der Entscheidung des Kaiserlichen Rates. Da die Vorschrift des Dekretes hier nicht Anwendung findet, ist dies eine Frage des Ermessens der Polizeibehörde, gegen deren Entscheidung nach § 4 der Kais. Verordnung vom 22. April 1902 ein Rekurs an den Kaiserlichen Rat nicht stattfindet. Aus diesem Grunde war auch auf das in der mündlichen Verhandlung geäußerte Bedenken, ob die von dem reformierten Pfarrer erhobene Einwendung zulässig war, nicht einzugehen. Denn das Vorverfahren diente nur als Grundlage für die in das Ermessen des Bezirkspräsidenten gestellte Entscheidung.

[1]) Art. 15 cit. verfolgt, wie schon die Ueberschrift des Tit. IV des Dekrets angibt (de la police des lieux de sépulture), keine kirchlich-religiösen, sondern lediglich polizeiliche Zwecke; er will den

nicht vorliegen, die konfessionelle Einteilung der Friedhöfe durchgeführt werden, so kann dies nur dadurch gerechtfertigt werden, daß das Herkommen einen solchen tatsächlichen Zustand bereits begründet hat. Durch eine Verfügung vom 19. Jan. 1877 hat der Oberpräsident bestimmt, daß in denjenigen Gemeinden, in welchen ein öffentliches Bekenntnis eines anderen als des katholischen Kultus nicht stattfindet, die konfessionelle Einteilung der Friedhöfe nur dann stattfinden darf, „wenn die Andersgläubigen und der Gemeinderat bzw. Bürgermeister über die Anlage besonderer Friedhöfe bzw. die Errichtung von Absonderungen auf dem Gemeindegottesacker sich im Einverständnis befinden". Das Einverständnis der Gemeindeverwaltung und der verschiedenen Konfessionen ist gefordert, weil nur dieses die Abweichung von dem grundsätzlichen Standpunkt

---

Behörden die Möglichkeit geben, Streitigkeiten zwischen den Angehörigen verschiedener Konfessionen zu beseitigen bzw. solchen vorzubeugen.

Von der konfessionellen Einteilung der Friedhöfe kann z. B. abgesehen werden, falls sich zahlreiche Einsprüche dagegen geltend machen oder wenn die Gemeinsamkeit des Friedhofs bereits seit langer Zeit besteht.

Über das Rekursverfahren gegen die Verfügung des Bezirkspräsidenten vgl. K. Rat. v. 15. 3. 1910 Zentr. Bl. 1910 Nr. 556. Ueber die Versagung der Genehmigung, obwohl der israelitische Kultus in der Gemeinde ausgeübt wird. K. Rat. v. 20. 4. 1907 Nr. 471.

Vor dem dreißigjährigen Krieg bestand in Deutschland der Grundsatz, cuius regio, eius religio. Der westfälische Friede brachte die Einschränkung dieses Grundsatzes (Art. V § 34f.) Vgl. Friedberg, 6. A. Kirchenrecht S. 537. In den Gebietsteilen, die 1804 französisch waren, wurde durch das Prairaldekret das Recht der konfessionellen Minderheit auf anständige Begräbnisplätze in der Weise sichergestellt, daß da, wo die Minderheit zahlreich genug ist, um einen eigenen Kultus am Orte auszuüben, der Kirchhof konfessionell geteilt werden sollte, wo diese Voraussetzung nicht zutraf, sollte also ohne Rücksicht auf die Konfession in der Reihe begraben werden.

Das Prairialdekret wurde im Jahre 1820 für die preußischen Landesteile, die 1804 französisch geworden waren, durch Kgl. Kabinettsorder so interpretiert, daß die konfessionelle Teilung der Friedhöfe zwar nicht ausdrücklich verboten sein, aber doch ihre

des bestehenden Rechts rechtfertigen kann.[1]) Da keine Konfession ein Recht auf Trennung hat, vielmehr die Gemeinschaftlichkeit des Friedhofs der normale Zustand ist, kann die konfessionelle Trennung nur dann in Frage kommen, wenn die sämtlichen Beteiligten — wenn auch nur stillschweigend — zustimmen. Wird nun von einer Seite Widerspruch erhoben, so hat die Trennung zu unterbleiben. Um in authentischer Weise feststellen zu können, ob das hiernach erforderliche Einverständnis vorliegt oder nicht, ist in analoger Anwendung des Art. 2, Ordonn. vom 6. Dezember 1843 die Abhaltung eines Vorverfahrens vorgeschrieben worden; für die Formen des Vorverfahrens kommen die Vorschriften der Ordonn. vom 23. August 1835 in Betracht, soweit nicht abweichende Bestimmungen getroffen sind. Wird seitens eines Beteiligten in gehöriger Form Widerspruch gegen die Trennung erhoben, so kann dieselbe dadurch verhindert werden. Zum Widerspruch befugt sind auch der protestantische Pfarrer,[2]) in dessen Amtssprengel

---

Notwendigkeit fortfallen sollte. Vgl. Goes, Zur Rechtslage der Konfessionen auf den Friedhöfen in Arch. f. kath. KR. 20 S. 372. Silbernagel, Lehrb. d. Kirchenrechts 2. A. S. 564; Sägmüller, Lehrb. d. kath. KR. S. 456.

In Frankreich ist das Prairialdekret seit dem 15. Nov. 1881 aufgehoben worden. Es gibt dort also gesetzlich überhaupt keine konfessionell getrennten Friedhöfe mehr. In Paris und Straßburg z. B. ist die Trennung überhaupt von jeher nicht durchgeführt worden.

[1]) Unter dem 6. Dez. 1905 sind vom Ministerium Grundsätze bzgl. der Friedhofsfrage aufgestellt worden. Nach Ziff. 3 derselben hat vorerst der Gemeinderat über die konfessionelle Einteilung des Friedhofs zu beschließen. Wird diese Teilung auf Grund des Gemeinderatsbeschlusses vom Bürgermeister abgelehnt, so besteht bei der Bestrittenheit der einschlägigen Frage (Dekr. v. 23. Prair. XII) für den Bezirkspräsidenten regelmäßig kein Anlaß, dem Willen der Gemeindebehörde entgegenzutreten.

[2]) Dieser Widerspruch des Pfarrers allein braucht für die Verwaltungsbehörde aber nicht immer ausschlaggebend zu sein, so z. B. dann nicht, wenn die übrigen protestantischen Mitglieder der Gemeinde sich im Gegensatz zum Pfarrer befinden.

die betreffende Gemeinde liegt, ferner der Presbyterialrat dieses Sprengels und das zuständige Konsistorium, welches die in Betracht kommenden Interessen auch für die später in die Gemeinde zuziehenden Protestanten wahrnehmen kann. In gleicher Weise gehören zu den „Beteiligten" auch der katholische Ortspfarrer sowie dessen kirchliche Oberbehörde.

Da als „die verschiedenen Kulte", von welchen der Art. 15 des Prairialdekretes spricht, nur die anerkannten Kulte gelten können, so fehlt es dort, wo der Friedhof nach Kulten getrennt ist, an einer Begräbnisstätte für die Mitglieder nicht anerkannter Kulte. Dieses Verhältnis hat Anlaß gegeben zu einer Entscheidung des Ministeriums des Innern aus dem Jahre 1857 (Bull. du min. de l'Int. 1857 S. 220 bei Dufour, droit admin. VII S. 644), wonach die Angehörigen eines nicht anerkannten Kults (Sektierer) einen Anspruch auf Einräumung eines Spezialfriedhofs nicht haben, andrerseits aber auch nicht durch Zuweisung eines schlechten Friedhofplatzes beleidigt werden dürfen. Die maßgebliche Stelle der fragl. Min.-Entsch. lautet: Inhumation des protestants appartenant à des églises non reconnues: On ne saurait contraindre les sectateurs d'un culte indépendant à enterrer leurs morts dans la partie du cimetière qui est considérée comme une espèce de voirie et imprime à ceux qui y sont déposés un caractère de délaissement (Schindanger) et de flétrissure. Une pareille mesure qui aurait pour résultat inévitable de produire une vive irritation, est positivement contraire à l'esprit de la législation civile et

Ferner wird seitens der Verwaltung in denjenigen Gemeinden, in welchen trotz Fehlens der öffentlichen Ausübung verschiedener Kulte eine konfessionelle Einteilung des Friedhofs hergebracht ist, der bestehende Zustand regelmäßig aufrecht zu erhalten sein. Ergeben sich aber aus der bestehenden Einteilung Streitigkeiten, z. B. wegen der Unwürdigkeit oder Unzulänglichkeit des dem einen Kultus zugewiesenen Teils, so würde die Verwaltungsbehörde oder Gemeinde eventuell die Beseitigung der Trennung in Erwägung zu ziehen haben.

aux instructions sur la matière. Toutefois l'on fait une saine interprétation des réglements en refusant aux cultes non reconnus le droit d'obtenir pour chacun d'eux un cimetière special ou un emplacement distinct dans les cimetières communaux. En principe tous les cultes reconnus, chacun sous la désignation qui lui appartient, ont droit à un cimetière ou, pour mieux dire, à un emplacement distinct, et, par suite, chacun d'eux peut refuser de laisser inhumer dans l'espace qui lui est réservé les individus étrangers à la communion; mais toute collection de personnes qui déclareront pratiquer un culte particulier non reconnu, ne sauraient prétendre à un cimetière special ou à une partie réservée du cimetière général. Seulement, comme les autres cultes seraient fondés à les exclure, l'administration municipale chargée de la police des inhumations doit leur assigner un cimetière ou un emplacement qui, au lieu d'être distinct, comme pour les cultes reconnus, sera affecté à toutes communions non reconnus indistinctement.

III. Ob es rechtlich möglich ist, auf Friedhöfen besondere Abteilungen für Dissidenten, Selbstmörder, im Duell Gefallene, ungetaufte Kinder anzulegen, ist sehr bestritten. Eine Reihe französischer Schriftsteller[1]) hat die Frage bejaht, und auch der französische Staatsrat hat sich grundsätzlich der Auffassung angeschlossen, daß eine subdivision der konfessionellen Friedhöfe und Friedhofsteile rechtlich zulässig sei, allerdings mit der Maßgabe, daß der subdivision nur die „différence de religion entre les individus défunts" zugrunde gelegt werden dürfe.[2]) Die französische Regierung hat indessen auch

[1]) Vgl. du Champeaux, Code des fabriques II S. 525, André, Législ. civ. eccl. II S. 168f.; Prompsault, Dictionn. en mat. civ. eccl. I cimétière S. 882; Fédon, Police du culte S. 279f.

[2]) So der Regierungskommissar in der Staatsratsentscheidung

an diesem Standpunkt nicht konstant festgehalten.[1]) Stets als zweifellos hat indessen gegolten, daß auf den gemeinschaftlichen Friedhöfen (cimetières autres), irgend eine Unterabteilung, somit auch die Anlage einer Selbstmörderecke, gesetzlich unzulässig ist.

Was den z. Z. tatsächlich in E. L. bestehenden Zustand anlangt, so sind auf sehr vielen Friedhöfen des Landes Unterabteilungen für die oben erwähnten Personenkategorien eingerichtet; man hat auf die Beseitigung dieses Zustandes nicht hingewirkt, weil er auf altem Herkommen beruht und auch den Anschauungen gewisser Volkskreise entspricht. Daß der Standpunkt aber ein gänzlich veralteter, vorurteilsvoller ist, dürfte klar sein.[2]) Dieser Zustand enthält eine grundlose Härte namentlich gegen die Angehörigen des Verstorbenen. Da Friedhöfe überdies als öffentliche Sachen der rein staatlichen Aufgabe der Leichenbestattung

---

vom 24. 2. 1870 DP. 1870. III. 18 u. 11. 6. 1875 DP. 1875. III. 17. u. Entscheidung des Ministers des Innern v. 20. 8. 1838 sowie eine solche vom Jahre 1857. Die französische Regierung hat sich hiernach auf den Standpunkt gestellt, daß den Gemeindeverwaltungen die diskretionäre Befugnis gegeben sei, mit Rücksicht auf die bestehenden Anschauungen und Gebräuche eine auf der Verschiedenheit des Religionsbekenntnisses beruhende subdivision der konfessionellen Friedhöfe und Friedhofsteile vorzunehmen und infolgedessen Unterabteilungen für Andersgläubige (Dissidenten), ungetaufte Kinder, dagegen nicht für Selbstmörder, Duellanten usw. anzulegen. Vgl. auch die Staatsratsentscheidung v. 29. 4. 1831, wo bezüglich der vom Gesetz nicht genannten subdivision gesagt ist, daß die Gemeindeverwaltung nicht gehindert werden darf, in einzelnen Fällen bzgl. gewisser Friedhofsteile abzusondern („on observe les règles, s'il en existe, qui peuvent exiger quelque distinction pour le sépultures").

[1]) In einer Min. Entsch. v. 1869 (Dursy II 602) ist bemerkt, daß die Anlage einer besonderen Abteilung für Selbstmörder, Ertrunkene, ungetaufte Kinder verboten sei.

[2]) Besonders wenn man bedenkt daß bei weitem die Mehrzahl der Selbstentleibungsfälle im dauernd oder vorübergehend unzurechnungsfähigen Zustand geschieht, ein Moment, dessen Vorhandensein nachträglich vielfach gar nicht mehr beurteilt werden kann.

dienen, können religiöse Gründe überhaupt nicht zur Geltendmachung einer Sonderbestimmung, wie sie die kath. Kirche behauptet, angeführt werden. Bei der Neuanlage von Friedhöfen dürfte jedenfalls den Bestrebungen auf Schaffung von Unterabteilungen entgegenzutreten sein.

Betreffs der Mitbenutzungsrechte der sogen. Dissidenten an Friedhöfen ist ebenfalls eine besondere Klarheit der Rechtslage nicht zu verzeichnen.[1]) Nach dem Prinzip der Interkonfessionalität, welches den modernen Staat beherrscht, könnte eigentlich kein Zweifel darüber entstehen, ob Dissidenten ein ehrliches Begräbnis (in der Reihe) zu bewilligen ist.[2])

IV. Bereits eingangs ist hervorgehoben, daß die Friedhöfe im Eigentum der Zivilgemeinden stehen, und daß die Einrichtung neuer Friedhöfe durch die Kultusgemeinden an sich unstatthaft ist.[3])

Soweit solche Friedhöfe früher dennoch mit behördlicher Genehmigung (Art. 2, Dekr. v. 23. Prair. XII u. Ordonn. v. 6. Dez. 1843) errichtet worden sein sollten,[4])

---

[1]) Vgl. auch Schultzenstein, Der Selbstmörder im Recht, DJZ. 1907 S. 1309.

[2]) Die Frage, ob auch Dissidenten, wenigstens solche mit Korporationsrechten (z. B. die Baptisten) zu den öffentlich aufgenommenen Kirchengesellschaften zu zählen sind, dürfte zu verneinen sein. Das RVG. v. 1908 hat jedenfalls keine Klarheit gebracht, da es die Regelung der Materie dem Landesrecht überlassen hat.

[3]) Die die gesetzlichen Aufgaben der kath. und prot. Kultusgemeinden abgrenzenden Bestimmungen des Art. 1 Fabrikdekrets v. 30. 12. 1809 und des Dekrets 17.—24. 8. 1790 betr. die Rechte der elsässischen Protestanten führen die Anlegung und den Besitz der Friedhöfe nicht auf. Es ist aus diesen Bestimmungen aber soviel zu entnehmen, daß die Anlegung von Friedhöfen außerhalb der Zuständigkeit der Kultusgemeinden liegt, und daß sie, soweit ein gemäß Art. 14 Prair. Dekr. zulässiger Privatbegräbnisplatz in Frage kommt, seine Ausführung ausschließlich Aufgabe der Zivilgemeinde ist. (Vgl. auch Min. Zirk. v. 1859 Dursy I 371, Dalloz Rép. culte Nr. 784, Suppl. 914, Gaudry II Nr. 744.

[4]) Soweit der Friedhofspolizei des Bürgermeisters keine

sind sie gegebenenfalls gegen Erstattung des Wertes in das Eigentum der Zivilgemeinden überzuleiten.

Eine Ausnahme von dem Grundsatze, daß alle Beerdigungen auf dem Gemeindefriedhofe zu erfolgen haben, ergibt sich nur aus Art. 14 Dekr. v. 23. Prair. XII; danach kann jedermann auf seinem Eigentum begraben werden, wenn dieses Eigentum sich außerhalb der Mauern des Ortes und in der für die Kirchhöfe vorgeschriebenen Entfernung von demselben befindet.[1])

Der Grundsatz, daß Familienfriedhöfe, Anstaltskirchhöfe, und überhaupt Privatfriedhöfe, unzulässig sind, findet insbesondere auch auf die religiösen Genossenschaften Anwendung.[2])

Schwierigkeiten bereitet werden, läßt man es stillschweigend bei dem bestehenden Zustand. Vgl. auch Geigel, Staatskirchenrecht § 51.

[1]) Vgl. Min. Erl. v. 1860 bei Dursy II 581, Duvergier 1881 S. 513, Giron, Droit. admin. de la Belgique II 435, 442.

[2]) Rousset, Code de la législ. conc. les églises etc. S. 161, Ravelet, Code des lois civ. eccl. S. 278; André, Cours II 174, 175.

Die strenge Klausur in den Klöstern läßt es jedoch angezeigt erscheinen, daß in den Fällen, in denen die Bestattung einer verstorbenen Schwester in Frage kommt, in Anwendung des Art. 14 Prair. Dekr. die Beerdigung innerhalb des Klosters zugelassen wird, wodurch de facto derselbe Erfolg erreicht werden kann wie bei Anlage eines Privatfriedhofs. Indessen wird von der Gemeindebehörde die Zulassung der Beerdigung der Schwestern innerhalb des Klosters nicht von vorneherein für alle Fälle in Aussicht gestellt werden können, sondern sie darf nur von Fall zu Fall gewährt werden. Voraussetzung für die jedesmalige Erlaubnis ist aber, daß das für die Beerdigungen bestimmte Grundstück von vorneherein sich als zur Anlage eines Kirchhofs insbesondere vom sanitätspolizeil. Standpunkte aus als geeignet erweist. Vgl. Kass. v. 11. 7. 1856 bei Rousset S. 162. Vgl. auch Min. Zirk. v. 1864 Dursy I 371, Dufour VII 626. Nach einem StRG. v. 4. 7. 1832 (André II 166) kann einem établ. public die Anlegung besonderer Kirchhöfe gestattet werden, aber nur qu'après avoir autorisée par le gouvernement. (Genehmigung des Staatsoberhaupts.) Geigel S. 349 [11]. Tatsächlich finden sich auch solche besonderen Friedhöfe für Spitäler, Irrenanstalten, Krankenpflege-

§ 20.

Die besondere Stellung der israelitischen Friedhöfe.

Die Israeliten nehmen in Begräbnisfragen eine besondere Stellung ein, sie sind nämlich von den Bestimmungen der Art. 22 u. 24 des Dekrets v. 23. Prair. XII durch ein kaiserliches Dekret vom 10. Februar 1806 ausdrücklich befreit worden. Dasselbe hat die Praxis bezüglich der Art. 7 u. 9 des zit. Dekr. über die Begräbnisstätten getan. Man hat den Israeliten gestattet, eigene Friedhöfe zu behalten oder solche auf eigene Kosten anzulegen, welche nicht zum Gemeindeeigentum gehören.[1]) Diese Entwicklung steht einerseits im Zusammenhang mit den eigentümlichen religiösen Vorstellungen der Israeliten, welche die

häuser, ferner für Militärpersonen. Für Privatvereine ist dagegen eine solche Gestattung nie erfolgt.

Betreffs des Begräbnisses auf Privateigentum steht übrigens die französische Verwaltungspraxis und die Rechtsprechung des Kassationshofs sowie des Staatsrats hinsichtlich des Art. 14 cit. auf dem Standpunkt, daß diese Bestimmung im engsten Sinne (à la rigueur) auszulegen ist. Vgl. Dufour VII S. 625; André II 174, 175. Erforderlich ist auf alle Fälle die Genehmigung des Bürgermeisters (Kass. v. 14. 4. 1838, Dufour VII 625 u. Kass. v. 11. 7. 1856 DP. 1863. V. 344), die nur ausnahmsweise und aus besonderen Gründen erfolgen soll. (Min. Erl. v. 1860 Dursy II 581). Ein Min. Erl. v. 1856 (Dursy II 580) läßt die Bestimmung sogar nur für den Eigentümer persönlich, nicht dagegen für dessen Familie gelten; ebenso StRG. v. 27. 12. 1860 bei Dufour, a. a. O. Jedenfalls darf die Erlaubnis des Bürgermeisters nicht im voraus für die Familie (zur Errichtung eines Familiengrabs) erteilt werden. StRG. v. 12. 3. 1846 Geigel S. 206[12].

Noch weniger ist es gestattet, sich oder seiner Familie eine Begräbnisstätte auf die Weise zu beschaffen, daß man zu solchem Zweck erst einen Teil eines fremden Grundstücks ankauft. (Kass. u. StR. im Rép. d. Journal du Palais v.° Cimetière Nr. 57, 58; Kass. v. 1846 bei Dalloz v.° Culte Nr. 786). Vgl. auch die Begründung des Amendements zum Gesetz v. 14. Nov. 1881 Duvergier 1881 S. 515.

[1]) So in Paris (Dalloz rép. culte Nr. 795), Straßburg und anderen Orten des Elsaß.

Friedhöfe als auf ewige Zeit geheiligte Grabstätten betrachten, andererseits mit der historischen Abschließung der Christen gegen das Judentum. Eine rechtliche Grundlage findet die tatsächlich zugunsten des israelitischen Kultus erfolgte Ausdehnung des Gebiets der Kultusangelegenheiten auf Erwerb von Begräbnisstätten in der Ordonnanz vom 25. Mai 1844; dieselbe übertrug den israelitischen Bezirkskonsistorien nicht nur gemäß Art. 20_{IV} den Erlaß von Vorschriften über die religiösen Gebräuche bezüglich der Begräbnisse und der Ausübung des Kultus in allen Tempeln des Bezirks, sondern gemäß Art. 19 auch die Verwaltung und die Polizei der Tempel ihres Bezirks und der Anstalten und frommen Vereinigungen, die dazu gehören. Gemäß Art. 22 usw. muß das Konsistorium jedes Jahr dem Präfekten einen Bericht über die Lage der insbesondere für Israeliten bestimmten Wohltätigkeits- und religiösen Anstalten erstatten. Da aus diesem Umstande gefolgert worden ist, daß die israelitischen Bezirkskonsistorien im Gegensatz zu den Kirchenfabriken und den Vertretungen der protestantischen Kirchengemeinden ermächtigt werden können, Schenkungen zur Errichtung und Unterhaltung von Wohltätigkeitsanstalten entgegenzunehmen,[1]) so hat die Verwaltungspraxis auch angenommen, daß dieselben fähig sind, Eigentümer von israelitischen Friedhöfen zu sein.[2]) Es liegt in dieser Richtung ein gewohnheitsrechtlich begründetes israelitisches Sonderrecht vor.[3]) Diese Besonderheiten (besonderer, nur für eigene Glaubensangehörige bestimmter Friedhof, ferner Eigentum

[1]) Béquet, De la personnalité civile des diocèses S. 80.

[2]) So ist das israel. Bezirkskonsistorium zu Straßburg durch Beschluß v. 5. 2. 1886 seitens der Min. Abt. f. Just. u. Kult. ermächtigt worden, zur Erweiterung des israel. Friedhofs in Königshofen Grundstücke zu erwerben.

[3]) Der Grund für die Entwicklung dieses Sonderrechts bestand darin, daß die Gemeinde den Israeliten nur fünfmal soviel Raum anzuweisen brauchte als dem Jahresbedarf entsprach.
Vgl. RGE. 71 S. 20 f.

der Kultusgemeinde, Bezirkskonsistorium) bestehen aber nur für die anerkannten jüdischen Kultusgemeinschaften; auf Vereine, die sich außerhalb einer solchen Gemeinschaft stellen, können sie nicht ausgedehnt werden. Solche Vereine können keine andere Behandlung beanspruchen wie die christlichen Separatistengemeinden.

§ 21.

Die Rechtsverhältnisse an den einzelnen Begräbnisstätten.[1])

I. Die Friedhöfe als öffentliche Begräbnisstätten dienen ihrem bestimmungsmäßigen Gebrauch entsprechend der Bestattung menschlicher Leichname; da sie einem doppelten Zweck zu dienen haben, nämlich einmal dem allgemeinen Bestattungszweck und sodann den Anforderungen des Einzelnen bezüglich der Grabstelle, fallen die Friedhöfe unter die öffentlichen Sachen.[2])

II. Zur Beisetzung im Gemeindebezirk Verstorbener hat die Gemeinde außerhalb der Ortschaft einen Friedhof

---

[1]) Vgl hierzu Maurer, Begriff und Eigentümer der heiligen Sachen 1885. Götze, Zur Lehre von Begräbnisplätzen, Pr. Verw. Bl. XXII S. 125, 159. Gärtner, Die Erbbegräbnisse und Grabdenkmäler im heutigen Recht. Pr. Verw. Bl. XXXI S. 357. Göz H., Die Befugnis zur Benützung von Grabstellen auf öffentlichen Begräbnisstätten. 1911 (Diss. Tüb.). O. W. Wüst, Das privatrechtliche Begräbnisrecht 1913 (Diss. Marb.). Gareis, Über Rechtsverhältnisse an Begräbnisstätten Seuff. Bl. f. RA. 70 S. 308. Josef, Friedhofsrecht im „Recht" 1913 S. 91f. Wittken, Rechtsverhältnisse der Kirchhöfe, einschl. der erblichen Familienbegräbnisse in Gruch. Beitr. 26 S. 662f. Jung, Das Recht der Erbbegräbnisse Erl. Diss. 1906. Kohl, Das Friedhofs- und Beerdigungsrecht, Greifsw. 1908. L. Dabot, Les droits des particuliers concernant les sépultures Paris 1898. R. Bonnin, Les funérailles 1908. A. Bertrand, De la législation de la sépulture 1904. Gouffier, La législation de funérailles et des pompes funèbres 1902.

[2]) Göz, a. a. O. S. 15. Denn die Friedhöfe sind Mittel der öffentlichen Verwaltung (des service public).

mit mindestens 2 m hoher Mauer sowie mit verschließbaren Türen anzulegen und nach Bedarf zu vergrößern.[1])

III. Soweit nicht der Bestattungszweck in Frage kommt, gilt für die sämtlichen Rechtsverhältnisse der Friedhöfe das allgemeine bürgerliche Recht.[2]) Sonderrecht und zwar Landesrecht (vgl. Art. 133 EGBGB.) gilt für alle Fälle, wo der Friedhof dem öffentlichen Begräbniszweck dient. Das Sonderrecht kann sich wiederum in Form von Landesgesetzen oder in Friedhofordnungen zeigen, welche letzteren regelmäßig neben Rechtssätzen (auf Grund einer besonderen Delegation) auch Verwaltungsvorschriften enthalten.

Was nun das subjektive Recht zur Benutzung der einzelnen Grabstätte anlangt, so bestehen sowohl bezüglich seiner Terminologie[3]) wie seiner rechtlichen Auffassung verschiedene Meinungen. Bezüglich des Rechts an der einzelnen Begräbnisstätte herrscht Streit, ob es öffentlich-rechtlicher oder privatrechtlicher Natur sei. Bei der Untersuchung dieser Frage müssen die verschiedenen Arten der Benutzung unterschieden werden; es kommen in Frage das Reihengrab[4]) und ferner das Vorzugs- (Familien- oder Erb-) grab.[5])

---

[1]) Dekr. 14. 12. 1789 Art. 50 u. 23. Prair. XII Art. 1, 3. Außerhalb des Gemeindebezirks Verstorbene kann der Bürgermeister, selbst wenn sie in der Gemeinde ihren letzten Wohnsitz hatten, abweisen. Bull de l'Int. 65 p. 494.

[2]) Z. B. das Gras- und Baumbenutzungsrecht. Maurer II 40.

[3]) Art. 133 EGBGB. spricht vom Recht zur Benutzung eines Platzes auf einer öffentlichen Begräbnisstätte, während das Reichsgericht (RGE. 27 S. 257). vom Recht auf Benutzung eines Kirchhofs als Begräbnisplatz bzw. vom Recht an einer oder auf einer Begräbnisstelle redet (RGE. 8. S. 200). Im letzteren Sinne auch Gierke, Deutsches Privatrecht II 34.

[4]) Das Reihengrab wird regelmäßig jedem Gemeindebürger unentgeltlich überlassen. Die Benützungsdauer ist aber zeitlich beschränkt; soll sie verlängert werden, so ist hierfür eine Gebühr zu entrichten (RGE. 12 S. 282).

[5]) Das Vorzugsgrab ist entweder ein selbstgewähltes Einzel-

Was das Reihengrab anlangt, so steht das Reichsgericht auf dem Standpunkt, daß bei Gemeindefriedhöfen den Gemeindemitgliedern ein privates, im ordentlichen Rechtsweg verfolgbares mitgliedschaftliches Sonderrecht auf ein Grab in der Reihe zusteht.[1]) Nach O. Mayer[2]) handelt es sich jedoch bei der Einräumung eines einzelnen Grabes in der Reihe, um eine Gebrauchserlaubnis, auf welche für verstorbene Angehörige aus der Mitgliedschaft in der Orts- oder Kirchengemeinde nach Gesetz oder Statut ein Anspruch besteht. Hierdurch wird nach O. M. kein Recht an der Sache, sondern nur ein Rechtsanspruch gegen den Herrn der Sache begründet. Andere Schriftsteller[3]) vergleichen den Anspruch mit dem Rechtsanspruch, der sich inhaltlich nach den Friedhofsordnungen bemessen läßt. Weist der Private bezüglich eines Verstorbenen das Vorliegen der Voraussetzungen nach, so hat er einen Anspruch auf Bewilligung eines Reihengrabes.[4]) Diese Konstruktion, die einen öffentlich rechtlichen Anspruch gegen den Verwaltungskörper, der mit dem Bestattungswesen betraut ist, annimmt, gibt eine brauchbare Grundlage für die Wahrung der Interessen des Einzelnen wie der Gesamt-

---

grab oder ein sog. Familien- oder Erbbegräbnis, das ausschließlich der Beerdigung eines bestimmten durch Verwandtschaft oder Verschwägerung verbundenen Personenkreises dient. Von diesem Vorzugs- bzw. Familiengrab ist wiederum das auf einem Privatgrundstück mit obrigkeitlicher Erlaubnis gestattete Begräbnis zu unterscheiden.

[1]) Dieser Rechtsstandpunkt wird aus dem A. L. R. abgeleitet. RGE. 12 S. 280. Die Unhaltbarkeit dieser Ansicht hat O. Mayer (Deutsches Verw. R. II 143[4]) dadurch schon nachgewiesen, daß er auf die fälschliche Gleichstellung von Berechtigung des Privaten und privatrechtlicher Berechtigung hingedeutet hat.

[2]) Deutsches VR. 60—163.

[3]) Jellinek, Syst. d. subj. öff. R. 2. A. 1905 S. 128. Göz, a. a. O. S. 29.

[4]) O. Mayer, DVR. II S. 325.

heit.[1]) Zur Verwirklichung des Anspruchs auf ein Reihengrab steht dem Beteiligten der Rechtsweg offen.[2])

IV. Betreffs der Vorzugs- (Familien- oder Erbbegräbnisse) gräber ist zu beachten, daß hier dem Privaten ein weitgehendes Recht an der öffentlichen Sache eingeräumt ist. Es handelt sich hier zweifelsohne um ein subjektives Recht, dessen Natur, ob öffentlich-rechtlich oder privatrechtlich, allerdings sehr bestritten ist. Das Reichsgericht[3]) nimmt auch hier ein privates, im ordentlichen Rechtsweg verfolgbares Recht an. O. Mayer und Gierke[4]) nehmen an, daß an den Friedhöfen als öffentlichen Sachen auch nur öffentliche Rechte begründet werden können. Indessen kann diese Ansicht nicht als durchgängig richtig erachtet werden. Die Begründung privatrechtlicher Konzessionsrechte an öffentlichen Friedhöfen ist früher öfters vorgekommen und ist auch heute noch möglich. Es ist Sache der mit der Verwaltung des Friedhofs betrauten Behörde (des Verwaltungsberechtigten), ob er die Vorzugsgräber im Wege des hoheitlichen Verwaltungsaktes oder des zivilrecht-

---

[1]) Dagegen läßt sich der fragliche Anspruch aus dem Mitgliedschaftsrecht schon um deswillen nicht ableiten, da ein solches Mitgliedschaftsrecht erst mit dem Tode des Mitglieds zur Entstehung kommen müßte, also in einem Augenblick, wo sonst Rechte und Pflichten untergehen. Das Verlangen der Zugehörigkeit zur kirchlichen oder politischen Gemeinde ist nicht begründet.

[2]) Mit Rücksicht auf die Natur des Anspruchs als eines publizistischen sind die Verwaltungsgerichte (Bezirksrat, K. Rat) zuständig.

[3]) RGE. Bd. 12 S. 284; Bd. 71 S. 20. Gleicher Ansicht: Wittken a. a. O. Nach einer Entscheidung des Appellhofs zu Douai v. 2. 12. 1903 D. P. 05 II. 433 handelt es sich bei den von einer Gemeinde auf ihrem Friedhof eingeräumten Bodenkonzessionen um dingliche Rechte eigener Art. An den auf dem Boden von den Konzessionsinhabern errichteten Grabdenkmälern steht diesen echtes Privateigentum zu. Für Klagen auf Wiederherstellung des früheren Zustandes usw. sind die ordentlichen Zivilgerichte zuständig. Vgl. Puch. Z. 37 S. 431.

[4]) O. Mayer D. V. R. II 110; Gierke D. Pr. R. II 27.

lichen Rechtsgeschäfts (Verkauf) vergeben will.[1] De lege ferenda ist allerdings in allen Fällen die Beibehaltung des öffentlich-rechtlichen Charakters[2] der Verleihung zu wünschen. Das verliehene öffentliche Recht geht über den Gemeingebrauch hinaus, es kann mit einer öffentlich-rechtlichen Grunddienstbarkeit[3] oder allgemein mit einem dinglichen Recht an öffentlicher Sache verglichen werden.[4]

V. Erworben wird das Vorzugsgrab bei privatrechtlichem Charakter desselben durch einen Vertrag; eine Eintragung ins Grundbuch wird, soweit nicht der Friedhof als solcher überhaupt buchungsfrei ist, nur bei größeren Grabdenkmälern in Frage kommen können. Handelt es sich um ein öffentlich-rechtliches Vorzugsgrab, so erfolgt der Erwerb durch Verleihung (Konzession) seitens desjenigen, der zur Verwaltung des Friedhofs berufen ist. Schriftform ist für die Verleihung nicht unbedingt nötig, doch muß sie dem Berechtigten in irgend einer Form bekannt gemacht werden.

---

[1] So richtig Göz, a. a. O. S. 34. Nach den „Vorschriften über den Inhalt und Erwerb von Ruherechten", wie sie zur Ausführung des § 33 der „Straßburger Begräbnis- und Friedhofsordnung v. 11. Sept. 1912 erlassen worden sind, verleiht der Erwerb eines Ruherechts für 30 Jahre oder auf immer kein Eigentum oder ein sonstiges dingliches Recht am Grund und Boden, sondern verschafft dem Inhaber desselben lediglich das Recht, sich selber, seinen Ehegatten usw. in dem Grabe bestatten zu lassen . . .

[2] Der öffentlich-rechtliche Charakter gibt sich kund durch die einseitige Aufstellung eines Gebührentarifs und das Fehlen eines privatrechtlichen Kontrakts mit dem Benutzer.

Dem privatrechtlich begründeten Vorzugsrecht liegt ein contractus sui generis zugrunde, da eine Grunddienstbarkeit, Mißbrauch, Kauf oder Miete nicht in Frage kommen können. Vgl. Gärtner a. a. O. S. 357. Göz, S. 36. Ein dingliches Recht kommt nur dann in Frage, wenn eine Eintragung in das Grundbuch erfolgt ist.

[3] Bayr. Verw. Gerichtshof Smlg. Bd. VII S. 233 u. hierzu O. Mayer D.V.R. II S. 154.

[4] Von einem bloßen Benutzungsrecht spricht RG. in DJZ. 1901 S. 163 u. Jur. Woch. 1909 S. 410. Vgl. auch OLG. Colmar v. 25. 6. 1886 in ElsLothrZ. 1889 S. 454.

Über die Voraussetzungen der Verleihung enthalten die Friedhofsordnungen nähere Bestimmungen. Erfüllt der Gesuchsteller die erforderlichen Voraussetzungen, so hat er ein subjektives öffentliches Recht gegen den Friedhofsverwaltungsberechtigten auf Vertragsabschluß oder auf Verleihung, das allenfalls im verwaltungsgerichtlichen Wege durchgesetzt werden muß.

VI. Der Inhalt des Grabbenutzungsrechts. Das Benutzungsrecht erschöpft sich im wesentlichen in einer doppelten Befugnis, nämlich: 1. den betreffenden Platz auf der öffentlichen Begräbnisstätte zur Beerdigung menschlicher Leichname zu benützen;[1]) 2. die Grabstelle in der üblichen Weise zur Ehrung des Andenkens an den Verstorbenen zu verwenden. Hierher gehört das Recht zum Betreten der Grabstätte, zum Ausschmücken derselben mit Blumen, zur Errichtung von Grabsteinen usw.[2])

Die hiernach angebrachten Einrichtungen, Verzierungen usw. bleiben nach ausdrücklicher Vorschrift der meisten Friedhofordnungen im Eigentum des Berechtigten (vgl. § 95 BGB.).[3])

---

[1]) Das Benutzungsrecht umfaßt u. U. auch die Befugnis zur Ausgrabung der Leiche. RGE. 8 S. 203. Bei Vorzugsgräbern bestimmen die Friedhofsordnungen die Art und das Maß der Benutzung.

[2]) Seuffert A 31 S. 244, RGE 8 S. 201.

[3]) So Göz, a. a. O. S. 42. And. Ans. Wüst (S. 58), der annimmt, daß die Grabsteine und Einfassungen als mit dem Grund und Boden festverbundene Sachen wesentliche Bestandteile des Grundstücks § 94_1 BGB.) und damit gemäß § 946 BGB. Eigentum des Friedhofseigentümers werden. Nach der im Text wiedergegebenen Ansicht handelt es sich dagegen um Sachen, die in Ausübung eines Rechtes auf fremdem Grund und Boden angebracht werden. Dieses Recht hat, wenigstens bei der Verleihung (Konzession), öffentlich-sachenrechtlichen Charakter. Nach einer Entscheidung des Kass. v. 12. 2. 1901 Pasicrisie belge 1901. 4. 116. sind für Ansprüche des Konzessionärs wegen Beseitigung oder Beschädigung eines Grabdenkmals die ordentlichen Gerichte zuständig. Puch. Z. 32 S. 685. Da ein Übergang dieser Einrichtungen auf den Friedhofseigentümer nicht in Frage kommt, ist allerdings der Gläubiger

VII. In der Person des Vorzugsberechtigten kann ein Wechsel eintreten, denn sein Recht ist kein höchst persönliches oder unveräußerliches.[1]) Infolgedessen ist, obwohl der Erwerb des Rechts durch einen einseitigen Verwaltungsakt erfolgt ist (Verleihung) insbesondere die Rechtsnachfolge durch Vererbung ohne weiteres gegeben (Erbbegräbnis). Aber auch durch Erwerb unter Lebenden ist dies möglich. Etwaige Streitigkeiten über die Rechtsnachfolge werden von den ordentlichen Gerichten entschieden.

Die Endigung des Vorzugsrechts tritt ein nach allgemeinen Gründen. In Betracht kommen insbesondere der Verzicht und die Entziehung. Daß der Verzicht ohne weiteres möglich ist, erscheint eigentlich selbstverständlich.[2]) Der Verzicht erfolgt durch einseitige Erklärung des Berechtigten gegenüber der Friedhofsverwaltung.

Die Entziehung kann erfolgen: a) weil der Friedhof die Eigenschaft als öffentliche Begräbnisstätte verliert,

---

eines Erben bzw. des Erblassers in der Lage, einen kostspieligen Grabstein zu pfänden. (Vgl. § 811 Ziff. 13.) So auch Gareis in Seuff. Bl. f. R. A. 70 S. 315. Nach § 44 der Straßb. Friedhofsordnung zieht die dauernde Vernachlässigung einer Grabstelle trotz Aufforderung und Ablauf einer Frist den Verlust der Anpflanzungen, Denkmäler und der Grabstellen nach sich.

Bei Beschädigung der Grabstelle hat der Benutzungsberechtigte einen Schadensersatzanspruch gegen den Schädiger aus § 823_2 BGB; bei bloßer Gebrauchserlaubnis aus § 823_1, da es sich jedenfalls um Besitz, mithin um ein sonstiges „Recht" handelt. Bei Beschädigung durch den Friedhofseigentümer bleibt der Schadenersatzanspruch aus Vertrag und auf Wiederherstellung aus §§ 241, 249. Josef im „Recht" 1903 S. 93.

Das Gleiche, was vom Grabstein usw. gesagt ist, gilt auch vom Sarg und dem Leichnam sowie den diesem beigegebenen Sachen; auch sie bleiben im Eigentum des Benutzungsberechtigten, und dasselbe läßt sich auch von Urnen und Aschenresten sagen.

[1]) Vgl. O. Mayer D. V. R. II S. 155; bei privater Natur des Vorzugsrechtes ist dies eigentlich selbstverständlich. Vgl. auch § 6 der Straßb. Vorschriften über den Inhalt und Erwerb von Ruherechten.

[2]) O. Mayer D. V. R. I S. 118; II 157. Göz S. 46; Schönborn, Zur Lehre vom Verzicht im öff. R. S. 86.

z. B. infolge Schließung[1]) aus gesundheits- oder verkehrspolizeilichen Gründen. Die Schließung oder Beseitigung des Friedhofs kann auch eine teilweise sein. In diesen Fällen haben die Betroffenen regelmäßig einen Entschädigungsanspruch: b) weil das öffentliche Interesse die Aufhebung des Sonderrechts gebietet. Die Beseitigung des Vorzugsrechts erfolgt hier durch Widerruf. Ein solcher kann in den Friedhofsordnungen vorgesehen sein oder stillschweigend aus den Konzessionsbedingungen gefolgert werden. Ob in solchen Fällen seitens des Friedhofsverwaltungsberechtigten ein Entschädigungsanspruch geschuldet wird, ist Frage des einzelnen Falles.

Besondere Bestimmungen enthalten die Friedhofsordnungen über die Beisetzung von Aschenresten[2]) und die Aufstellung von Urnen, für welche eine Gebühr berechnet wird.[3])

---

[1]) Es kann in diesen Fällen allerdings gestattet werden, daß bereits erworbene Grabstätten erhalten bleiben; eine neue Benutzung derselben ist aber ausgeschlossen cf. Göze, Pr. Verw. Bl. XXII S. 129.

[2]) Vgl. die diesbezügl. Bestimmungen der Straßb. Friedhofsordnung. In Friedhöfen können nach einer Entscheidung des RG. v. 29. Mai 1902 Jur. Woch. 1902 S. 406 (1901 S. 173), Puch. Z. 37 S. 185 auch gegen den Widerspruch des Eigentümers oder Verwaltungsberechtigten Aschenreste verbrannter Leichen beigesetzt werden. Dieser Erweiterung der Benutzungsart steht auch in Deutschland keine hergebrachte Volkssitte entgegen; nur mangels Gelegenheit kommt sie nicht häufiger vor. Vgl. auch Puch. Z. 34 S. 442; RGE. 8 S. 401. 12 S. 280.

[3]) Vgl. RG. in Jur. Woch. 1909 S. 410. Ein Beerdigungszwang besteht in Elf.-Lothr. auf keinen Fall, daher kann die Leichenverbrennung nicht verboten werden.

7. Kapitel:

Das Verhältnis der verschiedenen Kulte zueinander.

§ 22.

Allgemeines. Interkonfessionelle Ordnung.

I. Das Verhältnis der verschiedenen Religionen zueinander ist eigentlich ein Internum der betreffenden Religionsparteien; immerhin können auch hierbei Reibungen entstehen, so daß eventuell der Staat im öffentlichen Interesse ordnend einzugreifen hat. Zunächst genießt jeder staatliche anerkannte Kultus eine staatliche Befriedung, deren Störung durch Bestimmungen des RStGB. geahndet wird. Weiterhin greift der Staat ein, indem er Schutzmaßregeln trifft zur Wahrung der individuellen Gewissensfreiheit und der interkonfessionellen Ordnung.[1])

II. Was das geschichtliche Verhältnis zwischen der katholischen und der protestantischen Kirche zueinander anlangt, so ist hierfür maßgebende Grundlage der Augsburger Religionsfriede von 1555 und sodann der westfälische Frieden von 1648. Durch jenen wurde ein beständiger Frieden zwischen den Religionsparteien geschlossen, in dem den der Augsburger Konfession angehörenden Ständen die ungestörte Religionsübung zugestanden und die geistliche Richtergewalt der katholischen Kirche bis zum definitiven Vergleich aufgehoben wurde. Der westfälische Friede erklärte den Religionsfrieden für ein ewiges Gesetz und zwar sowohl für Lutheraner wie für Reformierte und bestimmte

[1]) Dagegen genießt der Einzelne keinen staatlichen Schutz hinsichtlich seines öffentlichrechtlichen Anspruchs auf Vornahme kirchlicher Funktionen und zwar weder seiner eigenen noch einer fremden Kirche gegenüber, vgl. Hellmuth, Öff. Arch. 29 S. 468f.

den Evangelischen ihren kirchlichen Besitzstand neben den Katholiken vom Jahre 1624 und den der Kirchengüter vom 1. Januar dieses Normaljahres.[1])

III. Für die katholische Kirche selbst gilt der Grundsatz, daß jede permixtio rituum verboten ist.[2]) Danach dürfen die Kleriker eines bestimmten Ritus bei gottesdienstlichen Handlungen (Spendung der Sakramente, Verwaltung der Messe usw.) sich nur an die Vorschriften des eigenen Ritus halten. Die Vornahme von solchen an den Angehörigen fremder Religionsgesellschaften (anderer Rite) hat grundsätzlich zu unterbleiben. Nur im Notfalle und im Falle des Ansuchens der beteiligten Personen ist der Geistliche berechtigt, den Angehörigen eines anderen Ritus die Sakramente der Taufe[3]) und der letzten Ölung zu spenden, für das Sakrament der Buße gelten sogar weitergehende Ausnahmen; in allen Fällen hat sich der Geistliche der Sakramente nach seinem eigenen Ritus zu bedienen. Wird seitens eines katholischen Geistlichen die kirchliche Beerdigung eines Verstorbenen abgelehnt, und übernimmt der protestantische Geistliche des Ortes dieselbe, so liegt hierin kein Eingriff des letzteren in das Disziplinarrecht der katholischen Kirche vor, da das Recht des an sich zuständigen katholischen Pfarrers mit der Verweigerung des kirchlichen Begräbnisses erschöpft ist. Die Verweigerung des kirchlichen Begräbnisses ist an sich eine rein innerkirchliche Angelegenheit; wird jedoch der Staat wegen dieser Verweigerung um Schutz angerufen (recursus ab abusu), so hat er die Pflicht, nachzuprüfen, ob die Verweigerung zu Recht oder zu Unrecht erfolgt ist. Das gleiche hat zu gelten von der Versagung der Spen-

---

[1]) Vgl. hierzu Ortloff, Das geschichtliche Ergebnis für die Stellung der kath. und evang. Kirche gegeneinander.

[2]) Dies gilt insbes. gegenüber der griechisch-katholischen Religion. Hinschius IV S. 426 f.

[3]) Die Taufe bei Lebensgefahr des Kindes, wenn kein Pfarrer oder Geistlicher desselben Ritus zur Stelle ist. Hinschius IV 429 N. 4.

dung der Sakramente. Das staatliche Aufsichtsrecht kann jedoch hierbei nie zu einem positiven Vorgehen führen, sondern kann sich nur auf ein Urteil beschränken, äußerstenfalls eine Verhinderung der unzulässigen Maßnahmen herbeiführen.[1])

Funktionen, welche für aber nicht an einer Person vorgenommen werden, fallen nicht unter das Verbot der permixtio rituum.[2]) Für den protestantischen Ritus bestehen diese einengenden Vorschriften des katholischen Kultus bei weitem nicht in dem gleichen Maße.

§ 23.

Die Simultaneen.[3])

I. Unter Simultankirchen versteht man solche Kirchen, welche von den Angehörigen zweier oder mehrerer Bekenntnisse für den Gottesdienst oder für einzelne gottesdienstliche Handlungen benützt werden dürfen, und zwar auf Grund eines Rechtstitels, nicht bloß precariter und vorübergehend. Die Entstehung der Simultanverhältnisse, welche namentlich im Westen und Südwesten Deutschlands vorkommen, ist namentlich auf die Einziehung einer Reihe von Kirchengütern durch die Protestanten nach dem Augsburger Reli-

---

[1]) Hellmuth, a. a. O. S. 471.

[2]) Z. B. Lesen einer Messe für eine Person gegen ihren und ihrer Angehörigen Willen.

Was die Beerdigung eines nach katholischem Ritus Verstorbenen durch einen evangelischen Pfarrer betrifft, vgl. Dalloz Suppl. v.° culte Nr. 855 f. Roux, Traité en matière de sépultures 1875 S. 244 f.; Charine, Législation relative aux cadavres 1884 S. 22 f. Daniel-Lacombe, Régime des sépultures 1886 S. 3 f. Geigel, Reichsl. K. R. S. 199. Der staatlichen Kultusverwaltung kommt eine Entscheidung oder Verfügung in einer solchen kirchlichen Angelegenheit nicht zu.

[3]) Vgl. Hinschius IV S. 358 f. Friedberg, Lehrb. S. 588 und die dortselbst Anm. 11 Zitierten. Bethke, S. 67. Jos. Schmitt, Die Simultanverhältnisse im Großh. Baden 1909. Schling, Über kirchliche Simultanverhältnisse, 1891 im Öff. Arch. 7 S. 1—97. U. Stutz, Enzykl. II 909.

gionsfrieden und die infolge der Gegenreformation zufolge des Restitutionsediktes vom 6. März 1629 erfolgte Zurückgabe derselben an die Katholiken zurückzuführen. Ferner war eine Basis für die Entstehung der Simultaneen der westfälische Frieden und die schon vor demselben während des dreißigjährigen Krieges vorgekommenen Änderungen im Besitzstande der einzelnen Religionsparteien. Schließlich beruhen sie auf den landesherrlichen Verfügungen, welche die zum Katholizismus übergetretenen protestantischen Landesherren behufs Förderung der katholischen Religion getroffen haben, sowie auf denjenigen Veränderungen, welche durch die französische Okkupation der linksrheinischen Landstriche (1685) in Ausführung der sog. Ryswicker Religionsklausel (1697) eingetreten sind.[1]) Die Gültigkeit dieser Klausel ist zwar sehr bestritten, und zwar insbesondere deshalb, weil die meisten protestantischen Stände dem Ryswicker Frieden gerade wegen der genannten Klausel nicht beigetreten sind.[2]) Indessen sind im Rastatter Frieden vom 7. März 1714 zwischen Frankreich und dem Kaiser die Bestimmungen des Ryswicker Friedensvertrages und demnächst auf dem Regensburger Reichstag zwischen Frankreich und dem Deutschen Reich durch den Frieden von Baden (7. September 1714) ausdrücklich bestätigt worden, so daß damit die gegen die Gültigkeit der Klausel erhobenen Bedenken als hinfällig gelten müssen.

Was insbesondere Elsaß-Lothringen angeht, so waren durch den westfälischen Frieden der Sundgau, die Landvogtei Hagenau, die Bistümer Metz, Toul und Verdun an Frankreich gekommen, nachdem Stadt und Land Metz bereits 1552 dem französischen König anheimgefallen waren. Nach und nach kamen immer mehr lothringische und elsässische Land-

---

[1]) Vgl. Wagner, Unters. über die Ryswicker Rel. Kl. 1889.

[2]) Vgl. hierzu RG. v. 5. Mai 1896 Jur. Woch. 1897 S. 330 Nr. 30 u. v. 15. 12. 1885 Jur. Woch. 1886 S. 82 Nr. 48.

strecken unter französische Herrschaft. Die königlichen Intendanten waren der katholischen Konfession günstig gesinnt und erwiesen sich den Bestrebungen der katholischen Geistlichkeit förderlich.[1]) Indessen hat man rechtlich die Simultankirchen immer mehr als im Eigentum der Protestanten stehend betrachtet, was zur Folge hatte, daß sie von der in der Revolutionszeit eintretenden Säkularisation des katholischen Kirchengutes nicht ergriffen wurden.[2])

II. Was nun die rechtliche Natur des Simultaneums angeht, so herrscht hierüber eine lebhafte Kontroverse. Während manche Schriftsteller[3]) das ganze Rechtsverhältnis dem Privatrecht zuweisen, nehmen andere[4]) mit mehr oder wenigen großen Abweichungen an, daß das Rechtsinstitut in das öffentliche Recht gehört. Hinschius sagt, „das Simultaneum im eigentlichen Sinn, wie es sich historisch in Deutschland entwickelt hat, ist ein auf dem öffentlichen Recht beruhendes Gebrauchsrecht einer lokalen katholischen Kirchenstiftung an einem gleichfalls dem protestantischen Gottesdienst gewidmeten, vielfach sogar vor der Begründung des Simultaneums ausschließlich für diesen bestimmt gewesenen Kirchengebäude, gleichviel ob mit diesem Gebrauchsrecht

---

[1]) So verfügte ein Erlaß des Marquis von Louvois an den königlichen Intendanten Lagrange von 1684 u. 1685 (Dursy II 463), daß, sobald sieben katholische Familien in einem Dorf vorhanden wären, die Katholiken zur Besitznahme des Chores ermächtigt seien. Durch einen späteren Erlaß v. 1. März 1727 (Dursy II 460, 461) ließ Ludwig XV. den ganzen Chor den Katholiken, das Schiff dagegen den Lutheranern zuweisen, ohne daß letzteren dadurch indessen der Mitbesitz des Chores und der dort befindlichen Bänke entzogen wurde. Vgl. Dursy II 463; Geigel I 289.

[2]) Vgl. dagegen RG. v. 5. 5. 1896 Jur. Woch. 1897 S. 330 Nr. 31.

[3]) So z. B. Hirschel, Die rechtlichen Verhältnisse bezüglich der Simultankirchen im Arch. f. kath. KR. 46 S. 329.

[4]) So z. B. Köhler, Über Simultanverhältnisse im Großh. Hessen. Krais, Über Simultanverhältnisse im Kgr. Bayern; vor allem Hinschius IV S. 362.

ein Miteigentum an dem letzteren verbunden ist oder nicht.[1]) Daß Simultanrechte auf privatrechtlicher Grundlage überhaupt bestehen können, wird von Hinschius bestritten.[2]) Hirschel[3]) dagegen erblickt in dem Simultaneum ein privatrechtliches Institut, eine Gemeinschaft zwischen Katholiken und Protestanten mit eigener Rechtspersönlichkeit.[4])

Die Wahrheit liegt auch hier, wie in so vielen Fällen, in der Mitte: Es kommt darauf an, ob das Simultaneum durch einen staatlichen Akt aus seiner grundsätzlich privaten Rechtssphäre herausgehoben worden ist[5]), und zwar aus Rücksichten des Staatswohls zur Erhaltung des öffentlichen Friedens zwischen den Konfessionen. Auch die privaten Simultaneen sind aber echte Simultaneen, weil das Wesen derselben in der Benutzung einer Sache, sei es einer eigenen oder einer fremden mit einem Anderen, und nicht in der Frage nach der öffentlich-rechtlichen oder privatrechtlichen Natur zu suchen ist. Unerheblich ist ferner die Anzahl der beteiligten Religionsparteien, ob zwei oder drei, sowie der Umstand, ob es sich um selbständige oder unselbständige Kirchengemeinden handelt. Auch die Frage, ob das Simultaneum auf dinglicher (Miteigentum, Dienstbarkeit) oder auf obligatorischer Grundlage ruht (Miete, Leihe, Prekarium) muß als unerheblich ausscheiden, ebenso die Tatsache, daß die eine Religionspartei sämtliche, die andere nur gewisse Kultushandlungen (Kasualhandlungen, z. B. Taufen) vornehmen darf.

Immerhin ist die Eigentumsfrage doch von großer Be-

---

[1]) Vgl. Dursy II 460.

[2]) IV S. 365. „Die Normen für die rechtliche Behandlung des Simultangebrauchs ergibt das öffentliche Recht, durch welches derselbe eingeführt ist.

[3]) Die rechtl. Verhältnisse der Simultankirchen im A. f. kath. KR. 46 S. 329.

[4]) Über das Unlogische und Unbefriedigende dieser Theorie vgl. die Ausführungen bei Hinschius IV 364 f.

[5]) So Schling, a. a. O. S. 40 f. Bethke, S. 69 f.

deutung für die Abgrenzung der Befugnisse der Religionsparteien. Wer Eigentümer oder Miteigentümer ist, hat weitergehende Rechte als derjenige, der nur ein ius in re oder einen obligatorischen Anspruch besitzt.[1]) Ob eines oder das andere dieser Rechte vorliegt, ist nach dem Gesetz oder dem allfalsigen Rechtstitel zu entscheiden; sind solche Unterlagen nicht vorhanden, so muß der Besitzstand als maßgebend erachtet werden, und wenn auch unvordenklicher Besitzstand nicht in Frage kommen kann, der Besitz als solcher. Auch eine Ersitzung kann in Frage kommen;[2]) doch dürfen die Besitzhandlungen ungestört und nicht heimlich ausgeübt, auch nicht von dem anderen Teile bloß precariter geduldet worden sein. Ist der Besitzstand auf beiden Seiten verschieden, so spricht die Vermutung auf der einen Seite für Eigentum, auf der anderen für ein dingliches Recht an der Sache. Bei gleichem Besitzstand spricht die Vermutung für Miteigentum, dessen Anteile sich aber nicht notwendig nach der Seelenzahl der beteiligten Kirchengemeinden, sondern nach der Zahl der Bekenntnisse, (also regelmäßig Teilung zur Hälfte),[3]) richtet.

In Elsaß-Lothringen fallen die nach 1790 entstandenen Simultaneen sämtlich unter das Privatrecht. Aber auch

---

[1]) Er kann infolgedessen auch seine Befugnisse je nachdem weiter ausdehnen oder nicht. Insofern beansprucht der Satz: in simultaneo nihil innovetur" nur relative Geltung. Schling S. 67 f.

[2]) Eine Ersitzung der ausschließlichen Benutzung an gewissen Wochentagen ist auch dem Mieteigentümer möglich, sie wird aber dadurch allein nicht begründet, daß die evang. Gemeinde an gewissen Tagen die Kirche nicht benützt hat. Es hätte — wie bei Miteigentumsverhältnissen überhaupt — die Benutzung den auf Erlangung des Mitbenutzungsrechts gerichteten Charakter erkennbar hervortreten lassen müssen, z. B. mit einer Untersagung oder Verweigerung der Mitbenutzung verbunden gewesen sein müssen. Vgl. RG. v. 27. 10. 1885 Puch. Z. 17 S. 413.

[3]) Schling S. 79 f. Vgl. RG. v. 10. 1885 Bolze, II 1351, 1352.

betreffs der 1790 existent gewesenen ist das gegenseitige Verhältnis mangels öffentlich-rechtlicher Bestimmungen nach den Grundsätzen des Privatrechts zu beurteilen.[1])

Durch die bereits erwähnten Erlasse von 1684 und 1685 sowie von 1727 (vgl. oben S. 115 Anm. 1), wonach im Falle, daß sieben katholische Familien in einem Dorfe wohnen, den Katholiken der Chor der Kirche zur Feier des Gottesdienstes eingeräumt werden soll, oder unter der gleichen Voraussetzung den Katholiken der Chor, den Protestanten das Schiff endgültig angewiesen, ohne daß den Protestanten dadurch der Mitbesitz des Chores und der dort befindlichen Bänke entzogen werden soll, ist nach der herrschenden Ansicht hier keine Teilung vorgenommen, wohl dagegen Miteigentum begründet worden.[2]) Wo die simultanberechtigten (aber nicht notwendig eine Kirchengemeinde bildenden)[3]) Katholiken ein Recht auf Benutzung der ganzen Kirche haben, ist dieses Recht aus einem besonderen, nach 1727 fallenden Titel oder Ersitzung herzuleiten.[4])

III. Durch Art. 46 des Gesetzes vom 18. Germ. X ist bestimmt worden, daß „ein und dasselbe Gotteshaus nur dem Kultus eines Bekenntnisses gewidmet sein kann". Aus dieser Bestimmung hat man mit Recht abgeleitet, daß die Errichtung einer Simultankirche in Gemeinden, in

---

[1]) So Schling S. 82f. And. Ans. Hinschius IV S. 365.

[2]) Schling S. 80. And. Ans. Bethke S. 75, der den Katholiken nur eine beschränkte persönliche Dienstbarkeit einräumt.

[3]) Geigel I 167 Anm. 4. Schling S. 82.

[4]) In diesem Falle kommt nach dem Obengesagten Miteigentum in Frage. Unzutreffend ist aber die Ansicht Geigels (I S. 167 A. 5), der bei Kirchensimultaneen allgemein ein Gesamthandsverhältnis annehmen will. Diese Ansicht trifft weder für das Miteigentum und noch weniger für ein ius in re zu. Der Miteigentümer einer Simultankirche verliert sein Recht nur dadurch, daß der andere das Recht auf ausschließliche Benützung ersitzt; dazu ist aber erforderlich, daß mit der Benutzung zugleich eine Untersagung oder Verweigerung der Mitbenutzung verbunden war. RG. v. 27. 10. 85. Jurist. Z. 12, S. 134.

welchen bisher eine solche nicht bestand, nicht zulässig ist; auch der Wiederaufbau einer abgebrannten Simultankirche ist aus denselben Gründen nach der Ansicht mancher Schriftsteller unzulässig.[1]) Katholische Kirchen dürfen jedenfalls protestantischen Gottesdienstgemeinden nicht zur Mitbebenutzung eingeräumt werden, so daß nach dem Gesagten die Zahl der Simultaneen eine begrenzte ist.[2]) Gewisse Kirchensimultaneen können aber noch heute begründet werden, z. B. gemeinschaftliche Anstalts- oder Garnisons- oder Privatkirchen.[3]) In dieser Begrenzung ist also eine Neubegründung von Simultaneen möglich.

IV. Subjekt der Simultanberechtigung sind nicht etwa die einzelnen Angehörigen der einen oder anderen Religionspartei oder der Geistliche derselben, sondern die kirchliche Gemeinde (Stiftung), als juristische Person gedacht; die rechtliche Vertretung derselben hat allerdings der Pfarrer.

V. Was das Gemeinschaftsverhältnis anlangt, so beurteilt sich dasselbe, wie bereits hervorgehoben, nach bürgerlichem Recht; jeder Teil genießt Besitzschutz, der nach außen unbeschränkt, nach innen im Verhältnis der Gemeinschafter dann Platz greift, wenn der eine Teil dem andern die Gebrauchsmöglichkeit entzieht. (§ 866 BGB.) Außer den Besitz- sind auch petitorische Klagen insoweit

[1]) Es entspricht der ratio legis, daß Simultanverhältnisse möglichst beseitigt werden. André, Cours de la législ. civ. eccl. IV S. 378. Vgl. dagegen S. 121.

[2]) In Els.-Lothr. beträgt die Zahl der Simultaneen zwischen Katholiken und Protestanten 71, zwischen Lutheranern und Reformierten 9. (Statist. Jahrb. f. Els.-Lothr. 1909.) Ein dreifacher Simultangebrauch besteht an der Kirche zu Rott, in welcher katholischer, lutherischer und reformierter Gottesdienst stattfindet.

Die els.-lothr. Regierung ist bestrebt, die Zahl der Simultaneen tunlichst zu verringern.

[3]) Geigel I 166 Anm. 1. André, Cours alphab. IV éd. IV 378. Dursy II 460 f. Abw. Ans. wohl Hinschius IV 368, der nur zulassen will, daß aushülfsweise und precario der Gebrauch der Kirche einer anderen Religionspartei eingeräumt werde.

zulässig, als es sich um eine Wahrung dinglicher Rechte handelt. Für alle Streitigkeiten in dieser Beziehung sind die ordentlichen Gerichte zuständig, die, soweit nicht ein Rechtstitel klar erwiesen ist, den Besitzstand des letzten Jahres schützen.[1]) Dem Simultanverhältnis entspricht es, daß jedem der beiden Teile nur ein Benutzungsrecht zu kirchlichen Handlungen zusteht. Eine anderweite Verwendung (z. B. zu Konzerten, Vorträgen) kann nur mit beiderseitiger Zustimmung erfolgen. Vor der Anrufung der Gerichte sollen die Beteiligten sich zweckmäßigerweise mit den kirchlichen vorgesetzten Behörden in Verbindung setzen.

Eine Änderung der Art der bisherigen Benutzung kann nur im Wege gegenseitiger Vereinbarung erfolgen, es sei denn, daß äußere Verhältnisse[2]) eintreten, welche eine solche Änderung notwendig machen. Soweit eine Einigung nicht zu erzielen ist, muß die zur Entscheidung von Streitigkeiten berufene Behörde eingreifen.

VI. Was das rechtliche Verhältnis des Staates zu den Simultaneen anlangt, so kommt ihm allein die Befugnis zur gesetzlichen Regelung derselben zu. Die staatlichen Polizeibehörden haben ferner das Recht, bei Streitigkeiten zwischen den Religionsparteien nach vorläufiger Anhörung derselben, interimistische Festsetzungen zu treffen, soweit dieselben im öffentlichen Interesse liegen[3]) Durch diese Bestimmung wird an dem Grundsatze, daß der Staat den Besitzstand der Simultaneen nicht ändern kann, nicht gerüttelt. Die vorstehende Befugnis der staatlichen Behörde, als welche in E. L. das Ministerium in Frage kommt, gründet sich allgemein auf die dem Ministerium eingeräumte Polizeimacht.[4])

---

[1]) Geigel I 168 u. Franz. KR. S. 110. Dursy II 464.

[2]) Hinschius IV 370 erwähnt Reparaturen oder Umbau der Simultankirche.

[3]) Bei der provisorischen Natur der in Frage kommenden Verfügungen ist es selbstverständlich, daß der Rechtsweg stets offen bleibt.

[4]) Art. 16 Ges. v. 3. Brum. IV.

VII. Als Endigungsgründe von Simultanrechten[1]) gelten a) die gegenseitige Vereinbarung der beteiligten Religionsparteien über das Aufhören des S.; b) der Verzicht einer derselben; c) der Fortfall eines Gemeinschafters; d) die staatliche Verfügung; e) die staatliche Gesetzgebung. Nicht als Endigungsgründe kommen in Betracht: der Nichtgebrauch, es sei denn, daß darin ein Verzicht zu erblicken ist, sowie der Untergang des Objekts; im letzteren Falle bleibt vielmehr das Verhältnis bestehen und das Simultaneum geht auf die neugebaute Kirche über.[2])

VIII. Durch eine von Pius IX. unterm 13. März 1873 an den Nuntius in München erlassene Instruktion[3]) sind aus Zweckmäßigkeitsgründen, um nämlich eine Vermischung der Riten, die hier besonders leicht möglich wäre, zu unterbinden, Simultaneen zwischen Katholiken und Altkatholiken strenge verboten. Ob das fragliche Interdikt schon im Hinblick auf die Form seiner Publikation für weltliche Behörden bindend ist, dürfte fraglich erscheinen.

---

[1]) Vgl. das Arrêté des Justiz- und Kultusministers v. 22. April 1843 André IV 379; Dursy I 295; Geigel Frz. StKR. S. 110. Dieselben können sich außer auf Kirchen, auch auf Glocken, Friedhöfe, Pfarrhäuser, Stiftungen und sonstige Vermögensmassen beziehen. Schling S. 20, 31 u. oben S. 119 Note 1.

[2]) Ob eine Pflicht zum Neubau besteht und wen sie trifft, ist eine besondere Frage. Über die Unterhaltspflicht des Simultanberechtigten vgl. RG. v. 15. 12. 1885 Jur. Z. 12 S. 134 und Puch. Z. Bd. 17 S. 415.

[3]) Abgedruckt im Arch. f. KKR. 29 S. 434. Hinschius IV 374.

8. Kapitel.

§ 24.

Das Militärkirchenwesen.

A. Evangelischer Kultus.

I. Die Grundlage für das Militärkirchenwesen bildet noch heute die preußische Militärkirchenordnung vom 11. Februar 1832[1]) (Ges.-Smlg. S. 169), die aus rechtlichen[1]) und sachlichen Gründen in E.L. seinerzeit nicht eingeführt worden ist.[2]) Sie war aber trotzdem von vornherein bindend für die in E.L. wohnenden Militärpersonen.

II. Für das Verhältnis der Zivilgeistlichen zu den Militärgeistlichen waren ursprünglich maßgebend die zwischen dem Oberpräsidenten und dem Generalkommando des XV. Armeekorps am 26. Juli 1872 geführten Verhandlungen, die noch durch spätere Abmachungen des Ministeriums mit dem Generalkommando ergänzt worden sind. Danach durften Militärgeistliche nur auf

---

[1]) Fischbach, Els.l. öff. Recht S. 400. Niedner Z. f. Politik 1908. Langhäuser J., Das Militärkirchenwesen im kurbrandenburgischen und preuß. Heere Diss. Straßburg 1912. Hinschius II 338f.

Vgl. auch ein Reskript des preuß. Kriegsministeriums vom 7. Juli 1874 u. v. 4. Mai 1898.

[2]) Rechtliche Bedenken bestehen insofern, als bei der durch Gesetz v. 23. Jan. 1872 (GBl. f. Elf.-Lothr. S. 83) erfolgten Einführung von Bestimmungen über das Reichskriegswesen in Elf.-Lothr. auch die Bestimmung des Art. 61 RV. dort in Kraft getreten ist, nach welcher die preuß. MKO. von der Einführung in Elf.-Lothr. ausgeschlossen ist. Zur Einführung derselben wäre ein besonderes Gesetz erforderlich. Sachlich bestehen insofern Bedenken, als in Elf.-Lothr. verschiedene Truppenkontingente liegen, für welche die zum Teil notwendige Mitwirkung des preuß. Kultusministeriums und des preuß. Oberkirchenrats nicht angängig wäre.

Grund einer besonderen Erlaubnis des betreffenden Zivilgeistlichen (Dimissoriale) geistliche Amtshandlungen vornehmen. Ob der Zivilgeistliche dem Antrag des Militärgeistlichen Folge geben wollte, war seinem Ermessen überlassen; das Ministerium konnte in solchen Fällen keine Entscheidung treffen.

Andererseits hatten auch die Zivilgeistlichen zu beachten, daß Militärpersonen und ihre Angehörigen nicht innerhalb der Landeskirche stehen.[1])

Nach der Kabinettsordre S. M. des Kaisers vom 13. November 1873 (veröffentlicht im preußischen Staats- und Regierungsanzeiger) hatte der Feldpropst der Armee in betreff der dem Verbande des XV. Armeekorps angehörenden preußischen Truppen alle diejenigen Befugnisse auszuüben, welche nach der Militärkirchenordnung vom 12. Februar 1832 und den dieselbe abändernden und ergänzenden Bestimmungen den Provinzialkonsistorien der acht älteren Provinzen zugewiesen waren. Wegen Beauftragung einzelner Zivilpfarrer mit der Militärseelsorge in denjenigen Garnisonorten, in welchen kein Divisions- oder Garnisonspfarrer stationiert ist, sollte es bei den bestehenden Bestimmungen verbleiben. Diese Ordre ist bei Aufstellung des XVI. Korps auch auf dieses ausgedehnt worden. Die landeskirchlichen Oberbehörden haben seinerzeit die so errichteten Militärgemeinden anerkannt. Eine besondere Anerkennung durch die Landesverwaltung ist aber nicht erfolgt, so daß vom staatskirchenrechtlichen Standpunkte aus Bedenken nicht zu unterdrücken waren; doch stand diesen Bedenken eine langjährige Rechtsübung gegenüber.[2])

[1]) Schwierigkeiten ergeben sich insofern, als die preuß. MKO. nur für die Militärpersonen, nicht dagegen für die Zivilgeistlichen bindend ist; die letzteren sind vielmehr für alle geistlichen Amtshandlungen innerhalb ihres Sprengels zuständig. Zu diesen Amtshandlungen gehören Taufe, Konfirmation (ob auch Konfirmationsunterricht ist zweifelhaft), Hochzeit, Beerdigung.

[2]) Langhäuser S. 112. Gemäß Art. 61 RV. i. V. mit den Militärkonventionen mit Baden und Württemberg, steht den

Die jetzige exemte Stellung der Militärgemeinden beruht auf der neuen Kodifikation, der „Evangelischen militärkirchlichen Dienstordnung vom 17. Oktober 1902 (EMD.),[1]) die im Wege der Kaiserlichen Verordnung erlassen ist und in dieser Eigenschaft auch ohne weiteres Anwendung auf Elsaß-Lothringen gefunden hat. Die alte Militärkirchenordnung von 1832 besteht aber noch weiter zu Recht, soweit sie nicht durch widersprechende Bestimmungen der EMD. außer Kraft gesetzt worden ist. Durch Bekanntmachung vom 4. Januar 1904 hat das Direktorium AK. diejenigen Bestimmungen der evang. mil. kirchl. DienstO. vom 17. Oktober 1902, welche bezüglich der Heranziehung von Zivilgeistlichen für die Angehörigen der Militärkirchengemeinden maßgebend sind, den Geistlichen der KAK. mitgeteilt und gleichzeitig Bestimmungen getroffen, welche geeignet erscheinen, Schwierigkeiten zu beseitigen.[2])

Bundesstaaten das Recht zu, eigene Militärkirchengemeinden für ihre in Els.-Lothr. stehenden Truppen zu gründen. Von diesem Recht hat nur Mecklenburg Gebrauch gemacht, indem es einen lutherischen Geistlichen mit der Seelsorge für das 14. Jägerbataillon in Colmar beauftragt und einen besonderen Raum (Aula des Lyzeums) zur Abhaltung des Gottesdienstes für dasselbe gemietet hat. Die in Els.-Lothr. stehenden bayrischen, württembergischen, sächsischen und badischen Truppen sind dagegen auf Grund besonderer Vereinbarungen den preuß. Militärgemeinden angegliedert.

[1]) Ausführungsbestimmungen des Kriegsministeriums vom 18. Okt. 1902.

[2]) Vgl. Langhäuser S. 190. Geigel S. 48.

Bei Erlaß dieser Bestimmungen ist, was die in § 75 EMD. bezeichneten Amtshandlungen betrifft, davon ausgegangen worden, daß es nicht angemessen sein würde, wenn Geistliche der Landeskirche der Militärkirchengemeinde Dienste leisteten, deren Nachsuchung dieser nicht erlaubt ist.

Was die Konfirmation einschließlich des vorausgehenden Unterrichts anlangt, so soll hier seitens der Geistlichen der Landeskirche in bezug auf das zu erteilende Dimissoriale Entgegenkommen geübt werden. Vorausgesetzt wird hierbei aber, daß von den Militärgeistlichen gegebenenfalls im Sinn des Art. 5, 67 Konfirmationsordnung v. 12. 10. 1852 verfahren und insbesondere an dem Erfordernis des zweijährigen Unterrichts festgehalten wird.

III. Die Hierarchie der Militärgeistlichkeit ist folgende: An der Spitze steht der Feldpropst, welcher der unmittelbare Vorgesetzte aller Militärgeistlichen und ferner Vertreter der militärkirchlichen Interessen gegenüber der Landeskirche und anderen Behörden ist. Jedes Armeekorps hat einen Militäroberpfarrer, während für jede der beiden Divisionen ein Divisionspfarrer angestellt ist; daneben bestehen noch Militärhilfsgeistliche. Die Militärpfarrer haben eine doppelte Eigenschaft, als Geistliche und als Militärbeamte und unterstehen in ersterer Beziehung in letzter Instanz dem Kultusminister, in letzterer dem Kriegsministerium.

Zu der Militärgemeinde im allgemeinen gehören auf Grund der Kgl. Verordnung vom 19. Oktober 1904: Alle aktiven Offiziere, Unteroffiziere, Soldaten; die pensionierten Offiziere, so lange sie den Militärgerichtsstand behalten; die Militärbeamten, die nicht zum Soldatenstande gehörenden Offiziere und Sanitätsoffiziere à la suite, wenn und so lange sie zu vorübergehender Dienstleistung zugelassen sind; die z. D. gestellten und verabschiedeten Offiziere und Sanitätsoffiziere, wenn und so lange sie als solche im aktiven Heere wieder Verwendung finden, sowie die z. D. gestellten Offiziere und Sanitätsoffiziere, auf welche der bei der letzten Gruppe erwähnte Zusatz keine Anwendung findet; die in Invalidenhäusern untergebrachten Offiziere und Mannschaft sowie die Zöglinge der Kadettenhäuser und sonstigen militärischen Anstalten, bei denen ein Anstaltspfarrer angestellt oder die Seelsorge einem Militärgeistlichen oder Zivilgeistlichen amtlich übertragen ist; die Frauen (nicht aber die Witwen) der genannten und ihre Kinder, so lange sich die letzteren in der väterlichen Gewalt und im elterlichen Hause befinden. Die Gendarmen gehören in Elsaß-Lothringen nicht zu den Militärgemeinden, da sie nicht wie die preußischen Landgendarmen zum Verband der Armeekorps gehören, sondern eine landesbeamtenähnliche Stelle einnehmen.

B. Katholischer Kultus.

Die Militärkirchenordnung von 1832 regelte auch die katholische Militärseelsorge. Katholische Militärgeistliche im Hauptamt waren aber nur für den Kriegsfall vorgesehen, im Frieden sollte in denjenigen Garnisonen, wo katholische Geistliche sich befanden, einem derselben die Seelsorge für die katholischen Militärpersonen übertragen werden. Katholische Militärgemeinden im Rechtssinne gab es nach der MKO. nicht. Zu der „Militärkirchengemeinde", deren Pfarrer der evangelische Militärprediger war, gehörten auch die katholischen Militärpersonen. Unter Friedrich Wilhelm IV. wurde zunächst (am 19. Febr. 1852) ein provisorischer katholischer Feldpropst aufgestellt, eine Einrichtung, die jedoch erst im Jahre 1868 (22. Mai) ein ständiges Kirchenamt wurde.[1]) Infolge von Disziplinwidrigkeiten des Feldpropstes Namszanowski wurde durch Kgl. Kabinettsordre vom 15. März 1873 das Amt eines katholischen Feldpropstes der Armee bis auf weiteres wieder aufgehoben und erst am 1. Juni 1888 in der Person des früheren Propstes von St. Hedwig neu errichtet.

Am 17. Oktober 1902 erging gleichzeitig mit der evangelischen „Die katholische militärkirchliche Dienstordnung"[2]) (KMD.). Betreffs der allgemeinen Bestimmungen derselben kann auf die entsprechenden Vorschriften der „EMD." verwiesen werden. Der katholische Feldpropst, der Rang und Würde eines Bischofs hat, ist im Besitze einer Reihe wichtiger bischöflicher Jurisdiktions- und Disziplinargewalten und des Stellenbesetzungsrechtes. Im Einvernehmen mit dem Kultus- und Kriegsministerium be-

---

[1]) Vgl. das päpstliche Breve v. 22. 5. 1868 bei Langhäuser S. 206.

[2]) Dieselbe wurde s. Zt. vom Ministerium aus den Bischöfen von Straßburg und von Metz amtlich mitgeteilt. Differenzen zwischen den katholischen Kultusbehörden und der Militärgeistlichkeit haben sich bisher noch nicht ergeben.

stellt er einen Militärgeistlichen, regelmäßig den Militäroberpfarrer des Garde- und des III. Armeekorps zu seinem Generalvikar, der ihn in Behinderungsfällen vertritt. Die Zahl der Militäroberpfarrer wird durch den Reichshaushaltetat festgesetzt und beträgt zurzeit 8. Die Zahl der Divisions-, Garnisons- und Anstaltspfarrer wird ebenfalls durch den Reichshaushaltsetat festgelegt. Voraussetzung für die Anstellung ist das Bestehen der theologischen Prüfung und der Empfang der Priesterweihe, sowie eine mehrjährige Praxis in der Zivilseelsorge und Felddienstfähigkeit. Vor der Ernennung zum Divisionspfarrer müssen die Kandidaten als Militärhilfsgeistliche tätig sein.

C. Die **Militärgeistlichen**, und zwar sowohl die protestantischen wie die katholischen, nehmen eine Doppelstellung ein: Sie sind Geistliche und Staatsbeamte, das letztere, weil sie in den Organismus der Militärverwaltung eingegliedert sind. Da die Heeresverwaltung Landesverwaltung ist, sind sie Landesbeamte des betreffenden Staates.[1]) Der Doppelstellung der Militärgeistlichen entspricht auch die Tatsache, daß sowohl ein staatliches wie ein kirchliches Disziplinarverfahren gegen dieselben möglich ist; auf das erstere finden die Bestimmungen des Reichsbeamtengesetzes Anwendung, soweit es sich um die Entfernung aus dem Amt handelt.[2])

D. Das Militärkirchenwesen ist ein Bestandteil der Militär- und nicht der Kultushoheit und daher unterliegt es dem elsaß-lothringischen Staatskirchenrecht nicht. Infolgedessen gilt auch die Ordnung der elsaß-lothringischen

---

[1]) Da nach Art. 64 RV. die Beamten der preuß. Militärverwaltung „den Anordnungen des Kaisers Folge zu leisten verpflichtet sind" sind sie auch Reichsbeamte im Sinne des RBG. v. $\frac{31.\,3.\,1873}{18.\,5.\,1907}$ § 1.

[2]) Im übrigen kommt die Disziplinarstrafordnung für das Heer v. 31. Okt. 1872 zur Anwendung.

kirchlichen Feiertage nicht für das Militär.[1]) Für die im Reichsland stehenden Militärgeistlichen gilt auch nicht das für sämtliche Zivilgeistliche bestehende Verbot, daß sie bei Beerdigungen und anderen kirchlichen Feiern öffentlich im kirchlichen Ornat erscheinen dürfen. Ferner fielen die Militärkirchengemeinden von jeher nicht unter das Leichenbestattungsmonopol der Kultusgemeinden.[2])

9. Kapitel.

Kirche und Unterricht.

§ 25.

Allgemeines über Kirche und Schule.

I. Aus dem jeder Kirche eigentümlichen Lehrzweck folgt ihr historisch begründetes Recht, Religionsunterricht an Erwachsene und an die Jugend zu erteilen. Aus dieser Tatsache kann aber nicht das weitergehende Recht, auch den übrigen Unterricht der Jugend in die Hand zu nehmen oder ihn in maßgeblicher Weise zu bestimmen, gefolgert werden, wenn auch die Kirche (gemeint ist bei dieser historischen Betrachtung natürlich die katholische) von jeher bemüht war, die Jugenderziehung in ihren Aufgabenkreis einzubeziehen.[3]) Bezeichnend hierfür ist die Tatsache, daß noch der westfälische Frieden[4]) die Einrichtung der Schulämter als

[1]) So feiern die in Els.-Lothr. stehenden Truppen z. B. das Fronleichnamsfest nicht, wohl dagegen z. B. den Nordd. Buß- und Bettag.

[2]) Nach dem Prair. Dekr. Vgl. OLG. Colmar v. 26. 6. 1894 ElsLothrZ. 1894 S. 555.

[3]) Vgl. zum Folgenden: Hinschius IV S. 572f., Geigel, ReichslKR. I S. 231f., Friedberg S. 541f.

[4]) ZPO. Art. V § 31. Hinschius, S. 578 N. 1.

Annexum der Religionsübung bezeichnete. In der evangelischen Kirche führte die Auffassung dazu, dem Landesherrn, welcher an der Spitze der Kirche stand, das Recht beizulegen, das Schulwesen zu ordnen. Die Pfarrer- oder Küsterschule[1]) wurde sonach die eigentliche Erziehungsanstalt für das Volk. Dies änderte sich erst allmählich mit dem Erstarken der staatlichen Gewalt und mit der Einbeziehung des Unterrichtswesens in den Aufgabenkreis der modernen Staatsverwaltung. Der Beginn der neuen Bewegung ging hauptsächlich von Frankreich aus, wo Napoleon das Lehrmonopol des Staates und zugleich mit Einführung der sog. Staatsuniversität die Freiheit des Unterrichts auf Grund der Rechte des Vaters und der Familie verkündete.[2]) Durch die Konstitution vom 25. Februar 1831 Art. 17 wurde sodann der Grundsatz ausgesprochen: „L'enseignement est libre; toute mesure préventive est interdite: la répression des délits n'est réglée que par la loi.“[3])

Durch das Gesetz vom 15. März 1850 wurde das frühere staatliche Unterrichtsmonopol durchbrochen und das Prinzip der Unterrichtsfreiheit anerkannt. Geistliche Bildungsanstalten wurden infolgedessen als Privatanstalten (établissements particuliers) behandelt und der staatlichen Aufsicht unterstellt (Art. 70 d. zit. Ges.).[4])

---

[1]) Der Schullehrer war zugleich Küster. Vgl. Pfleger, Zur Geschichte elf.-lothr. Stifts- und Klosterschulen im Straßb. Diöz.-Bl. 1904 S. 59, 94. B. Rech, Der Kampf um die Unterrichtsfreiheit, ebenda S. 277.

[2]) Lebon, Staatsrecht der franz. Republik, in Marquardsens Handb. IV 1, 6 S. 133.

[3]) Vgl. auch loi organique v. 23. Sept. 1842 und Arch. f. KKR. 46 S. 276 Friedberg, Grenzen S. 640; Hinschius IV S. 580.

[4]) Gaudry, Traité de la législation de Cultes II 241; André, Cours alphab. 4. éd. IV 345. Ohne Genehmigung des Staatsoberhaupts durften neue écoles secondaires ecclésiastiques nicht errichtet werden. Geigel, Frz. StKR. S. 230, 279, vgl. auch Laband, Z.f.K.R. S. 56.

II. Durch Gesetz vom 12. Februar 1873 (GBl. S. 37), welches an die Stelle des französischen Gesetzes von 1850 getreten ist, wurde bestimmt (§ 1 cit.): „Das gesamte niedere Unterrichtswesen (enseignement primaire et secondaire) wird unter die Aufsicht und Leitung der Staatsbehörde gestellt. Staatliche Genehmigung ist erforderlich: a) zur berufs- oder gewerbsmäßigen Erteilung von Unterricht; b) zur Eröffnung einer Schule; c) zur Anstellung eines Lehrers an einer Schule. Jede Schule kann durch die Verwaltungsbehörden geschlossen werden, wenn sie den staatlichen Anforderungen über Einrichtung und Lehrplan nicht entspricht." [1])

Diese Bestimmungen finden auch auf die sog. kleinen Seminare Anwendung. [2]) Die Genehmigung zur Eröffnung der Schule ist bei derjenigen Behörde nachzusuchen, unter deren Aufsicht und Leitung die Schule zu treten hat (§ 7 Ausf.-Vorschr. v. 10. Juli 1873). [3])

---

[1]) § 2 cit. drohte für den Übertretungsfall Strafen bis zu 100 Thalern an. Die Genehmigung war nach der Ausführ. Ver. v. 10. Juli 1873 §§ 1, 7 (GBl. S. 166) von dem Oberpräsidenten zu erteilen, an dessen Stelle jetzt der Oberschulrat getreten ist (Ver. v. 21. April 1883 § 3 GBl. S. 61). Geigel, Frz. StKR. S. 230, 279; Ders., ReichslKR. S. 231 f.; Leoni-Mandel S. 273; Fischbach S. 362.

[2]) Nach Hinschius IV 558 dagegen nicht auf die Knabenkonvikte.

[3]) Wenn die Genehmigung von einer öffentlichen Behörde, einer Korporation oder Stiftung nachgesucht wird, so ist gleichzeitig mit dem Gesuch ein Vorsteher der Schule zu bezeichnen. Dem Gesuche sind beizufügen: 1. Bescheinigungen über Alter und Unbescholtenheit des Unternehmers bzw. des bezeichneten Vorstehers, sowie die Prüfungszeugnisse oder sonstigen Nachweise über die Unterrichtsbefähigung desselben. 2. Die Angabe der Art der zu errichtenden Schule und des in ihr zu befolgenden Lehrplanes. 3. Die genaue Beschreibung des Schullokals, erläutert durch einen Situationsplan.

Nach § 4 des Ges. ist sogar der Statthalter ermächtigt (früher Reichskanzler RG. v. 4. 7. 1879 § 2 RGBl. S. 165) über die Qualifikation der Lehrer, über die Organisation und den Lehrplan

Die Vorsteher (Leiter, Direktoren) der (Anstalten) kleinen Seminare müssen mindestens 25 Jahre alt, unbescholten und im Besitze der Befähigung sein, den Unterricht in den oberen Klassen an öffentlichen Schulen der entsprechenden Art in zwei Hauptfächern zu erteilen; für die Lehrer an diesen Anstalten ist Unbescholtenheit und Befähigung für den übertragenen Unterricht erforderlich. Die Anstellung des Vorstehers und der Lehrer bedarf der staatlichen Genehmigung.[1]) Die Aufsichtsbehörde hat ferner das Recht, überall und jederzeit Revisionen der Schulanstalten vorzunehmen, um sich über die Einhaltung der erlassenen Vorschriften Gewißheit zu verschaffen.[2]) Bei Nichtbeachtung der Vorschriften besteht das Recht, die Anstalt zu schließen.[3])

Zur Errichtung der Diözesanseminare (grands séminaires) bedarf es in Elsaß-Lothringen ebenfalls der Genehmigung der Staatsbehörde, ebenso für die Genehmigung der Organisation und der Reglements.[4]) Über die Qualifikation der Lehrer entscheiden jedoch allein die Bischöfe.[5])

III. Gegen den Schulzwang, wie er im modernen Staat allgemein, in E. L. insbesondere auch durch Ver. des Generalgouverneurs v. 18. April 1871,[6]) §§ 1, 2 eingeführt worden ist, hat sich die katholische Kirche von jeher erklärt,

---

der Schulen, über die Unterrichtssprache, über die obligatorischen Fächer sowie über die Prüfungen Regulative zu erlassen und deren Befolgung durch Inspektoren zu sichern. Auf Grund dieser Bestimmung ist die Verordnung v. 10. 7. 1873 u. ein Regulativ f. d. höh. Schulen v. 10. 7. 1873 ergangen. Dursy I S. 155.

Diese Bestimmungen finden auch auf die kleinen Seminare Anwendung und zwar auch auf die Hausordnungen derselben. Vgl. § 8 der Ausf. Vorschr. v. 10. 7. 1873. Dekr. 17. 3. 1808 Art. 1, Gaudry II 132; Geigel, Frz. StKR. S. 272 mit Modif.

[1]) Ausf. Ver. v. 10. 1873 §§ 4, 5, 7, 9, 13.

[2]) Ausf. Ver. § 16.

[3]) § 1 Ges. 12. 2. 1873. Vgl. Geigel, Frz. StKR. S. 279 N. 7.

[4]) Art. VI Ges. 18. Germ. X (8. April 1802) Dursy I 135.

[5]) Dekr. 17. 3. 1808 Art. 3. Dursy I 120, Gaudry II 231, 232, Laband, Z. f. KR. 15 S. 51 f.

[6]) Hinschius IV S. 586.

weil sie, wie bereits hervorgehoben, die Jugenderziehung für sich in Anspruch nimmt, und weil der Schulzwang unter Umständen katholische Eltern nötigt, ihre Kinder in eine möglicherweise nicht den Anforderungen der Kirche entsprechende Schule zu schicken. Im Zusammenhang hiermit hat sie sich daher auch immer gegen die Simultan- oder konfessionslosen Schulen gewandt.

§ 26.

Konfessionelle und konfessionslose Schulen.[1])

Von konfessionell gemischten oder Simultanschulen hat man erst von dem Momente an gesprochen, wo die Volksschule nicht mehr eine kirchliche, sondern eine staatliche oder gemeindliche Einrichtung geworden war. Nach der Auffassung der katholischen Kirche ist der Religionsunterricht die Grundlage aller Erziehung, und daher die konfessionelle Schule die alleinberechtigte.

Nach elf.-lothr. Staatskirchenrecht ist weder die konfessionelle noch die Simultanschule gesetzlich für obligatorisch erklärt, die Verwaltung hat daher freie Hand, die eine oder andere Art von Schulen einzurichten. Der nachstehende Art. 15 Abs. 3 des franz. Gesetzes v. 15. März 1850 lautet: „Il (le conseil académique) [2]) détermine les cas où les communes peuvent à raison des circonstances et provisoirement établir ou conserver les écoles primaires dans lesquelles seront admis des enfants de l'un et de l'autre sexe ou des enfants appartenant aux différents cultes reconnus", und ferner Art. 36 Abs. 1: „Toute commune doit entretenir une ou plusieurs écoles primaires. (Abs. 5.) Dans les communes, où les différents cultes sont pro-

---

[1]) Geigel, Bekenntnisgemischte Volksschulen in Preußen u. Elf.-Lothr. ElfLothrZ. 1907 (32) S. 505.

[2]) An dessen Stelle ist der Oberschulrat getreten.

fessés publiquement, des écoles séparées seront établies pour les enfants appartenant à chacun des cultes, sauf ce qui est dit à l'article 15". Diese Bestimmungen sind durch § 3 Abs. 1 u. 2 des Regulativs für die Elementarschulen vom 4. Januar 1874 aufrecht erhalten worden.[1])

Die Oberaufsicht über das Volksschulwesen obliegt der Zentralbehörde (Oberschulrat). Die lokale Kreis- und Bezirksaufsicht wird durch Bezirksunterrichtsräte,[2]) Schulräte bei den Bezirkspräsidien, Kreisschulinspektoren und durch den Ortsgeistlichen hinsichtlich des Religionsunterrichts bei den Schulen seiner Konfession wahrgenommen. Durch das Gesetz, betr. das Unterrichtswesen vom 24. Februar 1908 (G.-Bl. S. 7) ist weiterhin bestimmt, daß in jeder Gemeinde unter dem Vorsitz des Bürgermeisters ein Ortsschulvorstand[3]) errichtet werden soll, dem die Aufgabe zufällt, die Wünsche und Interessen der Gemeinde bezüglich der Angelegenheiten der Schule und deren Verwaltung zum Ausdruck zu bringen. In den Ortsschulvorstand werden durch den Bezirkspräsidenten berufen: der Ortsgeistliche,[4]) der Lehrer sowie zwei oder mehrere Gemeindeeinwohner. Werden in einer Gemeinde mehrere anerkannte Kulte aus-

---

[1]) Die Regel bildet sonach die konfessionelle Schule, und die Ausnahme die Simultanschule. Vgl. André, Cours alphab. 4. éd. II 514. Geigel, ReichslKR. S. 231. Friedberg, Syst. S. 542 für den jetzigen Zustand in Frankreich; ferner Geigel, Bekenntnisgemischte Volksschulen in Preußen und Els.-Lothr. ElsLothrZ. 1907 (32) S. 505. Derselbe, Die Grenzen staatlicher und kirchlicher Gewalt namentlich betr. des Religionsunterrichts ebenda 1910 (35) S. 107.

[2]) Vgl. Fischbach, Öff. Recht S. 362.

[3]) Derselbe hat nur eine begutachtende Stellung. Ihm gehört auch der Bischof oder sein Delegierter an.

[4]) Vgl. Art. 44 Ges. 15. 3. 1850. Der Ortsgeistliche darf jederzeit Eintritt in die Schulräume verlangen. Vgl. § 1 Abs. 2 Ges. 12. 2. 1873. Durch § 4 des Gesetzes v. 24. 2. 1908 ist die herkömmliche Aufsicht des Ortsgeistlichen über den in der Schule zu erteilenden Religionsunterricht seines Bekenntnisses nicht berührt worden.

geübt, so ist ein Geistlicher eines jeden Kultus als Mitglied zu berufen. Umfaßt eine Gemeinde mehrere Pfarreien eines Kultus, so ernennt der Bezirkspräsident einen oder mehrere Geistliche dieses Kultus zu Mitgliedern des Ortsschulvorstandes.

Wirkungskreis, Amtsdauer und Geschäftsgang des Ortsschulvorstandes werden durch eine Verordnung des Ministeriums geregelt.

§ 27.

Der Religionsunterricht. Missio canonica.[1])

I. Die katholische Kirche steht auf dem Standpunkt, daß jeder, der öffentlich Religionsunterricht erteilen will, vor der Ausübung dieser Tätigkeit die kirchliche Ermächtigung (missio canonica,[2]) wörtlich: rechtmäßige Sendung) besitzt, regelmäßig also die Erlaubnis des Bischofs einholt. Dieser Standpunkt mag zu einer Zeit berechtigt gewesen sein, als die Schule noch eine kirchliche Anstalt war; heutzutage, und besonders in E. L., gilt dies aber nicht mehr. Die Entscheidung über die Befähigung der Religionslehrer, für deren Beschaffung die Unterrichtsverwaltungen aufzukommen haben, liegt in der Hand der staatlichen Behörden. Auch der Religionsunterricht gehört zu den

[1]) Vgl. D. Kahl, Die missio canonica 1907, auch in d. Z. f. KR. 18 S. 349. Hellmuth, Die missio canonica 1908. Derselbe auch im A. f. KKR. 91 (1911) S. 448f., 601, 628f. H. versucht den Nachweis zu erbringen, daß die missio canonica nur als Wort neu, im Prinzip dagegen alt ist. Vgl. dagegen Hinschius IV 620 Note 10. Sägmüller, Lehrb. S. 24, 147, 185, 209.

[2]) Die missio canonica vom Standpunkt des kanonischen Rechts aus ist nur eine facultas (kein ius), welches die kirchliche Behörde der betr. Person verleiht, also eine Vollmacht und kein bestimmter Auftrag. Da in Glaubenssachen die Kirche vom Staat unabhängig ist, kann sie nach Belieben diese Vollmacht erteilen oder widerrufen; der einem Religionslehrer staatlicherseits erteilte

staatlichen Unterrichtsfächern, und der Bischof kann sonach nicht die Gläubigen einem gewissen Lehrer und damit gewissen Unterrichtsstunden entziehen. Mit einem gewissen Anschein von Recht könnte man demgegenüber auf Art. 1 des Konkordats von 1801 hinweisen, wonach die katholische Religion in Frankreich frei ausgeübt werden darf. Indessen sind die Befugnisse geistlicher Organe im Volksschulwesen genau umschrieben: der Ortsgeistliche ist einmal Mitglied des Ortsschulvorstands, sodann hat er die Aufsicht über den Religionsunterricht an den Volksschulen seiner Gemeinde und zwar im Auftrag des Staates (Art. 44, Ges. v. 1850), und schließlich ist den geistlichen Behörden durch die staatlichen Prüfungsordnungen für Volksschullehrer das Recht eingeräumt worden, für die erste und für die zweite Prüfung ein Mitglied zur Prüfungskommission vorzuschlagen, welches dann als solches vom Oberschulrat ernannt wird. Aber gerade aus der letzteren Tatsache läßt sich nimmermehr auf eine gesetzliche Anerkennung der missio canonica des Bischofs schließen, da das geistliche Kommissionsmitglied keinen Lehrauftrag hat, sondern nur kraft der ihm seitens des Bischofs zuteil gewordenen Lehrvollmacht als besonders geeignet für Prüfungsfragen in dem speziellen Unterrichtsfach erscheint.

Was im übrigen die Funktionen des Ortsgeistlichen anlangt, so kann er bei der herkömmlichen Aufsicht über den Religionsunterricht,[1]) aber nicht mehr, wie nach dem Gesetz vom 17. Mai 1881, als Aufsichtsorgan Fragen stellen, den

Auftrag, Unterricht zu erteilen, wird hierdurch aber nicht berührt. Die Entziehung der missio canonica wirkt lediglich als kirchenpolizeiliche Maßnahme. Der Kirchenpolizei geht indessen das Staatsgesetz vor. Wenn der Bischof durch Widerruf der m. c. eines Lehrers die Gläubigen von dem Besuch der Unterrichtsstunden desselben entbindet, so ist dies z. B. für die Frage des Schulzwanges ganz ohne Belang. In einer Beeinflussung der Gläubigen im Sinne der kirchlichen Ansicht könnte eventuell ein Mißbrauch der geistlichen Gewalt erblickt werden.

[1]) Der bischöflichen Behörde steht dieselbe nicht zu.

Lehrer sachlich berichtigen und an Schulentlassungsprüfungen teilnehmen. Kraft ausdrücklicher Bestimmung hat er sich des unmittelbaren Eingreifens in den Unterricht zu enthalten. Unter keinen Umständen kommt ihm die Befugnis zu, dem Lehrer die Ermächtigung zum Religionsunterricht zu entziehen.[1]) Der Lehrer hat von den kirchlichen Organen auch nicht einmal nur rechtsunverbindliche Ratschläge oder Verwarnungen entgegenzunehmen. Über den Religionsunterricht haben sich nur der Kreisschulinspektor und die staatliche Oberbehörde berichtlich zu äußern. Die kirchlichen Organe können ihre Wahrnehmungen, Beschwerden und Anträge den staatlichen Aufsichtsbehörden als Material mitteilen; ein dienstlicher unmittelbarer Verkehr zwischen den Lehrern und der kirchlichen Oberbehörde selbst, auch nur in betreff des Religionsunterrichts, widerspricht „den im Lande angenommenen Satzungen".[2]) Hat der Ortsgeistliche als Mitglied des Ortsschulvorstandes an dem Religionsunterricht des Lehrers etwas auszusetzen, so kann er dies der bischöflichen Behörde mitteilen, welche ihrerseits beim Oberschulrat vorstellig zu werden hat, damit der Bezirkspräsident dem Lehrer die Lehrerlaubnis entzieht. Die Entscheidung über diesen Antrag ist aber ganz in das Ermessen der Staatsbehörde gestellt. Ein Aufsichtsrecht besitzt der Ortspfarrer nur insoweit, als es sich um den Religionsunterricht *in der Schule* handelt. Eine Ermittlung, ob die Unterweisung außerhalb der Schule den kirchlichen Lehren entspricht, kommt den kirchlichen Organen nicht zu.

II. Wohl zu beachten ist hierbei, daß für den Religionsunterricht *durch* den Geistlichen außerhalb des staatlichen

[1]) Noch weniger kann eine solche Befugnis dem Bischof zukommen, da dieser nicht Aufsichtsinstanz über die Schule ist.

[2]) Vgl. Ausführ. Best. des Staatssekretärs v. 2. 1908 zum Unterrichtsgesetz v. 24. 2. 1908. *Geigel*, ElsLothrZ. 1910 S. 35. Über etwaige Überschreitungen der Kompetenz seitens des Bischofs, ebenda.

Stundenplans abweichende Normen von dem Religionsunterricht in der Schule zu gelten haben.[1]) Der Besuch des außerhalb des Schulprogramms bzw. Stundenplans angesetzten, von dem Geistlichen erteilten Religionsunterrichts ist kein obligatorischer, sondern ein fakultativer.[2]) Staatlicher und geistlicher Religionsunterricht sollen sich zwar ergänzen, sind aber rechtlich nicht gleichzustellen. Zur Erteilung des staatlichen Religionsunterrichts werden in E.-L. nur solche Lehrer verwandt, welche die Befähigung hierzu vor einem hierzu beauftragten, ihrem Bekenntnis angehörigen Mitglied der Prüfungskommission abgelegt haben. Den Lehrern bleibt es unbenommen, um kirchliche Ermächtigung (missio canonica) nachzusuchen.

Bezüglich der Verwendung der Lehrmittel (Bücher) zum Religionsunterricht ist die Genehmigung der kirchlichen Oberen der Religionsgesellschaft erforderlich.

III. Was die höheren Schulen (Lyzeen, Gymnasien,

---

[1]) Über die Stellung der Pfarrer als Religionslehrer vgl. Hinschius IV 621. Soweit Pfarrer Religionslehrer an Volksschulen sind, steht ihnen ein Züchtigungsrecht zu. Vgl. OLG. Colmar in ElsLothrZ. 23 S. 547. ORG. v. 15. 1. 1900 u. RG. v. 16. 6. 1900 in ElsLothrZ. 1900 (25) S. 203, 532, RGE. (Str.) 33 S. 72 u. Reger E. Bd. 20 S. 346. Vgl. auch Diefenbach, Das Züchtigungsrecht der Pflegeeltern und Erziehungsberechtigten in Gruchots Beitr. 1910.

[2]) Bei Schulversäumnis kann daher hier keine Strafe eintreten. Der widersprechenden Ansicht des OLG. Colmar v. 7. 2. 05 kann nicht beigetreten werden.

Aus dem Umstande, daß auch die Katechismuslehre als für den betr. Unterricht der Geistlichen notwendige Vorbereitung bezeichnet ist, kann nicht entnommen werden, daß der Unterricht außerhalb der obligatorischen Schulstunden ebenfalls obligatorisch sein soll. (Verf. d. Generalgouv. v. 18. 4. 1871. § 13 u. § 4 Unterrichtsgesetz v. 12. 2. 1873. Elem. Schul. Reichsk. Reg. v. 4. 1. 74 § 8 u. Statth. Erl. v. 17. 5. 1881.) OLG. Colmar v. 7. 2. 1905 ElsLothrZ. 31 S. 543. Vgl. auch Geigel, Die Grenzen staatlicher und kirchlicher Gewalt namentlich betr. des Religionsunterrichts ElsLothrZ. 1910 S. 104. Dursy II 287; Geigel, ReichslKR. § 54 S. 233, § 74 S. 359. Ders., Franz. St. KR. S. 221 A. 6.

Realgymnasien, Oberrealschulen, Realschulen) anlangt, so ist auch hier das Unterrichtswesen eine staatliche Angelegenheit; die oberste Leitung hat der Oberschulrat. Eine konfessionelle Trennung kommt bei diesen öffentlichen Anstalten nicht in Frage. Die Errichtung von Privatanstalten dieser Gattung bedarf in E. L. der Staatsgenehmigung.[1])

Bezüglich des Religionsunterrichts an den öffentlichen Anstalten ist zu bemerken, daß auch hier die missio canonica als unwesentlich zu betrachten ist. Vielfach fungieren katholische Geistliche als Religionslehrer.[2])

§ 28.

Kirche und Universität.[3])

I. Nach katholischer kirchlicher Auffassung beansprucht die Kirche für sich und für die katholischen Untertanen das Recht, lediglich der Kirche unterstehende Universitäten zu gründen; nach der in Deutschland herrschenden staatlichen Auffassung stehen dagegen die Universitäten als staatliche Anstalten nur unter der Aufsicht der Staatsregierung. Der katholischen Kirche werden Aufsichts- und andere Rechte lediglich hinsichtlich der theologisch-katholischen Fakultäten und der Lehrer derselben, mitunter auch bezüglich einzelner Professoren der philosophischen Fakultät staatlicherseits eingeräumt. Die Gründung einer Universität setzt Staatsgenehmigung voraus. Konfessionelle Universitäten dulden die deutschen Staaten nicht, dagegen machen sie gewisse Zugeständnisse nach dieser Richtung durch die Errichtung katholisch-theologischer Fakultäten. Es sind dies konfessionelle Lehrkörper,[4]) die zur Vorbildung künftiger katholischer Geist-

[1]) § 1 Ges. v. 12. Febr. 1871.

[2]) Dieselben haben alsdann Beamtencharakter und bekommen Titel und Gehalt.

[3]) Friedberg, Lehrb. S. 546. Hinschius IV 666.

[4]) Vgl. zum Folgenden Hinschius IV 673 f. Hoensbroech, Die kath.-theol. Fakultäten im Organismus der preuß. Staatsuniversitäten 1907. Mirbt, Die kath.-theol. Fak. zu Marburg 1905.

licher bestimmt sind. Gewöhnlich haben die Bischöfe das Recht, bezüglich der Zulassung eines Kandidaten zur Ausübung des Lehramts sich gutachtlich zu äußern; über etwaige Bedenken derselben entscheidet aber die Staatsregierung.[1]) Die Kirche verlangt seit 1848, daß die Professoren und Dozenten der Theologie die sog. missio canonica erhalten haben; indessen ist dieses Verlangen vom staatlichen Standpunkte aus ebensowenig begründet wie bei den Schulen. Wo nicht eine besondere diesbezügliche Vorschrift in die Universitätsstatuten aufgenommen ist,[2]) haben die Professoren vor ihrer Anstellung auch nicht die professio fidei Tridentina abzulegen. Als staatliche Beamte unterliegen die Professoren der staatlichen Disziplin; nehmen sie neben ihrer Lehrtätigkeit noch geistliche Ämter wahr, so besteht hinsichtlich dieser noch daneben die Disziplinargewalt des Bischofs.

II. Die Straßburger katholisch-theologische Fakultät. Zum 1. Oktober 1903 ist auch an der Kaiser-Wilhelms-Universität in Straßburg eine katholisch-theologische Fakultät errichtet worden. Der Gedanke der Gründung derselben reicht in die Zeiten der Universitätserrichtung zurück. Fürst Bismarck und der erste Kurator Frhr. v. Roggenbach hatten mit hervorragenden Katholiken des Rheinlandes und mit dem bekannten katholischen Theologen und Kunstkenner Fr. X. Kraus darüber verhandelt. Der Plan war aber damals an der Forderung des Straßburger Bischofs, die Professoren der Fakultät ernennen zu dürfen, gescheitert. Von neuem hat den Plan wieder Fürst Chlodwig zu Hohenlohe-Schillingsfürst zur Zeit seiner Statthalterschaft in Elsaß-Lothringen aufgegriffen. Auch damals zerschlugen sich die Verhandlungen, bis im Jahre 1902 unter dem damaligen Staatssekretär v. Köller der Vertrag vom 5. Dezember 1902 mit der

[1]) So in Preußen.

[2]) Dies ist z. B. hinsichtlich der Bonner kath.-theol. Fakultät der Fall. Statuten § 26. Hinschius. S. 679.

Kurie zum Abschluß kam.[1]) Das Abkommen selbst wurde von der Reichsregierung hauptsächlich durch Vermittlung des damaligen Münchener Universitätsprofessors Frhr. v. Hertling getroffen. Im Gesetzblatt für Elsaß-Lothringen (1903 S. 57) ist nicht etwa der Wortlaut des Abkommens mit der Kurie, sondern nur eine Ergänzungsverordnung zum Universitätsstatut vom 24. Februar 1875 abgedruckt. Wesentliche Bestimmungen des Abkommens sind bei Vertragsabschluß der Öffentlichkeit, insbesondere der Professorenschaft der Straßburger Universität gegenüber geheimgehalten worden. Die wichtigste der in dieser Beziehung bekannt gewordenen apokryphen Bestimmungen lautet:

„Le gouvernement impérial prenant en juste considération les besoins des élèves de la faculté de théologie catholique estime qu'il est de son devoir naturel de faire nommer à la faculté de philosophie à l'université de Strasbourg un professeur d'histoire et un professeur de philosophie, appartenant à la religion catholique."

Bekannt wurde diese Geheimklausel anläßlich der Berufung eines Nachfolgers für den Philosophieprofessor Bäumker im Jahre 1913. Als die philosophische Fakultät daran ging, Vorschläge für den erledigten Lehrstuhl zu machen, — ein Recht, das ihr nach § 8 der Universitätsstatuten zukommt,[2]) — wurde ihr seitens der Regierung eröffnet, daß laut dem genannten Geheimartikel einer der

[1]) Vgl. die Landesausschußverhandlungen 2. Sitzungsper. 30. Sess. 1903 S. 706 f. u. Zentr. Bl. 1902 S. 291 (Min.-Erl. v. 12. 12. 1902.)

[2]) § 8 lautet: Jede Fakultät ist für die Vollständigkeit des Unterrichts in den Gegenständen ihres Gebiets verantwortlich. Es ist darauf Bedacht zu nehmen, daß in einem Zeitraum von 3 Semestern die Hauptfächer von ordentlichen und außerordentlichen Professoren gelesen werden. Vgl. hierzu Hoseus, Die Kaiser-Wilhelms-Universität zu Straßburg S. 9, 125. Die der Fakultät hiermit auferlegte Pflicht begründet zugleich — und dadurch unterscheidet sich die K.-W.-Universität wesentlich von den preußischen Universitäten — ein Recht auf Vorschläge. Mit diesem Rechte steht aber das Verlangen der Regierung nach einer bestimmten Konfession eines zu ernennenden Vorschlags in Widerspruch.

beiden Professoren der philosophischen Fakultät katholisch sein müsse. In dem Abkommen mit der Kurie ist indessen streng wörtlich genommen, gar nicht verlangt, daß eine der bestehenden Professuren in eine konfessionell gebundene verwandelt werden solle, sondern nur, daß eine für die Bedürfnisse der katholischen Theologiestudierenden bestimmte Philosophieprofessur errichtet werden solle. Das auf eine dritte katholische Philosophieprofessur gerichtete Verlangen des Senats der Universität vom Jahre 1913 ist daher kein unberechtigtes und lediglich Gegenstand einer Geldfrage.[1])

§ 29.

Der Modernismus.[2])

Die eigentliche Geschichte des Modernismus (Reformkatholizismus) beginnt mit dem päpstlichen Erlaß vom 3. Juli 1907 „Lamentabili sane exitu", einer Liste (Syllabus) von 65 verwerflichen Sätzen, die sich hauptsächlich auf das Verhältnis der Bibelwissenschaft zum kirchlichen Lehramt, auf die Inspiration und den geschichtlichen Charakter der heiligen Bücher, auf die Offenbarung und die Dogmen im allgemeinen, auf die Gottheit Jesu, auf die Sakramente und die Verfassung der Kirche beziehen. Von weit größerer Wirkung als der Syllabus war die „Encyclica pascendi domini gregis" über die Lehre der Modernisten vom 8. September 1907; hier werden die von gewissen fortschrittlichen Gelehrten vertretenen Ansichten zu einem System des „Modernismus" zusammengefaßt; als Ursache aller Irrtümer wird insbesondere aufgeführt der Stolz, der

[1]) Über das Verhältnis der Universität zum Thomasstift in Straßburg wird bei dem protestantischen Kultus gehandelt werden.

[2]) Vgl. AKKR. 1912 S. 553, Die badische Regierung und der Modernisteneid. **Meurer** Chr., Der Modernisteneid und das bayr. Plazet. Als Verteidiger des Modernismus **Heiner**, AKKR. 1910, Die kirchlichen Maßregeln gegen den Modernismus. Von weiterer Literatur seien erwähnt: A. **Houtin**, Histoire du modernisme catholique 1913. J. **Rübel**, Geschichte des kath. Modernismus 1909. J. **Schnitzer**, Der kath. Modernismus 1913, Ders. in Z. f. Pol. 1911 Bd. 5 H. 1.

Vorwitz und die Unkenntnis der Scholastik; schließlich sind Schutzmaßnahmen gegen das Umsichgreifen des Modernismus vorgesehen. Hierher sind zu rechnen: die Absetzung der Seminarvorstände und Dozenten, welche den Modernismus loben oder dulden, das Verbot modernistischer Schriften, die Errichtung von Aufsichtsbehörden in allen Diözesen. Gegen diejenigen, welche sich gegen die Enzyklika aufzulehnen wagten, wurde bereits im Motu proprio vom 18. November 1907 die Exkommunikation angedroht. Den weitgehendsten Schritt gegen den Modernismus, namentlich auch, soweit er sich auf belletristischem Gebiet zeigen konnte, unternahm Pius X. in dem Motu proprio „Sacrorum Antistitum" vom 1. September 1910, durch welches angeordnet wurde, daß alle Kanoniker, Beichtväter, Seelsorger, Seminarvorstände, Theologieprofessoren bis zum 31. Dezember 1910 den Modernisteneid leisten und jährlich wiederholen sollten. Den Universitätsprofessoren gegenüber wurde an der Leistung des Eides, um Konflikte zu vermeiden, nicht unbedingt festgehalten, aber nur unter der Voraussetzung, daß sie zur Eidesleistung nicht schon auf einen anderen Titel hin, z. B. als Prediger verpflichtet waren.

Vom staatskirchenrechtlichen Standpunkte aus ist zu betonen, daß der Staat eine Verpflichtung zum Moderniteneid solcher Geistlicher, die in einem Staatsamt tätig sind (insbesondere Religionslehrer), nicht dulden kann. Mit dem Eintritt in den Staatsdienst müssen eigentlich die betreffenden Geistlichen aus der bischöflichen Jurisdiktion ausscheiden. Im Verfolg dieses Prinzips kann auch die Ablegung des Modernisteneides seitens der geistlichen Vorgesetzten nicht von ihnen verlangt werden, da durch die Leistung dieses Eides eine ganze Reihe von Verpflichtungen seitens des betreffenden Geistlichen übernommen werden, die die Unterrichtsführung erheblich beeinflussen, für welche der Staat allein die gesamten Aufwendungen bezahlt.

II. Teil.

Katholischer Kultus.

II. Teil.

Katholischer Kultus.

1. Kapitel.

§ 30.

Das Verhältnis des Staates zur katholischen Kirche insbesondere.

Die katholische Kirche[1]) bezeichnet sich als die eine, katholische, römische,[2]) unfehlbare, alleinseligmachende, die als oberste Instanz über die Grenzen der Staaten hinaus in allen Glaubenssachen den Papst betrachtet. Das Staatskirchenrecht gewährt der katholischen Kirche dagegen grundsätzlich keine Vorzugsstellung, sondern behandelt die anerkannten Kulte gleichmäßig.

Hauptsitz der Bestimmungen über das Verhältnis der katholischen Kirche zum Staat bildet die als Staatsgesetz verkündigte Convention entre le Gouvernement français et sa Sainteté Pie VII, échangée le 23. fruct. an IX (das sog. Konkordat vom 10. September 1801) und die zur

---

[1]) Vgl. Friedberg, Lehrb. S. 163.

[2]) Der Ausdruck „römische" Kirche ist in das Konkordat übernommen worden. Vgl. auch Art. 6 der Charte v. 4./14. 4. 1813: La religion catholique apostolique et romaine est la religion de l'Etat u. die Charte v. 14. Aug. 1830 Art. 6: Chaque professe sa religion avec une égale liberté et obtient pour son culte la même protection. Les ministres de la religion catholique, apostolique et romaine professée par la majorité des Français et ceux des autres cultes chrétiens reçoivent des traitements du trésor public.

Ausführung dieses Vertrages ergangenen Gesetze, insbesondere das Gesetz vom 18. germinal X (8. April 1802), meist die organischen Artikel genannt.

In dem Konkordat vom 15. Juli 1801[1]) wird der katholischen Kirche die Freiheit und Öffentlichkeit ihres Kults mit der Maßgabe gewährleistet, daß derselbe sich den von der Staatsregierung im Interesse des öffentlichen Friedens erlassenen polizeilichen Vorschriften anzupassen habe (Art. 1). Das Konkordat führte eine neue Diözesenordnung ein (Art. 2, 9), verfügte die Abdankung der bisherigen Bischöfe (Art. 3), verpflichtete die Bischöfe und Geistlichen, der Staatsregierung den Eid des Gehorsams und der Treue zu leisten (Art. 6, 7), formulierte die Kirchengebete (Art. 8), genehmigte, daß die Bischöfe Kapitel und Seminare haben, ohne jedoch hierauf eine Dotation aus Staatsmitteln beanspruchen zu können (Art. 11), überwies die zum Gottesdienst nötigen, nicht veräußerten Kirchen dem Bischof (Art. 12), garantierte den Erwerbern von Kirchengütern und deren Rechtsnachfolgern das Eigentum an jenen Gütern (Art. 13) und gestattete die Errichtung von Stiftungen zugunsten der Kirche (Art. 15). Den Bischöfen und Geistlichen wurde ein angemessenes Gehalt aus der Staatskasse zugesichert (Art. 14), die Ernennung der Bischöfe dem ersten Konsul, die kanonische Institution derselben dagegen dem Papste vorbehalten (Art. 4, 5)[2]) und die Ernennung der

[1]) Das sogen. zweite Konkordat Napoleons v. 25. 1. 1813 ist nur ein Entwurf geblieben, von welchem der Papst am 24. 3. 1813 ausdrücklich zurücktrat. Ebensowenig sind spätere Versuche, neue Konkordate zu Wege zu bringen, gelungen. Das zwischen Ludwig XVIII. und Pius VII. verabredete Konkordat v. 11. 7. 1817, wonach jenes vom Jahre 1801 nebst den damit verbundenen organischen Artikeln außer Kraft gesetzt werden und durch das Konkordat vom Jahre 1516 ersetzt werden sollte, wurde von den Kammern verworfen und ist nur insoweit zur Ausführung gekommen, als trotz des Widerspruchs der Kammern 18 neue Bistümer kreiert wurden.

[2]) Vgl. Wormser Konkordat zwischen Heinrich V. und Kalixt II. v. 1122 und Wiener Konkordat v. 17. 2. 1448 zwischen Friedrich III. u. Nikolaus V; Geigel Reichsl. KR. S. 289.

Pfarrgeistlichen dem Bischof mit der Maßgabe übertragen, daß ihre Wahl nur auf solche Personen fallen dürfe, welche von der Staatsregierung genehmigt seien (Art. 10). In Art. 16 wurde sodann festgesetzt, daß die alten Rechte und Prärogative der französischen Krone gegenüber dem päpstlichen Stuhl auch dem Ersten Konsul zustehen sollen, und endlich in Art. 17 bestimmt, daß falls die Staatsregierung in die Hände eines akatholischen Staatsoberhauptes übergehen würde, die in Art. 16 erwähnten Rechte sowie die Bestimmungen über die Bischofsernennung einer anderweiten Regelung durch eine neue Konvention unterzogen werden sollten. Nach dem klaren Wortlaut dieser Bestimmung sollten also nur die in Art. 16 erwähnten Rechte und Prärogative sowie das dem Staatsoberhaupt nach Art. 5 zustehende Nominationsrecht der Bischöfe neu geregelt werden. Alle übrigen Bestimmungen sollten durch den Übergang der Staatsregierung auf einen akatholischen Herrscher unberührt bleiben. Unter den in Art. 16 erwähnten Rechten sind nun aber keineswegs Rechte des Kirchenregiments, sondern lediglich die im Konkordat nicht besonders erwähnten diplomatischen und Ehrenrechte des Staatsoberhaupts im Verkehr mit der Kurie zu verstehen. Dahin gehören z. B. der Titel „Allerchristlichste Majestät", welchen der Papst zuerst Ludwig XI. im Jahre 1469 beilegte.

Bei der in den genannten Artikeln vorgesehenen Änderung, welche dann durch die Vereinigung Elsaß-Lothringens mit dem deutschen Reiche eingetreten ist, sollten aber jene fraglichen Bestimmungen auch nicht ohne weiteres wegfallen, sondern es war nur eine neue Verständigung vorgesehen; bis zum Zustandekommen derselben sollte das bisherige Verhältnis fortdauern.[1])

[1]) Die Sanktionierung der Bulle de salute animarum kann als Präzedenzfall für die entgegengesetzte Ansicht nicht verwertet werden. Allerdings ist das Gesetz v. 18 Germ. X mit dem durch dasselbe promulgierten Konkordat v. 15. 7. 1801 auch in den rhein. Departements durch Reglement v. 14. flor. X (Bull. d. L. LXXXII. p. 2)

Die bischöflichen Behörden des Landes haben nach der Vereinigung desselben mit dem deutschen Reiche allerdings diesen Standpunkt nicht eingenommen. Sie haben insbesondere ohne die Bestätigung des Kaisers Kantonalpfarrer eingesetzt. Nachdem sie sich von Rom Verhaltungsmaßregeln erbeten hatten, erhielten sie vom Kardinalstaatssekretär Antonelli nach längerem Schwanken am 10. Februar 1872 die Erklärung, „es sei keineswegs die Absicht des Hl. Stuhles gewesen, das Konkordat zu kündigen, vielmehr seien auch fürderhin alle Bestimmungen desselben zu beachten, für welche nicht gemäß Art. 17 des Konkordats eine besondere Übereinkunft mit dem Hl. Stuhl geschlossen werden müsse." Um den überaus zähen Widerstand der damaligen Bischöfe zu überwinden, bedurfte es einer durchaus deutlichen und energischen Sprache der Reichsregierung. [1])

Neben dem Konkordat und den organischen Artikeln kommt noch besonders das Kirchenfabrikdekret vom 30. Dezember 1809 als für das Verhältnis zwischen Staat und

eingeführt worden; keineswegs war aber der Art. 17 des mehrerwähnten Konkordats die Veranlassung, daß Preußen mit der Kurie wegen des Erlasses jener Zirkumskriptionsbulle in Verhandlungen trat. Die Bulle de salute animarum schließt sich nicht an das Konkordat v. 15. 7. 1801 an, wenngleich sie das letztere an einer Stelle (Abs. 22) beiläufig erwähnt. Sie ist vielmehr ein Statut der kath. Kirche mit dem preuß. Staat, und nicht etwa bloß mit denjenigen preuß. Landesteilen, welche früher mit Frankreich vereinigt waren.

[1]) In einem Erlaß des Reichskanzlers an den Oberpräsidenten v. 28. 1. 1872 heißt es: „Sie wollen aussprechen, daß die deutsche Regierung ihrerseits die staatsrechtliche Überzeugung hat, daß das Konkordat bisher für beide Teile verbindlich sei, daß sie aber, nachdem die päpstliche Kurie das Konkordat als für sie nicht mehr verbindlich erklärt hat, auch ihrerseits nicht mehr rechtlich verbunden ist, nach Maßgabe des Konkordats zu verfahren, vielmehr sich der hieraus ergebenden Freiheit bedienen wird, die kirchlichen, auf den Staat bezüglichen Verhältnisse im Wege der Gesetzgebung zu ordnen".

Kirche wichtig in Betracht.[1]) Faßt man das Verhältnis zwischen Staat und katholischer Kirche zusammen, so kann man sagen, die katholische Kirche ist zugleich dem Schutze und der Aufsicht des Staates unterstellt.[2]) Diese Aufsicht des Staates erstreckt sich auch auf das Gebiet der innerkirchlichen Angelegenheiten, jedoch mit der Maßgabe, daß es hier nie zu einem positiven Vorgehen kommen darf. Die staatliche Aufsicht beschränkt sich hier auf eine Unterdrückung derjenigen kirchlichen Maßnahmen, welche den Staatsgesetzen zuwider sind und dem öffentlichen Wohle Schaden bereiten. In besonderer Weise kommt das staatliche Einschreiten zum Ausdruck bei dem sog. recursus ab abusu, der auf Anrufen eines Angehörigen einer Glaubensgesellschaft erfolgt. (Vgl. oben § 12.)

[1]) Vgl. Champeaux, Recueil gén. du droit eccl. franç., I—III p. 394. In Art. 92 f. finden sich die Bestimmungen über die Lasten der Gemeinden bezüglich des Kultus und die hierbei den Präfekten gebührende Mitwirkung.

[2]) Dalloz, Rép. culte n° 81 „Protection et surveillance tel est, en deux mots, le système du Concordat". Vgl. ebenda Nr. 164 u. Dubief-Gottofrey, traité I 294. Hellmuth, Grenzen der staatlichen Schutzgewalt zugunsten der Glaubensgesellschaften. Öff. Arch. Bd. 29, S. 468.

2. Kapitel.

Die kirchliche Ämterorganisation und die Diözesananstalten.

§ 31.

Die kirchliche Ämterhierarchie in ihrem Verhältnis zum Staat.

An der Spitze der katholischen Ämterhierarchie steht der Papst, der in Glaubenssachen mit den zu einem allgemeinen Konzil vereinigten Kirchenoberen die letzte Entscheidung fällt. Er hat den Universalepiskopat der ganzen Kirche, er ist der Nachfolger Christi, der wahre Statthalter Christi, das Haupt der ganzen Kirche und aller Christen Vater und Lehrer,[1]) und wird vom Kollegium der Kardinäle frei gewählt.[2])

Die Kardinäle selbst werden auf Vorschlag des Kardinalkollegiums durch den Papst ernannt (creaturae papae), der hierbei indessen die Wünsche der katholischen Regierungen berücksichtigt (Kronkardinäle).[3]) Die Kardinäle selbst üben ihre Funktionen in Konsistorien aus.

Die römische Kurie ist der Inbegriff der päpstlichen Regierungsbehörden; sie setzt sich zusammen aus den Kardinälen, den Prälaten und gewissen nichtprälatischen Beamten. Sie zerfällt in verschiedene Behörden (Signaturae, camerae usw.) und Kongregationen für die verschiedenen Justiz- und Verwaltungszweige.[4])

Von den innerhalb des Episkopats vorkommenden Ämterstufen nehmen die Metropoliten oder Erzbischöfe

---

[1]) Heiner I 219. Concil. Vatic. Const. Past. aetern. c. 3.
[2]) Friedberg, 186, Geigel, 320.
[3]) Heiner I 238, Friedberg S. 187.
[4]) Heiner I 239, Friedberg S. 189.

eine besondere Stellung ein. Sie sind Bischöfe, die außer über ihre Diözese noch gewisse Rechte in einem größeren Kirchensprengel (provincia) über die Diözesen der (Suffragan-)bischöfe ausüben.[1]) Sie können diese zu Provinzialsynoden berufen, von welch' letzteren die Ermächtigung zu Visitationen der bischöflichen Diözesen erteilt werden kann.

Was die Bistümer Straßburg und Metz betrifft, so unterstehen sie, von jeder erzbischöflichen Jurisdiktion befreit, unmittelbar dem Papste.[2]) (Exemte Bistümer.)

§ 32.

Die Bischöfe.

I. Die Bischöfe sind als Nachfolger der Apostel eingesetzte Beamte, welche unter dem Primat des Papstes zur Leitung der Kirche berufen sind; sie haben die ordentliche und unmittelbare Lehr-, hohepriesterliche und Regierungsgewalt in Einheit mit dem Primat und in Abhängigkeit von ihm. Ernannt und entlassen werden die Bischöfe vom Papst im Einverständnis mit dem Kaiser. Vor der Einsetzung hat der Bischof dem Beauftragten des Papstes das Glaubensbekenntnis abzuleisten.[3]) Die Weihe erfolgt erst, nachdem der Kaiser die Veröffentlichung der Einsetzungsbulle genehmigt und der Bischof den staatlichen Treueid geleistet hat.[4])

Als persönliche Voraussetzungen zur Erlangung des

---

[1]) Friedberg 197, Heiner 267, Hinschius II S. 30 f.

[2]) Friedberg S. 215.

[3]) Heiner 271.

[4]) Vgl. Richard Dove, Das franz. Konkordat v. 1801 im Reichsland E. L., Z. f. K. R. XI (1873) S. 91 f.; O. Hinschius, Allgem. Darst. des öff. Rechts der Gegenwart I 1 (1883) S. 278 Anm. 4. Meyer-Anschütz, Staatsrecht, 6. A., 1905 S. 854 Anm. 4. Stutz, Kirchenrecht in Kohlers Encycl. § 57. Alb. Leoni, Das Verfassungsrecht E. L., S. 11, Leoni u. Mandel, Das Verwaltungsrecht E. L. (1895) S. 286. Geigel, Reichsl. K. R. S. 338.

Bischofsamtes sind zu nennen Reichsangehörigkeit[1]) und Vollendung des dreißigsten Lebensjahres.

Die bereits oben erwähnten Schwierigkeiten[2]) zwischen der Kurie und der deutschen Reichsregierung hatten sich vornehmlich auch bei der Besetzung der Bischofsstühle in Straßburg und Metz herausgestellt. Bei den Verhandlungen wurde seitens der Kurie stets der bloß negative Charakter der Mitwirkung einer protestantischen Regierung betont; nichtsdestoweniger pflegt die Initiative bei der Besetzung der beiden elsaß-lothringischen Bistümer regelmäßig von der kaiserlichen Regierung auszugehen. Man kann aber nicht direkt behaupten, daß nach wie vor noch die Bestimmungen des (stillschweigend neu abgeschlossenen) Konkordats angewendet werden;[3]) es liegt nämlich, richtiger Ansicht[4]) nach, keine Ernennungsbefugnis des Kaisers im Rechtssinne vor, vielmehr konzediert man der kaiserlichen Regierung nur die tatsächliche Benennung.

II. Die Befugnisse der Bischöfe[5]) bestehen a) aus den iura iurisdictionis, d. h. der Bischof besitzt die Regierungsgewalt, die er entweder selbst handhabt oder an-

---

[1]) Naturalisation genügt nicht. Geigel S. 338.

[2]) Vgl. dazu U. Stutz, Der neueste Stand des Deutschen Bischofswahlrechts 1909 S. 37 f.

[3]) So Roesch, Der Einfluß der deutsch-protestantischen Regierungen auf die Bischofswahlen. 1900 S. 7, A. 1. Leoni-Mandel S. 291.

[4]) Stutz S. 127; der sich auf Matthieu, Le concordat de 1801 (Paris 1903) p. 103 beruft: die Besetzung geschieht demnach auf dem Wege der „entente amiable au sujet des candidats et d'une sorte de présentation qui, sans constituer un droit pour le gouvernement, assure cependant le choix d'une personne, qu'il agrée."

[5]) Über die Befugnisse des Bischofs als Kirchenorgan vgl. Hinschius II S. 38 f., Heiner I S. 274 f., Geigel a. a. O., Friedberg S. 200. Daß die für Preußen gültige Bulle, „de salute animarum", welche durch Allerh. Kabinettsordre v. 23. 7. 1823 als bindendes Statut der katholischen Kirche in Preußen statuiert wurde, für E. L. keine rechtliche Bedeutung hat, erscheint selbstverständlich.

deren Organen überläßt. Es gehören hierher die Lehrgewalt, die gesetzgebende Gewalt (Vorschriften über die Verwaltung des Gottesdienstes, Feiertage für Diözese, Berufung von Diözesansynoden, Dispensation von Diözesangesetzen), die Administrativgewalt (Verwaltung der Seelsorge, des Kultus, Errichtung und Unterdrückung von Ämtern, die richterliche Gewalt (soweit sie nicht dem Papst vorbehalten ist), sowie Aufsichtsrechte (Visitionen) und päpstliche Delegationen. Ferner kommen in Betracht b) die iura ordinis, welche entweder communia sind, d. h. aus dem priesterlichen Ordo fließen und darum dem Bischof mit dem Priester gemein sind oder reservata, d. h. notwendig die bischöfliche Konsekration voraussetzen, und sodann c) die potestas magisterii, d. h. die Ausübung des Lehramts oder die Beauftragung anderer damit (missio canonica), schließlich d) die iura honoris, welche in den besonderen Insignien der bischöflichen Würde zum Ausdruck gelangen; es gehören hierher pedum curvum, anulus, mitra, crux pectoralis, die besondere bischöfliche Kleidung, Sitz im Chor der bischöflichen Kirche auf einem Thron (cathedra cum baldachino) und Titel (von Gottes und apostolischen Stuhles Gnaden).

III. Von den besonderen Pflichten der Bischöfe dem Staate gegenüber sind zu erwähnen: Der Treueid und die Residenzpflicht.[1]) Betreffs des Treueides, der gemäß Art. 6 des Konkordats und Art. 18. Organ. Artikel vor dem Amtsantritt zu leisten ist, galt die Vorschrift, daß er „directement entre les mains du premier consul“ zu leisten ist.[2])

---

[1]) Von Reisen ins Ausland, z. B. nach Rom oder nach Frankreich haben die Bischöfe der Regierung Mitteilung zu machen (Art. 20 Ges. 18 Germ. X) und zwar auch dann, wenn der Bischof durch die Ausübung der Funktion eines Abgeordneten zur Reise genötigt werden sollte (z. B. für den Reichstag), für den Landtag dürfte die Vorschrift dagegen keine Geltung beanspruchen können. Vgl. franz. Min. reskr. v. 28. 1. 1830; 9. 6. 1841; 11. 4. 1879; 5. 12. 1881.

[2]) In Frankreich ist der Eid — das Jahr 1848 ausgenommen,

IV. Unter der Aufsicht des Papstes hat der Bischof die sämtlichen Angelegenheiten der Diözese zu erledigen. Betreffs seiner Zuständigkeit für Dispense, Lossprechungen kommen die regelmäßig von fünf zu fünf Jahren erneuerten Quinquennalfakultäten[1]) in Betracht.

Zur Bekanntmachung aller solcher Erlasse, welche die Reichs- oder Landesregierung oder deren Interessen gefährden könnten, ist staatliche Genehmigung erforderlich.[2])

Solche Versammlungen, die sich nur gutachtlich über religiöse Angelegenheiten äußern sollen, können von den Bischöfen ohne staatliche Genehmigung berufen und abgehalten werden.

Die von Geistlichen beim Gottesdienst und von Profanen beim öffentlichen Gottesdienst gebrauchten Gesang- und Gebetbücher, Katechismen dürfen nicht ohne die Ermächtigung (das imprimatur) des Bischofs gedruckt, nachgedruckt oder in neuer Auflage wieder gedruckt werden.

Von großer Bedeutung sind die Ernennungsrechte des Bischofs hinsichtlich der Geistlichen und Kirchenbeamten seiner Diözese. Er ernennt mit Bestätigung des Statthalters die zwei Generalvikare, die Domkapitulare und Hauptpfarrer; in der gleichen Weise entsetzt er bzw. versetzt er Domkapitulare und Hauptpfarrer. Zur zeitweiligen bzw. vorläufigen Dienstenthebung der Domkapitulare,

---

wo ein Dekret der provisorischen Regierung den Beamteneid aufgehoben hat — stets geleistet worden, während der gleiche Eid der Geistlichen „de second ordre“ (Conc. Art. 7, Org. Art. Art. 27) schon seit dem ersten Kaiserreich außer Gebrauch gekommen ist. André IV S. 356. Auch die Koadjutoren haben vor Antritt des Amts den Eid zu leisten.

Bei Wechsel der Regierung ist bisher der Eid nicht neu geleistet worden.

[1]) Vgl. Walter, Fontes Juris eccl. antiqui et hodierni (1862) 507. Die neuen Quinquennalfakultäten pro foro interno festgestellt durch Ver. der Poenitentaria v. 5. 5. 1896 D. Z. f. K. R. 7 S. 139. Mergentheim, Die Quinquenn.-Fak. pro foro externo 1908. Friedberg a. a. O. S. 300.

[2]) Geigel 331.

Hauptpfarrer bedarf er der Bestätigung des Ministeriums sowie zu derjenigen des Direktors, der Oberlehrer und Lehrer der bischöflichen Gymnasien derjenigen des Oberschulrats. Generalvikare, Vorstände und Professoren des Priesterseminars, bischöfliche Sekretäre, Schatzmeister, Ordinariats- und Unterbeamte, Hilfspfarrer, Pfarrverweser, Vikare, Privat- und Klosterkapläne oder Hausgeistliche kann er aus eigener Machtvollkommenheit zeitweise oder vorläufig ihres Amtes entheben oder abberufen.[1]) Ebenso nimmt er die Amtsniederlegung der genannten Geistlichen- und Beamtenkategorien entgegen, ermächtigt neugeweihte oder fremde Geistlichen zum Predigen und Beichthören, sowie gestattet den Übertritt eines Diözesangeistlichen in ein anderes Bistum.[2]) Er erteilt den Geistlichen seiner Diözese Urlaub,[3]) verleiht Ehrentitel wie Ehrendomherr, Erzdiakon, Erzpriester und stellt bei Beleidigung von Diözesangeistlichen Strafantrag und entscheidet betreffs der gegen dieselben eingegangenen Beschwerden.

V. Weitere Befugnisse hat der Bischof hinsichtlich der Änderung in der Vertretung oder Zuständigkeit der Seminare, Domkirchenräte und Kapitel, doch bedarf er hierzu der kaiserlichen Bestätigung. Mit Genehmigung des Statthalters nimmt er Veränderungen der Pfarrsprengel und Einweihung von Gotteshäusern vor. Auf Anordnung des Ministeriums verfügt er die Feier von Festen und öffentlichen Fürbitten. In Einvernahme mit dem Bezirkspräsidenten kann er Läuteordnungen erlassen. Über weitere Zuständigkeiten[4]) wird bei den betreffenden Abschnitten des Näheren gehandelt werden.

[1]) Geigel 331.

[2]) Kath. Org. Art. 34. Anzeige an das Ministerium ist erforderlich.

[3]) Bis zu 30 Tagen. Gewissen Geistlichen, die nicht aus Landesmitteln besoldet werden, sowie dem Sekretarialspersonal kann er längeren Urlaub erteilen.

[4]) Z. B. Bestimmung der Zahl der Vikare und Hülfsgeistlichen und der ihnen zukommenden Befugnisse. Ueberwachung und Ver-

VI. Die Einkünfte des Bischofs bestehen aus dem staatlichen Gehalt von 16 000 ℳ, ferner aus einer Pauschsumme von 1200 (Straßb.) bzw. 800 ℳ (Metz) für Dienstreisen in Firmungs- und ähnlichen Angelegenheiten, aus einem Zuschuß des Bezirks von 4000 ℳ (für Straßburg), einer Dienstwohnung (bischöflicher Palast)[1]) und aus den Einnahmen des von ihm als Pfründeninhaber verwalteten Tafelguts.

VII. Über die Ehrenrechte des Bischofs ist noch (vgl. oben S. 153) zu sagen, daß er von weltlichen Behörden mit „Ew. bischöflichen Gnaden" tituliert wird. Nach seinem Tode kann dem Bischof die Beisetzung in der Kathedralkirche bewilligt werden.[2])

---

waltung der Gotteshäuser, der kirchlichen Vermögensverwaltung, des Religionsunterrichts (der Bischof ist Mitglied des Bezirksunterrichtsrates), Ernennung von Vorsitzenden und Mitgliedern von Kirchenräten usw.

[1]) Derselbe gehört dem Land.

[2]) Gemäß Art. 1 Dekr. v. 23. Prair. XII (12. 6. 1804) u. Min. Zirk. v. 14. 12. 1831. (André III S. 243) darf an sich keine Beerdigung in einer Kirche stattfinden. Von dieser Bestimmung ist indessen auch schon in Frankreich regelmäßig durch besonderen landesherrlichen Erlaß eine Ausnahme gemacht worden. Betreffs Preußens ist durch Allerh. Kab. O. v. 3. 4. 1834 bestimmt, daß der jedesmalige Erzbischof von Cöln entweder in der Domkirche daselbst oder in einer anderen von ihm gewählten Kirche seiner Diözese beigesetzt werden darf. Für Els.-Lothr. ist jetzt eine Kaiserl. Verordnung für jeden Einzelfall erforderlich.

Betreffs des Rangs der kirchlichen Würdenträger bei weltlichen Anlässen gilt nach einer Mitteilung des kgl. preuß. Ober-Zeremonienamts v. 22. II. 1909 folgendes: 1. Die Bischöfe gelten als Räte I. Kl. nach dem Datum der kaiserl. Einsetzungsverordnung. 2. Der Präsident des Direktoriums der Kirche A. K. rangiert am Schluß der Räte I. Kl., die diesen Rang als Stellung besitzen und im Vorrang vor denjenigen Personen, welchen dieser Rang persönlich verliehen ist. 3. Der Weihbischof rangiert unmittelbar nach dem Präsidenten des Dir. A. K. mit der Maßgabe, daß der jetzige Weihbischof, solange er im Amt ist, mit Rücksicht auf die bisherige Uebung unmittelbar vor dem Präsident des Dir. rangiert. 4. Der Präsident des Synodalvorstandes der reform. Kirche rangiert am

VIII. Gemäß den päpstlichen Dekreten vom 10. und 14. Juli 1874 und der zwischen Deutschland und Frankreich am 7. Oktober 1874 vereinbarten Festsetzung der Diözesangrenzen umfaßt das Bistum Straßburg das Ober- und Unterelsaß, während dem Bistum Metz der Bezirk Lothringen zugewiesen ist. Ohne Übereinstimmung des Kaisers und des Papstes ist eine Änderung der Diözesangrenzen nicht zulässig; eines Gesetzes bedarf es hierzu nicht, wohl aber zur Veränderung der Zahl der Bistümer und zur Verlegung der Bischofsitze.

§ 33.

Die Koadjutoren und Weihbischöfe.[1])

I. Einen Koadjutoren oder einen Weihbischof kann sich der Bischof entweder freiwillig auf gewisse Zeit wählen (coadjutor temporarius), oder es kann ein solcher dem Bischof, namentlich wenn derselbe willensunfähig geworden ist, zwangsweise zur Seite gesetzt werden. Die Befugnisse des Koadjutors sind verschieden, je nachdem der Bischof die Handlungsfähigkeit verloren hat oder nicht. Im letzteren Falle darf er bischöfliche Verwaltungsakte nur vornehmen, wenn der Koadjutor sie nicht selbst ausüben kann oder will. Andrerseits hat er auch ein Recht darauf, den Bischof in Verhinderungsfällen zu vertreten und der letztere kann seine Befugnisse nicht anderen Personen übertragen. Der Koadjutor übt als Quasiordinarius die bischöfliche Jurisdiktion für den verhinderten Bischof aus. Vielfach ist es üblich, namentlich um Wahlstreitigkeiten zu vermeiden, coadjutores cum spe succe-

---

Schlusse derjenigen Räte II. Kl. welche diesen Rang als Stellung besitzen. 6. Die Generalvikare und Domherrn gleichfalls am Schluß der Räte III. Kl. und zwar die Gen. Vik. mit Rang vor, die Domh. mit Rang nach den zu 5. Genannten.

[1]) Friedberg S. 310; Hinschius II 255; Geigel S. 342.

dendi[1]) zu ernennen; hierzu ist der Konsens des bischöflichen Kapitels erforderlich, auch stehen der Staatsregierung dieselben Befugnisse zu, welche sie bei Besetzung der bischöflichen Stühle hat. Wird die bischöfliche Stelle erledigt, so tritt der Koadjutor in diesem Falle von Rechtswegen und ohne eine kanonische Institution in die erledigte Stelle ein. Auch tritt in diesem Falle die in Artt. 34 f., Dekr. v. 6. November 1813 vorgesehene staatliche Vermögensverwaltung nicht ein. Da der Koadjutor den Bischof vertritt, nimmt er in der Diözese den nächsten Rang nach demselben ein, außerhalb derselben aber den ihm seiner sonstigen Stellung nach zukommenden. Ein Staatsgehalt erhält der Koadjutor nicht, indessen werden die Kosten der Institutionsbulle auf das Kultusbudget übernommen. Zur ersten Einrichtung erhalten die Koadjutoren seitens des Ministeriums einen einmaligen Geldbetrag in Höhe von 8000 frs.[2])

II. Ist die Verwaltung der Diözese durch den Bischof rechtlich oder tatsächlich (sedes impedita) verhindert, so hat das Kapitel die Verwaltung des Bistums zu übernehmen und muß sofort an den Papst berichten, der alsdann einen apostolischen Vikar oder Administrator ernennen kann.[3])

---

[1]) Ein solcher Koadjutor ist dem Bischof Räß von Straßburg im Jahre 1880 beigeordnet worden.

[2]) Min. Verf. v. 22. 1. 1841, 26. Sept. 1842 u. 19. 1. 1853. (Nicht im Bull. off. abgedr.) Den Koadjutoren kann allerdings vor ihrer Bestellung ein Staatsgehalt zugesichert werden. Vgl. Dekr. v. 28. II. 1855 (ebenfalls nicht publiziert).

[3]) Vgl. Hinschius II 258.

Über das Regalienrecht bei erledigtem Bistumssitz vgl. Philipps, Das Regalienrecht in Frankreich S. 1, 72. Das droit de joyeux avenement wird in Art. 33 K. Dekr. 6. Nov. 1813 (cf. Hermens II 554) als hinsichtlich des Ertrags der bischöfl. Güter, nicht dagegen hinsichtlich der erledigten Benefizien als fortbestehend bezeichnet. Prompsault, Dict. II 179 u. Portalis bei Champeaux II 325, Vueillefroy S. 133. Indessen sind diese Grundsätze wohl kaum in Einklang zu bringen mit Art. XVI des Konk. Gaudry, traité II S. 194, Joly, étude sur le concordat de

Das Domkapitel wählt binnen acht Tagen mit Genehmigung des Staatsoberhaupts zwei Kapitelsvikare, welche zusammen bis zur landesherrlichen Genehmigung der kanonischen Einsetzung des Bischofs das Bistum verwalten, ohne an den Bistumssatzungen, den Sprengeln und sonstigen Einrichtungen Neuerungen, im übrigen nur solche Veränderungen vornehmen dürfen, welche notwendig sind. (Org. Art. Kath. 88.)

III. Die Weihbischöfe.

Das französische Staatskirchenrecht kennt nicht, wie die deutschen Staatskirchenrechte, außer den ordinierten Bischöfen, den Koadjutoren (mit Bischofsrang) noch sogen. episcopi in partibus infidelium,[1]) eine bloße Ehrentitulatur, die entweder vom Papst ex officio oder auf Anregung der Regierung an verdiente Kirchendiener verliehen wird. Zu französischer Zeit gab es daher in der Diözese Straßburg keinen Weihbischof. Erst im Jahre 1891 wurde für diese Diözese, hauptsächlich mit Rücksicht auf ihre große Ausdehnung, ein Weihbischof bestellt. Die Einrichtung kann nunmehr wohl als dauernde betrachtet werden. Der Weihbischof wird vielfach aus der Zahl der Mitglieder des Domkapitels entnommen; in diesem Falle scheidet er aus dem Kapitel aus. Die Ernennung der Weihbischöfe erfolgt durch den Papst mit Zustimmung des Staatsoberhaupts;[2]) er-

---

1801 S. 141. Für E.-L. kommt noch insbes. in Betracht, daß hier die Anwendung des Art. XVI gemäß Art. XVII des Konk. suspendiert war, sowie daß speziell das Regalienrecht zwar für Metz, aber nicht für Straßburg galt. Philipps S. 447.

[1]) Auch episcopi titulares genannt. Hinschius II 176; Friedberg S. 210, Heiner S. 292, Geigel S. 343.

[2]) In dem zwischen Napoleon I. und dem Papst schwebenden Konflikt erschien nachstehendes, noch gültiges Dekret v. 7. 1. 1808 (B. d. L. 2913): Art. 1. En exécution de l'art. 17 (C. c) nul ecclésiastique français ne pouvra poursuivre ni accepter la collation d'un évêché in partibus faite par le pape, s'il n'y a été préalablement autorisé par nous, sur le rapport de notre ministre des cultes. Art. 2. Nul ecclésiastique français nommé

forderlich ist die persönliche Qualifikation zum Bischof; im Nebenamt versieht er vielfach die Geschäfte eines Generalvikars. Der Weihbischof untersteht dem Papst, nicht dem Bischof, in dessen Diözese er sich aufhält. Er hat weder Diözese noch Jurisdiktion, kann indessen mit Einwilligung des Diözesanbischofs innerhalb der Diözese bischöfliche Seelsorgehandlungen vornehmen.

§ 34.

Die Generalvikare.[1])

I. Generalvikare sind Gehilfen des Bischofs, welche er aus denjenigen Priestern auswählen kann, welche die Befähigung zum Bischofssitz haben. (Art. 21. Ges. 18. Germ. X.) Da der Bischof das Recht hat, seinen Sprengel selbst zu verwalten, so besteht an sich kein Zwang zur Ernennung eines Generalvikars; nur bei besonderer Ausdehnung der Diözese, bei längerer Abwesenheit und gestörter Gesundheit des Bischofs kann dieser vom Papst zur Bestellung eines oder mehrerer Generalvikare genötigt werden.

Nach Art. 21 Ges. 18. Germ. X sind für den Bischof zwei Generalvikare vorgesehen; die Ernennung durch den Bischof bedarf der Genehmigung der Staatsregierung.[2])

II. Die vom Staate anerkannten und besoldeten

---

a un évêché in partibus conformément aux dispositions de l'article préc. ne pouvra recevoir la consécration avant que ses bulles aient été examinées en conseil d'Etat et que nous en ayons permis la publication.

Der jetzige Weihbischof Frhr. Zorn v. Bulach ist aus der geistlichen Diplomatie entnommen.

[1]) Hinschius II, Friedberg 206, Geigel 343, Heiner S. 298.

[2]) Die kanonische Institution, die Besitzergreifung der Stelle und der Bezug des Gehalts hat erst nach erfolgter Genehmigung einzutreten. Vgl. cons. arr. 14. vent. XI; ord. d. 13. 3. 1832; Min. zirk. 14. 11. 1840.

Generalvikare[1]) haben als Delegierte des Bischofs gewisse amtliche Funktionen desselben auszuüben: Der Generalvikar ist vicarius in spiritualibus (Gegensatz: in pontificalibus), er hat grundsätzlich nur Rechte der geistlichen Regierung, nicht das Recht zur Verwaltung der dem Bischof zugewiesenen Vermögensstücke.[2]) Er kann ferner nicht die aus dem ordo episcopalis herzuleitenden Befugnisse wahrnehmen, denn er hat die Bischofsweihe nicht, infolgedessen darf er sich auch der bischöflichen Insignien nicht bedienen. Dagegen vertritt er den Bischof in dem Gebiete der diesem zukommenden ordentlichen Jurisdiktion.[3]) Von derselben delegiert regelmäßig der Bischof einen genau umschriebenen Geschäftskreis; dem einen Generalvikar also die vermögensrechtlichen und äußeren Angelegenheiten, dem anderen Diensteinführung und die übrigen rein geistlichen Angelegenheiten. Vom Geschäftskreis der Generalvikare kann sich der Bischof ausdrücklich und ausnahmsweise bestimmte Angelegenheiten vorbehalten, aber nur zum voraus.

Ohne besondere Ermächtigung ist der Generalvikar nicht befugt: a) zur Ausübung der Kriminal- und Disziplinargerichtsbarkeit; b) zur Verleihung der Benefizien; c) zur Ausstellung von Dimissorialen; d) zur Visitation der Diözese; e) zur Erteilung von Dispensen von Irregularitäten

---

[1]) Die Genehmigung der Ernennung vollzieht der Statthalter.

[2]) Hinschius II 213.

[3]) Über die Streitfrage nach der juristischen Stellung des Generalvikars, ob nämlich seine jurisdictio eine mandata oder delegata oder ordinaria sei, vgl. Hinschius II 218; derselbe kommt zum Schluß, daß sie eine quasi ordinaria sei, und folgert hieraus 1. daß sie in Gegenwart des Bischofs zessiert, 2. daß er seiner Jurisdiktion durch dieselben Mittel, also auch durch Zensuren Nachdruck geben kann, 3. daß von der Entscheidung des Gen. Vik. nicht an den Bischof appelliert werden kann.

In Art. 22 Germ. ges. ist besonders hervorgehoben, daß im Falle der Verhinderung des Bischofs der Generalvikar die jährlichen Diözesanvisitationen vorzunehmen hat; in diesem Falle veranlaßt er auch sofort das Nötige.

und Zensuren ex delicto occulto; f) zur Berufung der Diözesansynode; g) zu Verfügungen über Ämter und Benefizien der Diözese; h) zur Zulassung bzw. Genehmigung von Verzichten auf Benefizien und Umtausch derselben; i) zur Veräußerung kirchlicher Vermögensstücke; k) zur Genehmigung der Errichtung neuer Klöster oder Konvente; l) zur Gestattung der Ausübung der Pontifikalien in der Diözese durch einen anderen Bischof; m) zur Gewährung von Ablässen; n) zur Anordnung öffentlicher und feierlicher Bußen.

III. Außer den beiden (offiziellen) Generalvikaren, die allein vom Staate anerkannt und besoldet sind, steht dem Bischof noch das Recht zu, noch weitere Generalvikare zu ernennen,[1]) die kein Gehalt beziehen und nicht

[1]) Décis. min. v. 29. brum. XII. Il est libre aux évêques de se donner un plus grand nombre de coopérateurs que celui cidessus fixé, pourvu que leur mandat ne comprenne point des actes, qui aient besoin de la sanction du gouvernement pour être executoire. Il peut y avoir, en conséquence, des vicaires généraux agréés par le roi et des vic. gen. non agréés. le gouvernement dans ses relations avec les diocèses ne peut connaître que les vic. gén. agréés par lui dans les limites ci-dessus traçées; les vic. gén. non agréés peuvent faire des actes de jurisdiction spirituelle, qui ne touchent qu'à la solution des cas de conscience, à la décision des points théologiques ou maintien de la discipline. Man hat also hier den staatlicherseits nicht bestätigten Generalvikaren jede Befähigung zur Vertretung der Bischöfe in nicht inneren Fragen aberkannt. Diese Haltung der Regierung hängt offenbar mit der Äußerung von Portalis zusammen (bei den rapports zu den act. organ.), die sagt: Tout ordinaire peut déléguer des pouvoirs, aber wenn der Delegant der Genehmigung der Regierung unterliegt, so muß dies auch bezüglich des delegandus der Fall sein. Durch Dekr. v. 28. 2. 1810 und v. 29. 9. 1824 ist das Bestätigungsrecht der Regierung, wenn auch etwas verhüllt, zum Ausdruck gekommen: Letzteres Dekret lautet: Lorsqu'un vic. gén. jouissant en cette qualité d'un traitement sur notre trésor, aura perdu sa place après trois ans consécutifs d'exercice, soit par suite d'un changement d'évêque, soit à raison de son âge et de ses infirmités, nous nous réservons d'accorder au dit vic. gén. hors d'exercice, s'il n'est pas pourvu

offiziell anerkannt sind. Diese Generalvikare dürfen nur religiöse Streitfragen schlichten, über die Disziplin wachen, und keine geistlichen Funktionen wahrnehmen.

IV. Die Beendigung der Stellung des Generalvikars wird herbeigeführt 1. durch den Tod, 2. durch den ausdrücklichen oder stillschweigenden Verzicht des Generalvikars. Im übrigen ergeben sich die Endigungsgründe aus dem rechtlichen Charakter des Amtes als einer Vollmacht. Der Bischof kann das Amt daher jederzeit — und zwar auch bei den staatlich bestätigten Generalvikaren — einschränken und widerrufen.[1]) 3. Ferner erlischt das Amt des Generalvikars mit dem Tode oder Ausscheiden des Bischofs, welcher ihn ernannt hat, oder mit dem Eintritt der Willensunfähigkeit (Geisteskrankheit) desselben.

§ 35.

Die Domkapitulare.[2])

I. Die Domkapitel sind auf Grund des Art. XI. des Konkordats und Art. 35 org. Art. von den Bischöfen neu

d'un canonicat, un secours de 1500 frcs. par an jusqu'à sa nomination au premier canonicat vacant dans le chapitre diocésain, soit à un autre titre ecclésiastique susceptible d'être présenté à notre agréement. Dieser Betrag ist unter deutscher Herrschaft auf 2200 Mk. erhöht worden. Vgl. Landeshaushaltsetat 1896/97 S. 164. In der Ordonn. v. 25. 12. 1830 heißt es endlich: A dater du 1. janv. 1835 nul ne pourra être nommé archevêque ou évêque vicaire général, s'il n'obtient le grade de licencié en théologie und die Ordonn. v. 13. 3. 1832 sagt: les vic. gén., chanoines, curés dont la nomination aura été agréée par nous (kann sich nur auf die vic. gén. und chan. beziehen, weil die curés der Bestätigung unterliegen) jouiront du traitement attaché à leur titre, à dater du jour de leur prise de possession.

[1]) Nach der Praxis der Congregatio episcoporum darf das Widerrufsrecht im Interesse des Ansehens der Kirche nur aus triftigen Gründen ausgeübt werden. Hinschius II 221.

[2]) Über die geschichtliche Entwicklung vgl. Friedberg 203, Hinschius II 81.

errichtet worden. Das in der letzteren Bestimmung erwähnte Erfordernis der Zustimmung des Staatsoberhaupts erstreckt sich gemäß Art. 35 Org. Art. auch auf die Wahl der Mitglieder. Dieselben werden auf Lebensdauer fest ernannt und sind nicht ad nutum absetzbar. Absetzungen auf Grund eines vorausgegangenen kirchlichen Disziplinarverfahrens bedürfen der Genehmigung des Staatsoberhaupts.[1])

Die Domkapitulare, deren in Straßburg 9, in Metz 8 dem Bischof beigegeben sind, haben die Aufgabe, als Räte und Gehilfen der Bistumsverwaltung sowie zur Besorgung des Chorgottesdienstes zu dienen. Die innerhalb der Domkapitel bestehenden kirchlichen Ämter, von denen das Amt des Dekans in Art. 3 Kgl. Ordonn. vom 2. April 1817[2]) erwähnt und das des Schatzmeisters durch Art. 51 Kaiserl. Dekret vom 6. November 1813[3]) geregelt ist, werden ohne staatliche Mitwirkung besetzt. Außer diesen beiden haben sich von den früheren Kapitelsämtern erhalten das Amt des Poenitentiars, der Gehilfe und Vertreter des Bischofs bei der Handhabung des Bußsakraments, und des Theologus, der Stellvertreter des Bischofs im Lehramt ist.

II. Als beratende und begutachtende Körperschaft wirkt das Kapitel mit: 1. bei Änderungen in den Rechten, der Zusammensetzung und dem Chorgottesdienst des Kapitels sowie in sonstigen das Kapitel berührenden Angelegenheiten; 2. bei der Teilung oder Vereinigung einer Pfarrei; 3. bei der Veräußerung kirchlichen Stammvermögens, Aufnahmen von Darlehen, Übernahme von Bürgschaften sowie bei der Gründung von Bistumsanstalten; 4. während in diesen Fällen die Zustimmung des Kapitels erforderlich ist, genügt in anderen das den Bischof an sich nicht bindende Gutachten; ein solches ist erforderlich a) bei Erlaß allgemeiner Verordnungen; b) bei

[1]) Vuillefroy S. 136, 137.
[2]) Möller'sche Samml. II 395.
[3]) Hermens II 554.

Genehmigung von Niederlassungen der Kapuziner und Trappisten sowie anderer feierliche Gelübde ablegender Orden. Das Gutachten nur zweier Kapitulare holt der Bischof ein bei Umwandlung nicht mehr erfüllbarer Stiftungen und betreffs der Seminare.[1])

III. Die Domkapitulare haben die Aufgabe, bei Pontifikalverrichtungen mitzuwirken. Das Amt des Domdechants nimmt in Ermangelung eines Dignitärs, und solange nicht mit Zustimmung des Bischofs das Kapitel einen anderen bestimmt, der zuerst in das Kapitel Berufene wahr.

IV. Bei Erledigung des bischöflichen Stuhles wählt das Domkapitel zwei Kapitelsvikare, einen oeconomus und einen vicarius capituli, von denen der erstere die interimistische Vermögensverwaltung führt, während der letztere die bischöfliche Jurisdiktion mit bestimmten gesetzlichen Ausnahmen und nicht als Mandatar des Kapitels handhabt.[2])

V. Die Voraussetzungen für die Ernennung zum Domkapitular sind in Elsaß-Lothringen weder dreißigjähriges Alter noch Reichsangehörigkeit, wohl dagegen ein Weihegrad. Nebenämter, die häufige Abwesenheit vom Bistumssitz bedingen, sind unzulässig.

Die Domkapitulare beziehen aus der Landeskasse jährlich 2200 *M*, ferner in Straßburg vom Bezirk 1200 *M*.

VI. Wenn die Domkirche zugleich Pfarrkirche ist, so kann die Pfarrei mit dem Kapitel vereinigt werden; in solchen, z. B. bei dem Straßburger Münster, gegebenen Fällen wird das Amt des Pfarrers der Domkirche einem Mitglied des Kapitels als Nebenamt durch eine besondere Ernennung seitens des Bischofs übertragen und zwar widerruflich[3]) mit Genehmigung des Staatsoberhaupts.[4])

---

[1]) Geigel S. 347.

[2]) Friedberg 205, Nourisson, Arch. f. K.K.R. 51 S. 47.

[3]) Geigel S. 348 nimmt an, daß die Bestellung auf Lebenszeit erfolgt.

[4]) André, Cours de législ. 4. éd. II S. 106—111.

VII. Ohne staatliche Genehmigung darf der Bischof Ehrendomherren ernennen. Dieselben haben weder beratende noch beschließende Stimme im Kapitel. Vor der Verleihung des Titels sollen die Bischöfe der Regierung Mitteilung machen.[1] [2]

§ 36.

Die bischöflichen Offizialate. Das bischöfliche Sekretariat.

Die bischöflichen Ordinariate sind bereits durch Art. 13 des Gesetzes vom 7.—11. September 1790 und wiederholt durch Art. 11 org. Art. abgeschafft.[3] Indessen können die Bischöfe die ihnen zusagenden (Art. 10 und 15 org. Art.) und von ihnen selbst oder ihren staatlich anerkannten Generalvikaren zu vollziehenden Entscheidungen über Dienstvergehen der Geistlichen, Fälle des kirchlichen Eherechts und ähnliche Streitigkeiten rein kirchlicher Natur durch besondere Kommissionen vorberaten lassen, deren Mitglieder sie ohne Mitwirkung des Staats ernennen.[4] Desgleichen ist die Ernennung des in Artt. 32 und 63 Kaiserl. Dekrets vom 6. November 1813 erwähnten Sekretärs des Bistums und der sonstigen Beamten dem Bischof ohne Einschränkung überlassen.[5]

---

[1]) Min.-Erl. v. 12. Okt. 1811, Vuillefroy S. 137. Diese Mitteilung, welcher eine staatskirchenrechtliche Bedeutung nicht zukommt, ist außer Gebrauch gekommen.

[2]) Soweit Domkapitel Vermögen erwerben sollten, werden sie als Körperschaften des öffentlichen Rechts behandelt; vertreten werden sie in diesem Falle durch den Schatzmeister, den der Bischof aus zwei seitens des Kapitels vorgeschlagenen Kandidaten ernennt. Geigel S. 349.

[3]) Récueil général annoté des lois, décrets, ordonn. depuis VI 1789—VIII 1830. Paris 1834 I S. 277.

[4]) Avis du Comité de l'Intérieur v. 30. 7. 1824. Vuillefroy 408 Anm. a.

[5]) Hermens II 454.

§ 37.
Die Seminare und Diözesananstalten.[1])

I. Der Artikel XI des Konkordats, an welchen sich die Artt. 11 und 23 der organischen Artikel anschließen, gestattet dem Bischof für seine Diözese ein Seminar zu errichten. Ob unter diesem einen Seminar ein das Priester- und das Knabenseminar umfassendes Institut im Sinne des Tridentinum[2]) oder im Anschluß an die in Frankreich bereits vor dem Konkordat bekannte Trennung beider Seminare[3]) lediglich das Priesterseminar zu verstehen ist, kann unerörtert bleiben, weil spätere Gesetze sich mit beiden Anstaltsarten befaßt haben.

II. Die Priesterseminare. Das in jedem Bistum bestehende Priesterseminar dient zur praktischen Ausbildung derjenigen Kleriker, welche ihre Studien betreiben oder beendigt haben. Das für die Seminarzwecke nötige Gebäude und die Einrichtungen unterhält als Eigentümer das Land.[4])

Die Diözesanstiftungen bilden einesteils die Anstalten zur theologischen Fachbildung und andrenteils die jenigen zur allgemein-wissenschaftlichen Vorbildung; vertreten werden beide durch den Seminarvorstand.[5]) Die Jahresrechnungen werden seitens des Bischofs dem Mini-

---

[1]) Vgl. Hinschius IV 534. Geigel S. 350.

[2]) Ferrari, theoria et praxis Regionis Dioecesani. Paris 1876. S. 577, 578.

[3]) Prompsault, III S. 113.

[4]) In erster Linie haben das Seminar und das Domkapitel selbst aufzukommen.

[5]) Derselbe besteht aus dem Bischof oder den von ihm bezeichneten Generalvikar als Vorsitzenden, dem Superior (Regens), dem Ökonom (Haushaltsdirektor) und dem Schatzmeister des Priesterseminars. Der letztere wird auf Bericht des Bischofs und des Bezirkspräsidenten vom Ministerium ernannt. Nach außen hat der Schatzmeister allein die Vertretung. Vgl. Art. 62 Dekr. v. 6. Nov. 1813 (Hermens II 554).

sterium vorgelegt; derselbe beantragt auch etwaige Staatsgenehmigungen.

Die Ernennung der Vorsteher und Professoren des Priesterseminars ist nach Art. 3 Dekr. v. 17. März 1808 dem Bischof überlassen.[1])

III. Die bischöflichen Knabenseminare sind humanistische Anstalten, welche junge Leute zur Aufnahme in das Priesterseminar vorbilden sollen. Die gesetzlichen Bestimmungen bezüglich derselben haben vielfach gewechselt.[2]) Unter deutscher Regierung wurde das Unterrichtswesen durch das Gesetz vom 12. Februar 1873 (GBl. S. 37) und die auf Grund desselben erlassenen Verordnungen, von welchen hier die Ausführungsverordnung vom 10. Juli 1873 und das Regulativ für die höheren Lehranstalten v. gl. T.[3]) in Betracht kommen, erheblich umgestaltet. Nach § 1 des Ges. vom 12. Februar 1873 stehen auch die bischöflichen Knabenseminare unter Aufsicht und

---

[1]) Vuillefroy. And. Ans. Gaudry II 529; Dalloz Culte Nr. 385. André, Séminaires A. IV. 344.

[2]) Das K. Dekret v. 15. Nov. 1811 Tit. IV (Hermens II 525) stellte die bischöflichen Knabenseminare unter die Leitung der obersten staatlichen Unterrichtsbehörde, der Universität, welche die Lehrer ernannte (Art. 25). Nachdem sodann die Kgl. Ordonnanz v. 5. Okt. 1814 (Champeaux II 471) die Leitung jener Anstalten und insbesondere die Ernennung der Vorstände uud Lehrer dem Bischof übertragen (Art. 1) und in Einschränkung dieses Ernennungsrechts (Kgl. Ordonn. v. 16. 6. 1828 cod. S. 513) für die Vorstände die Bestätigung des Staatsoberhaupts verlangt hatte (Art. 6), wurde in dem Unterrichtsgesetz v. 15. 3. 1850 (Möller'sche Smlg. II 650) wie bezüglich aller nicht von Gemeinde, Bezirk oder Staat gegründeten oder unterhaltenen Schulen, so insbesondere bezgl. der bischöflichen Knabenseminare die Tätigkeit der staatlichen Behörden auf einen geringen Umfang beschränkt (Art. 17, 21, 70). Demgemäß hatte der Bischof die Vorstände und Lehrer der letzteren selbständig zu ernennen.

[3]) Möller'sche Smlg. III S. 367. Die Ausführungsverordnung ist abgeändert worden durch Ver. v. 20. 6. 1883 (GBl. S. 63) und Regulativ v. gl. T. (Centralbl. S. 181).

Leitung der Staatsbehörden und zwar [1]) ursprünglich des Ministeriums, später des Oberschulrats. [2]) Letzterer bestimmt somit für die Knabenseminare die Lehraufgabe in den einzelnen Unterrichtsgegenständen und die Verteilung der Lehrstunden auf die einzelnen Unterrichtsfächer, [3]) genehmigt den vom Direktor alljährlich einzureichenden Plan der Unterrichtsverteilung unter die Lehrer, sichert die Befolgung des Regulativs seitens des ihm unmittelbar verantwortlichen Direktors und der dem letzteren unterstellten Lehrer durch Inspektionen. [4]) Der Vorsteher (Direktor) und die Lehrer, welche die hinsichtlich ihrer Qualifikation vorgeschriebenen Bedingungen erfüllen müssen, werden von dem Bischof mit Genehmigung des Oberschulrats angestellt. [5]) Falls bischöfliche Schulen auch zu einem weltlichen Berufe humanistisch vorbereiten (collèges mixtes), verlangt die Regierung, daß die Hälfte der Lehrer dem weltlichen Stande entnommen werde, andernfalls Prüfungsvorrechte nicht gewährt werden. [6])

Zurzeit bestehen zwei der theologischen Vorbildung dienende Knabenseminare und zwar zu Straßburg (an St. Stephan) und zu Zillisheim für die Diözese Straßburg und zu Montigny für die Diözese Metz. [7])

---

[1]) § 3 u. 1 Ausf. ver. v. 10. 7. 1873 i. V. mit § 3 Ges. 4. 7. 1879 (RGBl. S. 165).

[2]) Mit der Ver. vom 21. 4. 1882 (GBl. S. 62).

[3]) Regul. v. 20. 6. 1883 § 17 I.

[4]) Regul. § 9 Ziff. 3, 1, 2; Ges. v. 12. II 1873 § 4, Ausf. Ver. v. 10. 7. 1873 § 16.

[5]) §§ 6, 9 Ausf. Ver. v. 10. 7. 1873.

[6]) Reichskanzl. v. 6. 10. 1880 und v. 13. 4. 1886 G. f. K. R. 74 S. 430. Allgem. Vorschr. f. d. höh. Schulen 1895, S. 115. Geigel S. 356.

[7]) Die Anwendung des Unterrichtsgesetzes v. 12. 2 1873 auf die Knabenseminare stieß anfänglich auf erheblichen Widerstand der kirchlichen Behörden. Vgl. Dursy I S. 163 Anm.

Das Knabenseminar zu Montigny hat seit längerer Zeit den Standpunkt eines staatlichen Gymnasiums erreicht und besitzt seit

Das Vermögen der Knabenseminare jeder Diözese wird von der Kommission verwaltet, welche für das Priesterseminar bestellt ist, und zu welcher, wie bereits oben hervorgehoben, ein vom Ministerium zu ernennender Schatzmeister gehört.[1]) Die Ansicht,[2]) daß in jedem Bistum die höheren geistlichen Anstalten *eine* Vermögensmasse, und nur in bezug auf Schulaufsicht selbständige Anstalten bilden, kommt in der Praxis ungleichmäßig zur Anwendung.

1880 die Berechtigung Zeugnisse über die wissenschaftliche Befähigung für den einjährig-freiwilligen Dienst auszustellen; im Jahre 1883 hat es auch die Berechtigung erhalten, die Abiturientenprüfung an der Anstalt abzuhalten. Auf dem gleichen Standpunkt steht auch das bischöfliche Gymnasium an St. Stephan. Das Seminar zu Zillisheim (Bischöfl. Progymnasium), welches 1874 wegen Weigerung, die staatlichen Bestimmungen anzuerkennen, geschlossen wurde, soll auf den gleichen Stand gebracht werden.

[1]) Art. 64 Dekr. v. 6. Nov. 1813, *Möller*'sche Smlg. II 395.

[2]) Vgl. *Geigel* S. 355 Note 6, der sich auf D. v. 9. 4. 1809 Art. 6, v. 6. 11. 1813 Art. 64, Ord. v. 5. 10. 1814 Art. 7 stützt. Zu dieser *einen* Vermögensmasse sollen auch die vorerst geschlossenen Anstalten (Finstingen, Sierck und Colmar) gehören. *Geigel* leugnet die eigene Rechtsfähigkeit der einzelnen Anstalten und bezeichnet nach dieser Richtung insbesondere als unerheblich: unterrichtspolizeiliche Genehmigungen (D. v. 16. 4. 1856 zur Eröffnung der école secondaire zu Finstingen; 1880 zur Wiedereröffnung der 1873 geschlossenen geistlichen Schulen zu Zillesheim und St. Stephan; ferner Genehmigungen zum Grundstückserwerb, D. P. 92. II 519, Jur. Woch. 95 S. 614.

3. Kapitel.

Die Pfarrgeistlichkeit.

§ 38.

Allgemeines. Ernennungsbefugnis bezügl. der Hauptpfarrer.

I. Pfarrer (parochus, pastor, curatus) sind Geistliche, welche regelmäßig in einer Unterabteilung der Diözese die gesamte Seelsorge als ständiges vom Bischof übertragenes Amt verwalten; insbesondere haben sie die Verwaltung der Sakramente und die Abhaltung des Gottesdienstes in ihrem Sprengel als ausschließliches Recht.[1])

Der Pfarrer ist bischöflicher Gehülfe, der nach Art. 60 (organ. Art.) zum mindesten in jedem Friedensgerichtskanton zu ernennen ist. Die durch Art. 1 der Ordonn. v. 6. April 1832[2]) vorgeschriebene Beschränkung der Zahl der Pfarrer I. Klasse in Orten über 5000 Seelen auf die Zahl der Friedensgerichte bzw. Amtsrichterstellen bezieht sich indessen nicht auf die Bezirkshauptorte, vielmehr besteht für diese keinerlei Beschränkung hinsichtlich der Pfarrstellen I. Kl.

II. Nach Art. 10 des Konkordats haben die Bischöfe die Pfarrer zu ernennen. „Ihre Wahl kann nur auf solche Personen fallen, welche der Regierung genehm sind." Nach Art. 19 organ. Art. ernennen und setzen die Bischöfe die Pfarrer ein. „Sie dürfen jedoch diese Ernennung erst ver-

---

[1]) Friedberg 210 f. Geigel 357 f.

[2]) Die fragliche Stelle lautet: Les curés des communes de cinq mille âmes et au-dessus et en nombre égal à celui des justices de paix établies dans les mêmes communes, ainsi que les curés des chefs-lieux de préfecture dont la population serait au-dessous de cinq mille habitants, sont seuls curés de première classe. Vgl. hierzu die zutreffende Auslegung bei Dalloz, rép. v° culte N° 467 u. Geigel S. 371 Anm. 7.

öffentlichen und die kanonische Einsetzung vornehmen, nachdem die Ernennung von dem ersten Konsul genehmigt ist." [1]) Man hat in der Bestimmung der organischen Artikel eine Ausdehnung der Bestimmungen des Konkordats finden wollen, [2]) indem letztere nicht die Genehmigung der Ernennung, sondern die Ernennung einer der Regierung genehmen Person statuiere. Indessen beweist der lateinische Text des Konkordatsartikels die Unrichtigkeit dieser Interpretation: [3]) Art. 19 org. Art. präzisiert lediglich die Bestimmung des Art. 10 des Konkordats.

Alsbald nach der Einführung der deutschen Regierung im Reichsland und noch unter der Verwaltung des General-

[1]) So die Uebersetzung bei Möller Bd. II S. 173, 175. Die Mitwirkung des Staates bei der Besetzung kirchlicher Aemter ist nicht etwa in der Weise geregelt, daß dem Staat gegen die von den geistlichen Oberen ausgehende und von seiten derselben anzuzeigende Ernennung ein Einspruchsrecht zustände. Vielmehr ist in allen Fällen, in welchen der Staat mitzuwirken hat, dessen Recht ein Recht der Ernennung oder doch der Bestätigung der von den geistlichen Oberen bewirkten Ernennung, ohne daß die Versagung der Bestätigung an bestimmte Gründe gebunden wäre. Soweit die Genehmigung der von dem Bischof vorgenommenen Ernennungen zu den landesherrlichen Befugnissen gehört, ist dieselbe durch Allerh. Ver. dem Statthalter übertragen.

[2]) Prompsault, Dict. rais. de droit et jurispr. en mat. civ. eccl. 2. éd. I 1252.

[3]) Derselbe lautet nämlich: „nec personas seligent nisi gubernio acceptas".

Das Ernennungsformular (für Kantonalpfarrer, Domherren, Generalvikare) lautet: Wir, Wilhelm von Gottes Gnaden ... verordnen im Namen des Reichs auf Grund des Gesetzes v. 18. Germ. X (8. 4. 1802) für Elsaß-Lothringen, was folgt: Art. 1. Die von dem Bischof zu ..... vorgenommene Ernennung des ..... in ..... zum ..... in ..... an Stelle des ..... wird hierdurch genehmigt. Art. 2. Das Ministerium wird mit der Ausführung dieser Verordnung beauftragt. Urkundlich .....

Bei der Ernennung von protest. Geistlichen ist nicht von Genehmigung (agrément), sondern von der Bestätigung des Ernennungsbeschlusses (approbation Org. Art. f. prot. Kult. Art. 26, 34) die Rede. Das Gleiche ist hinsichtlich der Rabbiner der Fall (Dekr. v. 29. 8. 1862 Art. 9).

gouverneurs war die Frage aufgetaucht, ob nicht die Staatsgenehmigung bei der Ernennung von Pfarrern zu denjenigen Punkten gehöre, für welche nach Art. 17 d. Konk. für den Fall einer anderen als der katholischen Konfession des Staatsoberhaupts eine anderweitige Vereinbarung mit dem päpstlichen Stuhl vorbehalten sei. Die Beantwortung dieser Streitfrage ergibt sich aus einer richtigen Interpretation des genannten Artikels 17: In Art. 16 zit. erkennt seine Heiligkeit dem ersten Konsul der französischen Republik die nämlichen Rechte und Vorrechte zu, welche die frühere Regierung bei ihr genossen hat. Diese Rechte, es sind dies aber nur diplomatische und etwaige Ehrenrechte des Staatsoberhauptes im Verkehr mit der römischen Kurie sowie die in Art. 17 ausdrücklich erwähnte Bischofsernennung, sollen bei Nichtvorliegen des Katholizismus auf seiten des künftigen Herrschers zum Gegenstand einer neuen Vereinbarung gemacht werden. Auch bei einer anderen Auslegung wäre aber im Moment des Eintritts eines protestantischen Herrschers das frühere Recht der Staatsgenehmigung nicht ohne weiteres hinweggefallen gewesen, da aus Art. 17 zit. nicht ein sofortiges Rücktrittsrecht der Kontrahenten, sondern nur ein Recht auf anderweitige Regelung der in Betracht kommenden Fragen abzuleiten ist.

Die staatliche Genehmigung der Pfarrerernennung ist also auf alle Fälle aufrecht erhalten geblieben. Nach Art. 27 org. Art. ist ferner vorgeschrieben, daß die Pfarrer ihr Amt nicht antreten dürfen, bevor sie in die Hände des Präfekten den Eid geleistet haben, welcher durch die zwischen der Regierung und dem Hl. Stuhl abgeschlossene Übereinkunft vorgeschrieben ist. Über diese Eidesleistung wird vom Generalsekretär der Präfektur ein Protokoll aufgenommen und den Pfarrern hiervon eine mit der Urschrift übereinstimmende Abschrift erteilt.[1])

---

[1]) Indessen war diese Vereidigung schon zu französischer Zeit und zwar bereits seit 1814 nicht mehr üblich. Vgl. Block, Dict.

III. Die Pfarrer werden durch einen vom Bischof bezeichneten Pfarrer oder Priester in den Besitz ihres Sprengels eingewiesen und müssen in ihren Pfarreien Aufenthalt nehmen (Art. 28, 29 org. Art.)

Die Kantonalpfarrer (curés) sind grundsätzlich unabsetzbar und unversetzbar (inamovibles). Jeder Zwang ist nach kanonischem Recht[1]) ausgeschlossen; selbst eine

---

Paris 1862 v° curé N° 29. Die lothr. Erzpriester sind nichts anderes als Hauptpfarrer.

[1]) Gegen die kanonische Unabsetzbarkeit der Pfarrer (bzgl. der Sukkursalpfarrer ist sie durch Art. 31 Ges. v. 18. Germ. X bestätigt worden) hat sich in Frankreich eine doppelte Strömung geltend gemacht. Auf der einen Seite bekämpfte die klerikale Partei — darunter selbst Bischöfe — die den Bischöfen eingeräumte Omnipotenz, verlangte kanonisches Verfahren und Urteil und bestand auf der sog. inamovibilité canonique. Weiterhin erhob sich eine Bewegung gegen die sog. inamovibilité civile und gegen jede staatliche Einmischung und gestattete dem Staat nur nach erfolgtem kanonischen Verfahren und nach Aburteilung der Pfarrer die Gehaltssperre und sonstige Maßnahmen.

Die antiklerikale Partei glaubte dagegen den antigallikanischen Einfluß der Bischöfe durch eine unabhängigere Stellung der niederen Geistlichkeit schwächen zu können und versuchte daher auch die Unabsetzbarkeit der Hülfspfarrer herbeizuführen.

Im Jahre 1849 haben Pascal Duprat, Jsambert, Edgar Quinet, Mispourret Garvalet und Cenal im Corps législatif den Antrag gestellt: „L'art. 31 de la loi organique de concordat est rapporté en ce qui concerne la révocabilité des desservants. Il sera ouvert immédiatement par le gouvernement des négociations avec le Souverain Pontife pour règler les conditions d'après lesquelles sera rétablie l'inamovibilité des desservants et les officialités ecclésiastiques. Man wollte sonach nicht radikal vorgehn und hielt die Mitwirkung der Kurie sowie die Wiedereinführung der geistlichen Gerichte für erforderlich. Nachdem die streng ultramontane Kommission sich dagegen ausgesprochen hatte und der Antrag abgelehnt war, ging ein von Jules Favre in der Sitzung v. 2. 4. 1850 gestellter Antrag viel weiter: à l'avenir les curés dits succursalistes et desservants jouiront de tous les droits des curés des cantons. L'art. 31 de la loi org. du concordat est abrogé. Dieser Antrag, welcher nicht durchging, stand mithin auf dem Boden der preuß. Regierungsvorlage zum Gesetz

durch eine Zirkumskriptionsbulle herbeigeführte Änderung bedarf der Zustimmung des Pfarrers. Nach dem in E.-L. geltenden Staatskirchenrecht ist die Versetzung, Suspension und Absetzung der Pfarrgeistlichen, mag es sich nun um eine bloße Verwaltungsmaßregel oder um eine Disziplinarmaßnahme handeln, Sache der kirchlichen Behörde. Letztere hat die Permutation (Versetzung), Suspension (Amtsenthebung) und Demission (Absetzung) auszusprechen und auszuführen. Nur bezüglich der Kantonal-(Haupt-)pfarrer ist eine gewisse Mitwirkung des

v. 11. 5. 1873 über die Vorbildung und Anstellung der Geistlichen. Die Frage war sonach damals schon für Frankreich nicht neu.

Welches Verfahren die französischen Bischöfe bei der Permutation der Pfarrer eingeschlagen haben, insbesondere wie die Zustimmung der Pfarrer zu dieser Maßnahme abgegeben wurde, ist nicht bekannt geworden, da es sich um eine res interna handelt. Es finden sich bezüglich der Unabsetzbarkeit der Pfarrer nur zwei Schriftstücke vor: Min.-Zirk. vom 25. 3. 1869: la nomination par l'évêque d'un vicaire administrateur ne pourrait se concilier avec l'inamovibilité du titre curial. Elle serait considérée comme un moyen indirecte de déposséder un pasteur qui ne peut l'être que par voie de destitution. Il n'a jamais été nommé de vicaires administrateurs que lorsque l'âge ou les infirmités ont mis le titulaire dans l'impossibilité de continuer l'exercice de ses fonctions. Ferner: Avis du comité de l'Intérieur v. 30. 7. 1824: Il résulte du rapprochement des art. 30--31 d. Ges. v. 18. Germ. X que les curés, quoique soumis immédiatement aux évêques dans l'exercice de leurs fonctions ne sont pas cependant comme les vicaires ou desservants, révocables à volonté puisque la loi, en attribuant ce droit aux évêques qu'à l'égard des vicaires ou desservants seulement indique assez que son intention n'a pas été de leur donner sur les curés; au surplus, la législation nouvelle n'a fait en cela que consacrer un principe reconnu de tous les temps dans l'église de France et par les ordonnances des rois. Infolgedessen erging die Anweisung, sich in derartigen Fällen von der freien Willensbestimmung des betr. Geistlichen zu überzeugen. Hilling, Die Amtsentsetzung der Pfarrer im Verwaltungswege 1911. Gerhardinger, die amotio administrativa u. das österreich. Staatsrecht. ZfKR. 21 (1911) S. 149. Ferner über die Versetzung des Pfarrers Arch f. kath. KR. 1911 [Bd. 92] S. 497.

Staats vorgesehen; die kirchlicherseits verfügte Versetzung und Absetzung eines Hauptpfarrers wird nämlich erst wirksam, wenn durch eine landesherrliche Verordnung (Statthalter) die staatliche Genehmigung dazu erteilt ist. Der Absetzung ist auch die sog. Interdizierung oder die Suspension ab officio gleich zu erachten, weil sie wenigstens zeitweise die Rechte der festangestellten Geistlichen berührt und die Ernennung eines Administrators für die betreffende Pfarrstelle erforderlich macht.[1]) Auch wird nach der französischen Rechtsprechung und Praxis immer verlangt werden, daß die genannten Strafen nur wegen schwerer Vergehen und auf Grund eines geordneten Prozeßverfahrens sowie erst nach dreimaliger Mahnung verhängt werden sollen.[2])

Ebenso soll der Bischof nur unter den nämlichen Voraussetzungen die suspensio ab ordine (suspensio a divinis) aussprechen können. Die Nichtbeachtung der erforderlichen Voraussetzungen könnte Anlaß zu einem appel comme d'abus geben.[3]) Im übrigen hat der Staat es der Kirche überlassen, die Gründe und Formen der amotio ab officio et beneficio zu bestimmen. Demgemäß kennt das elsaß-lothringische Staatskirchenrecht insbesondere keine disziplinarrechtlichen Bestimmungen bezüglich der katholischen Geistlichen und zwar weder Vorschriften über das Verfahren noch die Strafen, vielmehr ist lediglich das kanonische Recht maßgebend.[4]) Das päpstliche Dekret de amotione administrativa ab officio et beneficio curato vom 20. August 1910 hat nun bestimmt, daß der Bischof in Fällen, in denen

[1]) Vgl. Gaudry II 290, André II 407, Staatsratgutachten v. 30. 7. 1824, Dursy S. 85, Hinschius VI 265, Min.-E. v. 25. III. 09, Dursy S. 85.

[2]) Staatsratgutachten v. 8. 7. 1831, André I 13.

[3]) André III 407 f. Geigel, Franz. StKR. S. 23 A., 230 A 4. Dafür, daß die Suspension der Hauptpfarrer und Domherrn vom Beichtehören und Predigen an die Genehmigung des Ministeriums gebunden sei, sprechen keine Anhaltspunkte (And. Ans. Geigel zit.).

[4]) Abweichendes gilt für den protestantischen u. israel. Kult.

die Einleitung des kanonischen Strafverfahrens (vor den geistlichen Gerichten) nicht in Frage kommt, die Entfernung des Pfarrers aber im kirchlichen Interesse notwendig erscheint, diese Entfernung auf administrativem Wege vorgenommen werden könne.[1]) Durch diese kirchliche Vorschrift werden selbstverständlich die im elsaß-lothringischen Staatskirchenrecht begründeten staatlichen Rechte nicht berührt. Ob also die elsaß-lothringische Regierung zu der Versetzung und Absetzung eines Hauptpfarrers ihre staatliche Genehmigung erteilen will, ist vollständig in ihr Ermessen gestellt. Die Stelle des lediglich kirchlicherseits versetzten oder abgesetzten Pfarrers kann von der kirchlichen Behörde nicht anderweitig besetzt werden. Anders steht es bezüglich der Pfarrer, die nicht Hauptpfarrer sind (Hilfspfarrer), sie können von der kirchlichen Behörde ohne Zustimmung der Regierung abgesetzt werden; ihre Pensionierung (d. h. die Gewährung einer staatlichen Pension) kann nur erfolgen, wenn sie dienstunfähig geworden sind, oder wenn ihre Versetzung in den Ruhestand vom Ministerium genehmigt worden ist.

§ 39.

Die Hilfspfarrer.

Während das Konkordat nur von Pfarreien spricht, sehen die organischen Artikel neben und unter den Pfarreien,

---

[1]) Die Fälle, in denen der Bischof von diesem Recht Gebrauch machen kann, sind z. B. insania, surditas, caecitas, odium plebis usw. Es ist ein gewisses Verfahren vorgeschrieben, insbesondere haben bei dem Erlaß des decretum amotionis zwei examinatores und, wenn der Geistliche Rekurs einlegt, in der Rekursinstanz zwei parochi consultores mitzuwirken.

Vgl. auch Heiner, das Motuproprio Quantavis diligentia Pius X. v. 9. 10. 1911 und der deutsche Rechtsstaat (privil. Gerichtsstand der Geistlichen) im Arch. f. Kath. KR. 1912 S. 270. Ist insbesondere ein Geistlicher geisteskrank geworden, so liegt kein Anlaß vor, die durch den Bischof veranlaßte Amtsenthebung zu bean-

deren mindestens eine in jedem Kanton bestehen soll, nach Maßgabe des Bedürfnisses zu errichtende Hilfspfarreien (succursales) vor (Art. 60). Letztere werden von Priestern bedient, welche im Gegensatz zu den inamoviblen Pfarrern auf Grund eines ohne Mitwirkung der Regierung erteilten widerruflichen Auftrags fungieren (Art. 31, 63).[1] Sie stehen unter Aufsicht und Leitung des Pfarrers, zu dessen Pfarrei die von ihnen bediente Sukkursalkirche gehört (Art. 9).[2]

---

standen, weil hier auch von einer Art kirchlichen Notstandes gesprochen werden kann (vgl. Vering, Lehrb. KR. II 499. Lämmer, Instit. KR. S. 149).

[1]) Ueber die Stellung der Hauptpfarrer und Hülfspfarrer vgl. Bd. 76 der Drucks. 36. Sess. I. Bd. Worl. Nr. 12 der Landesausschußverhandl.

Nach der Auffassung der organ. Artikel sind die desservants weiter nichts als außerhalb des Pfarrsitzes residierende Vikare, die in Art. 31 zit. nach den am eigentlichen Pfarrsitz fungierenden Vikaren aufgeführt werden.

[2]) Die Fassung des Art. 31, wonach die Vikare und desservants vom Bischof nur genehmigt (approuvés) werden, deutet übrigens darauf hin, daß nach der Absicht des Gesetzgebers dem Pfarrer auch die Besetzung beider Aemter an erster Stelle zustehen sollte, wie denn auch die constitution civile du clergé (Dekr. v. 12. 7./24. 8. 1790. Champeaux I 366) in Art. 43 Tit. II den Pfarrern die Wahl ihrer Vikare übertragen hat. Einer solchen Auffassung von der Stellung der desservants und Vikare entsprach es auch, daß ursprünglich weder eine staatliche Dotierung noch eine staatliche Mitwirkung bei der Ernennung vorgesehen war. Indessen hat sich das Institut der desservants von Anfang an ganz anders entwickelt. Von den curés unterscheiden sich die desservants heutzutage nur noch durch das geringere Staatsgehalt. Vgl. Prompsault II S. 76 u. die dort mitgeteilte Min.-Entsch. v. 13. Fruct. X u. 9. Brum. XII. Die gegenwärtige Praxis, daß der Staat bei der Ernennung der desservants nicht mitwirkt, erscheint inkonsequent; unter dem ersten Kaiserreich ist eine solche Mitwirkung mehrere Jahre hindurch ausgeübt worden (Prompsault II 77, 78). Das K. Dekret v. 11. Prair. XII (31. V. 1804) (Champeaux II 311), welches das Staatsgehalt der desservants eingeführt hat, verpflichtet im Zusammenhang hiermit die Bischöfe, den Präfekten (Bezirkspräsidenten) von der Ernennung der desservants Mitteilung zu machen (Art. 6). Dagegen, daß in dringenden Fällen Mitglieder

§ 40.

Die Pfarrverweser, Kapläne und sonstigen Hilfsgeistlichen.

I. Bei Erkrankung, Suspendierung oder anderweitiger Verhinderung der Pfarrer und Hilfspfarrer sowie bei Vakanz von Pfarreien und Hilfspfarreien sorgt der Bischof für Vertretung durch einen benachbarten Pfarrer oder Vikar, der zum widerruflichen Vertreter ernannt wird; eine staatliche Mitwirkung findet hierbei nicht statt.[1]) Ebenso ernennt der Bischof selbständig die Vikare, und zwar sowohl die am Hauptsitz der Pfarrei oder Hilfspfarrei fungierenden als die außerhalb derselben zur Bedienung einer Nebenkirche (Kapelle) residierende und die Kapläne.

II. Wenn hiernach die Staatsgewalt auf die Ernennung der vorbezeichneten Geistlichen keinen direkten Einfluß hat, so kommt ihr doch indirekt ein solcher dadurch zu, daß sie ohne konkordatmäßige Verpflichtung die Gehälter der ge-

---

von in E.-L. staatlich zugelassenen Männerkongregationen aushilfsweise Pfarrdienste leisten, ist an sich nichts zu erinnern; es darf hierdurch aber keine Erhöhung der Mitgliederzahl des Ordens eintreten. Den zur Aushilfe in der Seelsorge herangezogenen Ordenspriestern kann, sofern sie zu Pfarrverwesern oder Hilfsvikaren ernannt werden, die dafür vorgesehenen staatlichen Bezüge überwiesen werden (§§ 2, 4. III Ges. v. 15. Nov. 1909). Dagegen besteht nicht die Möglichkeit, in sonstigen Fällen Vergütung zu gewähren.

[1]) Vgl. Art. 1 K. Dekr. v. 13. Nov. 1811 (Hermens II 529), Art. 1 Kgl. Ordonn. v. 6. Nov. 1814 (Champeaux II 472) und Art. 2 Kgl. Ordonn. 3. III. 1825 eod. S. 498. Betr. der Vikare vgl. Art. 31 org. Art. u. Art. 3 Kgl. Ordonn. v. 25. 8. 1819 (Champeaux II 489) u. betr. der Hülfsgeistlichen Art. 30 Fabrikdekr. v. 30. 12. 1809 (Hermens II 412).

Hilfsgeistliche (prêtres habitués) d. h. Geistliche, welche ohne Besoldung gestiftete Messen gegen Bezug des Honorars lesen und mit Genehmigung des Bischofs auch sonstige geistliche Verrichtungen gegen Anteil an den Kasualien vornehmen, werden von dem Pfarrer oder Hilfspfarrer angenommen, ohne daß der Staa bei der Ernennung mitwirkt. Betreffs Einzelheiten vgl. Geigel S. 372.

nannten Geistlichen in den jährlichen Etat aufnehmen läßt; ferner hat der Staat die Beförderung der niederen Geistlichen dadurch in der Hand, daß er für die Stellenbesetzung der Pfarreien usw. die Genehmigung zu erteilen hat.

III. Die Zuweisung von Vikaren an Pfarreien oder Hilfspfarreien, deren Sprengel oder Seelenzahl für nur einen Geistlichen zu groß wäre, erfolgt durch den Bischof nach vorheriger Anhörung des Kirchen- und Gemeinderats. Zur Errichtung einer neuen ständigen Vikarsstelle ist nur dann die Genehmigung des Ministeriums nötig, wenn die staatliche Besoldung in Frage kommt, oder wenn der Gemeinderat dagegen ist und hierbei die Zustimmung des Bezirkspräsidenten findet.[1]) Gegen den ablehnenden Bescheid des Ministeriums kann der Kaiser angerufen werden.[2]) Betreffs der Residenzpflicht nehmen die Vikare eine besondere gesetzliche Stellung ein. Die Bischöfe haben nämlich das Recht, sie in sehr ausgedehnten Pfarreien und Hilfspfarreien in andere Gemeinden als diejenigen des Pfarrsitzes zu setzen.[3])

IV. Gemeinden oder Gemeindeteile von annähernd

---

[1]) Geigel, S. 376 Note 9.

[2]) Analog. dem Min.-Dekr. v. 1861 S. 309. Vgl. Ord. v. 31. 7. 1821. Einerlei ist, ob der Sitz des ständigen Vikariats in dem Ort der Hauptpfarrei oder an einem anderen Ort des Pfarrsprengels gelegen ist.

Vgl. Campion S. 507 Nr. 9 u. Min.-Zirk. v. 9. 8. 1843.

[3]) Vgl. Art. 3 Ordonn. v. 25. 8. 1819. Uebrigens decken sich die Begriffe „résidence" und „domicile" nicht. Die Kirchenfabriken bzw. Zivilgemeinden sind auch dann verpflichtet, den Vikaren, falls die betr. Vikarsstelle in gesetzmäßiger Weise errichtet ist, das Gehalt fortzuzahlen, wenn die Vikare ihre dienstlichen Obliegenheiten nicht gehörig erfüllen, insbesondere ihre Residenzpflicht verletzen sollten. In solchen Fällen kann die Kirchenfabrik oder die Zivilgemeinde sich nur bei den staatlichen und kirchlichen Behörden beschweren. Die Gemeinde (und nicht die Kirchenfabrik) kann nur in einem Falle die Zahlung des Gehalts verweigern, wenn die Notwendigkeit der Anstellung des Vikars nicht anerkannt wird. Dem Gemeinderat stehen hier die Mittel der Art. 96, 97 Dekr. v. 30. 12. 1809 zu Gebote.

300 Seelen können die Errichtung eines selbständigen Vikariats verlangen, das einem bei ihrer Kirche wohnenden Kaplan (Lokalkaplan) übertragen wird. Der sogen. „auswärtige" Kaplan übt unabhängig vom Pfarrer innerhalb der Filiale alle Rechte und Pflichten des Pfarrers aus.

V. Was die Vorbildung und die Bedingungen zur Anstellung als katholischer Geistlicher anlangt, so bestehen hierüber nahezu gar keine Bestimmungen. Wie bereits oben hervorgehoben, gestattet der Art. 11 des Konkordats dem Bischof, ein Diözesanseminar zu errichten, in dem die geistliche Ausbildung erfolgen soll. Art. 17 org. Art. verlangt ferner, daß, wer Bischof werden will, eine Prüfung abzulegen hat. Wie schon nach Art. 32 org. Art. die französische Nationalität[1]) grundsätzlich verlangt und, wo diese nicht vorlag, eine besondere Erlaubnis der Regierung zur Anstellung erfordert wurde, so ist auch nach der deutschen Praxis an dem Erfordernis der Reichsangehörigkeit festgehalten worden.[2])

Ferner muß nach dem Dekr. vom 26. Februar 1810, welches den Art. 27 organ. Art. modifiziert, der zu ordinierende Geistliche mindestens 22 Jahre alt sein und sich über die Erlaubnis seiner Eltern ausweisen. Gemäß Art. 26 org. Art. haben die Bischöfe jährlich dem Kultusministerium ein Verzeichnis der in ihrem Seminar Studierenden vorzulegen, und nach Art. 27 dürfen sie keine Ordinationen vornehmen, bevor sie nicht der Regierung vorher ein von dieser zu genehmigendes Verzeichnis der zu ordinierenden Personen vorgelegt haben. Endlich ist nach Art. 15 Ges. v. 23. Vent. XII bestimmt, daß zu den niederen Geistlichenstellen (vom curé, dieser ausgenommen, abwärts) der Nachweis eines öffentlichen Examens (exercice

[1]) Bischöfe mußten auf alle Fälle Franzosen sein (Art. 16 Ges. v. 18. Germ. X).

[2]) Anfänglich machten allerdings die Option und die ursprünglich außerhalb der Landesgrenze liegenden Diözesangrenzen Schwierigkeiten. Vgl. Geigel in Verings Arch. f. KKR. 1896 H. 6.

public) über Moral und Dogma und die Vorlage eines bezüglichen Fähigkeitszeugnisses erforderlich sei.[1])

Heutzutage wird verlangt, daß die als besoldete Vikare oder Hilfspfarrer eintretenden Personen die Reichsangehörigkeit besitzen, ihre Gymnasialbildung in Deutschland erhalten und ihre theologischen Studien nicht im Ausland betrieben haben. Diesbezügliche Nachweise sind der Regierung vor der Anstellung zu erbringen. Für die Diözese Straßburg besteht aus Anlaß der Errichtung der katholisch-theologischen Fakultät in Straßburg noch die Besonderheit, daß zur Ergreifung des theologischen Studiums hier das Reifezeugnis verlangt wird.[2])

§ 41.

Die Gehalts- und Pensionsverhältnisse der staatlich besoldeten Religionsdiener.

Die Gehalts- und Pensionsverhältnisse der staatlich besoldeten katholischen Religionsdiener sind durch Gesetz vom 15. Nov. 1909 (GBl. S. 126)[3]) neu geregelt worden. Danach erhalten aus der Landeskasse die Generalvikare 4600 ℳ, die Domherren 3800 ℳ. Betreffs der Pfarrer ist die frühere Einteilung in Pfarrer erster und zweiter Klasse weggefallen (cf. Art. 66 org. Art.); nunmehr besteht bloß noch eine getrennte Gehaltsskala für Pfarrer und Hilfspfarrer.

---

[1]) Diese Bestimmungen sind außer Uebung gekommen.

[2]) Die Immatrikulation von Studierenden der katholischen Theologie wurde durch eine Uebergangsbestimmung dahin geregelt, daß bis zum 1. 10. 1905 die Zulassung auch von Nichtabiturienten erfolgen sollte.

[3]) Vgl. Landesausschußverhandl. 1909, 36. Sess. I. Bd. Vorlage Nr. 12. Ver. d. Statth. v. 16. III. 1910 betr. die Berechnung des Besoldungsdienstalters und der Pensionsdienstzeit der Religionsdiener (GBl. 1910 S. 11, Smlg. S. 47). Ausführ.-Best. des Min. v. 19. 3. 1910 (ZentrBl. S. 94) zu dem Ges. betr. die Gehalts- und Pensionsverhältnisse.

Das Gehalt für Pfarrer beträgt a) bis zum voll. 45. Jahre 2100 *M*; b) vom 45. bis z. voll. 50 J. 2300 *M*; c) vom 50. bis z. voll. 55 J. 2400 *M*; d) vom 55. bis z. voll. 60 J. 2500 *M*; e) nach dem 60. Lebensjahre 2600 *M*.

Das Gehalt für Hilfspfarrer beträgt a) bis zum voll. 40. Lebensjahr 1700 *M*; b) vom 40. bis z. voll. 50. Jahr 1800 *M*; c) vom 50. bis z. voll. 60. Lebensjahr 2000 *M*; d) nach dem 60. Lebensjahr 2100 *M*. (§ 1.)

Da speziell bezüglich der katholischen Pfarrverweser unter den früheren gesetzlichen Bestimmungen Unklarheiten bestanden, bestimmt das Gesetz in § 2: Die katholischen Pfarrverweser erhalten, sofern sie Pfarrer oder Hilfspfarrer vertreten, die wegen Krankheit, zeitweiliger Enthebung vom Dienste oder aus einem anderen Grunde an der Ausübung ihres Amtes verhindert sind, ein ihrem Lebensalter entsprechendes Pfarrgehalt, und zwar das eines Pfarrers, wenn sie bis zu ihrer Bestellung als Pfarrverweser staatlich besoldete Pfarrer in Elsaß-Lothringen waren, und das eines Hilfspfarrers in allen übrigen Fällen.

Die Kapläne der katholischen Kapellenpfarreien erhalten aus der Landeskasse einen Gehaltszuschuß von 900 *M*. (§ 3.)

Betreffs der Vikare ist zu beachten, daß sie ihr Grundgehalt von den Kirchenfabriken oder den bürgerlichen Gemeinden beziehen; an Stelle der früheren Scheidungsgrenze, ob nämlich eine Gemeinde mit mehr oder weniger als 5000 Seelen in Frage komme, ist jetzt die allgemeine verwaltungsrechtliche Unterscheidung in große und kleine Gemeinden getreten. In Gemeinden mit weniger als 25 000 Einwohnern beträgt das Gehalt der Vikare daher mindestens 600 *M*, in den übrigen mindestens 1000 *M*. Die ständig angestellten Vikare, deren Stellen durch den Landeshaushaltsetat bewilligt worden sind, erhalten außerdem aus der Landeskasse einen Gehaltszuschuß, der bei großen Gemeinden 300 *M*, bei kleinen 600 *M* beträgt. Diejenigen Vikare, die alten oder gebrechlichen Pfarrern oder Hilfspfarrern zur Unterstützung in der Ausübung des Amtes beigegeben sind, können vom Ministerium einen Gehaltszuschuß von 600 *M* bewilligt erhalten (§ 6).

Was die Zahlung und Berechnung der Gehälter und Gehaltszuschüsse anlangt, so werden dieselben vierteljährlich im voraus gezahlt. Der Bezug beginnt mit dem Tage des Amtsantritts, sofern aber die Ernennung der staatlichen Genehmigung oder Bestätigung bedarf, nicht vor dieser Genehmigung oder Bestätigung. Das Aufrücken in eine höhere Gehaltsklasse geschieht mit dem Beginne des auf die Erreichung des maßgebenden Lebens- oder Dienstalters folgenden Kalendervierteljahres. Wird der Geistliche zeitweilig vom Dienst enthoben oder übt er, abgesehen vom Falle der Krankheit, sein Amt ohne Beurlaubung durch die Oberbehörde nicht aus, so ruht der Gehaltsbezug.[1]) Soweit eine Beurlaubung sechs Wochen überschreitet, bedarf sie der Genehmigung des Ministeriums.

Die für die Landesbeamten geltenden Vorschriften über die Zahlung des Gnadenvierteljahres finden auf die Gehälter der katholischen Religionsdiener entsprechende Anwendung. An wen das Gnadenvierteljahr zu zahlen ist, bestimmt das Ministerium (§ 9).

Betreffs der Pension ist bestimmt (§ 10), daß sie sich ebenfalls nach den für die Landesbeamten geltenden Vorschriften richtet. Voraussetzung ist, daß nach einer mindestens zehnjährigen Dienstzeit der Geistliche infolge eines körperlichen Gebrechens oder wegen Schwäche der körperlichen oder geistigen Kräfte zur Erfüllung seiner Amtspflichten dauernd unfähig geworden ist und deshalb in den Ruhestand versetzt wird. Die Vorschriften der §§ 36, 39 des Reichsbeamten-

[1]) Im Falle des Ruhens des Bezugs kann das Ministerium bestimmen, daß das Gehalt oder der Gehaltszuschuß ganz oder zum Teil fortzuzahlen und daß von der Wiedereinziehung der im voraus gezahlten Beträge abzusehen ist. § 7 Abs. 4.

gesetzes finden mit der Maßgabe entsprechende Anwendung, daß die Pensionsbewilligung im Falle des § 39 dem Ministerium zusteht. Dem Diensteinkommen, welches der Berechnung der Pension zugrunde gelegt wird, sind für die gesetzlich zustehende freie Dienstwohnung oder die an deren Stelle bezogene Entschädigung von 400 *M* hinzuzurechnen. Vergütungen für die Mitverwaltung erledigter Stellen sowie Stellenzulagen kommen nicht in Anrechnung. Als Diensteinkommen der katholischen Kapläne und Vikare gilt der Gesamtbetrag, den sie an Gehalt und Gehaltszuschuß beziehen. Die Versetzung in den Ruhestand erfolgt durch die zur Abberufung des Religionsdieners zuständige Behörde, und zwar mit Genehmigung des Statthalters, wenn zur Abberufung die landesherrliche Genehmigung oder Bestätigung erforderlich ist, in den übrigen Fällen mit Genehmigung des Ministeriums.

Das Ministerium kann einem im Disziplinarverfahren seines Amtes enthobenen Religionsdiener nach Anhörung seiner Oberbehörde einen Teil der gesetzlichen Pension nach Maßgabe des § 75 letzter Absatz des Reichsbeamtengesetzes belassen. Die gleiche Bestimmung kann vom Ministerium nach Anhörung der Oberbehörde in Ansehung eines zulässigerweise ohne Disziplinarverfahren seines Amtes enthobenen Religionsdieners getroffen werden. Analoge Anwendung finden auch die Bestimmungen des § 69 des Reichsbeamtengesetzes über die Zahlung der Pensionen der Landesbeamten für das auf den Sterbemonat folgenden Vierteljahres.

Die Vorschriften, wonach auf das Staatsgehalt von Religionsdienern die Erträge des Vermögens kirchlicher Anstalten oder Körperschaften oder sonstige Einkünfte anzurechnen sind, sind durch das Gesetz unberührt geblieben (§ 13).

§ 42.

Ausländer als Geistliche.

Ausländer (Nichtreichsangehörige) können nur mit besonderer ministerieller Genehmigung mit einem geistlichen Amt betraut oder zu Mitgliedern von gottesdienstlichen Vertretungen gewählt werden;[1]) die Landesangehörigkeit wird dagegen nicht gefordert. Wird einem Ausländer eine Bestallung für einen Kirchendienst ausgehändigt, so erwirbt er damit, mangels entgegenstehenden Vorbehalts, grundsätzlich die Landes-(Reichs-)Angehörigkeit. Nehmen ausländische Geistliche im Inlande ohne ministerielle Erlaubnis geistliche Amtshandlungen vor, so können sie ausgewiesen werden.

Die im Inlande befindlichen Religionsgesellschaften, Missionsbibelgesellschaften und ähnliche Vereine dürfen ohne ausdrückliche ministerielle Genehmigung[2]) von einem ausländischen Verbande nicht abhängig sein oder mit ihm, sei es auch nur durch fortlaufende Einsendung von Berichten oder Beiträgen in einem organischen Zusammenhang oder Unterordnungsverhältnisse stehen.[3]) Zugunsten der katho-

[1]) Kath. org. Art. 16, 32, Gallik. 39, Ord. d'Als. I 99, 140, 342, II 14, 485, 647, 793. Prot. org. Art. 1. Geigel S. 38. Einerlei ist, ob mit dem Amte eine staatliche Besoldung verbunden ist oder nicht.

[2]) Prot. org. Art. 2, Kath. org. A. 1—3, Dekr. v. 19. 3. 1859 Art. 3. Frankf. Friedensvertrag v. 10. 5. 1871 Art. 4, Oberkonf. 26 S. 293 f. Geigel, S. 39.

[3]) Von einem deutschen Gesamtverein oder einer in Deuschland ihren Sitz habenden Gesamtvertretung gilt dies nicht. Vgl. z. B. die Gustav-Adolf-Stiftung in Leipzig u. im Gegensatz dazu die Basler Mission. Ein Abhängigkeitsverhältnis kommt nicht in Frage, wenn gewisse inländische Vereine, z. B. Jünglingsvereine, oder Behörden gewisse nur zeitweilig tagende Zusammenkünfte, (z. B. Eucharistischer Kongreß) beschicken, deren Beschlüsse oder Satzungen für die Inländer nur wirksam werden, wenn sie für diese durch die eigenen Organe selbständig angenommen werden. In diesem Falle liegt nämlich eine Unterordnung oder Abhängigkeit nicht vor. Geigel S. 40 Note 6.

lischen Kirche bestehen insofern Ausnahmen von diesem Grundsatz, als gewisse Bruderschaften und Sammelunternehmungen unmittelbar mit dem Heiligen Stuhl und den von letzterem innerhalb Deutschlands errichteten oder zugelassenen Zwischenstellen verkehren können.

Ferner ist es inländischen Geistlichen bei Strafe [1]) verboten, mit einem fremden Hofe oder einer fremden Macht ohne ministerielle Genehmigung einen schriftlichen Verkehr über religiöse Angelegenheiten zu pflegen.

§ 43.

Die staatsrechtliche Natur der Kirchenämter.

I. Nach dem zurzeit in E.-L. bestehenden Rechtszustand haben weder die geistlichen noch die Laienmitglieder und Beamten der Kultusbehörden (bischöfliche Behörden, Fabrikrat u. dgl.) die Eigenschaft von Staatsbeamten, da sie keine staatlichen Funktionen ausüben und auch nicht im Namen des Staates tätig werden. [2]) Infolgedessen können auch die Kultusbehörden, die sie bilden, keine Staatsbehörden sein und zwar weder mittelbare noch unmittelbare.

Dagegen kommt den Geistlichen der anerkannten Religionsgesellschaften ein öffentlich-rechtlicher Charakter zu; dies ergibt sich einmal aus der feierlichen Form der Er-

[1]) C. p. Art. 207. Förtsch-Leoni, Franz. Strafges. II 223. Dekr. v. 9.—17. 6. 1791 Art. 2. Vgl. Oberkons. 41 S. 315. Auch Verhandlungen mit der Kurie dürfen nicht geführt werden. Geigel a. a. O. will bzgl. Verhandlungen über rein innerkirchliche Angelegenheiten, z. B. Lossprechung, Dispense usw., eine Ausnahme zulassen, weil hierbei der Bischof, Pfarrer, nicht mit einer fremden Macht, sondern blos mit dem hl. Stuhl verkehre. And. Ans. Min.-Zirk. v. 1828 Dursy I 74; Journ. d. Cons. d. Fabr. 83 p. 165; 84 p. 183. Dagegen ebenda 85 p. 265.

[2]) Vgl. André, Cours I 152, III 119/120. Dalloz, Rép. v. Culte Nr. 146. O. Mayer Frz. V. R. S. 506. Verf. d. OStA. v. 30. 4. 1909 Smlg. 31 S. 348.

nennung, sowie der Abberufung und der Bekanntgabe dieser Akte in Amtsblättern; ferner aus der staatlichen Besoldung.[1]) Eine Gleichstellung mit Staatsbeamten kann naturgemäß nicht in Frage kommen, wie denn auch das Beamtengesetz keine Anwendung findet. Die Geistlichen haben vielmehr eine ähnliche Stellung wie Bezirks- und Gemeindeorgane.[2])

II. Besondere Pflichten der Geistlichen. Ähnlich wie die Staatsbeamten trifft auch die Geistlichen die Pflicht zu achtungswürdigem Verhalten inner- und außerhalb ihres Berufes. Solange sie im Amt befindlich sind, dürfen sie weder Gemeinderatsmitglieder werden,[3]) noch als stellvertretende Standesbeamte fungieren.[4]) Es ist ihnen untersagt, ein Gewerbe zu betreiben und ohne Genehmigung der vorgesetzten kirchlichen Oberbehörde ein mit fortlaufender Vergütung versehenes Nebenamt zu übernehmen. Durch das Subdiakonat verpflichtet sich ferner der katholische Geistliche ehelos zu bleiben.[5])

Von der jeden Untertanen treffenden Zeugenpflicht werden auch die Geistlichen betroffen, doch können sie sich hinsichtlich derjenigen Tatsachen, die ihnen als Seelsorger anvertraut worden sind, auf das Beicht- und Berufsgeheimnis berufen. Schöffen- und Geschworenendienste brauchen die Geistlichen nicht zu leisten.[6])[7])

---

[1]) Ver. betr. Berechnung des Besoldungsdienstalters v. 16. 3. 1910, abgedruckt im Straßb. Diöz.-Bl. 1910 S. 99.

[2]) Geigel (S. 150, 153) erachtet die Geistlichen der anerkannten Kulte ganz allgemein als „Beamte".

[3]) § 40 Ziff. 4 Gem. O.

[4]) Ueber den Empfang des Kaisers in Ortschaften durch die Geistlichen vgl. Dekr. v. 24. Mess. XII. (13. 7. 1804) Art. 23.

[5]) Eine trotzdem eingegangene Ehe ist natürlich gültig vom bürgerlich-rechtlichen Standpunkt aus; indessen verliert der betr. Geistliche das Amt und sogar das Ruhegehalt.

[6]) GVG. § 34, 85.

[7]) Nach Kirchenrecht sind die kath. Geistlichen verpflichtet, eine ihnen vom Bischof zur Uebernahme angebotene Pfarrei anzu-

III. Was die Militärpflicht anlangt, so bestehen bekanntlich bezüglich der protestantischen und israelitischen Theologen keine Besonderheiten.[1]) Die katholischen Theologen dagegen werden während ihrer Vorbereitung zum geistlichen Amt in Friedenszeiten bis zum 1. April desjenigen Jahres zurückgestellt, in welchem sie das 26. Lebensjahr vollenden, und wenn sie bis zu diesem Termin die Subdiakonatsweihe erhalten haben, werden sie ohne weiteres der Reserve überwiesen (Reichsgesetz vom 8. Februar 1890); sie bleiben indessen im Frieden von Übungen befreit. Im Kriegsfalle werden alle an sich militärpflichtigen Theologen ohne Unterschied der Konfession zu den Waffen berufen, bekleiden sie jedoch ein geistliches Amt, so werden sie nur zur Krankenpflege oder Militärseelsorge herangezogen.[2])

§ 44.

Die geistliche Amtstracht.

Bezüglich der Amtstracht der katholischen Geistlichen bestimmen die Artt. 42, 43 der organischen Artikel, daß dieselben nur bei religiösen Feierlichkeiten das ihrem Amt entsprechende Gewand tragen, sonst aber à la française et en noir, d. h. in schwarzer bürgerlicher Gewandung erscheinen sollen. Letztere Bestimmung ist aber durch das décret relativ au costume ecclésiastique vom 2. Januar 1804 abgeändert worden. Nach Art. 1 dieses Dekrets tragen außerhalb ihrer religiösen Funktionen die Geistlichen in ihrem

---

nehmen oder die Seelsorge auszuüben. Vgl. Fahrner, im Straßb. Diöz.-Bl. 1911 S. 68.

[1]) Uebungen brauchen protest. oder isr. Theologen nach Ableistung des Einjährigenjahres und nach erlangter Ordination nicht mehr zu leisten.

[2]) Unabkömmliche Geistliche können im Mobilmachungsfalle hinter die letzte Jahresklasse der Landwehr zurückgestellt werden.

Amtsbezirk[1]) die nach den kirchlichen Bestimmungen und Gebräuchen ihrem Amt entsprechende Kleidung. Als solche sind auch in Elsaß-Lothringen die Soutane mit dem schwarzen Bäffchen (rabat) sowie der runde schwarze Filzhut beibehalten. Für die Geistlichen höheren Ranges kommen die mit dem letzteren verbundenen Auszeichnungen hinzu.

---

4. Kapitel.

Die kirchliche Vermögensverwaltung.

§ 45.

Allgemeines.

Die römisch-katholische Kirche hat von jeher alle Lehren, welche ihre Fähigkeit, Vermögen zu erwerben, bestritten, als Irrtum bezeichnet. Die geschichtliche Entwicklung lehrt jedenfalls, daß die Kirche die Vermögensfähigkeit immer nur durch den Staat vermittelst der Verleihung der juristischen Persönlichkeit erlangt hat.[2]) Während die Kirche als Gesamtheit nie Rechtspersönlichkeit besessen hat, entwickelten sich in Frankreich die Stadt- und Land-

---

[1]) Diese Einschränkung wird als nicht mehr in Kraft stehend betrachtet (Dubief-Gottofrey I 273). Die zum katholischen Klerus gehörigen Geistlichen haben schlechthin im außeramtlichen Verkehr die Kleidung zu tragen, welche den für die beiden Diözesen bestehenden kirchlichen Vorschriften entspricht (Soutane und schwarzer Hut). Die Straßentracht der kath. Geistlichen in E.-L. ist aber weder eine Amtstracht, noch eine Uniform. Ihr unbefugtes Tragen fällt daher nicht unter § 360 Z. 8 BGB. OLG. Colmar v. 9. 6. 1903, Elf.-l. Z. 29 S. 527. J. M. B. Clauß, Rabat und Chorrock in Straßb. Diöz.-Bl. 1904 S. 212, 342.

[2]) Vgl. Friedberg S. 553 f. Daselbst auch über das Geschichtliche.

kirchengemeinden sehr früh (9. Jahrh.) zu selbständigen Vermögensträgern; die gleiche Eigenschaft erlangten auch die Bistümer, Domkapitel und die Klöster. Durch die Revolutionsgesetzgebung, namentlich durch das Dekret vom 18. August 1792, wurde diesen kirchlichen Instituten, die sich in der Folge ungemein vermehrt hatten,[1]) ein Ende bereitet. Erst mit dem Abschluß des Konkordats vom 26. Mess. IX. entstanden durch einen Staatsakt des Ersten Konsuls die Pfarreien, Domkapitel, Priesterseminare wieder als kirchliche Anstalten, ohne daß aber von einer Fortsetzung der früheren Institute gleichen Namens gesprochen werden konnte.[2]) Durch die Rückgabe der s. Zt. genommenen Kirchengüter an die Pfarreien usw. durch die Dekrete vom 7. Therm. XI (26. Juni 1803) und 15. Vent. XIII (6. III. 1805) wird an dieser rechtlichen Tatsache nichts geändert; worauf schon der Umstand hinweist, daß bei der Neuabgrenzung (Zirkumskription) der Bistümer und Pfarreien die alten Grenzen wesentliche Änderungen erfuhren.[3]) Die Gesamtzahl der damals neu errichteten Bistümer betrug einschließlich der Erzbistümer (10) 60; in jedem Bistum kamen ein Domkapitel und ein Seminar zur Entstehung. Die bischöflichen Diözesen erlangten aber nicht die Rechtsfähigkeit, sie sollten nur Verwaltungsbezirke sein, und sind dies auch geblieben.[4])

---

[1]) Dursy I 37 Anm. 2 nimmt an, daß bis zur Revolution allein etwa 137 Bistümer in Frankreich existierten.

[2]) Vgl. Art. 9—11, Concordat, 35, 62, 33 org. Art. Die katholische Kirche als solche erhielt durch die „Anerkennung" auch jetzt nicht die Rechtsfähigkeit, vielmehr lediglich das Recht der freien Religionsausübung. And. Ans. anscheinend Kisch, Els.-l. Landesprivatrecht S. 154.

Vgl. auch Bredt, F. W., Das Eigentum am Straßb. Münster 1903 S. 36 u. Bethke, Kath. Kirchengut S. 13.

[3]) Vgl. die Bulle v. 3. 12. 1801, publiz. durch arrêté v. 29. Germ. X.

[4]) In Frankreich sind die Bistümer von 1879 bis 1905 rechtsfähig gewesen. Friedberg, S. 555 Nr. 14.

Daß die Anzahl der Pfarreien der Zahl der Friedensgerichtsbezirke entsprechen und daß Hilfspfarreien nach Maßgabe des Bedürfnisses errichtet werden sollten, ist bereits früher hervorgehoben (Art. 60 Ges. 18. Germ. X).[1]) Neben den Pfarreien und Hilfspfarreien kommen noch die selbständigen Vikariate oder Kapellen in Betracht, denen Rechtsfähigkeit allerdings erst durch die Ordonnanz vom 2. April 1817 verliehen wurde. Als weitere Rechtssubjekte kommen die auf Grund Art. 7 der Ordonnanz vom 5. Oktober 1814 von den Bischöfen und Erzbischöfen errichteten kleinen Seminare, die zur Aufnahme in das Priesterseminar vorbereiten sollten, in Betracht.

Als rechtsfähige Anstalten werden ferner noch auf Grund des Dekrets vom 6. Nov. 1813 behandelt die Güter der bischöflichen Tafel (mensa episcopalis) und das Pfarrgut als solches.[2])

Schließlich bedürfen noch einige weitere nichtkirchliche Rechtssubjekte der Erwähnung; es sind dies das durch Konsularbeschluß vom 3. Frim. XII (25. Nov. 1803) gegründete Stift Unserer=Lieben=Frauen=Werk zu Straßburg,[3]) welches keine Kirchenfabrik, sondern eine Simultan-

[1]) Die Zahl der Pfarreien in E.=L. betrug 1910 148, diejenige der Hilfspfarreien 1202. Drucks. L.=Aussch. 1910 Vorl. Bd. 79 IX S. 200.

[2]) Leoni=Mandel S. 292 erachten nicht die bischöfliche Tafel und das Pfarrgut, sondern das Bischofs= und das Pfarramt als Rechtsträger, indessen ist dies nur ein Streit um Worte.

[3]) Die Entstehung dieses eigenartigen Instituts geht in den Anfang des 11. Jahrh. zurück; der ursprüngliche Zweck war ein rein kirchlicher. In der zweiten Hälfte des 13. Jahrh. ging das Stift in die Verwaltung der Stadt Straßburg über, welche auch jetzt noch die Güter (Wert ca. 5 Mill. Mark) nach den Vorschriften über Gemeindegüter, aber getrennt vom städtischen Vermögen verwaltet. Während der Revolution aufgelöst, wurden dem Stift später seine Güter, soweit noch vorhanden, zurückgegeben. Zweck des Stifts ist Erhaltung und Unterhaltung des Straßburger Münsters (Baulast und Brandversicherung). Daneben hat das Stift alljährlich Geldleistungen für katholische und protestantische

anstalt besonderer Art ist, ferner die Emeritenanstalt für Geistliche in Marienthal (bei Hagenau) und die für die Diözese Metz gegründete „Caisse de retraite pour les prêtres âgés ou infirmes“.

§ 46.

Die staatliche Aufsicht über die Vermögensverwaltung.

I. Wie über die kirchliche Verwaltung überhaupt, so führt der Staat insbesondere über die Vermögensverwaltung der einzelnen kirchlichen Vermögensträger eine ziemlich weitgehende Oberaufsicht (ius circa sacra). Von einem solchen Oberaufsichtsrecht des Staates kann allerdings eigentlich nur gegenüber den Trägern staatlicher Organstellung gesprochen werden, es muß sich also mit a. W. um öffentliche Ämter handeln, die gegenüber dem Aufsichtsorgan in einem Unterordnungsverhältnis stehen.[1]) Nun sind aber die Kirchen nach heutigem deutschen und insbesondere auch nach elsaß-lothringischem Staatskirchenrecht an sich nicht als Korporationen des öffentlichen Rechts zu betrachten, da sie nicht dazu berufen sind, öffentliche Verwaltung zu führen.[2]) Indessen wirkt die geschichtliche Vergangenheit auch heutzutage noch soweit nach, daß die Kirchen als dem Staat ein-

Zwecke herzugeben (für den katholischen Kultus im Münster sind jährlich 4800, für den protestantischen 3360 ℳ für den Kultus Augsburg. Konfession und für Reparaturen an der neuen Kirche bereitzustellen, vgl. Art. 4 arr. v. 3. Frim. XII). Vertreten wird das Stift durch den Bürgermeister von Straßburg. Soweit durch Rechtshandlungen die Vermögenssubstanz des Stifts oder dessen Erträgnisse eine Minderung erleiden sollten, ist ein Gemeinderatsbeschluß und die Genehmigung der Regierung erforderlich. Geistliche Behörden (Bischof, Domkapitel usw.) haben bezüglich der Vermögensverwaltung des Stifts kein Kontrollrecht, vgl. Bredt, a. a. O. S. 8 f., Bethke S. 17, Geigel I S. 341 Anm. 4.

[1]) Schönborn, Das Oberaufsichtsrecht des Staates im modernen Staatsrecht, 1900, S. 44.

[2]) O. Mayer, Deutsches Verwaltungsrecht II 371.

gegliederte Verbände, mithin als öffentlich-rechtliche Verbände, erachtet werden können. Dementsprechend sind auch die einzelnen kirchlichen Anstalten in E.-L. von jeher als établissements publics behandelt worden, die dem vormundschaftlichen Verwaltungs- und Aufsichtsrecht des Staates unterstellt sind.[1]) Andrerseits stehen sie aber auch zur Kirche in einem Abhängigkeitsverhältnis, das sich insbesondere in vermögensrechtlicher Hinsicht äußert. In vermögensrechtlicher Beziehung macht sich nun das staatliche Oberaufsichtsrecht über die katholische Kirche bzw. über die einzelnen kirchlichen Anstalten in folgenden Richtungen geltend:

II. In einer ganzen Reihe von Fällen ist zur Vornahme gewisser Rechtsgeschäfte die staatliche Genehmigung erforderlich; für dieselbe ist zuständig:

1. Regelmäßig das Ministerium, nämlich: a) für den Erwerb und die Veräußerung von Grundstücken, Hypotheken, Wertpapieren, Rententiteln oder sonstiger Rechte mit der Maßgabe, daß zum Erwerb von Gegenständen im Werte unter 5000 die Genehmigung nicht notwendig ist (Dekr. v. 30. Dez. 1809 Art. 62, 68, 69; Dekr. vom 6. November 1913 Art. 8, 13, 29, 49, 58 u. 68). Beim Erwerb oder der Veräußerung von Grundstücken hat außerdem ein sog. Enquêteverfahren vorauszugehen (Ord. 18. Dez. 1838 Bull. Int. 67 p. 380. Min.-Circ. 10. 4. 62 u. 20. 8. 25) und bei Pfarrkirchen und Pfarrhäusern und den dazu gehörigen Grundstücken ist noch seitens der kirchlichen Oberbehörde eine gutachtliche Äußerung der in Betracht kommenden bürgerlichen Gemeinde einzuholen;[2]) b) für die Übernahme einer Bürgschaft oder Schuld;[3]) c) für Verzichte; d) für den Abbruch

---

[1]) Molitor-Stieve S. 47, 48. Kisch S. 132.

[2]) Für bischöfliche Tafeln, Seminare und andere kirchliche Anstalten gilt diese Vorschrift nicht. Vgl. Geigel I S. 118.

Handelt es sich um Grundstücke, die der Enteignung unterliegen, so genügt zur Veräußerung die Genehmigung des Bezirkspräsidenten. Ges. v. 3. 5. 1841, Art. 13, 26.

[3]) Bei Kirchen ist eine gutachtliche Aeußerung des Gemeinderats, bei Pfarrpfründen eine solche des Fabrikrats notwendig.

von Gotteshausbestandteilen, Veräußerung und Veränderung von unbeweglichen oder beweglichen Sachen, welche einen geschichtlichen oder künstlerischen Wert besitzen (Denkmalschutz).[1])

2. Der Bezirkspräsident: a) für Löschung von Hypotheken, Grund- oder Rentenschulden sowie für die Entlassung des Schuldners oder der Sicherung dienender Gegenstände aus der Haftung;[2]) b) für den Verkauf oder das Fällen von Bäumen in Gärten, Parken und sonstigen nicht der Forstordnung unterworfenen Grundstücken;[3]) c) für die Verpachtung landwirtschaftlicher Grundstücke über 18, anderer Grundstücke über 9 Jahre; desgleichen für die Vermietung von Grundstücken über 18 Jahre sowie freihändige Vermietung von Häusern bei einer Mietzeit von mindestens 9 und höchstens 18 Jahren, soweit es sich um Mietobjekte in großen Städten handelt.[4]) Steht eine Kirchenfabrik in Frage, so hat sich außerdem der Gemeinderat gutachtlich zu äußern.

3. Der Bezirksrat: für die Klageerhebung und die Klageeinlassung sowie für den Verzicht auf den Streitgegenstand.

4. Der Statthalter für die Aufnahme von Darlehen.

III. Nach § 6 AG. BGB. sind weiterhin insbesondere gegenüber allen juristischen Personen und zwar des privaten wie des öffentlichen Rechts gewisse Erwerbsbeschränkungen insofern vorgesehen, als alle Schenkungen

[1]) Vorheriges Enquêteverfahren de commodo vel incommodo erforderlich.

[2]) Ord. v. 15. 7. 1840. Bull. Int. 56, p. 121. Ob. Konf. 19 S. 8. Für Gemeinden gilt jetzt § 56, Z. 11 u. 80, Z. 7.

[3]) In den übrigen nicht genannten Fällen ist das Ministerium zuständig.

[4]) Also Städten mit 25000 Einwohnern, oder solchen Städten die diesen gleichgestellt sind. Für kleine Städte ist hinsichtlich der Genehmigung der Kreisdirektor, und bei Seminaren und Pfrunden das Ministerium zuständig. Ges. v. 25. 5. 1835. Für Gemeinden gilt Gem.-O. § 75.

und Verfügungen zugunsten solcher, soweit gesetzlich nicht ein anderes bestimmt ist, der staatlichen Genehmigung bedürfen.[1]) Gesetzlich ein anderes bestimmt ist in dem auch für die juristischen Personen des öffentlichen Rechts Geltung beanspruchenden Art. 86 EG. BGB., wonach Zuwendungen, welche Gegenstände im Werte bis zu 5000 ℳ betreffen, keiner staatlichen Genehmigung unterliegen." Was die Berechnung der Wertgrenze bis zu 5000 ℳ anlangt, so ist hierbei der gemeine Wert, den der Gegenstand zur Zeit des Erwerbs hat, in Betracht zu ziehen.[2])

IV. Neben den vorher genannten Gesetzesbestimmungen kommen speziell für die juristischen Personen des öffentlichen Rechts noch die früheren öffentlich-rechtlichen Grundsätze in Betracht, die neben dem durch die Amortisationsgesetzgebung verfolgten Gesichtspunkt der Beschränkung der Toten Hand vorwiegend das staatliche Verwaltungs- und Beaufsichtigungsrecht betreffen. Hiernach besteht eine vormundschaftliche Beschränkung für den Erwerb von Vermögensgegenständen im Werte von 5000 ℳ und darunter,[3]) soweit nicht lediglich eine unbelastete Schen-

[1]) Die Vorschrift stützt sich auf Art. 86 EG. BGB. u. ersetzt den Art. 910 C. c. Die staatliche Genehmigung n. § 6 AG. BGB. ist auch dann erforderlich, wenn der zuletzt im Reichsland wohnhaft gewesene Erblasser eine im Ausland oder in einem deutschen Bundesstaat wohnhafte juristische Person bedacht hat. Für eine solche Auslegung spricht einerseits der Zweck der Vorschrift, welche nicht nur die unkontrollierte Ansammlung von Vermögen in der toten Hand hindern, sondern auch die Beeinträchtigung der Familie des Erblassers durch übermäßige freigebige Zuwendungen verhüten soll, andrerseits die Erwägung, daß der Gesetzgeber schwerlich staatsfremden juristischen Personen eine weitergehende Erwerbsfähigkeit hat einräumen wollen als den einheimischen. Diese Auffassung ist auch in Nr. IV der Allg. Verf. v. 28. 2. 1905 (Zentr.-Bl. 95) zum Ausdruck gelangt.

[2]) Wegen Einzelheiten über Berechnung vgl. Molitor-Stiebe S. 45.

[3]) Abweichend die elsaß-lothringische Verwaltungspraxis: Vgl. Verf. des Min. an die Bez.-Präs. v. 21. 4. 1900, Smlg. 25 S. 239.

kung in vorgenannter Höhe in Frage kommt. Bei allen entgeltlichen Erwerbungen sowie bei belasteten Schenkungen und letztwilligen Zuwendungen ist die Staatsgenehmigung notwendig.

V. Gewisse Erwerbsbeschränkungen der juristischen Personen hat man daraus abzuleiten versucht, daß man sich auf das sogen. Prinzip der Spezialität derselben berufen hat.[1]) Das französische Recht versteht hierunter, daß die Rechtsfähigkeit gewisser Anstalten des öffentlichen Rechts und unter diesen namentlich kirchlicher Anstalten nur so weit reiche, als dies zur Erfüllung der der betreffenden Anstalt staatlicherseits überwiesenen Aufgabe notwendig sei. Soweit Rechtsgeschäfte über den Wirkungskreis der Anstalt hinausgehen, solle ihnen von vornherein die Rechtsgültigkeit versagt bleiben, soweit nicht durch die etwa mögliche staatliche Genehmigung eine Ergänzung ihrer insoweit beschränkten Rechtsfähigkeit eintritt. Diese Auffassung läßt sich indessen mit der im deutschen Rechte wurzelnden Anschauung über das Wesen der juristischen Person insoweit nicht in Einklang bringen, als es sich um die zivilrechtliche Gültigkeit der fraglichen Rechtsakte handelt. Dagegen bildet das Prinzip der Spezialität der Rechtsfähigkeit einen wichtigen Anhaltspunkt für die Verwaltungsbehörde hinsichtlich der Frage, ob sie die Genehmigung zu einem Rechtsgeschäft erteilen soll oder nicht. Wenn eine staatliche Ge-

---

Dagegen OLG. Colmar v. 18. 4. 1910. Elſ.-l. Z. 35 S. 266 u. Molitor-Stiebe S. 48.

[1]) In dem Gesetz v. 2. 1. 1817 u. Ges. v. 25. 5. 1825 Art. 1 findet sich zwar eine solche Einschränkung nicht, doch hat sie der Staatsrat vertreten. D. P. 1855. III 20, vgl. Laurent I Nr. 304, Baudry-Lacantinerie, Des personnes I N° 302; verworfen wird die Theorie von Aubry et Rau I 191.

Die Spezialität der Juristischen Personen läßt sich bestenfalls aus der Machtbefugnis des Staates herleiten, die staatliche Genehmigung zur Annahme einer Schenkung oder eines Vermächtnisses zu versagen, cf. D. P. 1893 I 513.

nehmigung nicht in Frage kommt, oder wenn dieselbe im Widerspruch mit der Zweckbestimmung der Anstalt erteilt wird, so kann die zivilrechtliche Gültigkeit des Erwerbs mit Rücksicht auf das Spezialitätsprinzip jedenfalls nicht in Frage gestellt werden. [1])

VI. Rechtliche Bedeutung der staatlichen Genehmigung: Dieselbe ist öffentlich-rechtlicher Natur und bedingt die Gültigkeit des Geschäfts. Eine Versagung der Genehmigung zieht die Nichtigkeit des ganzen Geschäfts und nicht etwa bloß eines den Betrag von 5000 ℳ übersteigenden Teiles nach sich. [2]) Vor der Genehmigung, die sich übrigens auf einen Teil der Zuwendung beschränken und unter Bedingungen erteilt werden kann, ist z. B. eine Eintragung in das Grundbuchamt abzulehnen und die Erteilung eines Erbscheins zu verweigern. Bis zur Erteilung der Genehmigung tritt ein Schwebezustand ein, bezüglich dessen rechtlicher Bedeutung privatrechtliche Grundsätze analog zur Anwendung kommen. Übrigens ist kirchlichen Anstalten durch Art. 5 der Ordonnanz vom 2. April 1817 die vorläufige Annahme einer Zuwendung vor erfolgter Genehmigung ausdrücklich gestattet. Die Genehmigung selbst hat rückwirkende Kraft. Zur Einholung der Genehmigung ist der bedachten Anstalt eine angemessene Frist zu gewähren; erklärt die bedachte juristische Person nicht ausdrücklich, daß sie die Genehmigung herbeiführen will, so kann die Ungültigkeit der Schenkung allenfalls ohne weiteres angenommen werden. [3]) Betreffs der Zuständigkeit zur Erteilung der Genehmigung nach § 61 AG. BGB. sind die

[1]) OLG. Colmar in Els.-l. Z. 22 S. 18 f. Molitor-Stiebe S. 23.

[2]) Kisch, S. 175 Nr. 28. Molitor-Stiebe S. 42. Die staatliche Genehmigung zu einem Akt der Vermögensverwaltung braucht nicht ausdrücklich erteilt zu sein, kann vielmehr auch dann schon als vorliegend erachtet werden, wenn die Behörde materiell ihr Einverständnis gegeben hat. RG. v. 27. 4. 1887, Els.-l. Z. 15 S. 543.

[3]) RG. v. 26. 2. 1901 Jur. Woch. 1901 S. 257.

bisherigen Bestimmungen in Geltung geblieben. Gemäß der Ordonnanz vom 2. April 1817 (dem Dezentr. Dekr. vom 13. April 1861), der Kais. Verordn. vom 5. Mai 1873 (GBl. S. 85) in Verbindung mit § 3 Ges. vom 4. Juli 1879 (RGBl. S. 165) ist grundsätzlich das Ministerium vorbehaltlich der Beschwerde zum Statthalter zuständig. Handelt es sich um Zuwendungen bis zum Betrage von 300 Frcs., sind denselben keine anderen Lasten als kirchliche Amtshandlungen,[1]) Hingaben an Gemeinden und Wohltätigkeitsanstalten beigefügt und liegen keine Beschwerden der Erben vor,[2]) so ist der Bezirkspräsident zuständig.[3]) Der Statthalter muß dagegen genehmigen, wenn es sich um eine Schenkung oder letztwillige Zuwendung an eine kirchliche Anstalt handelt, die den Betrag von 12000 ℳ übersteigt.[4])

VII. Zur Sicherung der Durchführung des staatlichen

---

[1]) Sind Zuwendungen unter der Bedingung bzw. Auflage solcher gemacht, so ist vor der staatlichen die bischöfliche Genehmigung erforderlich. Art. 2 Ord. v. 2. 4. 1817. Der Antrag auf Genehmigung ist in allen Fällen beim Bezirkspräsidenten einzureichen. Die zur Erteilung der Genehmigung zuständige Behörde ordnet zugleich die Art der Anlage des Stammvermögens, die Aufbewahrung oder die Veräußerung beweglicher Sachen an. D. 30. 12. 1809 Art. 63 II, Min.-Zirk. v. 15. 4. 1867, Journ. Fabr. 72 S. 297.

Was die Steuerpflichtigkeit von Schenkungen an juristische Personen anlangt, so ist zu beachten, daß das für den Begriff der Schenkung wesentliche Merkmal der Bereicherung nicht deshalb zu verneinen ist, weil die zugewendete Summe nach den Satzungen oder nach dem Beschluß der gesetzlichen Vertreter für den bestimmten Zweck der jur. Pers. verausgabt wird und keine dauernde Kapitalsvermehrung derselben bilden soll. RG. VII v. 7./21. 5. 1909.

[2]) Ueber die Zustimmung der Erben vgl. Arch. f. KKR. 71 S. 88, 75 S. 21; Jur. Woch. 1892 S. 224. Geigel S. 74.

[3]) Art. 1 Abs. 2 Ord. v. 2. 4. 1817 u. Dekr. v. 15. 2. 1862.

[4]) Ges. v. 7. 1. 1817, Ges. v. 24. 5. 1825 Art. 4 Ziff. 1, Ordonn. v. 2. 4. 1819, Ordonn. v. 14. 1. 1831 u. Ausführ.-Zirk. v. 29. 1. 1831. Dursy I 249 Ver. v. 5. 5. 1873 u. v. 23. 11. 1907. Molitor-Stieve S. 41.

Handelt es sich um Schenkungen, wobei sich der Schenker den Nutzgenuß der verschenkten Güter vorbehält, so ist die Genehmigung zu versagen. Art. 4 Ord. v. 14. 1. 1831.

Aufsichtsrechts sind gewisse Vorschriften erlassen, nach welchen den Notaren (oder dem Nachlaßgericht) eine Anzeigepflicht auferlegt ist. Dieselben sind allgemein verpflichtet, bei Beurkundungen über Schenkungen zugunsten einer juristischen Person den Vorstand derselben und den Bezirkspräsidenten zu benachrichtigen.[1]) Ferner besteht nach Art. 2 der Ordonnanz vom 14. Jan. 1831[2]) die Vorschrift, daß kein Notar eine Urkunde über einen genehmigungspflichtigen Erwerb oder einen sonstigen genehmigungsbedürftigen Rechtsakt einer kirchlichen Anstalt errichten darf, wenn nicht die Genehmigungsverfügung, die in die Urkunde aufzunehmen ist, vorgelegt wird.[3]) Die Erben (testamentarischen und gesetzlichen Erben) sind aufzufordern, binnen acht Tagen zu erklären, ob sie mit dem Vollzug des Testaments z. G. der jur. Person einverstanden sind, oder ob sie demselben widersprechen; letzterenfalls haben sie ihren Widerspruch bei dem Vorstand und bei dem Bezirkspräsidenten anzumelden und zu begründen. (Art. 3, 5 ord. 14. 1. 1831.) Sind die Erben unbekannt, so genügt die Bekanntmachung eines Auszugs des Testaments oder Erbvertrags in öffentlichen Blättern mit der Aufforderung an die Erben, sich zu äußern, sowie der Aushang des erwähnten Auszugs durch den Bürgermeister am Haupteingang der Bürgermeisterei. Eine ohne die Beobachtung dieser Vorschriften erteilte Annahmeermächtigung kann von den Erben innerhalb 30 Jahren im Verwaltungswege angefochten werden; die bürgerlich-rechtliche Nichtigkeit ist daraus jedoch nicht abzuleiten.[4])

---

[1]) Dekr. v. 30. 7. 1863, Min.-Zirk. v. 12. 9. 1863. Verf. d. OStA. v. 24. 5. 1910 Nr. 5 Elf.-l. Z. 1910 S. 281. Molitor-Stiebe 49.

[2]) Vgl. Verf. d. OStA. an die Notare v. 17. 7. 1882 (Smlg. Bd. 7 S. 239) u. v. 20. 3. 1898 (Elf.-l. Not.-Z. 18 S. 178).

[3]) Vgl. Verf. d. OStA. v. 30. 7. 1902 (Smlg. 27 S. 244) u. Molitor-Stiebe S. 50.

[4]) Vgl. O. Mayer, Franz. Verw.-R. S. 107. Vorstehende Vorschriften müssen, weil öffentlich-rechtlichen Charakters, noch als fortbestehend angenommen werden.

§ 47.

Die Substanz des Kirchenvermögens.

I. Alle für kirchliche Zwecke bestimmten Sachen werden unter dem Sammelbegriff res ecclesiasticae zusammengefaßt. Diese res eccl. zerfallen wieder 1. in res sacrae, d. h. Sachen, die durch einen Weiheakt für den Kultus bestimmt sind und 2. in res ecclesiasticae im engeren Sinne, d. h. in Sachen, die sich im Vermögen der Kirchen befinden, aber nicht geweiht sind; eine besondere Unterabteilung bei letzteren bilden wieder die res religiosae, d. h. die den frommen Stiftungen gewidmeten Sachen.[1]) Aus der Eigenschaft einer Sache als res sacra folgt nicht, daß keinerlei Rechtsbehelfe gegen einen etwa mit ihnen getriebenen Mißbrauch gegeben sind; es sind vielmehr in diesem Falle staatliche einschränkende Maßregeln zulässig, für die allerdings nicht die ordentlichen Gerichte, sondern die zuständigen Verwaltungsbehörden kompetent sind.[2]) Besondere Bedeutung beanspruchen die kirchenrechtlichen Veräußerungsbeschränkungen bezüglich vorstehend erwähnter, zum Kirchengut gehöriger Sachen,[3]) namentlich mit Rücksicht auf die Anwendbarkeit des körperlichen Rechts, das sich in manchen Beziehungen mit dem kanonischen Recht nicht deckt. Als allgemeiner Grundsatz muß aufgestellt werden, daß die katholische Kirche, soweit sie als öffentlich-rechtliche Korporation gilt, auch ein autonomes Recht hat, diejenigen Gebiete, welche ihr von der staatlichen Gesetzgebung freigelassen worden sind, zu ordnen.

II. Soweit die res sacrae öffentliches Gut sind, ist ihnen die Eigenschaft der Verkehrsfähigkeit entzogen.[4])

---

[1]) Friedberg S. 581 f.

[2]) RG. v. 19. Nov. 1903 E. 56 S. 25.

[3]) Vgl. Kormann, Die kirchenrechtlichen Veräußerungsbeschränkungen bei katholischem Kirchengut und das BGB. 1907.

[4]) Die Verkehrsunfähigkeit haftet Kirchen nicht weiter an, als

Hierher gehören die dem öffentlichen Gottesdienst einer gesetzlich anerkannten Religionsgesellschaft gewidmeten Gebäude, also nicht bloß diejenigen, die dem Staat und den Gemeinden gehören, sondern alle, insbesondere die den katholischen Kirchenfabriken gehörigen kirchlichen Gebäude.[1]) Die im öffentlichen Eigentum stehenden res sacrae können nur veräußert werden, wenn sie vorher ihres öffentlich-rechtlichen Charakters entkleidet worden sind. Die beweglichen res sacrae teilen die Eigenschaften der öffentlichen Sachen nicht[2]) und zwar selbst dann nicht, wenn sie im Gemeingebrauch stehn.[3]) Indessen unterliegen die res sacrae (kirchl. Verwaltungsvermögen) den gleichen Veräußerungsbeschränkungen wie das kirchliche Finanzvermögen (res eccl.) überhaupt. Soweit bei Kirchengut ein Veräußerungsverbot besteht, muß untersucht werden, ob es sich hierbei lediglich um eine Beschränkung der Verfügungsmacht oder um Verkehrsunfähigkeit handelt.[4]) Die letztere Tatsache muß jeder

---

sich dies aus ihrer öff.-rechtl. Zweckbestimmung ergibt. RG. v. 3. 2. 1893, Bolze XVI S. 363, Friedhofen Jur. Woch. 1891 S. 215.

[1]) Vgl. Dursy S. 454, 460. Dekr. v. 30. 5. 1806 u. Staatsratgutachten v. 3. Niv. XIII u. 6. Pluv. XIII.

Das Nähere über das Wesen des öffentlichen Eigentums möge bei Kisch S. 379, nachgelesen werden. Über den Verlust der Eigenschaft als chose sacrée vgl. OLG. Darmstadt v. 29. 1. 1897 in. Puch. Z. 280. 676. Das BGB. hat die res sacrae nicht behandelt, weil es sich hier um einen öff.-rechtl. Begriff handelt. (Vgl. Mot. Bd. V zu § 72 E. G. S. 196, 197; Mot. III Abschn. 1. Z. A. a. S. 26, 27.)

[2]) Hinschius IV 176 f.

[3]) Wegen des Verkaufs der Mobilien, die künstlerischen und wissenschaftlichen Wert besitzen, und die deshalb unveräußerlich (klassiert) sein sollen, vgl. Geigel 91. N. 13. Es ist hierzu staatliche Genehmigung erforderlich, die der Bezirkspräsident erteilt (André, Cours de législ. III S. 576 f. Gemeinde-O. § 75 Z. 2. Indessen bietet § 44 AG. BGB. hierfür wenig Anhaltspunkte.

[4]) Diese Unterscheidung und nicht diejenige in absolute und relative Veräußerungsverbote ist die richtige. Kormann, a. a. O. S. 104.

Dritte gegen sich gelten lassen; die persönlich-dingliche Beschränkung der Verfügungsmacht trifft nur den Nachmann, der zugleich Nachfolger im Recht ist; Eigentumserwerb findet hier also statt bei Genehmigung des Veräußerungsgeschäfts bei gutem Glauben und bei Ersitzung.[1])

Die Tatsache der Unwirksamkeit kann bei Verkehrsunfähigkeit jedermann, bei absoluter Beschränkung der Verfügungsmacht derjenige, welcher nach kanonischem Recht hierzu befugt ist, und bei relativer Beschränkung der Verfügungsmacht derjenige, dessen Schutz mit der Beschränkung bezweckt ist,[2]) geltend machen.

Von der Zwangsverwaltung sind die res sacrae nach der RCPO. ausgenommen, bezüglich der res eccl. kann § 811 CPO. analog angewandt werden. Ob unbewegliche Kirchensachen der Zwangsvollstreckung unterliegen, ist gesetzlich nicht bestimmt, dürfte aber mit Ausnahme der für den Gottesdienst bestimmten Gebräuche zu bejahen sein.[3])

III. Gemäß § 90 Abs. 1 GrBO. kann durch landesherrliche Verordnung bestimmt werden, daß gewisse Grundstücke nur auf Antrag in das Grundbuch einzutragen sind; hierher gehören die Grundstücke der Kirchenfabriken; diese Grundstücke genießen also B u c h u n g s f r e i h e i t.[4])

IV. Ein weiteres Privileg der kirchlichen Anstalten besteht hinsichtlich der Besteuerung; Kirchenfabriken und Diözesan-

---

[1]) Ueber die Ersitzung von Kirchengebäuden vgl. D. P. 98. 2. 133 (Cour d'appel Caen v. 28. 12. 1896).

[2]) Also die geschützte veräußernde kirchliche Anstalt, nicht der Erwerber, auch nicht der Bischof.

Bei Beschränkung der Vertretungsmacht kann ebenfalls jedermann die Unwirksamkeit geltend machen.

[3]) Konkurseröffnung über eine kirchliche Anstalt ist ausgeschlossen, § 11 AG. CPO.

[4]) Vgl. landesherrl. Ver. v. 11. 12. 1899. Sofern bezüglich eines Grundstücks, das, weil buchungsfrei, kein Blatt im Grundbuch erhalten hat, eine Eintragung erforderlich wird, kann die hierzu erforderliche Buchung des Grundstücks gemäß § 190 der Grundbuchanlegungsordnung jederzeit erfolgen.

seminare[1]) sind von der Grund-, Gebäude und Kapitalsteuer, ferner auch von der Einquartierungslast befreit.

---

5. Kapitel.

Die einzelnen kirchlichen Vermögensträger, ihre Organisation und rechtliche Natur.

§ 48.

Allgemeines.

Bereits hervorgehoben ist, daß die erwähnten kirchlichen Institute als juristische Personen des öffentlichen Rechts zu gelten haben und zwar zählen dieselben teils zu den Gebietskörperschaften, deren Wesen darin besteht, daß sie die zu einem bestimmten Gebiet durch die natürliche Zugehörigkeit des Wohnsitzes in bestimmten Beziehungen stehenden Menschen nicht infolge rechtsgeschäftlichen Zusammenschlusses, sondern unmittelbar kraft der Tatsache des Zusammenwohnens auf einem bestimmten Gebiet, erfaßt.[2]) Hierzu gehören die Pfarrsprengel und die Kapellen. Daneben kommen in Betracht die öffentlichen Anstalten, d. h. die Komplexe von sachlichen und persönlichen Mitteln, welche in der Hand eines Subjektes der öffentlichen Verwaltung einem bestimmten öffentlichen Zweck zu dienen bestimmt sind.[3]) Während der früher beliebte (und gesetzlich auch anerkannte) Gegensatz zwischen öffentlichen Anstalten im engeren Sinne (établissements publics) und gemeinnützigen

---

[1]) Letztere wegen ihrer Eigenschaft als öffentliche Schulen. Vgl. Geigel I S. 168 Anm. 10—12 b.

Wegen der Steuer der toten Hand vgl. Ges. v. 8. 11. 09 (G.-Bl. S. 117).

[2]) Vgl. Kisch, S. 129.

[3]) O. Mayer, D. V. R. II 318.

Anstalten (établ. d'utilité publics) ziemlich verblaßt ist, ist die von der neueren Literatur [1]) aufgestellte Unterscheidung in Genossenschaften und Anstalten im engeren Sinne rechtlich sehr bedeutsam. Die ersteren sind den Interessen eines festumschlossenen Personenkreises, die letzteren denen der Allgemeinheit oder wenigstens einer Vielheit von Personen gewidmet. [2]) Zu den letzteren zählen die bischöfliche Tafel, die Seminare, das Pfarrgut; zu den auf genossenschaftlicher Grundlage beruhenden Anstalten die Domkapitel.

§ 49.

Der Pfarrsprengel.

I. Der Pfarrsprengel als rechtsfähige Gebietskörperschaft; Vertretungsorgan desselben ist die Kirchenfabrik.[3]) Dieselbe hat gemäß Art. 76 org. Art. für die Unterhaltung der Kirchen und die Verwaltung des Vermögens (insbes. der Almosen) zu sorgen. Die Fabrik wird gebildet aus dem

---

[1]) Kisch, S. 152, 129 f.

[2]) Kisch S. 131 unterscheidet bezüglich der Anstalten im e. S. wieder: a) Anstalten mit stiftungsmäßigem Charakter, b) Anstalten mit Korporationsform, c) Anstalten mit der Natur öffentlicher Betriebe.

[3]) Vgl. Dekr. v. 30. Dez. 1809. Möller'sche Smlg. II S. 290. Bull. d. L. Sér. IV No 5777. Dursy I. Nach der Theorie der meisten französischen Schriftsteller ist nicht der Pfarrsprengel, sondern die Kirchenfabrik selbst Trägerin des Vermögens, doch dürfte dies nicht zutreffend sein, vgl. Kisch S. 155 Nr. 5; Jober, Fabrikverwaltung und Bürgermeister im Straßb. Diözesanbl. 1900 S. 140; Kim, Ueber die Erwerbsfähigkeit der Kirchenfabrik, eodem S. 242; Tretzel, Die Kirchengemeinden in der Pfalz DZfKR. 17 S. 12 (enthält auch franz. Recht.) Litteratur: Aucoc, Des obligations resp. des fabriques, Paris 1858. Affre, Traité de l'administration tempor. des paroisses, Paris 1890². Pinel-Beaufin, Législation générale des fabriques des égl. cath. de France, Paris 1894. Fanton, Traité de fabriques 1898. Stieve, ZfKR. 7 S. 252.

Fabrikrat und aus einem Ausschusse der Kirchenpfleger. 1. Der Fabrikrat besteht in Pfarreien mit einer Bevölkerung von 5000 Seelen und darüber aus neun, in den übrigen Pfarreien aus fünf Mitgliedern. Die Mitglieder müssen deutsche Staatsangehörige,[1]) katholisch und in der Pfarrei wohnhaft sein. Mitglieder von Rechtswegen sind: a) der Pfarrer oder Hilfspfarrer, die sich durch einen Vikar vertreten lassen können; b) der Bürgermeister der Gemeinde des Hauptorts der Pfarrei oder Hilfspfarrei, der sich durch einen Beigeordneten vertreten lassen kann.[2]) Sind in einer Stadt mehrere Pfarreien oder Hilfspfarreien, so ist der Bürgermeister in jedem Fabrikrat Mitglied von Rechts wegen. (Art. 5.)

In den Pfarreien, in welchen der Fabrikrat ohne Einrechnung der Mitglieder von Rechts wegen aus neun Mitgliedern zusammengesetzt ist, steht für das erste Mal (z. B. bei Neugründung einer Pfarrei) die Ernennung von fünf Mitgliedern dem Bischof und die von vier Mitgliedern dem Präfekten (Bezirkspräsidenten) zu. Bei den nur fünf Mitglieder zählenden Fabrikräten ernennt der Bischof drei, der Präfekt zwei Mitglieder. (Art. 6.)

Alle drei Jahre erneuern sich die Fabrikräte teilweise derart, daß je fünf (bzw. drei) das erste Mal durch das Los bestimmte Mitglieder, und sodann nach Ablauf von sechs Jahren die vier (bzw. zwei) ältesten Mitglieder aus-

[1]) Vgl. Schreiben Kult. v. 24. 2. 1870 bei Möller zitiert. Gewisse Schriftsteller verlangen ferner ein Alter von 25 Jahren. Ausgeschlossen sind Personen, die wegen gewisser Verbrechen verurteilt worden sind. Vgl. StRG. v. 11. 8. 1859 u. Art. 15, 16 Wahlges. v. 2. 2. 1852. Der Sakristan (Min.-E. v. 30. 8. 1848), der bezahlte Sänger (Min.-E. v. 22. 9. 1848 und 2. 6. 1864) können nicht Mitglieder des Kirchenrats sein, wohl dagegen ein Beigeordneter (StRG. v. 4. 8. 1840) oder ein Gemeinderat (StKE. v. 26. 6. 1866).

[2]) Ist der Bürgermeister nicht katholisch, so tritt an seine Stelle der Beigeordnete, und wenn auch dieser nicht katholisch ist, ein kath. Gemeinderatsmitglied.

scheiden. In der Folge haben immer die ältesten Mitglieder auszuscheiden.[1] (Art. 7.) An deren Stelle treten durch die im Amt bleibenden neu gewählte Mitglieder. Erfolgt die Ersetzung nicht zur bestimmten Zeit, so hat der Bischof nach Ablauf einer Frist von einem Monat das Recht der Erneuerung.[2] Die ausscheidenden Mitglieder sind jeweils wieder wählbar.

II. Der Fabrikrat wählt sich seinen Vorsitzenden und Schriftführer durch Abstimmung; bei Stimmengleichheit gibt die Stimme des Vorsitzenden den Ausschlag. Zur Beschlußfassung ist die Anwesenheit von mindestens der Hälfte der Fabrikratsmitglieder erforderlich; die Beschlüsse werden mit Stimmenmehrheit gefaßt und sind von allen anwesenden Mitgliedern zu unterzeichnen. (Art. 9.)[3]

III. Die Sitzungen des Fabrikrats werden am ersten Sonntage der Monate April, Juli, Oktober und Januar nach dem Schlusse des Hochamtes oder der Vesper in der Kirche oder einem daranstoßenden Raume oder im Pfarr-

[1]) Die Erneuerung erfolgt am Sonntage Quasimodo (Art. 2, Ord. v. 12. 1. 1825). Vom letzteren Tage an zählen stets die drei Jahre (StKG. v. 9. 7. 1839; Min.-E. v. 16. 5. 1843, Cirk. Kult. v. 31. 1. 1861. Ueber Ergänzungswahlen im Falle erledigter Sitze vgl. Art. 3, 4 Ord. v. 12. 1. 1825. Geigel 303 Nr. 21.

[2]) Ord. v. 12. 1. 1825 Art. 4. Art. 8 Dekr. v. 30. 12. 1809.

[3]) Vgl. Leo Ober, Ueber die Beschlußfähigkeit der Kirchenräte nach d. Kirchenfabrikdekret v. 30. 12. 1809 im Arch. f. kath. KR. Bd. 9, S. 615. Ober entscheidet die Frage, was unter der größeren Hälfte der Mitglieder zu verstehen sei, folgendermaßen: der Kirchenrat ist beschlußfähig, wenn mehr als die Hälfte, mindestens die größere Hälfte der Mitglieder, die in diesem Zeitpunkte noch tatsächlich im Amt sind (alle drei Jahre in der Quasimodositzung scheiden abwechselnd ja die größere und die kleinere Hälfte der gewählten Mitglieder aus), in der Sitzung erscheinen; es kann soweit kommen, auch bei Kirchenräten von im ganzen 11 Mitgliedern, daß nur noch drei Mitglieder im Amt sind und gültige Beschlüsse fassen; haben aber weniger als drei Mitglieder abgestimmt, so meint Ober, kann es eventuell empfehlenswert sein, daß die Oberbehörde den Kirchenrat auflöst und völlig neubildet nach Art. 6 des Fabrikdekrets.

hause abgehalten, nachdem die Anzeige von der Sitzung am vorhergehenden Sonntage bei der Predigt im Hochamt verkündet worden ist. Außerordentliche Sitzungen anläßlich dringlicher Angelegenheiten oder unvorhergesehener Ausgaben finden nur mit Ermächtigung des Bischofs oder des Präfekten statt. (Art. 10.) [1])

IV. der Fabrikrat wählt aus seiner Mitte den Ausschuß der Kirchenpfleger (Kirchenvorstand, bureau des marguilliers); derselbe besteht aus dem Pfarrer oder Hilfspfarrer als ständigem Mitglied und drei gewählten Mitgliedern des Fabrikrats. Anders wie beim Fabrikrat ist hier bestimmt, daß Verwandte und Verschwägerte bis zum Grade von Oheim und Neffen einschließlich nicht gleichzeitig Mitglieder des Ausschusses sein dürfen. [2]) (art. 14.) Jedes Jahr hat einer der Kirchenpfleger als Mitglied des Ausschusses auszuscheiden und ist zu ersetzen. [3]) Von den drei Pflegern, welche das erste Mal durch den Fabrikrat ernannt werden, scheidet nach Ablauf des ersten und zweiten Jahres

---

[1]) Die Ansicht (vgl. hierzu Geigel Reichs-KR. I c. S. 389 A. 21), daß zu außerordentlichen Sitzungen eine einfachere Art der Berufung zugelassen sei, ist unzutreffend. Die publication au prône ist für die außerordentl. Sitzungen nicht vorgeschrieben (vgl. franz. Kult.-Min. v. 22. 3. 1844, Dubief-Gottofrey, Traité II 102 A. 1) aber auch nicht ausreichend. Vielmehr sind Einzelbenachrichtigungen (convocations particulières) erforderlich, analog § 47 Gemeindeordn., vgl. Molineau, Manuel des fabriques d'église S. 11 Nr. 92. André, II 361; Dubief-Gottofrey II 101.

Ober, Leo, Diöz.-Bl. Straßb. 1911 S. 537: Dem Bischof steht das Berufungsrecht im allgemeinen dann zu, wenn es sich darum handelt, die durch Nichtvornahme einer Wahl innerhalb der hierfür gewährten Frist begangene Nachlässigkeit des Kirchenrats zu ergänzen. Eine derartige Nachlässigkeit liegt aber nicht vor, wenn eine Wahl durch den Kirchenrat tatsächlich vorgenommen, aber durch die staatliche Oberbehörde für ungültig erklärt worden ist; in diesem Falle greift nicht der Bischof ein, sondern der Kirchenrat nimmt eine neue Wahl vor. Min.-Zirk. v. 2. 3. 1833. Dursy I 241.

[2]) StRG. v. 21. 5. 1858. Min.-E. v. 15. 7. 1867.

[3]) Nach Art. 15 Dekr. v. 30. 12. 1809 sollte es der erste Sonntag des Monats April sein.

je einer nach dem Lose und der dritte nach Ablauf des dritten Jahres von Rechtswegen aus; in der Folge scheidet jedesmal der dienstälteste Kirchenpfleger aus. (Art. 17.) Erfolgen die Wahlen nicht rechtzeitig, so werden sie durch den Bischof vorgenommen. (Art. 18.)

1. Der Ausschuß ernennt aus seiner Mitte einen Vorsitzenden, einen Schriftführer und einen Schatzmeister; der Pfarrer kann weder zum Vorsitzenden noch zum Schatzmeister, wohl aber zum Schriftführer gewählt werden.[1]) Der Ausschuß hat sich jeden Monat nach dem Schlusse der Pfarrmesse an dem für die Sitzungen des Fabrikrats bestimmten Orte zu versammeln; in außerordentlichen Fällen wird er durch den Vorsitzenden von Amts wegen oder auf Antrag des Pfarrers zusammenberufen (Art. 22, 23). Zur Beschlußfassung der Mitglieder des Ausschusses ist die Anwesenheit von wenigstens drei Mitgliedern erforderlich; bei Stimmengleichheit gibt die Stimme des Vorsitzenden den Ausschlag. (Art. 20.)

2. Der Ausschuß ist das berufene Geschäftsführungs- und Vertretungsorgan des Fabrikrats und damit der Pfarrei. Er vertritt die Pfarrei gerichtlich und außergerichtlich. Zur Prozeßführung, zu Verfügungen über das Vermögen und zu allen wichtigeren Verwaltungshandlungen bedarf er der Zustimmung des Kirchenrats. Er stellt ferner den Voranschlag der Einnahmen und Ausgaben der Fabrik auf, vollzieht die Beschlüsse des Fabrikrats und ist überhaupt mit der Verwaltung der weltlichen Geschäfte der Pfarrei beauftragt. (Art. 24.) Insbesondere werden alle Ankäufe von dem Ausschusse der Kirchenpfleger abgeschlossen und ebenso wie die Zahlungsanweisungen von dem Vorsitzenden unterzeichnet. (Art. 28.) Er hat ferner auf den Vorschlag des Pfarrers den Organisten, Glöckner, Pedell,

[1]) Vgl. Art. 13, 50, 56 (Min.-E. v. 2. 10. 1810; 17. 8. 1811; 16. 3. 1846; 26. 10. 1848; 24. 8. 1835; 18. 2. 1812) Möller II 292 Note 13.

Schweizer oder Kirchendiener zu ernennen und zu entlassen. (Art. 33.)[1])

3. Der Schatzmeister hat für den Eingang aller Ausstände Sorge zu tragen und hat auch alle Ausgaben der Kirche und die Kosten der Sakristei zu bezahlen und zwar im Wege der schriftlichen Anweisung. (Art. 35.) Er muß alle drei Monate dem Ausschusse der Kirchenpfleger eine von ihm unterzeichnete und als richtig bescheinigte Übersicht über den Vermögensstand der Fabrik während der drei vorhergehenden Monate vorlegen. Die Teilnehmer der Versammlung haben diese Verzeichnisse zu unterschreiben; die letzteren werden sodann in der Kasse der

---

[1]) In den Landgemeinden obliegt die Ernennung der Sänger. Glöckner, Sakristane (Art. 3 Ord. v. 12. I. 1825) dem Pfarrer. Der Wortlaut des Art. 7 cit. spricht zwar nicht dafür, wohl aber der Sinn dieser Bestimmung. Vgl. André I 483. Geigel Franz. K.-R. S. 319. In kleinen Gemeinden gehört übrigens vielfach der Organist zu den Sängern, hinsichtlich deren Abberufung die Zuständigkeit des Pfarrers unbestritten ist. Ueber den Chorregenten- und Organistenvertrag vgl. das von der bischöfl. Behörde in Straßburg entworfene Formular, Diöz.-Bl. 1910 S. 102. — Eine Kirchenfabrik kann verlangen, daß das Gehalt des Organisten, falls es in das Gemeindebudget eingestellt war und aus der Gemeindekasse gezahlt wurde, wenn die Kirchenfabrik nicht mehr mit diesem Verfahren einverstanden ist, ihr überwiesen werde, um ihrerseits das Gehalt zahlen zu lassen. Art. 37 Z. 1, 46, 35, 33, 93, 96 d. Fabrikdekrets v. 30. 12. 1809; Ausführ.-Best. zur Gemeinde-O. Budgetmuster A. Centr.-Bl. 1896 S. 57 u. 85. Vgl. ferner Geigel, Diöz.-Bl. 1904 S. 23 u. Ott, ebenda S. 102.

Die Sakristane sind (ebenso wie die Gemeindeschreiber) Dienstvertragschließende, keine Gemeindebeamte, da sie nicht in dienstlicher Unterordnung unter ein Gemeindeorgan kraft des öffentlich-rechtlichen Aktes ihrer Bestellung für die Gemeinde tätig werden (OLG. Colmar v. 2. 11. 1907 Elf.-l. Z. 33 S. 559). Die Fabriken sind daher auch verpflichtet, Dienstverträge mit den Organisten usw. abzuschließen, und können daher auch die Höhe der Gehälter und Bezüge derselben selbst regeln. Reichen die Mittel der Fabriken nicht aus und beanspruchen sie deshalb Gemeindezuschüsse, so haben sie trotzdem das Recht behalten, alljährlich die fraglichen Gehälter in ihrem eigenen (und nicht im Gemeindebudget) einzustellen. Möller II 293 Nr. 16.

Fabrik verwahrt und bei Abrechnung der Jahresrechnung vorgelegt. [1])

V. Das Vermögen des Pfarrsprengels setzt sich zusammen

1. aus dem Stammkapital (Grundstücke, Forderungen usw.);

2. aus folgenden Einnahmequellen (Art. 36): a) Erträge aus den den Fabriken zurückgegebenen Gütern und Renten, b) aus Gütern, Renten und Stiftungen, zu deren Annahme die Fabriken ermächtigt worden sind [2]), c) aus verheimlichten Gütern und Renten, in deren Besitz die Fabriken mit Ermächtigung sich gesetzt haben oder setzen werden, [3]) d) aus dem Wachstum (Bäume, Gras) der als Friedhöfe dienenden Ländereien, [4]) e) aus dem Mietpreis für Kirchenstühle, [5]) f) aus der Gewährung von Bänken in der Kirche, [6]) g) aus den für die Kosten des Gottesdienstes veranstalteten Sammlungen, [7]) h) aus dem Ergebnis der zu demselben Zwecke aufgestellten Opferstöcke, i) aus den der Fabrik dargebrachten freiwilligen Gaben, k) aus den Gebühren, welche die Fabriken zufolge der staatlich genehmigten bischöflichen Verordnungen beziehen, sowie aus demjenigen, was ihnen aus dem Ertrage der Beerdi-

---

[1]) Ueber weitere Pflichten der Kirchenpfleger (Aufsicht über den Vollzug der Stiftungen, über gottesdienstliche Gegenstände usw.) vgl. die Art. 26, 27, Dekr. v. 30. 12. 1809.

[2]) Ueber die Ermächtigung zur Annahme von Schenkungen und Vermächtnissen vgl. V. v. 4. Pluv. XII, Dekr. v. 12. 8. 1807; Dekr. v. 6. 11. 1813 (Art. 67), Ges. v. 2. 1. 1817, Ord. v. 2. 4. 1817, Ord. v. 14. 1. 1831, Dekr. v. 15. 2. 1862, Ver. v. 5. 5. 1873, Ges. v. 4. 7. 1879, Ver. v. 23. 7. 1879. Möller II 294 Nr. 19.

[3]) Ueber den Begriff der verheimlichten Güter vgl. Art. 2 Ver. v. 27. Frim. XI Nr. 20.

[4]) Dekr. v. 23. Prair. XII. StKG. v. 22. 1. 1841.

[5]) Art. 64, 65, Dekr. v. 30. 12. 1809 u. Art. 2, Dekr. v. 18. 5. 1806.

[6]) Vgl. zu Note 5.

[7]) Art. 75, Dekr. v. 30. 12. 1809.

gungskosten zukommt,[1]) 1) schließlich aus etwaigen Zuschüssen der Gemeinden.[2]) (Art. 36.)

VI. Die Lasten bzw. Ausgaben der Fabrik bestehen 1. aus den notwendigen Kosten des Gottesdienstes; 2. aus den Kosten für die Ausschmückung und die innere Verschönerung der Kirche;[3]) 3. für die Anstellung und Bezahlung der Vikare;[4]) 4. für Ausbesserungen.[5])

Jedes Jahr ist ein Voranschlag über die Einnahmen und Ausgaben der Kirche festzusetzen (Art. 45, 46), der dem Fabrikrat in der alljährlichen Sitzung (Monat April) zu unterbreiten ist; der Voranschlag ist nebst der Aufstellung der Ausgaben für den Gottesdienst dem Bischof zur Genehmigung vorzulegen.[6]) Reichen die Einkünfte der

---

[1]) Art. 76, Dekr. v. 30. 12. 1809, Art. 22—25 Dekr. v. 23. Prair. XIII, Art. 7 Dekr. v. 18. 5. 1806 u. Dekr. v. 26. 12. 1813.

[2]) Vgl. Art. 30 Nr. 14 Ges. v. 18. 7. 1837.

[3]) Art. 37 Fabrikdekr. erwähnt noch die Vergütung an die Prediger für Advent, die Charwoche und andere Feierlichkeiten, ferner für die Unterhaltung und Ueberwachung der Friedhöfe.

[4]) Erachtet der Bischof die Anstellung eines Vikars für notwendig, ist die Fabrik aber nicht imstande, das Gehalt zu bezahlen, so ist der Beschluß des Bischofs dem Präfekten vorzulegen, und die Gemeinde hat ergänzend einzutreten. Vgl. Art. 92 f., 96 Fabrikdekr., Art. 15 Dekr. v. 17. 11. 1811, Art. 30 Nr. 14 Ges. v. 18. 7. 1837. Möll. II 294 Nr. 27.

[5]) Vgl. hierzu weiter unten über Baulast. — Betreffs der Haftpflicht der Kirchenfabrik (Streupflicht) vgl. RG. v. 1. 3. 1909, Diöz.-Bl. (Straßb.) 1911 S. 98.

[6]) Die bischöflichen Behörden sind befugt, die ihrer Genehmigung unterliegenden Fabrikbudgets sowohl durch Neueinstellung von Pflichtausgaben als auch durch Erhöhung oder Herabsetzung der aufgenommenen Pflichtausgaben zu ergänzen und zu ändern. Vgl. in diesem Sinne die StRG. v. 19. 5. 1811 u. v. 1. 5. 1813 i. V. m. Art. 47, 60, Dekr. v. 30. 12. 1809. Auf dem gleichen Standpunkt stand die Regierung. Migne-Prompsault, Dict. de droit en mat. civ. eccl. I v.° budget S. 610. André, Cours I 558. Ravelet, Code des lois civ. eccl. S. 180. Dubief-Gottofrey, Traité II 394, 395. Geigel, Reichsl. K. R. S. 175. Die Gerichte haben darüber, ob die seitens des Bischofs verfügte Einsetzung einer Pflichtausgabe berechtigt ist, auf keinen Fall zu entscheiden. Wenn ein Fabrikrat sich der Anordnung des Bischofs nicht unterwerfen will, steht ihm lediglich der Weg der Beschwerde an

Fabrik aus, um die im Voranschlag aufgenommenen Ausgaben zu decken, so kann der Voranschlag ohne weiteres in Vollzug gesetzt werden, anderenfalls muß der Voranschlag einen Überschlag der zur Deckung der Auslagen aufzubringenden Beiträge[1]) enthalten. Außerordentliche Ausgaben von mehr als 40 bzw. in Gemeinden von über 1000 Seelen von mehr als 80 ℳ bedürfen der Beschlußfassung des Fabrikrats; eine solche Beschlußfassung kann auch implicite erfolgen. Die Genehmigung des Bezirkspräsidenten ist in solchen Fällen nur dann erforderlich, wenn sich ergibt, daß die Fabrik keine ausreichenden Mittel zur Deckung der fraglichen Ausgaben gehabt und daß sie sich an die Gemeinde gewandt hat mit dem Antrag auf Übernahme der Ausgaben.[2])

Dem Kreisdirektor kommt jedenfalls eine selbständige Aufsichtsbefugnis den Kirchenfabriken gegenüber weder in Bau- noch in sonstigen Vermögensangelegenheiten zu.

§ 50.

Die Vermögensverwaltung der Fabrik im einzelnen.

I. Jede Fabrik muß eine Kasse oder einen Schrank mit drei Schlüsseln besitzen; von den dazugehörigen Schlüsseln besitzt einen der Schatzmeister, einen der Pfarrer

---

das Ministerium offen. Das Gericht kann nur dann mit Fällen dieser Art befaßt werden, wenn ein Angestellter (Organist pp.) oder Gläubiger der Kirchenfabrik im Wege des Zivilprozesses Klage gegen den Fabrikrat erhoben hat. Auch in diesem Falle hat das Gericht nicht über die Befugnisse der bischöflichen Behörde, sondern lediglich darüber zu entscheiden, ob der Anspruch des Klägers nach Lage der Verhältnisse begründet ist oder nicht. Der Schatzmeister kann übrigens von der bischöflichen Behörde dazu angehalten werden, den vom Bischof erhöhten Ausgabeposten auszuzahlen, sodaß ein Prozeß eigentlich kaum in Frage kommen kann. Aeußerstenfalls kommt die Auflösung des Fabrikrats in Frage (Art. 5 Ord. v. 12. 1. 1825).

[1]) Vgl. Art. 49, 92 f. Fabrikdekr. Art. 21 Nr. 7, 30 Nr. 13, 14. Ges. v. 18. 7. 1837.

[2]) Art. 12 Ziff. 4, 43, 92, Dekr. v. 30. 12. 1809. Gaudry III 252 II, OLG. Colmar v. 8. 5. 1913, Elf.-l. Z. 1914. S. 132.

und einen der Vorsitzende des Ausschusses. (Art. 50.) In dieser Kasse sind alle Gelder und die Schlüssel der Opferstöcke der Kirche aufzubewahren. Geld darf der Kasse nur entnommen werden mit Ermächtigung des Ausschusses und nach Ausstellung einer Empfangsbescheinigung, die in der Kasse zu verbleiben hat.

II. Weiterhin sind zwei Inventare aufzunehmen und zwar eines über die Gewänder, das Weißzeug, die heiligen Gefäße, das Silberzeug, die Gerätschaften und überhaupt die ganze Fahrnis der Kirche; das andere Inventar hat eine Übersicht über die Urkunden, Papiere und Nachweisungen usw. zu enthalten. Eine zweite Ausfertigung des Inventars der Fahrnis ist dem Pfarrer auszuhändigen. Die Inventare sind jedes Jahr zu vergleichen und es sind die Zu- und Abgänge aufzunehmen. (Art. 55.)

III. Der Schriftführer des Ausschusses hat ein Hauptbuch zu führen (Art. 56), in welches unter fortlaufender Nummer nach der Zeitfolge einzutragen sind: die Stiftungsurkunden und überhaupt alle Eigentumsurkunden; ferner die Pacht- und Mietverträge.

IV. Betreffs Schenkungen oder testamentarischer Verfügungen zugunsten einer Fabrik ist zu bemerken, daß die mit der Errichtung der diesbezüglichen Akte befaßten Notare dem Pfarrer hiervon Nachricht geben müssen, ferner daß die betreffenden Urkunden dem Schatzmeister einzuhändigen sind, welcher darüber in der nächsten Ausschußsitzung Bericht zu erstatten hat. Die Urkunde ist sodann zunächst dem Bischof vorzulegen, der entscheidet, ob die Schenkung bzw. das Vermächtnis anzunehmen ist, und sodann dem Kultusminister, der gegebenenfalls die Ermächtigung zur Annahme erteilt.[1]) Die Urkunde über die Annahme, in welcher von der Ermächtigung Erwähnung geschehen muß, ist namens der Fabrik von dem Schatzmeister zu unterzeichnen.

---

[1]) Art. 59 Fabrikdekr.

V. Der Fabrik gehörige Häuser und Grundstücke sind in der für die Gemeindegüter vorgeschriebenen Form von dem Ausschusse der Kirchenpfleger zu verpachten und zu verwalten.[1]) Zum Verkauf, Austausch oder einer auf länger als neun Jahre berechneten Verpachtung ist ein Beschluß des Fabrikrats, ein Gutachten des Bischofs und staatliche Ermächtigung[2]) erforderlich.[3])

VI. Die aus Schenkungen, Vermächtnissen herrührenden Gelder, die Erlöse aus Verkäufen und Täuschen sowie etwaige Überschüsse sind in der durch das am 21. Dez. 1808 genehmigte Staatsratgutachten vorgesehenen Weise anzulegen. (Vgl. auch Art. 63 II.)[4])

VII. Eine wichtige Einnahmequelle bilden die Preise für die Stühle oder Bänke im Gotteshaus. 1. Die Befugnis eines Privaten, in einer Kirche eine Bank oder einen Platz zu haben, charakterisiert sich als ein öffentliches Gebrauchsrecht (Kirchenstuhlrecht).[5]) Das Recht auf Benutzung eines Kirchenplatzes oder -stuhles kann durch Gesetz

---

[1]) Art. 60 Fabrikdekr. Bzgl. der Verpachtungen vgl. Ges. v. 7. Germ. IX, Ver. v. 14. Vent. XI, Dekr. v. 12. 8. 1807. Nach Ges. v. 25. 5. 1835 können Ländereien bis zu 18 Jahren in der für Verpachtungen bis zu 9 Jahren vorgeschriebenen Weise erfolgen; bei anderen Verpachtungen ist nach Art. 47 Ges. v. 18. 7. 1837 i. V. mit Dezentr.-Dekr. v. 25. 3. 1852 Tab. A Nr. 50 die Ermächtigung (früher des Präfekten, jetzt) des Kreisdirektors (§ 1 c Ver. v. 28. 8. 1875) erforderlich. Möller II 296 Nr. 35 a. E.

[2]) Ges. v. 2. 1. 1817, Art. 21 Nr. 5, Ges. v. 18. 7. 1873. Zuständig ist das Ministerium (§ 3 Ges. v. 4. 7. 1879). Ueber den Grundstückserwerb durch eine Kirchenfabrik vgl. OLG. Colmar Elf.-l. Z. 26 S. 167 u. v. 24. 7. 1909 Rhein. Z. Bd. II Heft 2.

[3]) Mitglieder des Ausschusses sind bei Verkäufen, Verträgen über Ausbesserungen, Bauten, Verpachtungen von Fabrikgütern ausgeschlossen. Art. 61 Fabrikdekr.

[4]) Und ferner Dekr. v. 16. 7. 1810, Ord. v. 14. 1. 1831 u. Art. 4 Nr. 2 Dez.-Dekr. v. 13. 4. 1861, § 1 V. v. 5. 5. 1873.

[5]) Kisch S. 397 Vgl. dazu Friedberg, S. 588. Hinschius IV. S. 344: „Dieses Recht (das Kirchenstuhlrecht) hat eine den privaten Gebrauchsrechten an Sachen verwandte Natur insofern, als es den Interessen des Berechtigten dient, aber eine privatrechtliche

und durch Rechtsgeschäft, aber nicht durch Ersitzung erworben werden, da letztere bei Gegenständen, die res extra commercium sind, ausgeschlossen ist. (André I, 427. 428.) Das Recht ist aber kein vermögenswertes, über das beliebig verfügt werden kann; seine Ausübung unterliegt allen denjenigen Beschränkungen, welche im Interesse der kirchlichen öffentlichen Ordnung verfügt werden. Auch gegen die zeitweilige oder völlige Beseitigung des Rechts ist ein Widerspruch nicht möglich, wenn nämlich eine der genannten Maßnahmen aus notwendigen Gründen, z. B. Reparaturen, Abreißung der Kirche, unbedingt erforderlich ist. Die Kirchenstühle selbst stehen regelmäßig im Eigentum der Kirche, welche obligatorische oder dingliche Gebrauchsrechte an denselben schaffen kann. Wird die Zahl der Sitze vermehrt, so braucht die Kirchengemeinde die Inhaber der seitherigen Stühle nicht dafür zu entschädigen, daß sie aus der Vermietung der Stühle keinen Gewinn mehr ziehen können.[1]) 2. In Frankreich wurde von jeher unterschieden zwischen den bancs (stalles, tribunes), die unter Umständen mit der Kirche fest verbunden sind und dadurch den Charakter von Zubehör oder von wesentlichen Bestandteilen erhalten können, und den chaises, d. h. den beweglichen

---

Befugnis ist es nicht. (And. Ans. RGE. (Civ.) 7 S. 136 u. Seuff. A. 38 S. 302). Sein Inhalt geht nicht auf eine privat- und vermögensrechtlichen Zwecken dienende Benutzung, vielmehr auf eine solche, welche teils in Ausübung der öffentlich-rechtlichen Befugnis des Kirchenglieds, teils in Erfüllung der öffentlich-rechtlichen Pflicht desselben, dem Gottesdienst anzuwohnen, erfolgt. Vgl. auch über die Rechtsnatur des Kirchenstuhlrechts OLG. Cöln v. 8. 5. 1894. Puch. Z. 26 S. 78 u. RG. in Jur. Woch. 1895 S. 31 Nr. 96 u. Rev. d'admin. belge. 1879 S. 613. Dursy I 311. Ueber die Uebertragbarkeit des Kirchenstuhlrechts Jur. Woch. 1895 S. 31 Nr. 96. Ueber die Rechtsnatur desselben, Besitzstörungsklage Trib. Avallon v. 6. 12. 1894 Pand. franç. 96. 2. 65, Els.-l. Z. 26 S. 78.

[1]) RG. v. 3. 5. 1901 Jur. Woch. 1901 S. 463. Ueber die Verteilung der Kirchensitze entscheidet endgültig die kirchliche Aufsichtsbehörde; wer sich im Genuß erworbener Rechte verletzt fühlt, kann auf Entschädigung klagen, nicht aber auf Wiedereinräumung des Besitzes. RG. v. 5. 1. 1903 Jur. Woch. 1903 S. 111.

Stühlen. Die ersteren stehen notwendig im Eigentum des Eigentümers der Kirche, während die letzeren sich regelmäßig im Eigentum der Kirchenfabrik befinden.[1])

Was nun die Erzielung von Einnahmen aus der Benutzung der Stühle und Bänke betrifft, so wird der Preis der Stühle durch einen der Genehmigung des Fabrikrats unterliegenden Beschluß des Ausschusses für die verschiedenen Arten des Gottesdienstes festgesetzt; dieser Beschluß muß in der Kirche angeschlagen werden.[2]) Der Ausschuß der Kirchenpfleger kann vom Fabrikrat ermächtigt werden, die Vermietung der Bänke und Stühle in eigener Verwaltung vorzunehmen oder sie einem Pächter zu übertragen (Art. 66). Von der location des bancs et chaises[3]) ist zu unterscheiden die concession des bancs ou places, d. h. die entgeltliche Überlassung einer Bank oder eines Platzes auf einer solchen nicht bloß für einzelne Gottesdienste, sondern für längere Zeit (eigentliche Kirchstuhlrechte).[4])

---

[1]) Gaudry, Traité II 591. Ueber die Aufstellung von Bänken und Stühlen hat allein der Fabrikrat zu entscheiden. Fabrikdekr. Art. 36 Nr. 5 u. 6, Dekr. v. 1806 Art. 2. Soweit ein Beschluß des Fabrikrats das Mitbringen von Stühlen nicht untersagt, kann jeder Gläubige sich einen Stuhl mitbringen. Gaudry II 593; André, Cours 4. éd. 2, 67, 85. Geigel, Frz. StKR. S. 172 Nr. 2.

[2]) Dekr. v. 13. Therm. XIII. Art. 2 Dekr. v. 18. 5. 1806. Im übrigen ist es ausdrücklich verboten, irgend eine Gebühr für den Zutritt zur Kirche zu erheben, oder unter irgend einem Vorwande innerhalb der Kirche etwas anderes als den Preis der Stühle zu erheben. Es muß in allen Kirchen ein Platz zur Verfügung stehen, an welchem die Gläubigen, welche keine Stühle oder Bänke mieten, bequem dem Gottesdienst beiwohnen und die Predigten anhören können. Art. 65.

[3]) Dieselbe zerfällt wieder in die loc. en régie (Besorgung der Vermietung durch den Kirchenpflegerausschuß selbst) und die location par mise en ferme (Verpachtung der Erhebung und des Bezuges der Einnahmen aus den Stühlen an einen Pächter auf bestimmte Zeit im Wege der öffentlichen Versteigerung. Art. 67. Gaudry II 495. André II 65.

[4]) Dieselbe kann wieder sein eine sog. Concession par bail pour une prestation annuelle; hier entscheidet der Fabrikrat über die

3. Wer eine Kirche ganz erbaut hat, darf sich das Eigentum einer Bank oder eine Kapelle für sich und seine Familie, so lange letztere besteht, vorbehalten; dieselbe Vergünstigung kann jeder Schenker oder Wohltäter einer Kirche auf das Gutachten des Fabrikrats mit Genehmigung des Bischofs und des Kultusministers erlangen. (Art. 72.)

4. Ein Recht auf unentgeltliche Benutzung einer Bank haben kraft Amtsrechts die Mitglieder des Fabrikrats sowie die marguilliers d'honneur, und zwar soll sich diese Bank an einer ausgezeichneten Stelle, womöglich vor der Kanzel befinden (Art. 21 Fabrikdekret).

VIII. Sammlungen (vgl. hierzu: Gemeinsamer Teil S. 75 f.). Alles, was auf die Vornahme von Sammlungen in den Kirchen Bezug hat, ist auf Grund des Berichts der Kirchenpfleger durch den Bischof zu regeln. Die Sammlungen für die Armen werden jedoch hiervon nicht berührt; dieselben haben stets in den Kirchen stattzufinden, so oft es der Armenrat für geeignet hält. (Art. 75).[1]) Auch für andere Zwecke als Kultuspflege und Armenunterstützung können durch den Bischof oder den Fabrikrat Sammlungen veranstaltet werden, wobei der Bischof nicht an die Zustimmung des Fabrikrats und dieser nicht an die Zustimmung jenes gebunden ist.[2])

IX. Die von dem Schatzmeister jährlich

Bemessung des jährlichen Zinses (Art. 70 Fabrikdekret), oder eine conc. au prix d'un capital ou d'un immeuble, also gegen eine einmalige Abfindung in Geld, Mobilien, Grundstücken, höchstens auf Lebenszeit nach vorheriger öffentlicher Bekanntmachung und unter Genehmigung derjenigen staatlichen Behörde, welche sonst eine solche für den Erwerb des betr. Objekts durch die tote Hand zu erteilen hat. Art. 71 Gaudry II 597.

[1]) Dekr. v. 12. 9. 1806.

[2]) StRG. v. 6. 7. 1831 u. Rundschreiben v. 9. 7. 1861. Die Verwaltungskommissionen der Pflegehäuser erteilte Berechtigung (Ver. v. 5 Prair. XI) zu Sammlungen in Kirchen ist durch Art. 75 Fabrikdekrets aufgehoben. Vgl. Entsch. Min. d. Inn. v. 15. II 1827. Möller II 298 Nr. 45.

zu stellende Rechnung. Die Schatzmeister haben alljährlich eine Rechnung aufzustellen, die getrennt die Einnahmen und Ausgaben enthalten muß.[1]) Diese Rechnung hat er dem Ausschusse der Kirchenpfleger in der Sitzung am ersten Sonntage des Monats März (Sonntag Quasimodo) vorzulegen. Die Rechnung ist demselben nebst den Belegstücken gegen Empfangsbescheinigung eines Mitglieds mitzuteilen. Der Ausschuß erstattet sodann dem Fabrikrat Bericht (in dessen Sitzung am Sonntage Quasimodo), der seinerseits in eine Prüfung, Abschließung und Feststellung der Rechnung eintritt; soweit sich hierbei bezüglich einiger Posten Anstände ergeben, wird die Rechnung unter entsprechendem Vorbehalt abgeschlossen. (Art. 86.) Der Bischof hat das Recht, einen Kommissar zu ernennen, welcher in seinem Namen der jährlichen Rechnungsstellung beiwohnen soll. Ist der Kommissar nicht Generalvikar, so kann er betreffs der Rechnung nichts anordnen, sondern nur ein Protokoll über den Stand der Fabrik sowie über die bezüglich der Kirche erforderlichen Lieferungen und Ausbesserungen aufnehmen.[2]) (Art. 87.)

Nach Feststellung der Rechnung ist der Überschuß dem Schatzmeister auszuhändigen und als Einnahme für das neue Jahr zu buchen. Zu gleicher Zeit erhält der Schatzmeister ein Verzeichnis über die Ausstände der Fabrik an Pachtzinsen, eine Abschrift des Tarifs der Kasualgebühren, eine annähernde Übersicht über die Ausgaben, die beizutreibenden Ausstände und die nicht bezahlten Lieferungen und Lasten. Die erfolgte Übergabe ist in dem Register der Beschlüsse zu beurkunden. (Art. 88.)

Die Jahresrechnung wird doppelt aufgestellt; eine Ab-

---

[1]) Ueber die nähere Einteilung dieser Rechnung vgl. Art. 82—84 Fabrikdekr.

[2]) Art. 87. Während des Jahres können die Bischöfe oder ihre Generalvikare bei ihren Untersuchungsreisen alle Rechnungen, Register und Inventare sich vorlegen lassen und den Stand der Kasse prüfen.

schrift ist in der Kasse oder dem Schrank der Fabrik aufzubewahren, während die andere auf der Bürgermeisterei zu hinterlegen ist, und zwar ohne Rücksicht darauf, ob die Kirchenfabrik Zuschüsse von der Zivilgemeinde erhält oder nicht.[1])

Die Jahresrechnungen sind in Urschrift vorzulegen, gegebenenfalls die Exemplare, die bei den Bürgermeisterämtern hinterlegt sind.[2]) [3])

Alle Vorschriften über die Kirchenfabriken, soweit sie sich auf die innere Verwaltung derselben beziehen, finden auch auf die Fabriken der Kathedralen Anwendung, mit der alleinigen Maßnahme, daß die letzteren nach den vom Staatsoberhaupt genehmigten bischöflichen Reglements gebildet werden. (Art. 105 Dekr.)

§ 51.

Das Pfarrgut.

Das **Pfarrgut** (biens curiaux oder mense curiale) bildet eine selbständige kirchliche Anstalt mit stiftungs-

---

[1]) Art. 89 ist durch § 59 Ziff. 3 der Gemeindeordnung von 1895 in keiner Weise berührt worden. Letztere Vorschrift enthält lediglich eine Wiederholung der Bestimmung des Art. 21 Ziff. 7 des Ges. über die Gemeindeverwaltung v. 18. 7. 1837. Vgl. Landesausschußverh. 1894 II S. 69, Begr. zu § 44 des Entw. einer Gemeinde-O. Daß aber diese Bestimmung, die eine Ergänzung der Art. 93 f. des Dekr. v. 30. 12. 1809 bildet, an dem Art. 89 desselben Dekrets nichts geändert hat, ist stets anerkannt und insbesondere in franz. Min.-Zirk. (vgl. Bull. du Min. de l'Int. 1868 S. 158 u. Dalloz, Suppl. v° culte Nr. 611) ausgesprochen worden. Vgl. Dubief-Gottofrey, Admin. II 40 Nr. 1735 f.

[2]) Art. 89 Fabrikdekr. Die Vorlage von Abschriften empfiehlt sich nicht, einmal aus dem Gesichtspunkt der Verminderung überflüssigen Schreibwerks und sodann weil Abschriften nicht immer frei von Fehlern sind.

[3]) Ueber die Rechtsfähigkeit der Sukkursal-(Neben-)kirchen vgl. RG. bei Bolze Bd. 2 Nr. 1353 (rhein.-frz. Recht).

mäßigem Charakter.[1]) Treten Kirche (Pfarrsprengel) und Pfarrgut in Interessengegensatz, so haben die kirchlichen Oberen derjenigen Masse, deren Interessen durch den Kirchen(fabrik)rat tatsächlich nicht vertreten werden, von Amts wegen einen Vertreter (Pfleger) zu bestellen.[2]) Aus dem Umstande, daß die Kirchenfabrik die Aufgabe hat, über die Erhaltung und Verwaltung des Pfarrgutes zu wachen, kann auch ein Recht der Kirchenfabrik dahinzielend hergeleitet werden, daß sie bei Veräußerung von Pfarrgut mitzuwirken habe. Es genügt also zur Veräußerung die gutachtliche Äußerung des Bischofs und die Genehmigung des Ministeriums allein nicht.[3]) An den Einkünften dieses Gutes (Rechten und Grundstücken) hat der jeweilige Amtsinhaber vom Tage der Ernennung bis zum Ausscheiden oder der Einweisung in den Besitz einer anderen Pfründe die Verwaltung und Nutznießung. In Prozessen wird das Pfarrgut durch den Pfarrer, und vor den Grundbuchämtern durch die Kirchenfabrik vertreten.[4])

§ 52.
Die bischöfliche Tafel.

Ebenso wie das Pfarrgut bilden auch die Güter der bischöflichen Tafel als Anstalt mit Stiftungscharakter

[1]) Min.-Verf. v. 15. 6. 1885. Smlg. Muth, Die franz. rechtl. Pfarreien nach d. vermögensrechtl. Seite. Kisch S. 157; Geigel S. 179. Ueber die Feststellung im Grundbuchanlegungsverfahren, ob die Fabrik oder das Pfarramt in Frage kommt, vgl. Els.-l. Z. 1910 (35) S. 212.

[2]) RG. v. 11. 1. 1889 Jur. Woch. 1889 S. 73. Löst eine Einzelpfarrei sich auf, so fällt ihr Vermögen derjenigen benachbarten Pfarrei zu, mit welcher ihr Sprengel vereinigt wird, Ges. v. 12. 7. u. v. 24. 8. 1790 Tit. I Art. 19), nicht aber dem Staat oder der bischöflichen Tafel.

[3]) And. Ans. Kisch S. 728 sub II 2.

[4]) RG. v. 24. 9. 1892. Jur.-Z. S. 128. Jur.-Woch. 1892 S. 433 Nr. 29. Bei unentgeltlichem und vorbehaltlosem Grunderwerb kann die Annahme bereits durch den Kirchenvorstand (bureau des marguilliers) erklärt werden. Geigel S. 393 Anm. 2.

eine juristische Person des öffentlichen Rechts, die durch den Bischof vertreten wird.[1])

§ 53.
Die bischöflichen Seminare.

Die bischöflichen Seminare[2]) sind ebenfalls juristische Personen des öffentlichen Rechts. Ihre Organe sind ein Schatzmeister und eine Verwaltungskommission; ersterer wird auf das Gutachten des Bischofs und des Bezirkspräsidenten vom Ministerium ernannt. Er führt die Kassenverwaltung und besorgt alle geschäftlichen Angelegenheiten.[3]) Die Verwaltungskommission setzt sich zusammen aus dem Generalvikar als Vorsitzendem, dem Vorstand und dem Verwalter des Seminars und dem Schatzmeister. Er beschließt als Kollegium über die Verwaltung der Seminargüter und der übrigen geistlichen Schulen der Diözese, insbesondere der Knabenseminare.[4])

Die Häuser und Liegenschaften der Seminare und geistlichen Sekundärschulen dürfen nur auf dem Wege des öffentlichen Zuschlags vermietet oder verpachtet werden, sofern nicht der Bischof und die Mitglieder des Ausschusses

---

[1]) Art. 19 Dekr. 6. 11. 1813. Vgl. Pöschl, Bischofsgut und mensa episcopalis 1908. Dem Bischof als Verwalter des bischöflichen Tafelgutes zugewendete und von ihm in dieser Eigenschaft angenommene Gelder seitens eines Erblassers gehen nicht in sein Privatvermögen über, wenn die Gelder lediglich für kirchliche oder religiöse Zwecke bestimmt sind. (RG. v. 20. 11. 1886. Jur. Woch. 1897 Nr. 77 S. 74.) Der Bischof ist in solchen Fällen nur Treuhänder mit einem zweckbegrenzten Verwaltungs- und Verfügungsrecht. Fischbach, Treuhänder und Treuhandgeschäfte 1912 S. 198. Zur Zurücknahme einer belasteten Schenkung an das Pfarrgut ist die Zustimmung des Fabrikrats erforderlich. OLG. Colmar v. 24. 7. 1909, Elf.-l. Z. 34 (1909) S. 499. Vgl. auch RG. v. 7. 1. 1880, RGE. 14 S. 208 (rhein.-franz. R.).

[2]) Vgl. oben S. 167 f.

[3]) Vgl. Art. 65—67, 71—77, Dekr. v. 6. 11. 1913.

[4]) Vgl. Art. 64, 72 zit. Dekr.

(Verwaltungskommission) der Ansicht sind, daß die Verpachtung aus freier Hand unter den von ihnen gestellten Bedingungen erfolgen könne. (Art. 69 zit.) Handelt es sich um Verpachtungen auf die Dauer von mehr als neun Jahren, so dürfen dieselben nur im Wege öffentlicher Versteigerung und, nachdem deren Nützlichkeit durch zwei Sachverständige erklärt ist, vorgenommen werden. Die Sachverständigen werden vom Bezirkspräsidenten ernannt; ihre Aufgabe ist es, die Örtlichkeiten zu besichtigen und Bericht zu erstatten.

Zum Erwerb und zur Veräußerung von Grundstücken bedürfen die Seminare der Genehmigung des Ministeriums.

Unentgeltliche Zuwendungen an die Seminare nimmt der Bischof entgegen, nachdem das Ministerium die erforderliche Genehmigung erteilt hat. Jeder Notar, vor dem eine Urkunde aufgenommen wird, welche eine Schenkung unter Lebenden oder eine testamentarische Verfügung zugunsten eines Seminars oder einer geistlichen Schule enthält, muß den Bischof hiervon benachrichtigen.[1])

Der Verwalter hat bei außerordentlichen und unvorhergesehenen Ausgaben die Genehmigung des Bischofs nachzusuchen, der seinerseits wieder das Gutachten des Ausschusses einzuholen hat. Für die Bedürfnisse des Hauptseminars ist im voraus vor denjenigen der anderen geistlichen Schulen zu sorgen, sofern nicht auf Grund von Stiftungen, Geschenken und Vermächtnissen letztere zu bevorzugen sind. (Art. 72.)[2])

Zur Prozeßführung bedarf es einer Ermächtigung des

---

[1]) Dieser sucht unter Beifügung eines Gutachtens die Ermächtigung des Ministeriums nach. Bis zu einem Werte von 12000 *M* erteilt das Ministerium, darüber hinaus der Kaiser durch eine vom Statthalter ausgefertigte Verordnung die Ermächtigung. Art. 67 Dekr. v. 6. 11. 1813. § 1 u. 2 Ver. v. 5. 5. 1873, § 3 Ges. v. 4. 7. 1879.

[2]) Ueber die Kassenführung, Aufbewahrung der Gelder usw. vgl. Art. 73—80.

Bezirksrates, über die nach vorherigem Vorschlage des Bischofs und einem Gutachten des Verwaltungsausschusses zu befinden ist. (Art. 70.)

§ 54.

Die Güter der Kathedral- und Kollegiatkapitel.

Die Kathedral- und Kollegiatkapitel bilden rechtsfähige kirchliche Anstalten auf genossenschaftlicher Grundlage. Die Bestimmung über die Verwendung der Güter steht an sich der Körperschaft zu, die laufende Verwaltung führt aber ein Schatzmeister, der aus zwei vom Kapitel mit Stimmenmehrheit gewählten Mitgliedern durch den Bischof bestimmt wird. Der Schatzmeister kann jederzeit vom Kapitel abgesetzt werden; nach fünfjähriger Amtszeit hat auf alle Fälle eine Neuwahl zu erfolgen, doch kann der frühere Schatzmeister wieder gewählt werden. Ohne Beschluß des Kapitels und ohne Ermächtigung des Bezirksrats darf der Schatzmeister nicht prozessieren; fürsorgliche Maßnahmen, insbesondere bei der Beitreibung von Ausständen, kann er indessen treffen. (Art. 53.)

Im Monat Januar eines jeden Jahres hat er vor einer zu diesem Zwecke vom Kapitel ernannten Kommission Rechnung über die Einnahmen und Ausgaben abzulegen. (Art. 59.)

Die Erträgnisse des Kapitelvermögens kommen in gewissem Umfange den einzelnen Mitgliedern als Pfründen zu gut.

6. Kapitel.

Das Pfründenrecht.

§ 55.

Allgemeines.

Das am Pfarrgut, an der bischöflichen Tafel und am Kapitelvermögen dem Pfarrer, Bischof und Domkapitel zustehende Nutzungsrecht, gewöhnlich Pfründenrecht genannt, ist gemäß Art. 80 EG. BGB. eine der Landesgesetzgebung überlassene Materie.[1]) Die Pfründe ist ein Nutzungsrecht, welches dem Träger eines geistlichen Amtes oder dem Mitglied einer kirchlichen Körperschaft an gewissen zweckgebundenen Gütern zusteht. An sich ist dieses Nutzungsrecht privatrechtlicher Natur, durch seine enge Verbindung mit dem kirchlichen Organismus kommen jedoch auch öffentlich-rechtliche Gesichtspunkte in Betracht. Für Elsaß-Lothringen ist sedes materiae das Dekret v. 6. Nov. 1813, betreffend die Erhaltung und Verwaltung der Güter, welche die Geistlichkeit in mehreren Teilen des Reiches besitzt.

Die grundlegende Bestimmung für alle Pfründeninhaber befindet sich in Art. 6 (zit.): „Die Pfründeninhaber haben die Rechte der Nutznießung; ebenso haben sie deren Lasten zu tragen, alles, wie es durch das bürgerliche Gesetzbuch (C. c.) festgesetzt ist usw." Da an die Stelle des C. c. seit 1900 das BGB. getreten ist, sind nunmehr die §§ 1030 f. BGB. maßgebend; indessen sind gewisse Mo-

---

[1]) Vgl. Friedberg, Lehrb. S. 596, Kisch S. 727. Geigel, Reichsl. StKR. II S. 178 f. Derselbe, Pfründennießbrauch zufolge BGB. 1899. Hirschel, Das Staats- und Gemeindeeinkommen der Geistlichen nach kan. u. franz. Recht 1868. Meurer, Bayr. Kirchenvermögensrecht II (1901).

difikationen des Pfründendekrets aufrecht erhalten geblieben. (Art. 8 f.) Im einzelnen gilt bezüglich der verschiedenen Pfründen folgendes:

§ 56.

Das Pfründenrecht an den Pfarrgütern.

I. Die Nutznießung der Pfarrgüter steht dem jeweiligen Pfarrer zu. Derselbe hat sich, wie bereits hervorgehoben, betreffs der Ausübung seines Rechtes an die bürgerlich-rechtlichen Vorschriften über den Nießbrauch einschließlich der Bestimmungen Art. 8 f. Pfründendekret zu halten. Bei Antritt der Pfründe hat der Pfarrer in einem von dem Ausschuß der Kirchenpfleger aufgenommenen Protokoll das unterschriebene Versprechen abzugeben, „daß er die Güter wie ein ordentlicher Familienvater genießen, sie sorgfältig in Stand halten und sich jeder Anmaßung deren Besitzes[1]) oder Verschlechterung derselben widersetzen werde". (Art. 7.) Der Kirchen *fabrik* kommt des weiteren ein Überwachungsrecht hinsichtlich der zum Pfarrgut gehörigen Güter und Renten zu; die die Güter betreffenden Papiere, Urkunden und Schriftstücke sind in einer der Fabrik gehörigen, dreifach verschlossenen Kiste aufzubewahren.[2])

1. Alle Verfügungen über Pfründengüter (insbesondere Veräußerungen, Tausche, Pfandbestellungen, Einräumungen von Dienstbarkeiten), die eine Veränderung in der Natur dieser Güter oder eine Verminderung ihrer Erträgnisse herbeiführen, sind bei Meidung deren Nichtigkeit nur mit ministerieller Ermächtigung zulässig (Art. 8). Zur Verpachtung der Güter ist der Pfründeninhaber an sich befugt, jedoch dürfen Verpachtungen auf länger als neun Jahre nur im Wege öffentlicher Versteigerung und nachdem deren Nütz-

[1]) Durch Dritte natürlich.

[2]) Es ist ferner zur Aufnahme von Inventaren, Urkunden und Registern zu schreiten, die in der gleichen Weise aufzubewahren sind. Vgl. Art. 1—5.

lichkeit durch zwei Sachverständige erwiesen ist, vorgenommen werden.[1]) Es ist verboten, bei der Verpachtung von Kirchengütern ein Draufgeld zu bedingen. Im Falle der Annahme eines solchen durch den Pfründeninhaber kann der Nachfolger desselben vom Tage seines Besitzantritts die Auflösung des Pachtverhältnisses begehren oder gegen die Erben oder Vertreter des Pfründeninhabers oder gegen den Pächter einen Entschädigungsanspruch geltend machen. (Art. 10.)

2. Gehören Waldungen zum Pfründengut, so gelten hinsichtlich hochstämmiger Waldungen die für Gemeindewald geltenden Grundsätze. Bei Niederwald ist gemäß § 1038 BGB. ein Nutzungsplan aufzustellen. (Art. 12.)

3. Gehören Kapitalien zum Pfarrgut, so sind sie in die Kasse der Fabrik zu zahlen. Schuldner an das Pfarrgut werden nur durch einen von den drei Verwahrern der Schlüssel des Schrankes oder der Kiste der Fabrik unterzeichneten Entlastung von ihrer Verbindlichkeit befreit. (Art. 11.)

4. Alle Ausbesserungen der Pfründengüter hat grundsätzlich der Pfründeninhaber zu tragen und zwar, soweit es sich um kleine Reparaturen an Pfarrhäusern handelt, wie sie ein Mieter zu tragen hat;[2]) große Reparaturen an solchen fallen der Gemeinde zur Last. Was die übrigen Liegenschaften betrifft, so fallen dem Pfründeninhaber die kleineren unbedingt, die größeren[3]) nur dann zur Last, wenn verfügbare Mittel aus den Erträgnissen der Pfarrei in der dreifach verschlossenen Kasse vorhanden sind; in Ermange-

[1]) Dieselben werden vom Unterpräfekten (Kreisdirektor) ernannt, haben die Oertlichkeiten zu besichtigen und Bericht zu erstatten. Art. 9.

[2]) Vgl. §§ 536, 548 BGB. Kisch S. 729.

[3]) Betreffs der Unterscheidung in große und kleine Reparasind auch in Zukunft die Art. 605, 606 C. c. zu verwerten. Kisch S. 729 Nr. 12.

lung solcher muß der Pfründeninhaber die Mittel bis zum Betrage eines Drittels der Erträgnisse aus den Liegenschaften der Pfarrei liefern und zwar abgesehen von den übrigen ihm zur Last fallenden Ausbesserungen. Soweit der Bedarf ein Drittel der Erträgnisse übersteigt, kann der Pfründeninhaber die übrigen zwei Drittel durch zuvor genehmigte Veräußerung oder Belastung eines Teils der Güter beschaffen. Soll ein Darlehen aufgenommen werden, so hat das die Ermächtigung hierzu erteilende Dekret die Zeitpunkte der Rückzahlung, welche aus den Erträgnissen zu erfolgen hat, zu bestimmen; hierbei ist zu beachten, daß das dem Pfarrer verbleibende Einkommen stets den ordentlichen Betrag der ihm zukommenden Bezüge erreicht. (Art. 13.)

Der Pfründeninhaber darf die Einkünfte des Gutes gerichtlich und außergerichtlich beitreiben; die dadurch entstehenden Kosten hat er persönlich zu tragen. Zu Prozessen, die den Bestand dinglicher Rechte betreffen, bedarf er der Ermächtigung des Bezirksrats, der seinerseits ein Gutachten des Fabrikrats einholen muß (Art. 14.) Die Prozeßkosten fallen der Pfarrei zur Last und verteilen sich hierbei in derselben Weise, wie es bei den Kosten für Ausbesserungen der Fall ist. (Art. 15.)

II. Besonders eingehende Bestimmungen sind für die Verwaltung der Pfarrgüter während der Erledigung der Stelle (Interkalarrecht) getroffen.[1])

1. Im Falle der Erledigung einer Pfarrei durch den Tod des Inhabers oder aus anderen Gründen gehören die Erträgnisse des laufenden Jahres bis zum Tage des Eintritts der Erledigung dem bisherigen Pfründeninhaber oder seinen Erben, dagegen dem neuen Pfründeninhaber vom Tage des Besitzantritts.[2]) Diejenigen Erträgnisse, welche sich vom Tage der Erledigung an bis zum Tage des Besitz-

[1]) Dasselbe hat bekanntlich im Mittelalter oft zu Streitigkeiten zwischen dem Kaiser und den Bischöfen Anlaß gegeben.

[2]) Vgl. Art. 24 zit. u. Ordonn. v. 13. 3. 1832.

antritts ergeben, sind in der Kasse aufzubewahren mit der Bestimmung, für die großen Ausbesserungen an den zur Pfründe gehörigen Gebäuden zu dienen. Das Ergebnis dieser Erträgnisse ist von dem Schatzmeister an Hand der Jahreserträgnisse festzustellen. Über Streitigkeiten hinsichtlich dieser Rechnungen entscheidet der Bezirksrat.[1])

2. Während der Erledigung der Pfarrstelle hat der Schatzmeister der Fabrik die Rechte und Pflichten des Nutzgenusses wahrzunehmen (Art. 28). Es obliegt ihm zu diesem Zwecke beim Wechsel der Pfründe vor allem die Aufgabe, eine Vergleichung des Inventars der Urkunden und aller Ackerbaugerätschaften, sowie aller sonstigen zur Wohnung oder zur Bebauung der Güter gehörigen Gerätschaften und Fahrnis vorzunehmen. Wird die Pfründe durch den Tod des Inhabers erledigt, so trifft den Amtsrichter die Pflicht dieser Ermittelung, nachdem er die zuvor angelegten Siegel in Gegenwart des Schatzmeisters und der Erben wieder abgenommen hat (Art. 16—19). Sind Ansprüche gegen die Erben begründet, so hat der Schatzmeister sofort die nötigen Schritte zur Instandsetzung der Güter einzuleiten (Artt. 21, 22). Ist dies vom Schatzmeister unterlassen worden, so trifft die gleiche Pflicht den neuen Pfründeninhaber.[2])

§ 57.

Das Pfründenrecht an der bischöflichen Tafel.

I. An den Einkünften der Güter der bischöflichen Tafel hat der Bischof ein Pfründenrecht, das den gleichen Regeln

[1]) Falls ein Pfarrer oder Hilfspfarrer infolge kanonischer Bestrafung zeitweilig seiner Stelle enthoben oder wegen Krankheit oder auf Grund polizeilicher Maßregeln von derselben entfernt oder vorläufig ersetzt ist, ist die Entschädigung des vorläufigen Stellvertreters nach Maßgabe des Dekrets v. 17. Nov. 1811 zu bestimmen. Dies gilt auch für Pfarreien oder Hilfspfarreien, deren Gehalt ganz oder zum Teil aus der Staatskasse bezahlt wird.

[2]) Ein besonderes Ueberwachungsrecht nach dieser Richtung trifft den Bischof. Art. 23.

unterliegt wie dasjenige des Pfarrers. (Art. 29 f.) Alle auf die Tafelgüter bezüglichen Rechnungen, Papiere und Urkunden sind genau in den Archiven aufzubewahren.[1])

II. Besondere Bestimmungen sind für den Fall des Ablebens des Bischofs vorgesehen. Es wird hier vom Kultusminister für die Zeit der Erledigung des bischöflichen Stuhles ein Kommissar eingesetzt, der die Verwaltung der Tafelgüter übernimmt. Der Kommissar wird von dem Amtsgericht auf treue Pflichterfüllung eidlich verpflichtet. Er hat zwei Register zu führen, von denen das eine sein Tagebuch über Einnahmen und Ausgaben bildet, während er in das andere in fortlaufender Folge und datiert eine Abschrift der durch ihn oder auf sein Anstehen vorgenommenen Verwaltungshandlungen einzutragen hat.

Sobald der Amtsrichter am Sitze des Bischofs Kenntnis von dem Absterben desselben erhält, hat er von Amts wegen in dem bischöflichen Palaste oder den anderen von dem Bischof innegehabten[2]) Häusern Siegel anzulegen. Bis zur Wiederabnahme derselben hat der Kommissar alle zur Wahrung der Rechte der bischöflichen Tafel notwendigen Maßnahmen zu treffen.[3]) Bei der Siegelabnahme und der Aufnahme der Inventare sind der Kommissar und die Erben des Bischofs zugegen. Unmittelbar nach der Abnahme der Siegel hat er in Gegenwart der Erben oder nach deren Vorladung eine Besichtigung der Paläste, Häuser, Pachthöfe und sonstigen zum Tafelgut gehörigen Gebäude durch zwei Sachverständige vornehmen zu lassen. Die Sachverständigen haben hierbei die erforderlichen Ausbesserungen näher zu be-

[1]) Betr. Regalienrechts vgl. Art. 33.

[2]) Soweit der Bischof in den letzten Jahren auf gewissen Gütern oder in gewissen Häusern nicht mehr anwesend war, kann von der Vorschrift des Art. 37 abgesehen werden.

[3]) Der Kommissar ist unmittelbar nach seiner Ernennung verpflichtet, den Einnehmern, Pächtern oder Schuldnern hiervon Nachricht zu geben. Er muß alle ordentlichen Lasten des Tafelgutes während seiner Verwaltungsperiode abtragen, darf Pachtverträge nicht erneuern usw. Art. 41.

zeichnen; werden dieselben nicht binnen sechs Monaten seit der Besichtigung durch die Erben bewirkt, so werden sie seitens des Kommissars für Rechnung der Erben an den Mindestfordernden vergeben. (Art. 43.) Dringliche Ausbesserungsarbeiten kann der Kommissar aus den Einkünften des Tafelguts im Wege des Zuschlags an den Mindestfordernden vergeben.

Beim Besitzantritt der Tafelgüter durch den Nachfolger,[1]) über welchen vom Amtsrichter ein Protokoll aufzunehmen ist (Art. 46), hört das Amt des Kommissars auf. Die Einkünfte gehören nunmehr dem Nachfolger vom Tage des Besitzantritts an.

Die Entschädigung des Kommissars wird vom Ministerium bestimmt.[2])

§ 58.

Das Pfründenrecht an den Gütern der Kathedral- und Kollegiatkapitel.

I. Die Körperschaft eines jeden Kapitels hat in bezug auf die Verwaltung seiner Güter dieselben Rechte und Pflichten wie ein Pfründeninhaber von Pfarrgütern, jedoch mit folgenden zusätzlichen Bestimmungen:

1. Zur Beschlußfassung über die Verwaltung der Güter oder die Verteilung deren Einkünfte ist erforderlich, daß die anwesenden Mitglieder wenigstens vier Fünftel der Gesamtzahl der vorhandenen Kanoniker ausmachen. (Art. 50). Die Beschlüsse unterliegen der Genehmigung des Bischofs;

[1]) Tritt eine Sedisvakanz nicht ein, weil z. B. ein Coadjutor cum spe succedendi bereits zu Lebzeiten des Bischofs existierte, so erübrigt sich natürlich die Ernennung eines Kommissars.

[2]) Sie darf nicht mehr als 5 Cent. vom Frank der Einkünfte und 3 Cent. vom Frank des Preises der zum Nachlaß gehörigen Fahrnis im Falle des Verkaufs betragen; darüber hinaus darf jedoch für Zeitaufwand und etwaige durch die Verwaltung erforderlich gewordene Reisen dem Kommissar nicht bewilligt werden. Art. 48.

verweigert dieser seine Genehmigung, während das Kapitel auf seinem Beschlusse besteht, so hat das Ministerium zu entscheiden. (Art. 61.)

2. Die dem Kapitel gehörigen Häuser und Liegenschaften dürfen nur auf Grund eines durch Kapitelbeschluß genehmigten Lastenheftes vermietet oder verpachtet werden, sofern nicht das Kapitel mit einer Stimmenmehrheit von vier Fünfteln der vorhandenen Kanoniker den Schatzmeister ermächtigt hat, unter den in seinem Beschlusse aufgestellten Bedingungen aus freier Hand zu vermieten oder zu verpachten. Eine gleiche Ermächtigung ist erforderlich für Verpachtungen auf länger als neun Jahre; dieselben dürfen aber nur im Wege öffentlicher Versteigerung und nach vorheriger Nützlicherklärung (Art. 9) erfolgen. (Art. 57.)

3. Die Ausbesserungsarbeiten sind stets aus den Einkünften des Tafelgutes zu bestreiten. Wird ausnahmsweise auf einmal mehr als die Hälfte der Gesamteinkünfte eines Jahres erforderlich, so können die Kapitel vom Ministerium ermächtigt werden, ein aus den Einkünften zu den festgesetzten Zielen rückzahlbares Darlehen aufzunehmen, oder bis zur Höhe des Bedarfs Güter zu veräußern, unter der Auflage, aus den Einkünften der folgenden Jahre mit Ersparnissen ein hinreichendes Kapital zu sammeln, um durch Erwerb von Ländereien oder in anderer Weise das in Abgang gekommene Einkommen zu ersetzen. (Art. 58.)

4. Die Kapitel sind berechtigt, den Betrag und den Zeitpunkt der Verteilungen aus den Einkünften des Tafelgutes festzusetzen und für die im Pfründendekrete nicht vorgesehenen Fälle ergänzende Beschlüsse zu fassen, vorausgesetzt, daß sie sich innerhalb der Grenzen der ihnen in ihren Eigenschaften als Pfründeninhaber zustehenden Rechte halten (Art. 60). Die einzelnen Pfründeninhaber selbst können über die ihnen zukommenden Einkünfte nach Belieben verfügen.

7. Kapitel.

Stiftungen.

§ 59.

Stiftungen.

Das Recht der Stiftungen hat eigentlich mit dem Staatskirchenrecht nichts zu tun und gehört in eine Darstellung des Bürgerlichen Rechts. Nur des Zusammenhangs mit manchen kirchlichen Instituten halber seien hier in gedrängter Kürze einige Grundsätze des Stiftungsrechts wiedergegeben.

Eigentliche Stiftungen waren dem französischen Recht unbekannt; als Ersatz dienten fiduziarische Zuwendungen an bestehende juristische Personen oder Schaffung von gemeinnützigen Anstalten (établissements d'utilité publique.[1]) An alten Stiftungen kirchlichen Charakters bestehen in E.-L. eigentlich nur noch solche protestantischen Ursprungs; es hängt dies damit zusammen, daß das Gesetz v. 10. Dez. 1790 die Güter der Protestanten vor der Säkularisation bewahrte.

Die Form der Anerkennung als gemeinnützige Anstalt wurde auch unter der deutschen Regierung gewählt, um Vermögensmassen, die zu Unterrichts- oder Wohltätigkeitszwecken bestimmt waren, die Rechtsfähigkeit zu verschaffen. Das Bürgerliche Gesetzbuch hat (§§ 80—88) die Schaffung von Stiftungen ermöglicht, ohne betreffs des Zweckes bestimmte Anforderungen, etwa Gemeinnützigkeit zu stellen. Das Stiftungsgeschäft verlangt aber jedenfalls staatliche Genehmigung, die der Träger

[1]) Vgl. Kisch S. 115.

der landesherrlichen Gewalt, also der Kaiser und kraft jeweiliger Delegation der Statthalter[1]) zu erteilen hat.

Das AG. BGB. hat in § 7b Vorschriften über die Beaufsichtigung der Stiftungsverwaltung gegeben. Soweit nämlich die Verwaltung einer Stiftung nicht von einer öffentlichen Behörde geführt wird,[2]) unterliegt sie grundsätzlich behördlicher Aufsicht, soweit nicht das Ministerium auf Antrag des Stifters ein anderes bestimmt. Bei sog. Familienstiftungen wird die Aufsicht durch das Amtsgericht, in dessen Bezirk die Stiftung ihren Sitz hat, bei allen übrigen Stiftungen durch den Bezirkspräsidenten ausgeübt.[3]) Der Inhalt der Aufsicht bestimmt sich im allgemeinen nach den Befugnissen des Vormundschaftsgerichts. (§§ 1837, 1839—1841, 1843, 1844, 1886 BGB.) Jährliche Rechnungslegung ist dagegen nicht unbedingt nötig. Die Aufsichtsbehörde kann auch bei Wegfall von Vorstandsmitgliedern diese ersetzen.

Betreffs der Verwaltung des Stiftungsvermögens ist bestimmt, daß der Vorstand, sofern nicht aus dem Stiftungsgeschäft oder aus dem Zwecke der Stiftung sich ein anderes ergibt, das zum Stiftungsvermögen gehörende Geld nach den Vorschriften der §§ 1806—1808 BGB. anzulegen und Inhaberpapiere nebst den Erneuerungsscheinen bei einer Hinterlegungsstelle oder bei der Reichsbank zu hinterlegen hat; an Stelle der Hinterlegung kann die Umschreibung der

---

[1]) Allerh. Erl. v. 23. 11. 1907 (RGBl. S. 759). Auf die vor 1900 entstandenen Stiftungen finden die §§ 85—89 BGB. Anwendung.

[2]) Z. B. das Stift Unser Frauen Werk, dessen Verwaltung gem. Art. 2 Conseil decr. 3 frim. XII von der Gemeinde Straßburg geführt wird. Einen ganzen Stiftungskomplex stellen die Zivilhospizien zu Straßburg dar, die die finanzielle Grundlage des Bürgerspitals daselbst abgeben. Vgl. über die historische Entwicklung dieses Instituts die Verwaltungsrechnung der Zivilhospizien für das Rechnungsjahr 1905 (Straßb. Druckerei u. Verlagsanstalt 1907 S. 25 f.).

[3]) Vgl. hierzu Molitor u. Stieve S. 53 f.

Papiere auf den Namen der Stiftung oder die Umwandlung in eine Buchforderung erfolgen.

Falls die Erreichung des Stiftungszweckes unmöglich geworden ist, oder wenn der Stiftungszweck das Gemeinwohl gefährdet, ist eine Umwandlung oder Aufhebung der Stiftung möglich. (§ 87 BGB.) Zuständig hierfür ist das Ministerium;[1]) gegen die Umwandlung des Zwecks einer Stiftung, gegen ihre Aufhebung ist ebensowenig wie gegen die Versagung ihrer Genehmigung ein Rechtsmittel möglich.

---

8. Kapitel.

Besondere Bestimmungen über die Verwendung des Kirchenvermögens.

§ 60.

Zweckfremde Vermögensverwendung. Kapitalanlage.

I. Mit der weiter oben geschilderten, zweckbeschränkten juristischen Persönlichkeit der kirchlichen Anstalten hängt es zusammen, daß dieselben ihr Vermögen lediglich zu Kultuszwecken verwenden dürfen. Zweck der Kirchenfabriken insondere ist nach Art. 76 organ. Bestimm. „die Unterhaltung und Instandhaltung der Kirchen und die Verwaltung der Almosen."[2]) Daher ist auch den Kirchenfabriken die Ge-

---

[1]) Vgl. K. Ver. v. 6. 12. 1899, § 8. Wegen näherer Einzelheiten siehe Kisch S. 121.

[2]) Im Gegensatz zu den protestantischen Konsistorien, denen außerdem „die Verwaltung der Kirchengüter" obliegt. Min.-Verf. v. 10. 11. 1852, Art. 20 protestant. organ. Art. Daß es sich hier nicht um eine zufällige unbeabsichtigte Verschiedenheit der Ausdrucksweise handelt, ergibt sich daraus, daß zur Zeit des Erlasses der organ. Art. die kath. Kirchengemeinden ihres Vermögens beraubt waren; erst durch Art. 75 organ. Best. wurden die ehemals dem kath. Kultus gewidmeten Gebäude den Kirchenbehörden wieder zur

nehmigung zur Errichtung von Wohltätigkeitsanstalten bisher ausnahmslos versagt worden,[1]) weil deren Betrieb in Überstimmung mit der in der Rechtslehre vorherrschenden Auffassung[2]) als über die in Art. 76 organ. Best. bezeichneten Zwecke der Kirchenfabriken hinausgehend erachtet wurde.

Daher ist es auch nicht angängig, daß von katholischen Pfarreien Grundstücke auf deren Namen erworben werden, welche tatsächlich zu Zwecken und auf Rechnung von konfessionellen Vereinen verwendet werden,[3]) wobei der Pfarrei die Stellung eines Fiduziars für den gewöhnlich nicht rechtsfähigen Verein eingeräumt wird. Handelt es sich allerdings um Vereine mit lediglich religiösen Zwecken (Jünglingsvereine), die das Haus nur als Zusammenkunftsort zu religiösen Vereinszwecken haben wollen, so hat die neue els.-lothr. Praxis den veränderten Zeitumständen entsprechend es in Einzelfällen zugelassen, daß zu einem mit

---

Verfügung gestellt. Es bedurfte also lediglich der Schaffung einer Körperschaft, deren Aufgabe die Unterhaltung und Instandhaltung dieser Gebäude und die Verwaltung des zu diesem Zweck und zur Bestreitung der Kultuskosten der Kirche neuzufließenden Vermögens bildeten. Den neuen Körperschaften den Erwerb von Vermögen zu anderen Zwecken zu gestatten, bestand kein Anlaß.

[1]) Während den protest. Konsistorien und Pfarreien der Erwerb von Vermögen zu Wohltätigkeitszwecken und die Errichtung von Wohltätigkeitsanstalten bereits vor 1870 in vielen Fällen gestattet worden ist.

[2]) Gaudry III Nr. 870.

[3]) Durch die Vorschrift des Art. 86 EG. BGB. ist an den im Landesrecht begründeten Grundsätzen über die Vermögensverwaltung der öffentlich-rechtlichen Anstalten nichts geändert worden. Nur insofern ist eine Aenderung eingetreten, als ein Erwerb, den eine Anstalt entgegen diesen Grundsätzen macht, bei einem Werte von nicht über 5000 ℳ auch ohne staatliche Genehmigung als formell rechtsgültig zu gelten haben wird; die etwaige Berufung auf den Mangel der im allgemeinen notwendigen staatlichen Ermächtigung kann die Anstalten daher von den durch den Erwerb übernommenen Verbindlichkeiten nicht befreien. cf. Dalloz Suppl. v° dispositions entre vifs et testam. Nr. 150.

den Aufgaben der Anstalt nicht im Widerspruch stehenden Zwecke, die unter Rechnungskontrolle stehende Kirchenfabrik ein Grundstück erworben hat.[1])

II. Was nun die Kapitalanlage der Kirchenfabriken (wie übrigens auch aller kirchlichen Anstalten) anlangt, so bedürfen sie hierzu in jedem Falle der staatlichen Ermächtigung.[2]) Zur Erteilung der Ermächtigung ist im allgemeinen das Ministerium[3]) berufen. Ausnahmsweise ist der Bezirkspräsident zuständig, wenn es sich handelt: a) um die Anlegung zurückgezahlter Kapitalien in Staatsrenten[4]) oder b) um die vorläufige Anlegung von Summen,

---

[1]) Bei jeder Art von Erwerb von Liegenschaften (auch bei Schenkungen durch eine Kirchenfabrik hat übrigens der Gemeinderat sich gutachtlich zu äußern. Dubief-Gottofrey, Admin. des cultes II S. 171 Nr. 1276, § 59 Ziff. 4 Gem.-O., obschon in dem Zirkular v. 29. 1. 1831 (Dursy I 249/50) für die Vermächtnisse und Schenkungen ein Beschluß des Gemeinderats nicht vorgeschrieben ist. Vgl. auch LG. Metz v. 22. Nov. 1900 in Zentr.-Bl. f. Fr. G. Bd. II S. 522.

[2]) Ziff. 3 StRG. v. 21. 12. 1808 u. Art. 1 Ord. v. 14. 1. 1831. Die in Ziff. 2 des StRG. v. 1808 zugunsten der Kapitalanlage in Staatsrenten getroffene Ausnahmebestimmung ist durch Dekr. v. 16. 7. 1810 u. die noch weitergehende Vorschrift des Art. 6 Dekr. v. 2. 4. 1819, Art. 1 Ordonn. v. 14. 1. 1831 wieder aufgehoben worden.

[3]) An Stelle des nach franz. Recht zuständigen Staatsoberhaupts. § 1 Ver. v. 5. 5. 1873 u. § 3 Ges. v. 4. 7. 1879.

[4]) Art. 4 Ziff. 2. Das Dezentr.-Dekr. v. 13. 4. 1861. An Stelle der Staatsrente sind jetzt nicht bloß die Renten und Schuldverschreibungen aus Schulden Elsaß-Lothringens und des Reiches, sondern auch alle fundierten deutschen Staatsschuldtitel getreten. Vgl. Verf. v. 12. 12. 1883 (Zentr.-Bl. Nr. 51) an die Bezirkspräsidenten.

Die in der franz. Praxis auf Grund Zirk. v. 20. 8. 1861 (bull. min. de l'Int. S. 313) u. Instr. v. 10. 4. 1862 (ebenda S. 115) anerkannte weitere Ausnahme, wonach die Bezirkspräsidenten auch zur Anlegung derjenigen Gelder, welche aus den mit ihrer Ermächtigung angenommenen Schenkungen und Vermächtnissen herrühren, die Ermächtigung zu erteilen haben, ist jetzt infolge der Bestimmung des Art. 86 EG. BGB. bedeutungslos geworden.

für die wegen ihrer Geringfügigkeit eine ordnungsmäßige Anlage sich nicht finden läßt.

1. Eine Bestimmung, wonach die Anlage in Staatsrenten oder gewissen anderen Papieren in irgend einem Falle ohne Ermächtigung erfolgen kann, existiert nicht. Kapitalanlagen ohne Ermächtigung sind nach der elsaß-lothringischen Praxis bisher nur insoweit als statthaft erachtet worden, als es sich um Bareinlagen bei elsaß-lothringischen öffentlichen Sparkassen oder bei der Staatsdepositenkasse und der Reichsbank handelt. Vielfach haben kirchliche Verwaltungen geglaubt, ihr Vermögen in mündelsicheren Papieren ohne Ermächtigung anlegen zu dürfen.[1]) Die Genehmigung ist auch erforderlich für die Umwandlung

(Es handelt sich um Beträge von 800 bzw. 240 *M.*) Vgl. Dursy II 489, 490.

Im übrigen ist in einer ganzen Reihe von Fällen von den Kultusverwaltungen die Einholung der Ermächtigung unterlassen worden (vgl. Geigel I S. 123 Anm. 2 b), was als abusus aufzufassen ist. Die Ansicht Geigels, daß die Bestimmung des § 53 Abs. 3 Gem.-O. entsprechend anwendbar sei, ist nicht zutreffend.

[1]) Z. B. in Pfandbriefen der A.-G. für Bodenkredit; eine solche Befugnis ist jedenfalls aus der Vorschrift des Art. 46 Dekr. v. 28. 2. 1852, welche die Anlage von Anstaltsgeldern in Pfandbriefen dieser Gesellschaft zuläßt, nicht zu entnehmen. cf. Lehr, Dict. d'admin. eccl. v° placement des capitaux S. 209. Die genannte Bestimmung will nur als Anweisung für die zur Genehmigung berufene Verwaltungsbehörde aufgefaßt sein, ebenso wie auch die Verf. des Oberpräsidenten v. 6. 1. 1875. Als zugelassene Wertpapiere in diesem Sinne sind zu erachten: a) die Schuldverschreibungen, Renten und Buchschulden von E.-L., des Deutschen Reiches und sämtlicher Bundesstaaten. Vgl. Verf. v. 12. 12. 1883; b) die 4% Schuldverschreibungen der Stadt Straßburg, Verf. v. 19. 1. 1901 (II B 134). Die Pfandbriefe der A.-G. f. Bodenkredit, Allerh. Erl. v. 26. 6. 1876. Daß dieser Zustand nicht gerade befriedigend ist, daß insbesondere eine ganze Reihe von Kommunal- und Bezirksschulden der gleichen Vergünstigung würdig wäre, bedarf wohl keiner besonderen Hervorhebuug.

Die Wertpapiere der Kirchenfabriken sollen bei der Reichsbank oder der Staatsdepositenverwaltung hinterlegt werden, § 1814 BGB. Ausf.-Best. z. Staatsdepos.-Ges. v. 1. Nov. 1899/22. März 1905 Art. 32. Nur ausnahmsweise kann bei baldiger Rückgabe hiervon abgesehen werden.

einer auf den Namen einer kirchlichen Anstalt eingeschriebenen Rente in eine Rente auf den Inhaber, weil dieser Vorgang gewissermaßen einer Veräußerung gleich zu erachten ist.[1])

2. Was die Kapitalanlage in Hypotheken betrifft, so bewendet es hier auf alle Fälle bei der Min.-Verf. vom 12. 12. 1883 (Zentr.-Bl. S. 354). Mangels staatlicher Genehmigung vorgenommene Hypothekenbestellungen sind daher von der Eintragung in das Grundbuch ausgenommen. Die genannte Verfügung findet auch dann Anwendung, wenn nach Anlegung des Reichsgrundbuches etwa die Anlegung von Geldern in einer Grundschuld erfolgen soll. (BGB. § 1191). Die Anlegung von Geldern in einer Rentenschuld (BGB. § 1199) wird so wie so nur ausnahmsweise in Frage kommen, weil bei einer solchen die Verpflichtung zur Zahlung einer Rente in Frage kommt, und über das Kapital nur durch Abtretung der Forderung an einen Dritten verfügt werden kann, was mit pekuniären Verlusten verbunden sein kann.[2])

3. Was die Löschung von Hypotheken anlangt, so besteht die Praxis, daß die in der Ordonn. v. 15. 7. 1840 vorgesehene Löschungsbewilligung einer Vollstreckbarerklärung durch den Bezirkspräsidenten bedurfte,[3]) auf die Kirchen-

[1]) Vgl. Art. 1 Ordonn. v. 14. 1. 1831 (wonach die Anlegung in titres nominatifs erfolgen soll. [Dubief-Gottofrey, Admin. II S. 305]) u. § 12 Nr. 3 der Geschäftsanweisung für die Landesschuldenverwaltung v. 6. 7. 1901 (Zentr.-Bl. 1901 S. 243). Der mit der Umschreibung der Namens- in Inhaberpapiere erstrebte Zweck der leichteren Erhebung der Rentenziele ist übrigens auch dadurch leicht zu erreichen, daß eine Umschreibung in einen mit Rentenschein versehenen Namensbrief erfolgt.

[2]) Vgl. Allg. Verf. d. OStA. v. 17. 7. 1882 Smlg. 7 S. 239. Gesetzliche Grundlage sind: Staatsratgutachten v. 21. 12. 1808; Art. 63 Fabrikdekr. v. 30. 12. 1809 u. Dekr. v. 16. 7. 1810. Die abweichenden Erlasse des Direktoriums Augsb. Konf. v. 20. 5. 1851 u. 28. 7. 1857 für die protestant. Konsistorien sind unzutreffend.

[3]) Vgl. Rundschr. des franz. Kult.-Min. v. 6. Sept. 1854 (Dursy I 279). Die Mitwirkung des Bezirkspräsidenten für die Zivilgemeinden ist in E.-L. beseitigt durch §§ 56 Ziff. 11 u. 80

fabriken keine Anwendung mehr findet, mindestens insoweit es sich um die Löschungsbewilligung infolge Erlöschens der Schuld, also um eine bloße Formsache handelt. Soweit es sich um den Verzicht auf die hypothekarische Sicherung einer noch bestehenden Forderung handelt, ist ein solcher einer Veräußerung gleich zu erachten und daher genehmigungsbedürftig.[1])

4. Bezüglich der Ablösung von Grundrenten ist eine staatliche Genehmigung zwar in der französischen Praxis vielfach üblich, gesetzlich aber nicht vorgeschrieben.

§ 61.

Die Prozeßführung der kirchlichen juristischen Personen.

Die Prozesse werden im Namen der Fabrik von dem Schatzmeister betrieben. Die Kirchenpfleger dürfen nur mit Genehmigung des Bezirkspräsidenten klagen oder sich auf

---

Ziff. 7 Gem.-O. v. 6. 6. 1896. Diese Aenderung ist auch auf die Kultusverwaltung von Einfluß geworden (vgl. Geigel I S. 123 Ziff. II u. Anm. 8, der abweich. Ansicht ist).

[1]) Was die hierbei zu beobachtenden Förmlichkeiten anlangt, so finden die Bestimmungen des Zirk. v. 29. 1. 1831 analoge Anwendung. In gewöhnlichen Fällen, insbesondere, wenn es sich nur um eine teilweise Löschung handelt, wird jedoch sowohl von der Abhaltung des Informationsverfahrens als auch von der Vorlage eines Abschätzungsprotokolls und eines Situationsplanes abgesehen.

In den Fällen der §§ 100, 102 AG. BGB. ist die Bewilligung des Gläubigers zur Berichtigung des Grundbuchs überhaupt nicht mehr erforderlich. Der Grundstückseigentümer kann selbstverständlich die Berichtigung des Grundbuchs d. h. die Umschreibung des Pfandrechts auf seinen Namen als Eigentümerhypothek beantragen (GrBO. § 22, AG. BGB. § 103). Um die Löschung handelt es sich hierbei mit Rücksicht auf den Uebergang der Hypothek auf den Eigentümer nicht. Soll dagegen ein noch nicht getilgtes Recht aufgehoben und folgeweise gelöscht werden, so ist zu der Aufgabeerklärung der kirchlichen Anstalt (BGB. § 875) die Genehmigung des Ministeriums erforderlich. Ueber die Legitimation des Schaffners zur Löschungsbewilligung vgl. LG. Straßburg v. 29. 11. 03 Elf.-l. Z. 29 S. 388.

eine Klage einlassen. Der Ermächtigungserteilung hat eine durch den Fabrikrat und den Ausschuß erfolgende gemeinschaftliche Beschlußfassung vorauszugehen; weiterhin hat auch vorher eine Begutachtung durch den Gemeinderat zu erfolgen.[1]) Vorsorgliche Maßnahmen zur Wahrung der Rechte der Fabrik und alle erforderlichen Schritte zur Eintreibung ihrer Einkünfte kann der Schatzmeister allein vornehmen.[2])

---

[1]) Dekr. v. 30. 12. 1809 Art. 77—80; Gemeinde-O. § 59 Ziff. 4. Die Entscheidung über den Antrag auf Genehmigung des Vergleichs einer Kirchenfabrik steht ebenfalls dem Bezirkspräsidenten zu (Dursy I 280 f.) Art. 60 Fabrik-Dekr. § 75[6] Gem.-O. Verf. d. OStA. v. 17. 7. 1882 Abs. 3 Smlg. Bd. 7 S. 239. Vgl. auch über die Ermächtigung der Prozeßführung Art. 77 Dekr. v. 30. 12. 1809. § 59 Ziff. 4 Gem.-O. OLG. Colmar v. 8. 5. 13 Elf.-l. Z. 1914 S. 132.

[2]) Im Folgenden sei im Hinblick auf die Prozeßführung aus praktischen Gründen eine Zusammenstellung der kirchlichen Anstalten und ihrer Organe n. els.-l. Recht wiedergegeben: 1. Die bischöfliche Tafel in Straßburg und Metz, vertreten durch den jeweil. Bischof. 2. Das Kapitel des Münsters in Straßburg und dasjenige des Domes in Metz, vertreten durch den Dekan des Kapitels. 3. Die Priesterseminare in Straßburg und Metz, vertreten durch den Bischof oder den Oekonomen. 4. Die bischöflichen Gymnasien (Knabenseminare) in Straßburg, Zillisheim (O.-E.) und Montigny (Lothr.), vertreten durch den Bischof oder den Oekonomen des Priesterseminars. 5. Die Kirchenfabriken (Pfarreien), vertreten durch die Schatzmeister des Fabrikrats (Kirchenrats), sofern nicht im einzelnen Fall ein anderes Mitglied des Fabrikrats zur Vertretung ermächtigt wird. 6. Die Pfarrämter (Pfarrgüter), vertreten durch den Pfarrer oder den Inhaber der Pfarrstelle. 7. Die durch Gesetz oder Verordnung des Staatsoberhaupts ermächtigten Niederlassungen geistlicher Genossenschaften, vertretungsberechtigt ist der Obere der Niederlassung.

9. Kapitel.

Finanzielle Verpflichtungen der Gemeinden in bezug auf Kultuslasten. Baulast.

§ 62.

Allgemeines.

Die Gemeinden haben in bezug auf den Kultus gewisse pekuniäre Verpflichtungen, die sich nach folgenden Richtungen äußern:

1. Bei Unzulänglichkeit der Einkünfte der Fabrik haben sie für die in Art. 37 (Fabrikdekr.) aufgeführten Verpflichtungen ergänzend einzutreten;

2. dem Pfarrer oder Hilfspfarrer ein Pfarrhaus oder in Ermangelung eines Pfarrhauses und einer Wohnung eine Geldentschädigung zu stellen;

3. für die großen Ausbesserungen der dem Kultus gewidmeten Gebäude aufzukommen. (Art. 92.)[1])

Falls die Gemeinden bei Unzulänglichkeit der Einkünfte der Fabrik bezüglich der zwei ersten Punkte ergänzend einzutreten haben, ist der Voranschlag der Einnahmen und Ausgaben der Fabrik dem zu diesem Zweck berufenen Gemeinderat zur geeigneten Beschlußfassung vorzulegen.[2]) Der Beschluß des Gemeinderats ist sodann dem Bezirkspräsidenten vorzulegen, welcher ihn dem Bischof zur Äußerung übermittelt. Gehen die Ansichten des Bischofs und des Bezirks-

[1]) Vgl. Ges. v. 14. 2. 1810 u. betr. der Vikare Art. 15 Ges. v. 17. 11. 1811; betreffs der Pfarrwohnung Art. 72 Ges. v. 18. Germ. X sowie Art. 30 Nr. 13 u. 14 Ges. v. 18. 7. 1837.

[2]) Bei Weigerung des Gemeinderats hat der Kreisdirektor die Einsetzung des Postens in den Voranschlag der Gemeinde anzuordnen. Art. 39 Ges. v. 18. 7. 1837, Art. 1 Dekr. v. 25. 3. 1852, § 1 Nr. 3 Ver. v. 20. 9. 1873.

präsidenten auseinander, so kann jeder von ihnen Weisungen seitens des Kultusministers einholen.[1]) (Art. 93.)

Bestehen in einer Gemeinde mehrere Pfarreien, so werden die für eine derselben erforderlichen Zuschüsse aus der Gemeindekasse und nicht etwa nur von dem zur Pfarrei gehörigen Teile der Gemeinde getragen.[2])

Umfaßt der Bezirk einer Pfarrei mehrere Zivilgemeinden, so sind alle zur Pfarrei gehörigen Gemeinden verpflichtet, zu den Kultuskosten, insbesondere zur Unterhaltung der Pfarrkirche und des am Sitz der Pfarrei befindlichen Pfarrhauses, beizutragen. Die Verteilung der Kosten auf die einzelnen Gemeinden hat nach dem Verhältnis der von ihnen aufzubringenden direkten Steuern zu erfolgen. Diese Verpflichtung besteht in vollem Umfang auch dann, wenn die Filialgemeinden eigene Kirchen und selbst eigene Geistliche (Vikare) und Pfarrhäuser haben.[3]) Was nun die Ausbesserung von Pfarrkirchen und Pfarrhäusern, also die eigentliche Baulast anlangt, so kommt es hier, mit Rücksicht auf die Frage der Kostentragung, hauptsächlich darauf an, wer der Eigentümer der fraglichen Bauten ist.[4])

§ 63.

Das Eigentum an den Kirchenbauten.

Bei der Beantwortung der Frage nach dem Eigentum ist zu unterscheiden zwischen den Pfarrkirchen und Pfarr-

[1]) Vgl. § 2 Ges. v. 4. 7. 1879.

[2]) StRG. v. 9. 12. 1858 u. v. 23. 6. 1864. Möller II 299 Nr. 52.

[3]) Vgl. Art. 4 Ges. v. 14. 2. 1810 i. V. StRG. v. 14. 12. 1810. Weder das Ministerium noch eine sonstige Behörde ist befugt, diese Verpflichtung der in Betracht kommenden Gemeinden zu beschränken oder aufzuheben oder die Unterhaltungskosten nach einem anderen Maßstab als dem obengenannten zu verteilen.

[4]) Vgl. Min.-Verf. v. 16. 12. 1911, Smlg. 32 S. 560. Auf die Filialkirchen bezieht sich die gen. Verf. nicht.

häusern, die bereits zur Zeit des Konkordats bestanden haben (alte Gebäude) und denjenigen, die erst nach dem Konkordat erbaut oder für kirchliche Zwecke eingerichtet worden sind (neue Gebäude). Soweit die alten Gebäude den auf Grund des Gesetzes vom 18. germ. X errichteten Pfarreien vom Staat zur Verfügung gestellt und demgemäß als Pfarrkirchen und Pfarrhäuser verwendet worden sind, gehören sie den bürgerlichen Gemeinden, in deren Bezirk sie belegen sind.[1]) Soweit sie nicht Verwendung als Pfarrkirchen und Pfarrhäuser gefunden haben, vielmehr als anderweitige Kultusstätten (Hilfskirchen, Anstaltskirchen) oder zu irgend welchen anderen Zwecken gebraucht wurden, sind sie Eigentum der Kirchenfabriken, in deren Pfarrsprengel sie gelegen sind, geworden.[2])

Die neuen Gebäude gehören dagegen den bürgerlichen Gemeinden oder den Kirchenfabriken, je nachdem sie von der einen oder der anderen auf einem ihrer Grundstücke erbaut oder durch einen Rechtsakt (Kauf, Schenkung, letztwillige Verfügung usw.) erworben sind.

§ 64.

Die Baulast.

I. Über die Notwendigkeit kirchlicher Bauten und Ausbesserungen entscheidet die Aufsichtsbehörde endgültig; der Rechtsweg hierüber ist ausgeschlossen,[3]) da es sich hier um eine Auslegung von Verwaltungsakten durch die Gerichte handeln würde.[4])

---

[1]) Min.-Zirk. v. 23. 6. 1838 Dursy I 292.
Ueber das Eigentum an den schon vor der Revolution bestandenen Kirchen vgl. DP. 05. 1. 230. Puchelts Z. 36 S. 378.

[2]) Dekr. v. 30. 5. 1806. Eigentum der Kirchenfabriken sind auch die Klosterkirchen und Klosterkapellen sowie die früheren Vikariatshäuser, über die zur Zeit des Konkordats vom Staate noch nicht verfügt worden war. Dekr. v. 17. 3. 1809 u. v. 9. 11. 1810.

[3]) RG. v. 11. 2. 1904 JurWoch. 04 S. 177 (vgl. eod. 85 S. 275, 95 S. 155, 93 S. 89).

[4]) Vgl. RG. v. 9. 2. 1886 in Puchelts Z. 17 S. 505.

II. Was nun die Baulast selbst betrifft, so ist Grundsatz, daß in erster Linie die Fabrik hierfür einzustehen hat, und zwar hat sie zunächst einen etwa vorhandenen Baufonds, sodann den Erlös etwa entbehrlich gewordener Gebäude (auch die Brandentschädigung) und von dem vorhandenen Kapital und den vorhandenen Grundstücken soviel zu verwenden, als es ohne Nachteil für die notwendigen laufenden Ausgaben geschehen kann.[1]) Nur hilfsweise hat die Zivilgemeinde für die durch den Neubau, Wiederaufbau, Umbau oder Unterhalt der Kirche notwendigen Auslagen aufzukommen. Erweist sich der Bau eines Pfarrhauses als notwendig, so kann die Fabrik oder die bürgerliche Gemeinde von dem Neubau oder dem Erwerb eines solchen absehen und dem Pfarrer dafür entweder eine angemessene Wohnung[2]) beschaffen oder ihm eine Wohnungsentschädigung gewähren. Letztere wird vom Kreisdirektor festgesetzt, der auf den erforderlichen Betrag auf die den Pfarrsprengel bildenden Gemeinden verteilt, nachdem sich die Gemeinderäte und die kirchliche Oberbehörde vorher geäußert haben.[3])

Daß die Herstellung einer neuen Kirche Pflichtausgabe einer Gemeinde sei, ist im Gesetze nirgends ausgesprochen; das Kirchenfabrikdekret legt in Art. 92 Ziff. 3 den Gemeinden vielmehr nur die großen Reparaturen des Gotteshauses zur Last. Zu betonen ist an dieser Stelle, daß überhaupt die Frage der Neuerrichtung einer Kirche mit der Neugründung einer Pfarrei nicht verquickt werden darf.

Betreffs des Pfarrhauses liegt allerdings eine Pflichtausgabe der Gemeinde vor, die allenfalls zwangsetatisiert werden kann.[4])

---

[1]) RG. v. 8. 12. 1904 JurWoch. 1905 S. 121.

[2]) Ob die Wohnung angemessen ist, entscheidet, wenn die Gemeinde zahlen muß, der Kreisdirektor (GemO. § 65 Z. 4 u. 73), sonst die kirchliche Aufsichtsbehörde.

[3]) Maßgebend ist hierbei vor allem das Herkommen. Vgl. RG., JurWoch. 1885 S. 133, RGE. (Ziv.) 26 S. 246. Geigel S. 192.

[4]) Gegen eine solche zwangsweise Einstellung einer Pflicht-

III. Eine besondere landesherrliche Ermächtigung ist erforderlich, wenn überflüssige Teile eines Pfarranwesens losgetrennt und für einen anderen öffentlichen Zweck verwendet werden sollen.[1]) (distraction = Entwidmung). Eine solche Entwidmung kommt jedoch dann nicht in Frage, wenn z. B. eine Scheune abgebrannt und der Grund und Boden, auf dem sie gestanden hat, nicht vom Pfarranwesen losgetrennt und zu einem anderen öffentlichen Zweck verwendet wird, vielmehr, wenn auch unbebaut, weiter ein Bestandteil des Pfarranwesens bleibt. Eine weitere Frage ist aber die, ob die Zivilgemeinde allenfalls verpflichtet ist, die Scheune wieder aufzubauen. Diese Frage ist aber zu verneinen, da die Zivilgemeinde lediglich verpflichtet ist, eine Wohnung oder eine Wohnungsentschädigung zu gewähren. Eine Berechtigung des Pfarrers, einen Garten, einen Hof oder Nebengebäude von der Gemeinde zu verlangen, ist nirgends anerkannt. Hat die Gemeinde aus freien Stücken, wozu sie befugt ist, solche Grundstücke oder Nebengebäude dem Pfarrhause in der Weise zugeteilt, daß dieselben Zubehör (dépendances) des Pfarranwesens bilden, so ist eine Trennung dieser Grundstücke und Gebäude vom Pfarrhaus allerdings nur wieder mit landesherrlicher Genehmigung zulässig. Eine Verpflichtung der Gemeinde zum Wiederaufbau einer durch Zufall (z. B. Feuersbrunst) zerstörten Pfarrscheune könnte allenfalls nur aus einem besonderen Rechtstitel (Vertrag, Testament) hervorgeleitet werden.[2])

ausgabe ist der Rechtsweg unzulässig. Vgl. RG. v. 26. 2. 1885, Elf.-l. Z. 12 S. 134e u. Fischbach, Öff. Recht S. 146.

[1]) „Distracton de parties superflues d'un presbytère pour un autre service public." Vgl. Ordonn. v. 3. 3. 1825. Ueber den Begriff der „dépendance" vgl. Dalloz, Suppl. Culte Nr. 397f. Art. 72 organ. Best. v. 18. Germ. X, Kassat. v. 21. 1. 1868, DP. 1868. 1. 77. Staatsrat E v. 29. 5. 1903. DP. 1904. 3. 102 und Note 3 u. 4 daselbst.

[2]) Schließt eine Kirchenfabrik mit einer Zivilgemeinde einen Vertrag, wonach letzterer das Eigentum an dem neuerbauten Pfarrhaus übertragen werden soll, so ist ein solcher Vertrag als frei

IV. Einer Hervorhebung bedarf es eigentlich nicht, daß die Beiträge einer Gemeinde zur Mietsentschädigung eines Pfarrers nicht zwangsweise erhöht werden können, um mit dem Betrag der Erhöhung andere Bedürfnisse der Pfarrei, wie die Kosten der Unterhaltung der Kirche zu bestreiten.[1])

V. Die Kosten des Neubaus, Wiederaufbaues, Umbaues oder Unterhalts einer Pfarrkirche oder Pfarrhauses sind, sofern deren Notwendigkeit oder Nützlichkeit feststeht, sowohl für die Fabrik und hilfsweise für die Gemeinde Pflichtausgaben. (§§ 65, 73 Gem.-O.) Insbesondere ergibt sich aus Art. 77 Ges. v. 18. germ. X, arrêté v. 7. vent. XI, Art. 1 und 2 Dekr. v. 5. 5. 1806; Art. 37, 92, 95, 98 Dekr. v. 30. 12. 1809 und Art. 4 Ges. v. 14. 2. 1810, daß die Gemeinde im Falle der Unzulänglichkeit der Einkünfte der Kirchenfabrik nicht bloß die Kosten der Unterhaltung der Pfarrkirche zu übernehmen hat, sondern auch verpflichtet ist, eine bestehende Kirche im Bedürfnisfalle zu vergrößern oder neu zu bauen.[2])

---

von Stempeln und Verkehrssteuern zu behandeln; es muß aber in dem Vertrage zum Ausdruck gebracht werden, daß es sich nicht um eine gewöhnliche Eigentumsübertragung handelt, sondern lediglich um eine rechtliche Form, die Gemeinde, die auf Grund ihrer gesetzlichen Verpflichtung zur Herstellung des Pfarrhauses, die Kosten des Baus (abgesehen von etwaigen Staatszuschüssen) getragen hat, auch zur Eigentümerin des Pfarrhauses zu machen.

Zur Beurkundung des Vertrags ist, da eine Gemeinde beteiligt ist, der Bürgermeister oder sein gesetzlicher Stellvertreter nach § 45 AG.ReichsstempGes. v. 6. 11. 99 zuständig.

Da das Pfarrhaus auch in das Grundbuch nicht eingetragen zu werden braucht, erübrigen sich weitere Förmlichkeiten mit Ausnahme der seitens des Ministeriums der Kirchenfabrik zu erteilenden Ermächtigung, die Eigentumsübertragung vorzunehmen, da es sich formell um eine Veräußerung handelt.

[1]) Zur Bestreitung dieser Kosten müßte gemäß Art. 2 Ordonn. v. 5. 5. 1808 u. Art. 92 u. 94 Dekr. v. 30. 12. 1809 verfahren werden.

[2]) Art. 98 Drekr. v. 30. 12. 1809 u. Art. 4 Ges. v. 14. 2. 1810 erwähnen neben „réparations“ ausdrücklich die „reconstructions des édifices du culte“; Art. 2 Dekr. v. 5. 5. 1806 spricht von

Soll eine Gemeinde als Ersatz für eine bisher bestehende eine neue Kirche erbauen, so kann sie nicht gezwungen werden, aus Zweckmäßigkeitsgründen einen von dem bisherigen verschiedenen Bauplatz herzugeben.[1])

Kommen die weltliche und die geistliche Behörde (Bischof und Bezirkspräsident) zu der übereinstimmenden Ansicht, daß der Neubau der Kirche notwendig ist, so haben der etwa notwendig werdenden Zwangsetatisierung folgende Formalitäten vorauszugehen: Der Bezirkspräsident veranstaltet im Einvernehmen mit dem Bischof eine Enquête,[2]) in welcher die Notwendigkeit der geplanten Maßnahme untersucht wird. Weiterhin hat der Bezirkspräsident (Art. 95 Fabrikdekret) Sachverständige zu ernennen, durch welche in Gegenwart eines Mitgliedes des Gemeinderats und eines Kirchenpflegers baldigst ein Kostenvoranschlag über die auszuführenden Arbeiten aufzustellen ist.[3]) Dieser Voranschlag ist dem Gemeinderat vorzulegen und sodann auf dessen Gutachten die Ausführung der Arbeiten zu veranlassen; falls der Gemeinderat sich nicht bereit dazu erklärt,

---

constructions des temples schlechthin, eine Ausdrucksweise, die auch den Neubau umfaßt.

Vgl. über die im Text wiedergegebene Ansicht auch: Ducrocq, Cours de droit admin. 6. A. 1881 II S. 557, 558; Giron, droit admin. de la Belgique II 353. v. Reichlin, Gemeindegesetzgebung in E.-L., 2. Aufl. S. 38 Anm. 15 II. Geigel, 1898 S. 210. Ferner als Ansicht der franz. Kultusverwaltung: Bull. du Min. de l'Int. 1856 S. 247; 1858 S. 20.

[1]) Vgl. Dubief-Gottofrey, Traité II S. 427 Anm. 1. Bull. du Min. de l'Int. 1859 S. 108; 1861 S. 308.

[2]) Es handelt sich hierbei jedoch nicht um die übliche enquête de commodo et incommodo, sondern um ein gewöhnliches Instruktionsverfahren.

[3]) Die Vorschrift des Art. 95 zit. bezieht sich allerdings wörtlich nur auf Reparaturen, tatsächlich wurde die Vorschrift aber auch auf Neubauten angewendet. Seitdem jedoch für die Hochbauten der Gemeinden durch die Anweisung v. 21. 6. 1901 und v. 30. 12. 1907 neue besondere Bestimmungen erlassen worden sind, kommen diese und nicht mehr die alten Vorschriften zur Anwendung. Abw. Ans. 3.

hat der Bezirkspräsident die Zwangsetatisierung zu verfügen.

VI. Der Bauherr. An sich kann bei dem Bau einer neuen Kirche oder eines Pfarrhauses wie auch bei Umbauten und Reparaturen sowohl die bürgerliche Gemeinde wie die Kirchenfabrik Bauherr, d. h. diejenige Person sein, die in eigenem Namen und auf eigene Rechnung die Bauarbeiten ausführen läßt. Aus Zweckmäßigkeitserwägungen empfiehlt es sich allerdings, daß bei Neubauten und überhaupt bei Vornahme größerer Bauarbeiten die Gemeinden und nicht die Kirchenfabriken als Bauherren auftreten.[1]) Abgesehen hiervon ist bei Neubauten entscheidend für die Frage, wer Bauherr ist, die Kostenbeteiligung. Je nachdem also entweder die Gemeinde oder die Fabrik den größeren Teil der Kosten trägt, ist die erstere oder letztere Bauherrin; bei gleicher Kostenteilung gebührt der Gemeinde der Vorrang.

Handelt es sich dagegen um Umbauten oder Reparaturen, so ist die Kirchenfabrik Bauherrin, wenn ihr das Gebäude zu Eigentum gehört, und zwar ganz einerlei, ob die bürgerliche Gemeinde einen Zuschuß leistet oder nicht. Gehört das Gebäude der Zivilgemeinde, so ist bei größeren Wiederinstandsetzungsarbeiten die Quote der Kostenbeteiligung entscheidend für die Frage, ob die Fabrik oder die Zivilgemeinde Bauherrin ist; bei gewöhnlichen Ausbesserungs-, Unterhaltungs- und Verschönerungsarbeiten ist erstere immer die Bauherrin.

Soweit die Gemeinde Bauherrin ist, hat sie die Vorschriften der Gemeindeordnung zu beachten; dem Fabrikrat, dem Gelegenheit zur Äußerung zu geben ist, steht hinsichtlich der Bauausführung ein Überwachungsrecht zu.

Die Kirchenfabrik als Bauherrin bedarf zur Vornahme der fraglichen Arbeiten der staatlichen Genehmigung.[2]) In

---

[1]) Vgl. Min.-Verf. v. 16. 12. 1911 Smlg. 32 S. 567.
[2]) Vgl. die Allgemeine Verf. v. 17. 7. 1911 II B. 952/10.

einer Reihe von Fällen muß der Gemeinderat gehört werden,[1]) nämlich, wenn der Neubau einer Pfarrkirche oder eines Pfarrhauses in Frage steht (hier hat sich der Gemeinderat über den Bauplatz, den Bauentwurf und den Kostenanschlag zu äußern) oder wenn an einem der Zivilgemeinde gehörenden Gebäude oder an einem der Fabrik selbst gehörenden Kirchengebäude oder Pfarrhause größere Wiederinstandsetzungsarbeiten ausgeführt werden sollen.[2]) Der Gemeindeverwaltung (insbesondere also dem Bürgermeister) steht gegenüber der Kirchenfabrik als Bauherrin ein Aufsichtsrecht zu, insbesondere kann sie der Vergebung der Arbeiten beiwohnen und die Ausführung des Baues nach den genehmigten Bauplänen beaufsichtigen.

§ 65.

Insbesondere die bischöflichen Paläste und Seminare.

I. Bereits durch Verordnung v. 9. floréal XI waren die Bischöfe ermächtigt worden, bei ihren Kathedralen Fabriken einzurichten und zwar auf Grund von Verordnungen, die die Regierung zu genehmigen hatte. Diese Bestimmungen sind durch Art. 104 des Dekrets vom 30. Dez. 1809 aufrechterhalten worden.[3])

Während ursprünglich bestimmt war (Art. 106 cit.), daß die zu einer Diözese gehörigen Bezirke gegen die Kathedralfabrik dieselben Verpflichtungen haben, wie die Ge-

[1]) Selbstverständlich ist dies, wenn die Gemeinde einen Zuschuß leisten soll. Vgl. auch Art. 96, 97 Fabrikdekr. Die Anhörung des Gemeinderats ist nicht gleichbedeutend mit der Zustimmung desselben; auch gegen den Willen der Gemeinde kann die Kirchenfabrik die Arbeiten durchführen, wenn sie die staatliche Genehmigung der zuständigen Behörde besitzt, weil diese die Arbeiten für notwendig oder nützlich hält.

[2]) Bei bloßen Ausbesserungs- und Verschönerungsarbeiten ist der Gemeinderat zweckmäßigerweise allerdings auch zu hören.

[3]) Die für die Kirchenfabriken aufgestellten Grundsätze finden auf die Kathedralfabriken entsprechende Anwendung. Art. 105 Fabrikdekr.

meinden gegen die Pfarrfabriken, ist seit dem Finanzgesetz v. 10. Mai 1823 bestimmt, daß die Kosten der Unterhaltung der Diözesangebäude, nämlich des bischöflichen Palastes, der Kathedrale und des großen Seminars, auf den Staat übernommen werden, sofern die Mittel der Fabrik nicht ausreichen. Sind an den genannten Bauten große Ausbesserungen oder Umbauten vorzunehmen, so hat der Bischof dem Bezirkspräsidenten seines Sitzes hiervon amtliche Nachricht zu geben und zugleich eine Übersicht über die Finanzlage der Fabrik mitzuteilen, aus der zu ersehen ist, welcher Betrag von den Einkünften nach Deckung der ordentlichen Ausgaben für die Feier des Gottesdienstes übrig bleibt. (Art. 107.) Der Bezirkspräsident ordnet sodann an, daß ein Kostenvoranschlag bezüglich der auszuführenden Arbeiten aufzustellen sei.[1]) Die erwachsenen Schriftstücke sind mit den Bemerkungen des Bischofs und dem Gutachten des Bezirkspräsidenten dem Ministerium vorzulegen.[2]) Gehören zur nämlichen Diözese mehrere Bezirke, so hat die Kostenverteilung unter dieselben nach dem gewöhnlichen Verhältnisse stattzufinden; der Bezirk, in welchem der Hauptakt der Diözese sich befindet, muß jedoch ein Zehntel mehr bezahlen (Art. 111).

II. Das Eigentum an den Kathedralkirchen und den Seminaren verblieb auch zufolge Beschlusses der französischen Regierung vom 20. prair. X. dem Staate.[3]) Das

[1]) Und zwar in Gegenwart eines Beauftragten des Bischofs in der für die öffentlichen Arbeiten vorgeschriebenen Form. Art. 108.

[2]) Betreffs dringlicher Reparaturen gilt ein beschleunigtes Verfahren. Art. 110.

[3]) Min.-Zirk. v. 1. 12. 1838; Dalloz. Rép. v° culte Nr. 479. Gaudry. Traité II S. 497. Vgl. F. W. Bredt, Das Eigentum am Straßburger Münster und die Verwaltung des Frauenstifts 1903; J. Fahrner, Das Eigentums- und Nutznießungsrecht am Straßburger Münster 1911 u. Straßb. Diözesanblatt 1911 S. 154 f. Geigel, Reichsl. K.-R. S. 340. Die Bistümer selbst besitzen keine juristische Persönlichkeit vgl. LG. Mülhausen v. 9. 1. 08 ElsLothrZ. 33 S. 95.

Gleiche gilt auch von den bischöflichen Palästen, die durch Verfügung vom 24. germ. X. wieder zur Aufnahme der Bischöfe bereit gestellt waren. Durch Art. 8 des Finanzgesetzes v. 26. Juli 1829 wurde die Mobiliareinrichtung ebenfalls auf die Staatskasse übernommen. Die Ordonnanzen vom 17. April 1819 und vom 4. Jan. 1832 ordneten zugleich die Inventarisierung der Mobiliareinrichtung und jährliche Revisionen durch den Präfekten oder den von diesem beauftragten Stellvertreter an. Der Bischof bzw. dessen Erben haften für den im Todesfalle abhanden gekommenen, im Inventar aufgenommenen Wert der fehlenden Stücke.[1])

§ 66.

Die Ausschmückung der Kirchen.

I. In einem gewissen Zusammenhang mit den Vorschriften über die Unterhaltung der Kirchen steht die Ausstattung und Ausschmückung derselben.

1. Über die Ausstattung, d. h. die zum kirchlichen Gebrauch notwendige innere Einrichtung, entscheidet die Bauherrin;

2. Die Ausschmückung kann eine dauernde oder eine vorübergehende sein. Die Ausschmückung dient zur Verschönerung der Kirche und zur Vermehrung der Andacht der Gläubigen; es kommen hier Gemälde, Statuen, Fenster, Reliefs, Altarverzierungen, Prunkleuchter usw. in Frage. Weiterhin fällt unter die Ausschmückung auch die Anbringung von Erinnerungszeichen, Gedenktafeln, Grab- und Denkmälern.

a) Was die dauernden Gedenkzeichen und Ausschmückungen anlangt, so ist ihre Anbringung im Innern der Kirche nur auf Vorschlag des Bischofs und mit Genehmigung des Kultusministers gestattet. (Art. 73 Fabrikdekret.)[1])

---

[1]) Dursy I 65, 66.

[2]) André III 247.

Der zur unmittelbaren Leitung des Gottesdienstes berufene Geistliche, also regelmäßig der Pfarrer, hat ein Widerspruchsrecht.[1])

Über die eigentliche Ausschmückung und die Kosten der inneren Verschönerung der Kirche hat die Fabrik zu entscheiden, der auch die daraus entstehenden Kosten zur Last fallen.[2]) Werden zur Ausschmückung bestimmte Gegenstände durch die Freigebigkeit dritter Personen der Kirche zugewendet, so bedarf es hier der Annahme durch dasjenige Organ, welches die Kirche vertritt, weil es sich um einen vermögensrechtlichen Akt, Annahme einer Schenkung oder letztwilligen Verfügung handelt.[3])

Über Änderungen in betreff der erwähnten Gegenstände sowie über die Entfernung derselben aus der Kirche entscheidet dasselbe Organ, welches ihre Anbringung verfügt hat; auch hierbei hat der zur Leitung des Gottesdienstes berufene Geistliche ein Widerspruchsrecht.

Was die Anbringung von Votivgeschenken, Votivtafeln u. a., namentlich in Wallfahrtskirchen, betrifft, so hat hier, da es sich bei derselben weniger um die Ausschmückung der Kirche als um die Befriedigung der religiösen Gefühle der Einzelnen handelt, der mit der Leitung des Gottesdienstes betraute Geistliche das Bestimmungsrecht. Eine Zustimmung des Eigentümers der Kirche oder des das Kirchengut verwaltenden Organs kommt bei dem Bestehen einer hergebrachten Sitte, solche Votive anzubringen, nicht in Frage,

[1]) André II 553. Hinschius IV 335. Das Widerspruchsrecht wird insbesondere dann geltend gemacht werden, wenn der anzubringende Gegenstand mit der katholischen Lehre nicht im Einklang steht oder wenn er die Andacht stören könnte. Dieses Recht ist aber ein negatives und enthält nicht die Befugnis, positive Anordnungen über die Beschaffung und Anbringung solcher Gegenstände zu treffen; denn das fällt nicht unter die Leitung des Gottesdienstes, sondern unter die Frage der Pflicht zur Beschaffung der für den Gottesdienst nötigen Sachen. Vgl. Art. 37 Fabrikdekret.

[2]) Art. 37 Z. 3 Fabrikdekr., André, Cours alph. 4. éd. II 533.

[3]) Hinschius II 334.

weil es sich um die bestimmungsgemäße Verwendung des Gebäudes zur gottesdienstlichen Verehrung handelt.[1])

b) Was die vorübergehende Ausschmückung der Kirchen anläßlich bestimmter Feste angeht, so sind hier staatliche Repressivmaßnahmen in gewissen französischen Gesetzesbestimmungen zu finden, die durch authentische Interpretation des Reichsgesetzes v. 29. 3. 1888 (RGBl. S. 127) noch in Kraft stehen. Es sind mit Strafe bedroht: 1. Das öffentliche Tragen äußerer Zeichen aller nicht durch Gesetz oder Polizeiverordnung gestatteten Vereinigungen. 2. Das Ausstellen in öffentlichen Versammlungen oder an öffentlichen Orten von Zeichen oder bildlichen Darstellungen, welche geeignet sind, den Geist des Aufruhrs zu verbreiten oder den öffentlichen Frieden zu stören.[2]) Unter diese Bestimmungen fällt insbesondere das Anbringen von Fahnen in anderen als Reichs-, Bundesstaats- und elsaß-lothr. Stadtfarben.[3])

---

[1]) Hinschius IV 336.

[2]) Leoni-M. II 141 A. 8. Fischbach, Öff. R. S. 222.

[3]) Bezüglich des Verbringens der Fahnen von Kriegervereinen in Kirchen bei Prozessionen, Beerdigungen hat es früher in E.-L. Schwierigkeiten gegeben, die indessen durch Verfügungen der Diözesanbehörde des Landes, im Anschluß an eine durch Uebereinkommen des preußischen Episkopats für alle Diözesen Preußens getroffene, von dem preußischen Kriegsministerium unterm 25. 11. 1899 den kgl. Generalkommandos mitgeteilte Anordnung insofern aus dem Wege geräumt worden sind, als die Pfarrer allgemein zur Zulassung der Kriegervereinsfahnen angewiesen worden sind.

10. Kapitel.

Die Eröffnung neuer Kultusstätten.

§ 67.

Die Eröffnung neuer Kultusstätten.

I. Eine neue Kultusstätte darf in Elsaß-Lothringen grundsätzlich nur mit staatlicher Ermächtigung errichtet werden.[1]) Die Ermächtigung wird, von besonderen Fällen abgesehen, durch landesherrliche Verordnung (des Statthalters) erteilt. Der Inhalt der Ermächtigung (autorisation) besteht darin, daß die Berechtigung verliehen wird, an einem bestimmten Ort eine Kultusstätte bestimmter Gattung zu haben. Der Sitz und die Art der Kultusstätte ist also auf alle Fälle anzugeben, unwesentlich ist dagegen die Bezeichnung des Gebäudes und des Raumes, in dem der Gottesdienst ausgeübt werden soll. Ein bestimmtes Gebäude oder ein bestimmter Raum braucht überhaupt vor Erteilung der Ermächtigung nicht vorhanden zu sein. Aus dem Gesagten ergibt sich bereits, daß eine Änderung des Sitzes oder der Art der autorisierten Kultusstätte nur auf Grund einer neuen landesherrlichen Ermächtigung gestattet ist. Eine Änderung des Sitzes liegt vor, wenn die Kultusstätte aus

[1]) Vgl. Art. 44, 60, 61, 62 Ges. v. 18. Germ. X u. 11. Prair. XII, Dekr. v. 30. 9. 1807, Dekr. v. 22. 12. 1812. Vgl. Bericht des Min. zum Dekr. v. 19. III. 1859 u. Min.-Zirk. v. 4. VII. 1882. Gaudry III S. 642. Hinschius II 464 f.; IV S. 324 f.; Geigel Franz. StKR. S. 185 f.; Derselbe, Reichsländ. StKR. II S. 156 f. Min.-Verf. v. 16. Jan. 1911 betr. die Eröffnung neuer Kultusstätten Smlg. Bd. 32 S. 326 f. Während früher diese Ermächtigung in formloser Weise erfolgte, geschieht nunmehr, und zwar gleichzeitig mit der Genehmigung der Ernennung der Pfarrer, die Veröffentlichung im Zentralblatt. Mit der Ermächtigung wird gleichzeitig der neue Pfarrsprengel geschaffen (das Gleiche gilt für die Umwandlung von Hilfspfarreien in Pfarreien).

dem in der Ermächtigung bezeichneten Ort an einen anderen Ort verlegt wird, so z. B. wenn die Pfarrkirche einer aus mehreren Gemeinden bestehenden Pfarrei aus der Gemeinde, in der sie sich bisher befand, in eine andere Gemeinde verlegt werden soll.[1])

II. Was die Änderung der Art der Kultusstätte angeht, so ist zu beachten, daß nach dem in Elsaß-Lothringen geltenden Staatskirchenrecht zwei Hauptgruppen von Kultusstätten in Betracht kommen, solche mit und solche ohne titre légal. Zu der ersteren Gruppe gehören: Die Kathedral- und Bischofskirchen, die Pfarrkirchen und die Annexkirchen im Sinne der Art. 11, 12, 13 Dekr. v. 30. Dez. 1807); zu der letzteren Gruppe sind zu zählen die gewöhnlichen Hilfskirchen[2]) (oratoires publics, chapelles de

---

[1]) Ein anderer Fall ist der, daß eine Hauskapelle in ein anderes Haus desselben Eigentümers verlegt werden soll. Dagegen liegt eine Aenderung des Sitzes nicht vor, wenn innerhalb der Grenzen des in der Ermächtigung bezeichneten Ortes die Kultusstätte in ein anderes Gebäude oder in einen anderen Raum verlegt wird. Eine neuerbaute Pfarr- oder Hilfskirche, die an die Stelle einer in derselben Gemeinde bestehenden Pfarrkirche oder autorisierten Hilfskirche treten soll, kann daher ohne neue staatliche Ermächtigung in Gebrauch genommen werden. Vgl. Gutachten des franz. Staatsrats v. 24. 10. 1834.

Handelt es sich um eine Kultusstätte mit einem titre légal, so ist die Titelübertragung auf ein an einem anderen Ort herzustellendes Gebäude ermächtigungspflichtig. In dieser Ermächtigung ist zugleich die Erlaubnis zur Eröffnung dieses Gebäudes mitenthalten. Ist dagegen die Kultusstätte, deren Verlegung in Frage kommt, ein oratoire, so ist zur Eröffnung des neuen Baues oder Raumes eine besondere Eröffnungsermächtigung notwendig.

[2]) Einzelne franz. Schriftsteller nehmen an, daß die kath. Hilfskirchen als eine Art von oratoires particuliers im Sinne des Art. 44 Ges. v. 18. Germ. X anzusehen sind. Cf. Vuillefroy, Traité S. 439 Anm. 2. Dalloz, Rép. Suppl. v° culte Nr. 318 S. 537. Die Praktiker stehen dagegen eher auf dem Standpunkte, daß die Hilfskirchen den in Art. 11, 12, 13 Dekr. v. 30. 9. 1807 vorgesehenen Annexkirchen gleichzustellen sind. Staatsrat E v. 5. 1. 1869 u. Min.-Zirk. v. 8. 10. 1880, Prompsault, Dictionn. v° chapelle de secours S. 801.

secours, Filialkirchen), ferner die Anstaltskirchen und Anstaltskapellen[1]) (oratoires particuliers) und schließlich die Hauskapellen (oratoires oder chapelles domestiques, Privatkapellen).

Eine Änderung der Art liegt nun vor, wenn eine Kultusstätte, die durch die Ermächtigung in eine bestimmte Kategorie eingereiht worden ist, in eine Kultusstätte anderer Gattung umgewandelt werden soll; so z. B. wenn die Umwandlung einer Hilfskirche in eine Pfarrkirche oder in eine Anstaltskirche beabsichtigt ist, oder wenn zwei Kirchen verschiedener Gattung (Pfarrkirche, Hilfskirche) an einem Orte die Gattung tauschen wollen.

Soll einer Kultusstätte mit titre légal ein anderer als der bestehende titre légal (also entweder ein höherer oder ein niederer) beigelegt werden, so ist die Titelübertragung als solche ermächtigungspflichtig.[2])

III. Die Art der staatlichen Ermächtigung. Die staatliche Ermächtigung zur Errichtung einer Kultusstätte ist entweder eine ausdrückliche und besondere oder eine inhaltlich in einer allgemeineren Ermächtigung bereits enthaltene, je nachdem es sich um ein oratoire oder um eine Kultusstätte mit einem titre légal handelt.[3])

---

[1]) Solche können besitzen nach dem Dekr. v. 22. 12. 1812: „les hospices, les prisons, les maisons de détention et de travail, les écoles secondaires ecclésiastiques, les congrégations religieuses, les lycées et les collèges, les pensionats pour les jeunes filles et les jeunes garçons".

[2]) In der Ermächtigung zur Uebertragung des Titels auf das seiner Art nach zu ändernde Kirchengebäude (autorisation de translation de titre) ist die Ermächtigung, dieses Gebäude in der neuen Eigenschaft zu eröffnen, enthalten. Handelt es sich dagegen darum, eine Kultusstätte mit einem titre légal in ein oratoire. oder ein oratoire in ein solches anderer Art umzuwandeln, so ist eine besondere Eröffnungsermächtigung (autorisation d'ouverture) erforderlich, durch welche gestattet wird, die Kultusstätte in der neuen Gestalt oder Eigenschaft zu eröffnen.

[3]) Kommt die Errichtung einer Kultusstätte mit titre légal in Frage, so umfaßt die Ermächtigung zur Gründung des titre

IV. Die Form der staatlichen Ermächtigung. Die Ermächtigung wird im allgemeinen durch landesherrlichen Erlaß erteilt. In einzelnen Fällen erfolgt die Ermächtigung aber in anderer Weise, insbesondere durch das Ministerium oder den Bezirkspräsidenten. Solche besonderen Fälle sind: a) Zur Gründung einer neuen Diözese und mithin auch zur Schaffung einer neuen Kathedralkirche ist ein Gesetz erforderlich. b) Die vorübergehende Benutzung eines Gebäudes oder Raumes als Kultusstätte kann vom Bezirkspräsidenten gestattet werden.[1]) c) Gemäß Art. 2 Dekr. v. 22. Dez. 1812 gehören die religiösen Genossenschaften (congrégations religieuses) zu denjenigen Anstalten und Personenvereinigungen, die eigene Kirchen und Kapellen haben dürfen. Hierbei ist naturgemäß nur an die staatlich anerkannten Genossenschaften gedacht. Die nicht anerkannten Genossenschaften sind eigentlich verboten und haben, soweit sie tatsächlich geduldet werden, keine (existence légale) rechtliche Existenz; folgerichtig kann bei ihnen auch eine landesherrliche Ermächtigung zur Errichtung einer Anstaltskirche nicht in Frage kommen. Da der Staat die fraglichen Genossenschaften stillschweigend duldet, in gewissen Fällen sie auch ausdrücklich zugelassen hat, wäre die Versagung der Errichtung einer Anstaltskirche eine Härte. Dementsprechend

---

(Bistum, Pfarrei, Annexe) implicite auch die Erlaubnis, an dem Sitz des établissement ecclésiastique eine entsprechende Kultusstätte zu errichten. Deshalb spricht man hier von einer Gründungsermächtigung (autorisation d'érection).

Handelt es sich dagegen um die Errichtung einer Kultusstätte ohne titre légal, so erfolgt die Ermächtigung durch eine Spezialverordnung, durch die gestattet wird, an einem bestimmten Ort (Gemeinde, Gemeindeteil, Anstalt, Anwesen, Haus) ein oratoire bestimmter Art (Hilfskirche, Anstaltskirche, Hauskapelle) zu eröffnen. Man spricht hier von einer Eröffnungsermächtigung (autorisation d'ouverture).

[1]) Es ist dies zwar nur bezüglich des protestantischen Kultus in Art. 2 Dekr. v. 19. 3. 1859 ausdrücklich ausgesprochen, gilt aber auch für andere Kulte. Vgl. Min.-Zirk. v. 8. 10. 1880 hinsichtlich des katholischen Kultus.

hat die Praxis solchen Genossenschaften im Bedürfnisfalle duldungsweise gestattet, eigene Kirchen und Kapellen bis auf weiteres zu errichten.

V. Zweck und rechtliche Natur der staatlichen Ermächtigung. Die Vorschrift, daß eine Kultusstätte ohne titre légal (oratoire) nur mit staatlicher Ermächtigung errichtet werden darf, ist ihrem Wesen und Zweck nach nur kultuspolizeilicher Art.[1]) Die Erteilung der Ermächtigung ist daher unabhängig von der Erfüllung sonstiger polizeilicher Vorschriften, insbesondere bau-, feuer- und straßenpolizeilicher Bestimmungen.[2]) Die lediglich kultuspolizeiliche Bedeutung der Eröffnungsermächtigung zeigt sich ferner darin, daß durch dieselbe weder für die Kultusgemeinde (Kirchenfabrik usw.), noch für die Zivilgemeinde irgendwelche finanzielle Verpflichtungen begründet werden.

VI. Die Dauer der staatlichen Ermächtigung. Hierbei muß unterschieden werden zwischen Kultusstätten mit oder ohne titre légal. Bezüglich der ersteren bleibt die Ermächtigung solange in Kraft, als das établissement ecclésiastique selbst besteht. Wird z. B. die Pfarrei aufgehoben, so erlischt damit auch das Recht, eine Pfarrkirche zu bauen. Soll diese als Hilfs- oder Anstaltskirche weiter benutzt werden, so bedarf es dazu einer besonderen

---

[1]) Vgl. Portalis in seinem Bericht zum Gesetz v. 18. Germ. X Art. 44 u. Gaudry I S. 237 f. Lehr, Dict. d'admin. eccl. S. 197.

[2]) Die Ermächtigung kann daher vor der Herstellung des Gebäudes oder Raumes, in dem der Kultus ausgeübt werden soll, erteilt werden. Eine baupolizeiliche Abnahme ist für Kultusstätten überdies gar nicht vorgeschrieben. Die Bezirkspolizeiverordnung von 1892 betrifft die bauliche Anlage und die innere Einrichtung von Theatern, Versammlungsräumen usw., findet aber auf Baulichkeiten, welche ausschließlich für gottesdienstliche oder Unterrichtszwecke bestimmt sind, keine Anwendung. § 60 II. Bloß in denjenigen Fällen, in welchen eine Gemeinde oder öffentliche Anstalt eine Kultusstätte mit einem staatlichen Zuschuß errichtet hat, ist gemäß § 10 Z. 1 der Anweisung v. 30. 12. 1907 der fertige Bau vom Hochbaubeamten abzunehmen.

Eröffnungsermächtigung. Bezüglich der Frage der Ermächtigung zur Eröffnung einer Kultusstätte ohne titre légal ist zu unterscheiden zwischen dem oratoire public, o. particulier und o. domestique. Betreffs des erstgenannten o. wird die Ermächtigung regelmäßig auf unbestimmte Zeit erteilt; sie dauert daher bis zur Zurücknahme oder bis zum Aufhören des Bestehens der Kultusstätte. Bei dem o. part. wird die Ermächtigung auf bestimmte oder unbestimmte Zeit erteilt; in letzterem Falle gilt das Gleiche wie bei dem o. public. Die Ermächtigung zur Eröffnung eines or. domestique erlischt, sofern nicht schon vorher ihre Zurücknahme erklärt wird,[1]) mit dem Tode desjenigen, der die Ermächtigung erhalten hat.[2])

VII. Kultusstätten aus der Zeit vor dem Konkordat. Diejenigen Kultusstätten, die schon vor dem Jahre 1802 (Publikation des Konkordats und der organischen Artikel) errichtet worden und ununterbrochen bis jetzt bestehen geblieben sind, sind den gehörig autorisierten Kultusstätten gleichzustellen. Demgemäß sind diese alten Kultusstätten so zu behandeln, wie wenn sie durch eine staatliche Ermächtigung denjenigen Sitz und diejenige Art erhalten hätten, die sie im Jahre 1802 besaßen.

VIII. Kultusstätten der nicht anerkannten Kulte. Gemäß Art. 3 Dekr. v. 19. März 1859 kann ein nicht anerkannter Kultus durch landesherrlichen Erlaß zur öffentlichen Ausübung seines Bekenntnisses ermächtigt werden.[3]) Mit dieser Ermächtigung erhält die

---

[1]) Die Zurücknahme der Ermächtigung ist bei allen oratoires selbstverständlich. Bzgl. der protestant. Kirchen und Kapellen vgl. Art. 4 Dekr. v. 19. 3. 1859.

[2]) Vgl. Art. 5 Dekr. v. 22. 12. 1812. Ob sich diese Vorschrift auf alle Hauskapellen bezieht, oder — ihrem Wortlaut entsprechend — nur auf diejenigen, die in den Städten errichtet werden, ist zweifelhaft. Nach dem Min.-Zirk. v. 8. 10. 1880 wird die Vorschrift auf alle Hauskapellen angewandt.

[3]) Aber nur dann, wenn es sich um eine inländische Religionsgesellschaft handelt. Franz. Staatsrat v. 17. 2. 1878.

betreffende Religionsgemeinschaft zugleich das Recht, an dem im Erlaß bezeichneten Orte eine Kultusstätte zu errichten und zu eröffnen. Will die betreffende Gesellschaft noch an einem anderen Ort eine Kirche, Bethaus, Kapelle errichten, so bedarf sie hierzu einer besonderen landesherrlichen Erlaubnis.

Ein nicht anerkannter Kult, der keine Ermächtigung zur öffentlichen Ausübung seines Bekenntnisses besitzt, kann vom Ministerium[1]) (des Innern) die Eröffnung einer Kultusstätte duldungsweise gestattet bekommen. Ferner sind die Bezirkspräsidenten[2]) befugt, dem nicht anerkannten und nicht ermächtigten Kultus die Erlaubnis zu réunions accidentelles zu erteilen.

IX. Die formellen Vorschriften betreffs der Erlangung der Ermächtigung. Betreffs der Kultusstätten mit titre légal bestehen bestimmte gesetzliche Vorschriften.[3])

Betreffs der Kultusstätten ohne titre légal ist der Antrag auf Erteilung der Ermächtigung zu stellen: A. bei Hilfskirchen vom Fabrikrat der Kirche. Dem Antrag sollen beigefügt werden: 1. der Nachweis dafür, daß das vorhandene oder zu erstellende Gebäude der Zivil- oder Kultusverwaltung, in deren Bezirk es liegt oder liegen wird, gehört oder gehören wird. 2. Eine Aufstellung der Kosten, welche die Ausstattung des Gebäudes, die Abhaltung des Gottesdienstes in demselben, sowie die Unterhaltung des Gebäudes und des Mobiliars voraussichtlich erfordern wird. 3. Eine Darlegung darüber, aus welchen Mitteln die unter 2. bezeichneten Kosten bestritten werden sollen. Dem Antrag sind ferner gutachtliche Äußerungen des Bischofs, des Gemeinderats, des Kreisdirektors und des Bezirkspräsidenten beizufügen. B. Betreffs der Anstaltskapellen

[1]) Auf Grund seiner pouvoir de haute administration. Franz. Staatsrat. E. v. 7. 2. 1878. Dubief-Gottofrey III 473.

[2]) Vgl. Art. 3 Abs. 3 Dekr. v. 19. 3. 1859.

[3]) Vgl. hierzu die Min.-Verf. v. 16. 1. 1911.

(Kirchen) und Hauskapellen ist der Antrag von der bischöflichen Behörde zu stellen.[1]) Dem Antrag ist beizufügen bei einer Anstaltskirche ein Beschluß des Anstalts- oder Genossenschaftsvorstands; bei einer Hauskapelle eine Denkschrift des Hausbesitzers, welche die in Betracht kommenden Verhältnisse darlegt. In beiden Fällen haben sich der Kreisdirektor und der Bezirkspräsident gutachtlich zu äußern.

Handelt es sich um die Eröffnung einer Anstaltskirche oder Anstaltskapelle durch eine staatlich nicht anerkannte religiöse Genossenschaft (Kongregation), so ist der Antrag auf duldungsweise Gestattung von dem Genossenschafts- oder Anstaltsvorstand zu stellen; der Antrag ist von der bischöflichen Behörde und dem Kreisdirektor zu begutachten und durch den Bezirkspräsidenten dem Ministerium vorzulegen.

---

11. Kapitel.

Die Orden und Kongregationen.[2])

§ 68.

Allgemeines.

I. Religiöse Orden im weiteren Sinne sind alle freiwilligen, von der Kirche gutgeheißenen Vereinigungen von

---

[1]) Verf. über die Anlegung von Kapellen v. 12. 12. 1883, Zentr.-Bl. 1883.

[2]) Uebersicht über die in Elsaß-Lothringen bestehenden Klöster und Niederlassungen (Jahrg. 1910):

Art der geistl. Genoss.	Zahl der Niederlassungen im Bistum Straßburg	Zahl der Niederlassungen im Bistum Metz	Zahl der Mönche und Nonnen im Bistum Straßburg	Zahl der Mönche und Nonnen im Bistum Metz
Trappisten	1	—	179	—
Kapuziner	3	—	72	—
Redemptoristen	2	1	40	15
Väter v. hl. Geist	1	1	13	17

Personen desselben Geschlechts, welche sich zum besonderen Dienst Gottes durch Erstrebung der evangelischen Vollkommenheit, durch das Gelübde der Armut, der Keuschheit und des Gehorsams verpflichten und nach bestimmten kirchlich genehmigten Satzungen in besonderen Häusern (Klausur)

Art der geistl. Genoss.	Zahl der Niederlassungen im Bistum Straßburg	Zahl der Niederlassungen im Bistum Metz	Zahl der Mönche und Nonnen im Bistum Straßburg	Zahl der Mönche und Nonnen im Bistum Metz
Barmh. Brüder	1	3	6	13
Brüder d. christl. Lehre	12	—	113	—
Brüder v. d. Gesellsch. Mariä	1	—	22	—
Augustinerinnen	2	—	128	—
Benediktinerinnen	2	1	69	37
Karmeliterinnen	1	—	18	—
Trappistinnen	1	—	81	—
Dominikanerinnen	1	5	27	50
Franziskanerinnen	9	8	76	92
Schwest. d. göttl. Vorseh.	12	256	1664	1243
„ d. Allerh. Heilands	89	—	694	—
„ d. Hl. Josef	63	—	179	—
„ v. hl. Kreuz	34	—	333	—
„ v. hl. Vincenz	70	17	775	150
„ v. d. ew. Anbetg.	2	—	80	—
Dienerinnen v. hl. Herz. Jesu	1	1	45	50
Schwestern v. gut. Hirten	2	—	108	—
Kleine Schwestern	2	—	56	20
Schwest. d. christl. Lehre	6	—	29	105
„ Mariä v. d. Sühne	1	1	35	35
„ v. d. Heimsuchung	—	28	—	577
„ v. d. Hl. Christina	—	1	—	42
„ v. d. christl. Schule	—	1	—	24
„ v. Armen Kinde Jesu	—	1	—	15
„ v. hl. Herz. Mariä	—	1	—	52
„ v. d. Liebe d. g. Hirten	—	8	—	126
„ de la maternité	—	18	—	144
Barmherz. Schwestern	—	1	—	25
Schwest. d. Hoffnung	—	4	—	22
„ v. Allerh. Erlöser	—	5	—	80
Dienerinnen v. hl. Herz Jesu	—	—	—	28
Minoriten	—	3	—	12
Oblaten	—	1	—	29
Schulbrüder	—	2	—	—

Friedberg S. 257 f. Heiner II 366 f.; Heimbucher, Die Orden und Kongregationen der kath. Kirche Teil 1—3, 1907; Hinschius, Die Orden und Kongregationen in Preußen 1874. Hervé-Bazin, Les grands ordres et congrégations des femmes,

ein gemeinschaftliches Leben führen. (Heiner S. 366 f.)[1]) Zum Wesen des Ordensstandes gehören nach katholischem Kirchenrecht: a) die drei evangelischen Räte; b) die Approbation der Kirche; c) die lebenslänglichen Gelübde; d) die äußere Entgegennahme der Gelübde seitens der Kirche. Aus dieser Definition können die wesentlichen Unterschiede zwischen den Orden im engeren und eigentlichen Sinne einerseits und den Kongregationen und Bruderschaften (Konfraternitäten) andrerseits entnommen werden.

1. Die Zugehörigkeit zu einem Orden zeigt sich in der vollen Hingabe, die sich in der professio religiosa vollzieht und ein unlösbares Band zwischen dem Orden und den Professen knüpft, welches nur in ganz bestimmten rechtlichen Formen wieder gelöst werden kann. Bei den Kongregationen und Bruderschaften dagegen wird durch die Hingabe des Einzelnen kein so fester Konnex geschaffen. Das Mitglied kann vielmehr aus den verschiedenartigsten Gründen wieder entlassen werden.

Zweck der Bruderschaften ist die Verfolgung einzelner besonderer kirchlicher Ziele, namentlich die Übung guter Werke. Die Mitglieder widmen nicht ihre ganze Persönlichkeit und ihr Vermögen den Zwecken der Vereinigung, sie

---

Paris 1889. Cuno, Der Erwerb der jur. Persönlichkeit seitens der Ordens- und ordensähnlichen Genossenschaften der kath. Kirche (Diss. 1908). Gierke, Ueber die Partei- und Vermögensfähigkeit der Ordenspersonen in Iherings Jahrb. Bd. 35 S. 138 f. Giese, Das kathol. Ordenswesen nach geltendem preuß. Staatskirchenrecht, Annal. 41 S. 161, 278, 339. Geigel, Frauenklöster im französischen Rechtsgebiet D. Z. f. K.-R. Bd. 6 S. 185. Geigel, Reichsl. K.-R. S. 408 f. Kisch S. 160 f.; Molitor in Elf.-l. Z. Bd. 20 S. 526 f. Meurer, Das katholische Ordenswesen nach dem Rechte der Deutschen Staaten, 1912. Molitor-Stiebe S. 33 f. 44. Leoni-Mandel S. 297. Bruck, Verf. u. Verw.-Recht in E.-L. III S. 266, Fischbach, Oeffentl. Recht des Reichslandes S. 398 f.

[1]) Ganz ähnlich lautet die Definition Sägmüllers, Lehrb. d. KKR. S. 732 u. diejenige von Stutz in Kohlers Enzykl. II S. 933.

leben nicht zusammen, legen kein Gelübde ab und können zur Erfüllung ihrer Pflicht nicht zwangsweise angehalten werden. Auch werden sie nicht genehmigt, sondern nur anerkannt.[1])

2. Während die Ordensleute nach Kirchenrecht nach ihren Gelübden rechtlich unfähig zu allen Akten sind, welche diesen Gelübden entgegenstehen, ist dies bei Kongregationen ohne weiteres der Fall.

3. Vor allen Dingen kann ein Orden aber nur mit Approbation des Papstes gegründet werden und auch Änderungen hinsichtlich der Ordensregeln bedürfen päpstlicher Bestätigung. Kongregationen dagegen sind geistliche, vom Papst nicht als Orden bestätigte Genossenschaften, deren Mitglieder etwaige Gelübde nur als vota simplicia leisten, ihre ganze Persönlichkeit indessen dem Vereinszweck widmen können.[2])

II. Die Einteilung in Orden und Kongregationen ist nur vom Standpunkte des Kirchenrechtes aus bedeutsam. Vom staatskirchenrechtlichen Standpunkte aus erweist sich eine andere Einteilung der religiösen Genossenschaften als erheblich, nämlich diejenige in ermächtigte und nicht ermächtigte Genossenschaften. Nach elsaß-lothringischem Staatskirchenrecht können die Genossenschaften nur durch die staatliche Autorisation Rechtsfähigkeit erlangen.[3])

---

[1]) Giese, a. a. O. S. 168. Unter keine der drei genannten Kategorien (Orden, Kongreg., Bruderschaften) fallen die sogen. Marianischen Kongregationen; höchstenfalls könnte man sie unter die Bruderschaften einreihen. Die Mar. Kongr. sind religiöse Vereine.

[2]) Was die namentliche Bezeichnung betrifft, so heißen die Genossenschaften mit feierlichen Gelübden: ordines regulares; diejenigen mit einfachen Gelübden: congregationes religiosae (vgl. P. Bastien, Kirchenrechtl. Handb. f. rel. Genossenschaften mit einfachen Gelübden, 1911). Als congr. piae oder instituta religiosa gelten diejenigen religiösen Genossenschaften, denen eines der vier wesentlichen Erfordernisse fehlt. Brüderschaften, Konfraternitäten sind Vereinigungen zur Erreichung einzelner kirchlicher Zwecke. Heiner S. 370. Friedberg S. 281.

[3]) Dekr. v. 3. Messidor XII Art. 4: „Keine männliche oder

Die so erlangte Rechtsfähigkeit kann ihnen nur wieder durch Gesetz entzogen werden.

Hierbei ist wieder zwischen Genossenschaften von Männern und Frauen zu unterscheiden.

A. Männerkongregationen: Es besteht eine Streitfrage, ob sie außer durch Gesetz[1]) noch auf andere Weise die Rechtsfähigkeit erwerben können. Nach der Ansicht von Kisch (S. 160)[2]) soll die Rechtsfähigkeit der Männerkongregationen auch jetzt noch durch Gemeinnützigerklärung seitens des Staatsoberhaupts erfolgen können; eine gesetzliche Stütze für seine Ansicht findet Kisch in Art. 31 Ges. v. 15. März 1850, der die dem Unterricht gewidmeten Männerkongregationen erwähnt, welche Bestimmung er auch auf Männerkongregationen mit anderen Zwecken ausdehnen will. Die Männerkongregationen sollen durch die Gemeinnützigerklärung im Gegensatz zu den durch Gesetz geschaffenen Kongregationen zu jederzeit widerruflichen juristischen Personen des öffentlichen Rechts werden. Indessen ist eine solche Gemeinnützigerklärung (déclaration d'utilité publique) zur Schaffung einer juristischen Person des Privatrechts nach der Einführung des BGB. jedenfalls nicht mehr möglich, da der hierfür

---

weibliche Vereinigung oder Genossenschaft darf sich in Zukunft unter dem Vorwande der Religion bilden, sofern dieselbe nicht nach Vorlage der Satzungen und Ordnungen, nach welchen das Leben in der betreffenden Vereinigung oder Genossenschaft geführt werden soll, durch ein kaiserliches Dekret die förmliche Ermächtigung erlangt hat". Zur Gründung männlicher Kongregationen ist nach StRE. v. 9. 7. 1832 u. v. 19. 4. 1836 ein Gesetz erforderlich, da das Gesetz v. 2. 1. 1819 nur den durch Gesetz anerkannten kirchlichen Anstalten die Befugnis, Schenkungen und Vermächtnisse zu erwerben, verliehen hat. Möller II 221 Nr. 2. Bzgl. der weiblichen Kongregationen vgl. Dekr. v. 18. 2. 1809, Ges. v. 24. 5. 1825, Dekr. v. 31. 1. 1852.

[1]) Vgl. hierzu Dalloz Rép. v° Culte Nr. 417 f. 679; Suppl. 274 f. 287.

[2]) Der Ansicht von Kisch schließt sich Cuno, S. 33 an.

vorgesehene Weg der Verleihung nur für wirtschaftliche Vereine eingeschlagen werden kann.[1])

Weiterhin hat man aus dem Umstande, daß gewissen Männerkongregationen, namentlich solchen zu Unterrichtszwecken, unter der Herrschaft des französischen Rechts die Rechtsfähigkeit durch Gemeinnützigerklärung verliehen worden ist, die Möglichkeit der Eintragung der genannten Kongregationen in das Vereinsregister (§ 61 BGB.) gefolgert.[2]) Gegenüber dem unzweideutigen Wortlaut des Gesetzes vom 2. Jan. 1817 mußte aber schon früher diese zeitweilige Praxis der französischen Regierung als abusus bezeichnet werden. Aus dem Gesetz vom 15. März 1851 über das Unterrichtswesen war jedenfalls nichts für die Rechtsfähigkeitserlangung durch Gemeinnützigerklärung zu entnehmen.[3]) Erst recht können jetzt unter der Herrschaft des BGB. aus dem genannten Gesetz von 1851 keine solchen Folgerungen gezogen werden. Da sonach ein Gesetz zur Ermächtigung einer Männerkongregation auf alle Fälle erforderlich ist, kann die Rechtsfähigkeit einer solchen auch nicht durch Eintragung in das Vereinsregister erlangt werden. Manche Ordensniederlassungen außerhalb Elsaß-Lothringens haben neuerdings dadurch einen Ausweg aus diesen Schwierigkeiten gesucht, daß ihre Mitglieder sämtlich oder teilweise einen Verein gründeten, diesen zum Vereinsregister anmeldeten und auf diese Weise die Eintragung erreichten. Daß es sich hierbei um eine unzulässige Umgehung des Gesetzes handelt, liegt auf der Hand. Auch der Umweg über die genossenschaftlichen oder handelsrechtlichen Gesellschafts-

---

[1]) Vgl. zu der Streitfrage die ausführliche Darstellung bei Molitor-Stiebe S. 34.

[2]) So Molitor in AG. BGB. 1. Aufl. S. 14. Dieser Ansicht haben sich auch die elsaß-lothringischen Registergerichte in einer Reihe von Fällen angeschlossen.

[3]) Molitor, Relig. Genossensch. S. 568 u. Molitor-Stiebe S. 35 mit vielen Zitaten, darunter Urteilen des Kassationshofs v. 3. 6. 1861. D. P. 1861. 1. 218 u. v. 6. 12. 1905 D. P. 1907. 1. 126.

formen erscheint nicht gangbar.[1]) Die Bildung einer Genossenschaft im Sinne des Reichsgesetzes über die Erwerbs- und Wirtschaftsgenossenschaften vom 20. Mai 1898 (RGBl. S. 810 f.) durch Eintragung in das Genossenschaftsregister erscheint aus den gleichen Gründen unzulässig, wie die Eintragung in das Vereinsregister. Das Gleiche gilt unbestrittenermaßen von der Schaffung einer Gesellschaft m. b. H. nach dem Reichsgesetz vom 20. April 1892,[2]) wenn sie von der Gesamtheit der Ordensmitglieder ausgeht. Gründen nur einzelne Mitglieder einer Ordensniederlassung eine G. m. b. H., so ist auch hier der Zweck, einen von den einzelnen Mitgliedern getrennten Träger des Genossenschaftsvermögens zu schaffen. Der Umstand, daß einzelne Mitglieder an dem neuen Vermögenssubjekt keinen Anteil haben, ist nur von formaler Bedeutung. Es wird in solchen Fällen von dem Registerrichter jedesmal zu prüfen sein, ob der Zweck der Gesellschaftsgründung nicht der einer Umgehung des Gesetzes ist, ob also z. B. nicht die aus einzelnen Mitgliedern gegründete G. m. b. H. nur Treuhänder der eigentlichen Genossenschaft sein soll.[3])

B. Die weiblichen Kongregationen. Die Erlangung der Rechtsfähigkeit ist hier grundsätzlich ebenfalls an ein Gesetz geknüpft. Indessen genügt Ermächtigung durch landesherrliches Dekret, wenn die Genossenschaft bereits vor dem 1. Januar 1825 bestanden hat, oder wenn sie zwar später begründet wird, aber die Satzungen einer bereits ermächtigten Genossenschaft annimmt.[4]) Ein Dekret des

---

[1]) So Militor-Stiebe S. 35. Giese a. a. O. S. 302 f.

[2]) So auch für preuß. Recht KG. in Johows Jahrb. XXXI S. A 183 f.; Rechtspr. XII S. 438 f. And. Ans. Kahl, Die Errichtung von Handelsgesellschaften durch Religiose S. 11 f.

[3]) Abw. Ans. Giese a. a. O. S. 340 f. Vgl. Fischbach, Treuhänder und Treuhandgeschäfte S. 75 f.

[4]) Vgl. Art. 2 des Ges. v. 24. 5. 1825 u. Art. 1 Dekr. v. 31. 1. 1852. Kisch will auch für weibliche Kongregationen, ähnlich

Staatsoberhaupts ist auch ausreichend, wenn eine bereits ermächtigte Genossenschaft eine selbständige Niederlassung gründen will, oder wenn mehrere getrennte Genossenschaften zu einer einzigen vereint werden sollen.[1]) Einer nach Maßgabe dieser Grundsätze ermächtigten Frauenkongregation kann die Rechtsfähigkeit nur mehr durch Gesetz wieder entzogen werden.[2])

C. Soweit Männer- und Frauenkongregationen die Rechtsfähigkeit nicht auf dem vorgeschriebenen gesetzlichen Wege erlangt haben (nicht ermächtigte religiöse Genossenschaften), unterstehen sie den Vorschriften über die nicht rechtsfähigen Vereine des BGB. (§ 54).

I. Die nicht ermächtigten Kongregationen können jederzeit aus staatskirchenrechtlichen Erwägungen im Verwaltungswege aufgelöst werden. Die elsaß-lothringische Regierung hat duldungsweise Niederlassungen zugelassen (so z. B. die barmherzigen Brüder in M.); in einer solchen Verfügung des Ministeriums kann aber keinesfalls ein über die Befugnisse des Ministeriums hinausgehender landesherrlicher Akt enthalten sein. Wie für die ermächtigten, so bedarf es also erst recht für die nichtermächtigten g. Genossenschaften bspw. einer landesherrlichen Ermächtigung für die Errichtung einer Hauskapelle. Weil nun aber mit der Erteilung einer solchen Ermächtigung der widerrufliche Charakter der Zulassung nicht in Einklang zu bringen wäre, hat die elsaß-lothringische Regierung von der Erwirkung einer solchen landesherrlichen Ermächtigung abgesehen und nur bestimmt, daß die Benutzung einer Hauskapelle in der gleichen Weise geduldet werde wie die Niederlassung selber.

II. Aus der Tatsache, daß die nicht ermächtigten reli-

---

wie bei den männlichen, die Gemeinnützigerklärung noch gelten lassen; indessen entfällt diese Möglichkeit nach der oben wiedergegebenen Begründung.

[1]) Dekr. v. 24. 5. 1825 Art. 1 f.; Dekr. v. 31. 1. 1852 Art. 1 Nr. 1—3.

[2]) Art. 6 Ges. v. 24. 5. 1825.

giösen Genossenschaften[1]) staatlicherseits bestenfalls geduldet werden, folgt: Zur Vornahme gottesdienstlicher Versammlungen bedürfen sie der stets widerruflichen Erlaubnis des Statthalters, selbst wenn diese Versammlungen sich auf die im Hause wohnenden Mitglieder beschränken und hinter verschlossenen Türen stattfinden. Die ohne Erlaubnis angelegten Kapellen, Betsäle usw. können im Verwaltungswege jederzeit geschlossen werden. Ihre Mitglieder können jederzeit wegen Teilnahme an unerlaubten Vereinen oder Verbindungen bestraft werden. Auch kann ihre Auflösung jederzeit angeordnet und polizeilich durchgeführt werden.

III. Da die nichtermächtigten religiösen Genossenschaften, vom zivilrechtlichen Standpunkt aus betrachtet, keine juristische Personen bilden, vielmehr nach Art nichtrechtsfähiger Vereine zu behandeln sind (§ 54 BGB.),[2]) unterliegen sie mithin den Grundsätzen über die bürgerl.-rechtl. Gesellschaft. Die Beiträge der einzelnen Gesellschafter bestehen entweder in Vermögenseinlagen (Mitgift),[3]) oder bei den der Pflege gewidmeten Genossenschaften in der Widmung von Diensten. Die Stellung eines geschäftsführenden Gesellschafters kommt dem Oberen zu. Wirkliche Eigentümer des Gesellschafts- bzw. Vereinsvermögens sind die einzelnen Genossenschaftsmitglieder.

IV. Sowohl bezüglich der ermächtigten wie der nichtermächtigten religiösen Genossenschaften gilt, daß sie den allgemeinen Staatsgesetzen, mithin auch der Gerichtsbarkeit und der Polizei unterworfen sind. In allen Fällen, in denen ein Genossenschaftsmitglied Klage über eine Tatsache zu erheben hat, betreffs deren die Strafgesetze Strafen androhen, ist die Angelegenheit sofort den mit der Strafverfolgung beauftragten Staatsbehörden vorzulegen.

[1]) Vgl. Geigel I § 87 S. 416. Kisch S. 166, Jober, Die rechtl. Stell. der nicht anerkannt. rel. Gen. 1895.

[2]) Die vor 1900 entstandenen rel. Genossenschaften werden als Gemeinschaften nach Bruchteilen zu behandeln sein.

[3]) Ueber die Form der Uebertragung siehe Geigel I 413. Beim Austritt aus der Genossenschaft ist die Einlage zurückzuerstatten.

§ 69.

Die Organisation der geistlichen Genossenschaften.

I. Die Ordensniederlassungen. Um eine wirksame Tätigkeit entfalten zu können, muß ein Orden oder eine Kongregation Niederlassungen, d. h. feste Stützpunkte für das Wirken der Ordensmitglieder errichten. Während der Begriff der Niederlassung gleichmäßig von allen geistlichen Genossenschaften angewandt wird, ist derjenige des „Klosters“ auf die Orden im engeren Sinn beschränkt. In der staatlichen Verwaltungspraxis deckt sich die Zulassung eines Ordens regelmäßig mit der Zulassung einer Niederlassung des Ordens.

Die Aufsicht über die geistlichen Genossenschaften obliegt mit Rücksicht auf die in Betracht kommenden Gesamtinteressen des Staates und die räumliche Ausdehnung der Ordenstätigkeit der Landespolizei. Das Oberaufsichtsrecht des Staates erstreckt sich auf die Verfassung der Niederlassungen und auf ihre Verwaltung. Hierbei ist zwischen der Haupttätigkeit des Ordens (Aushilfe in der Seelsorge, Betätigung der christlichen Nächstenliebe, insbes. Krankenpflege, Unterricht und Erziehung, Führung eines beschaulichen Lebens) und den Nebentätigkeiten[1]) zu unterscheiden. Bei den ermächtigten Genossenschaften ist die Zulassung der Haupttätigkeit in der staatlichen Ermächtigung inbegriffen. Nebentätigkeiten bedürfen einer besonderen staatlichen Ermächtigung in der gleichen Form, wie sie für die Haupttätigkeit verlangt wird.

II. Da das öffentliche Landesrecht durch das BGB. nicht berührt worden ist, sind die auf die Verfassung der rechtsfähigen (anerkannten) religiösen Genossenschaften bezüglichen Grundsätze aufrecht erhalten geblieben.

1. Die Verfassung eines Ordens richtet sich nach

[1]) Giese a. a. O. S. 359. Nebentätigkeiten pflegen vielfach weibliche Ordensniederlassungen zu haben, z. B. durch Errichtung von Haushaltungs- und Handarbeitsschulen, Krankenhäusern usw.

seinen besonderen Statuten, doch sind im allgemeinen gleiche Grundsätze vorhanden. Die Statuten müssen durch das die Genossenschaft ermächtigende Dekret oder Gesetz bestätigt werden. Etwaige Änderungen bedürfen der landesherrlichen Genehmigung. An der Spitze jeder Genossenschaft (Klosters) steht ein Oberer (Abbas, Prior, Superior, Maior, Rector), welcher sich seine Gehilfen auswählt. Die Bestellung des Oberen erfolgt durch Wahl des Konventes. Der Obere handhabt die ganze Verwaltung und übt auch die Disziplinargewalt aus. Er vertritt die Genossenschaft gerichtlich und außergerichtlich. Er ist an die Zustimmung des Konventes in derselben Weise gebunden wie der Bischof an diejenige des Kapitels.[1]) Betreffs der Ordensmitglieder besitzt er die Rechte eines Pfarrers. Nicht reichsangehörige Ordensprovinzen oder Mutterhäuser vermögen für das Gebiet des Deutschen Reichs über die Ordensmitglieder keine Gewalt auszuüben. Die Orden unterstehen, abgesehen von den Trappisten usw. unter der Leitung des Bischofs, in dessen Sprengel sie sich befinden.

2. Die Bedingungen für den Eintritt in einen Orden beurteilen sich nach seinen Statuten. Die Aufnahme in das Kloster ist mit dem Eintritt in den Orden nicht identisch; letztere setzt die Ablegung von Gelübden voraus. Feierliche Gelübde werden in Elsaß-Lothringen nur von Franziskanern, Kapuzinern, Trappisten und anderen

---

[1]) Wegen näherer Angaben vgl. Friedberg S. 272.

Vielfach ist es vorgekommen, daß gewisse Verwaltungsinstanzen statt mit den zuständigen Oberen einer religiösen Frauensgenossenschaft mit dem als Seelsorger der Anstalt fungierenden Geistlichen unterhandelt haben. Letztere nehmen indessen, wenngleich sie nach einem bestehenden Gebrauch den Titel eines Superiors führen, nach der Organisation der Genossenschaft in keiner Weise die Stellung eines Oberen derselben ein. Auch die Delegation gewisser bischöflicher Aufsichtsrechte zugunsten des einen oder des anderen dieser Geistlichen berührt immer nur dessen kirchliche Stellung. In derlei Angelegenheiten haben sich die Verwaltungsbehörden direkt mit der bischöflichen Behörde in Verbindung zu setzen.

ordensähnlichen Genossenschaften mit vom Papst genehmigter Regel abgelegt. Die Frauengenossenschaften leisten in Elsaß-Lothringen nur einfache Gelübde.[1]) Der Ablegung der Gelübde geht eine im Kloster zu verbringende Probezeit (Noviziat) voraus.

Die Gelübde der Mitglieder äußern keine bürgerliche Wirksamkeit. Die Freiheit des menschlichen Willens [2]) ist auch Klosterangehörigen gegenüber gewahrt. Die Gelübde sind daher auch dann nicht verbindlich, wenn sie gemäß den staatlich genehmigten Satzungen und mit Einwilligung der Eltern gegeben worden sind.[3]) Auf Grund des Dekrets vom 18. Febr. 1809, betreffend die der Pflege sich widmenden Kongregationen oder Häuser bestehen öffentlich-rechtliche Verbote der Gelübde vor einem gewissen Alter oder auf längere Zeiten. So dürfen die Zöglinge oder Novizen vor dem vollendeten 16. Lebensjahre kein Gelübde ablegen. Die Gelübde der Novizen unter 21 Jahren dürfen nur für ein Jahr abgelegt werden, ferner müssen die Novizen die für die Eheschließung nach bürgerlichem Recht erforderlichen Einwilligungen beibringen. Nach vollendetem 21. Lebensjahr dürfen sich die Novizen auf fünf Jahre verpflichten.[4]) Betreffs der Beendigung der Mitgliedschaft ist wie bezüglich des Beginns der Inhalt der Satzungen maßgebend. Ver-

[1]) Vgl. Bering, Kath. Kirchenrecht S. 962. Geigel I S. 408.

[2]) Dekr. v. 13. 2. 1790, Verf. v. 3. 9. 1791, Dekr. v. 3. Meff. XII Art. 3.

[3]) Vgl. Favé, Les vœux monast. et leurs effets civ. dans l'ancien droit et le droit moderne, Paris 1902 (th.). Stuvel, La condition juridique du congrégationiste, Paris 1901. Hobe-Getting, Die Rechtsfähigkeit der Mitglieder religiöser Orden und ordensähnl. Korporationen 1903 (Diss.).

[4]) Diese Verpflichtung hat in Gegenwart des Bischofs (oder eines von diesem beauftragten Geistlichen) und des Standesbeamten stattzufinden; letzterer hat eine Urkunde darüber in doppelter Fertigung zu errichten, von denen die eine in die Hände der Oberin, die andere bei der Gemeindebehörde hinterlegt wird. Art. 8 Dekr. v. 18. 2. 1809. Satzungen, welche im Widerspruch hiermit stehen, sollen nicht genehmigt werden. StRG. v. 13. 8. 1819 u. 15. 10. 1841.

sprechen einer Strafe für den Fall des Austritts, sowie Vereinbarungen der Kündigung oder sonstiger Förmlichkeiten für den Fall des Austritts sowie Verzichtserklärung auf Rückgabe der Mitgift für diesen Fall sind nichtig. Die Disziplin über die Mitglieder handhaben die Oberen, indessen ist dem Bischof über die Verhängung der satzungsmäßigen Disziplinarstrafen Rechenschaft abzulegen.[1])

3. Was die Terminologie des Begriffs der Ordensangehörigen angeht, so unterscheidet man neben den Ordensmitgliedern im weiteren Sinne, welche die Professen, Novizen und die Kandidaten (Postulanten) umfassen, noch die Ordensgeistlichen; es sind das nur diejenigen Ordensmitglieder, welche den Charakter als „Geistliche" haben.

4. Durch den Eintritt in die Genossenschaft erleiden die Mitglieder weder den Verlust noch die Beschränkung ihrer Rechts- oder Geschäftsfähigkeit. Nach Art. 9 Dekr. v. 18. Febr. 1809 behält insbesondere jedes Mitglied einer weiblichen, sich der Pflege widmenden Kongregation das vollständige Eigentum ihrer Güter und Einkünfte, und das Recht, sie zu verwalten und darüber zu verfügen.[2]) Die zu einer ermächtigten Frauenkongregation gehörenden Mitglieder dürfen weder durch Schenkung unter Lebenden, noch testamentarisch zugunsten der Niederlassung oder zum Vor-

[1]) Art. 18 Dekr. v. 18. 2. 1809. Betreffs der Ausstoßung und Entlassung von Religiosen vgl. Heiner, Arch. f. kath. KR. 1911 (92) S. 681 f.

Sind in den Satzungen Entlassungsgründe vorgesehen und stützt sich die Entlassung festgestelltermaßen auf dieselben, so hat der Entlassene keinen Entschädigungsanspruch. Ueber Schadensersatzansprüche haben die ordentlichen Gerichte zu entscheiden, die hierbei nur zu prüfen haben, ob ein satzungsmäßiger Grund der Entlassung vorliegt, nicht auch, ob der Grund tatsächlich verwirklicht ist. Vgl. OLG. Colmar v. 24. 9. 1890. Elſ.-l. Z. 16 S. 168 f.

[2]) Ueber die Frage, ob die Nutznießung an die Genossenschaft abgetreten werden kann, handeln StRG. v. 31. 3. 1846, 7. 9. 1849, 27. 6. 1850, 11. 12. 1850. Vgl. Gierke in Jherings Jahrb. 35 S. 140. Giese a. a. O. S. 370 f.

teile eines ihrer Mitglieder über mehr als den vierten Teil seines Vermögens verfügen, sofern es sich um eine Schenkung oder ein Vermächtnis in einem höheren Betrage als 10 000 Franken handelt. Eine Ausnahme von diesem Verbot besteht nur, wenn die Vermächtnisnehmerin oder Beschenkte die Erbin der Erblasserin oder Schenkerin in der geraden Linie ist.[1])

Gegenüber der Genossenschaft haben die Mitglieder regelmäßig den Anspruch auf Unterhalt; bezüglich der Mitglieder weiblicher Kongregationen ist insbesondere bestimmt, daß sie bei Dienstunfähigkeit infolge Alters oder Gebrechlichlichkeit auf Kosten desjenigen Pflegehauses zu unterhalten sind, in welchem sie erkrankt oder alt geworden sind.[2])

5. In strafrechtlicher Hinsicht ist zu bemerken, daß religiöse Genossenschaften als „Einrichtungen" der katholischen Kirche zu gelten haben, und daß sie daher, ebenso wie ihre einzelnen Mitglieder den Schutz des § 166 StGB. genießen. Für Klostergeistliche gelten insbesondere noch die Vorschriften der §§ 130 a, 132, 174 Nr. 1, 181 Nr. 2, 196, 338 StGB. und § 67 des Personenstandsgesetzes.

Was die Militärpflicht anlangt, so sind ihr die männlichen Ordensmitglieder grundsätzlich unterworfen; nur soweit sie Inhaber geistlicher Ämter sind, kommen analog die Vorschriften, wie sie für katholische Geistliche gelten, zur Anwendung.

§ 70.

Vermögensrechtlicher Verkehr der g. Genossenschaften.

I. Zur Annahme unentgeltlicher Zuwendungen (unter Lebenden oder von Todes wegen) bis zu 5000 M, bedürfen

[1]) Art. 5 Ges. betr. die Ermächtigung und den gesetzlichen Bestand der Kongregationen und religiösen Genossenschaften von Frauen v. 24. 5. 1825.

[2]) Art. 16 Abs. 2 Dekr. v. 18. 2. 1809, Art. 19 Ord. v. 31. 10. 1821.

religiöse Genossenschaften keiner staatlichen Genehmigung. Schenkungen in einem höheren Betrag bis zu 12 000 ℳ werden vom Ministerium und solche die letztere Summe übersteigende unentgeltliche Zuwendungen durch landesherrliche Verordnung genehmigt.[1]) Schenkungen an Genossenschaften (oder Anstalten) unter Vorbehalt der Nutznießung zugunsten des Schenkers dürfen nicht genehmigt werden.[2]) Die Annahme der Schenkung erfolgt durch den Oberen mit Ermächtigung des Bischofs des Wohnsitzes des Schenkers oder Erblassers.[3]) Betreffs der ermächtigten Frauenkongregationen ist ausdrücklich bestimmt,[4]) daß sie bewegliche und unbewegliche Güter, die ihnen schenkungsweise oder durch Testament zugewendet werden, nur annehmen dürfen, wenn die Zuwendung unter Sondertitel geschieht.

Zum Eingehn von entgeltlichen Geschäften bedürfen Genossenschaften nur dann der Genehmigung des Ministeriums, wenn es sich um Beträge über 5000 ℳ und ferner um den Erwerb oder die Veräußerung von Liegenschaften oder Renten handelt.[5]) Für die Eigentumsverhältnisse usw. der religiösen Genossenschaften gelten die gewöhnlichen Grundsätze des Zivilrechts, soweit sie nicht durch Sonderbestimmungen und insbesondere Bestimmungen über die Wohltätigkeitsanstalten beeinflußt werden. Jedes Jahr sind die Rechnungen über die Einkünfte einer Kongregation oder jedes einzelnen Hauses dem Ministerium (f. Kultus) vorzulegen.[6])

II. Erfolgt staatlicherseits die Auflösung der Genossenschaft, so entscheidet über die Verwendung des Vermögens in erster Linie die Satzung. Durch Art. 7

[1]) Ges. v. 2. 1. 1819 Art. 1; Dekr. v. 2. 4. 1817 Art. 1; Ges. v. 24. 5. 1825 Art. 4; Art. 86 EG. BGB. § 6 AG. BGB. Ver. v. 5. 5. 1873 §§ 1, 3. Kisch S. 165; Molitor-Stieve S. 44.

[2]) Art. 4 Ordonn. v. 14. 1. 1831.

[3]) Art. 12, 13 Dekr. v. 18. 2. 1809. Art. 3 Dekr. v. 2. 4. 1817.

[4]) Art. 4 Ges. v. 24. 5. 1825.

[5]) Art. 4 Ges. v. 24. 5. 1825 insbes. betr. Frauenkongregationen.

[6]) Vgl. Art. 14, 15 Dekr. v. 18. 2. 1809, § 2 Ges. v. 4. 7. 1879.

Ges. v. 24. Mai 1825 ist betreffs der Frauenkongregationen bestimmt, daß die durch Schenkung unter Lebenden oder Verfügung auf den Todesfall erworbenen Güter an die Schenker oder ihre erbberechtigten Verwandten sowie an diejenigen der Erblasser zurückfallen. Diejenigen Güter, welche nicht zurückfallen oder welche mittels entgeltlichen Titels erworben wurden, werden zur Hälfte den kirchlichen Anstalten, zur Hälfte den Pflegehäusern der Bezirke, in denen die nicht mehr bestehenden Niederlassungen belegen waren, zugeteilt. Die neuen Besitzer erhalten die Vermögensgegenstände mit allen Lasten und Verpflichtungen übertragen, welche den früheren Besitzern oblagen.[1] Im Falle des Widerrufs der Ermächtigung einer (weiblichen) Kongregation oder des Hauses derselben haben die Mitglieder ein Recht auf Ruhegehalt, welches zu entnehmen ist: a) aus den mittels entgeltlichen Titels erworbenen Gütern; b) erforderlichenfalls aus den mittels unentgeltlichen Titels erworbenen Gütern, welche alsdann an die Familien der Schenker und Erblasser erst nach Erlöschung der Ruhegehalte zurückfallen.

§ 71.

Die Jesuiten.

Durch Reichsgesetz vom 4. Juli 1872 (RGBl. S. 253) ist bestimmt worden: 1. Der Orden der Gesellschaft Jesu

[1]) Nach der Darstellung Kischs S. 166 gewinnt es den Anschein, als sollten die Bestimmungen des Art. 7 zit. nur dann Anwendung finden, wenn die Statuten keine besonderen Bestimmungen enthalten. Indessen entspricht dies nicht dem Wortlaut des Gesetzes und dem vom Gesetzgeber gewollten Zwecke. Bei länger bestehenden Genossenschaften dürfte allerdings die Ausfindigmachung der Erben und die Verteilung der Güter auf dieselben keine geringen Schwierigkeiten machen. Die Regierung hat es übrigens bei der Ermächtigung von Genossenschaften in der Hand, auf die Vermögensverteilung für den Fall der Auflösung einer Genossenschaft Bedacht zu nehmen.

und die ihm verwandten Orden und ordensähnlichen Kongregationen sind vom Gebiete des Deutschen Reiches [1]) ausgeschlossen. Die Errichtung von Niederlassungen derselben ist untersagt.[2]) Nach der Bekanntmachung des Bundesrats vom 5. Juli 1872 (RGBl. S. 254) ist folgendes festgesetzt: Den Angehörigen des Jesuitenordens ist die Ausübung einer Ordenstätigkeit, insbesondere in Kirche und Schule, sowie die Abhaltung von Missionen nicht zu gestatten. Als den Jesuiten verwandte Orden hat der Bundesrat die Kongregation der Lazaristen und die Gesellschaft vom Hl. Herzen Jesu erklärt.[3]) Betreffs der Redemptoristen und der Priester vom Hl. Geist, die ursprünglich als jesuitenverwandt erklärt worden waren, wurde zufolge Bekanntmachung des Bundesrats vom 18. Juli 1894 (RGBl. S. 503) beschlossen, daß das Jesuitengesetz auf sie keine Anwendung finden solle.

Was die staatsrechtliche Gültigkeit vorstehender Bestimmungen anlangt, so ist folgendes zu beachten: Nach Art. 4 Nr. 16 RV. ist das Vereinswesen der Beaufsichtigung seitens des Reiches und seiner Gesetzgebung unterstellt. Es dürfte nun fraglich erscheinen, ob die Materie des Ordenswesens überhaupt unter das Vereinswesen fällt, da es sich nicht um Gebilde des staatlichen Vereinsrechts, sondern um Einrichtungen der katholischen Kirche handelt. Ist man der letzteren, unseres Erachtens richtigen Ansicht, so kann das Reichsjesuitengesetz nicht auf Art. 4 RV. gegründet werden,

---

[1]) Auf Elſ.-Lothr. ausgedehnt durch RG. v. 8. 7. 1872 (GBl. S. 506); ebenso wurden die Bekanntm. v. 5. 7. 1892 u. 20. 5. 1873 im elſ.-l. Gesetzbl. verkündet.

[2]) Die Bestimmung des § 2, welche besagte: „Die Angehörigen des Ordens der Gesellschaft Jesu oder der ihm verwandten Orden oder ordensähnlichen Kongregationen können, wenn sie Ausländer sind, aus dem Bundesgebiet ausgewiesen werden; wenn sie Inländer sind, kann ihnen der Aufenthalt in bestimmten Bezirken oder Orten versagt oder angewiesen werden", ist durch RG. v. 8. 3. 1904 (RGBl. S. 139) aufgehoben worden.

[3]) Bek. v. 20. 5. 1873 (RGBl. S. 109).

sondern muß unter Zuhilfenahme des Art. 78 RV. als stillschweigende Kompetenzerweiterung des Reiches aufgefaßt werden.[1])

An dieser Stelle mag zunächst hervorgehoben werden, daß der „Orden der Gesellschaft Jesu" vom kirchenrechtlichen Standpunkte aus kein eigentlicher Orden ist,[2]) vom staatskirchenrechtlichen Standpunkt aus dagegen kann kein Zweifel an dieser seiner Eigenschaft bestehen. Die in dem Reichsjesuitengesetz enthaltenen Beschränkungen widersprechen nicht dem Grundsatz der Glaubens- und Kultusfreiheit, da diese Freiheit keine unbedingte ist. Dem Staat muß es vorbehalten bleiben, im Interesse der Aufrechterhaltung der Ordnung und des öffentlichen Friedens unter den Angehörigen verschiedener Religionsgesellschaften diejenigen Maßnahmen zu treffen, die er für notwendig hält. Die zur Vollziehung des Jesuitengesetzes in den einzelnen Fällen zu treffenden Anordnungen werden von der Landespolizeibehörde erlassen. Welche Zwangsmittel im Einzelfalle angewendet werden können, ist im Gesetz nicht näher angegeben, es ist dies vielmehr in das freie Ermessen der Behörde gestellt.

Da Zweifel über den Begriff der verbotenen Ordenstätigkeit im Sinne der Bekanntmachung des RK. vom 5. Juli 1872 (RGBl. S. 254) entstanden sind,[3]) wurde durch die Bekanntmachung vom 28. Nov. 1912 (RGBl. S. 533) vom Bundesrat beschlossen: Verbotene Ordenstätigkeit ist jede priesterliche oder sonstige religiöse Tätigkeit gegenüber Anderen sowie die Erteilung von Unterricht. Unter die verbotene religiöse Tätigkeit fallen nicht, sofern nicht landesrechtliche Bestimmungen entgegenstehen, das Lesen stiller

---

[1]) So v. Seydel, Komm. z. RV. S. 113, Haenel, Staatsrecht S. 611, Giese a. a. O. S. 178.

[2]) Nirgends heißt die Gesellschaft offiziell ordo. Giese a. a. O. S. 279.

[3]) Vgl. Sten. Ber. des Reichstags 1912, S. 1434 f., 1439. Die bairische Regierung hatte den Antrag auf authentische Interpretation gestellt.

Messen, die im Rahmen eines Familienfestes sich haltende Primizfeier und das Spenden der Sterbesakramente. Nicht untersagt sind ferner wissenschaftliche Vorträge, die religiöses Gebiet nicht berühren; auch wird die schriftstellerische Tätigkeit durch das Verbot nicht betroffen. Nach dieser Bekanntmachung bleibt jedenfalls die Tätigkeit des Ordens in Missionen und Konferenzen auch in Zukunft untersagt. Nach wie vor bleibt es den Jesuiten als Einzelpersonen gestattet, sich im Reichsgebiet aufzuhalten und dahin zurückzukehren, insbesondere um ihrer militärischen Dienstpflicht zu genügen.

[1]) Ueber „die Frage der Rückwirkung einer Aufhebung des Jesuitengesetzes auf die in den Einzelstaaten schon früher bestandenen Verbotsgesetze über den Orden der Gesellschaft Jesu" vgl. C. Falk 1909 (Diss.). Derselbe ist der Ansicht, daß die früheren Verbotsgesetze nicht wieder in Kraft treten; seine Auffassung begegnet indessen starken Bedenken. Vgl. über dieselbe Frage, insbesondere über „den Erlaß neuer landesgesetzlicher Verbote nach Aufhebung des Jesuitengesetzes": Cramer 1898 (Diss. Erl.) und Eichhorn, Die Aufhebung des RG. v. 4. 7. 1872, 1904 (Diss. Greifsw.).

Gesetzestexte.

Gesetz, betreffend die Kultusverfassung.

18. Germinal X.

B. des L. Ser. III Nr. 1344.

Die zu Paris am 26. Messidor IX zwischen dem Papste und der französischen Regierung abgeschlossene Uebereinkunft, deren Genehmigungen am 23. Fructidor IX zu Paris ausgewechselt wurden, sind nebst den organischen Bestimmungen dieser Uebereinkunft und den organischen Bestimmungen des protestantischen Kultus, deren Wortlaut folgt, als Gesetze der Republik auszufertigen und zu vollziehen.

Uebereinkunft zwischen der französischen Regierung und Seiner Heiligkeit Pius VII, ausgewechselt am 23. Fructidor IX (10. Sept. 1801).[1]

Die Regierung der französischen Republik erkennt an, daß die katholische, apostolische und römische Religion die Religion der großen Mehrheit der französischen Bürger ist.

Seine Heiligkeit erkennt in gleicher Weise an, daß diese Religion aus der Einführung des katholischen Kultus in Frankreich und aus dem Bekenntnisse derselben durch die Konsuln der Republik die größte Wohlthat und die größte Verherrlichung gezogen hat und in diesem Augenblicke noch erwartet.

Nach dieser wechselseitigen Anerkennung sind sie demgemäß sowohl zum Besten der Religion wie zur Aufrechterhaltung der inneren Ruhe übereinkommen wie folgt:

Art. 1. Die katholische, apostolische und römische Religion darf in Frankreich frei ausgeübt werden; ihr Kultus ist öffentlich, wobei er sich nach den Polizeiverordnungen zu richten hat,

---

[1]) Vgl. V. v. 29. Germ. X.

welche die Regierung für die öffentliche Ruhe erforderlich erachtet.

2. Von dem heiligen Stuhle soll im Einvernehmen mit der Regierung eine neue Abgrenzung der französischen Bisthümer vorgenommen werden.

3. Seine Heiligkeit wird den Inhabern der französischen Bischofssitze erklären, daß sie im Interesse des Friedens und der Einigkeit jedes Opfer, selbst das ihrer Sitze, mit festem Vertrauen von ihnen erwartet.

Sollten sie trotz dieser Ermahnung dieses durch das Wohl der Kirche gebotene Opfer verweigern, was übrigens Seine Heiligkeit nicht erwartet, so wird durch Neubesetzung für die Verwaltung der Bisthümer der neuen Abgrenzung in nachstehender Weise Vorsorge getroffen werden.

4. Der erste Konsul der Republik wird binnen drei Monaten nach Verkündigung der Bulle Seiner Heiligkeit die Ernennungen für die Erzbisthümer und Bisthümer der neuen Abgrenzung vornehmen. Seine Heiligkeit wird die kanonische Einsetzung nach den in Bezug auf Frankreich vor dem Regierungswechsel bestandenen Formen ertheilen.

5. Nach Maßgabe des vorhergehenden Artikels werden auch die Ernennungen für die in Zukunft in Erledigung kommenden Bisthümer durch den ersten Konsul erfolgen und wird ebenso die kanonische Einsetzung durch den heiligen Stuhl ertheilt.

6. Die Bischöfe haben vor Antritt ihres Amtes unmittelbar in die Hände des ersten Konsuls den Eid der Treue zu leisten, wie er vor dem Regierungswechsel in Uebung war, und zwar in folgender Fassung:

„Ich schwöre und verspreche bei Gott auf die heiligen Evangelien, der durch die Verfassung der französischen Republik eingesetzten Regierung Gehorsam und Treue zu bewahren. Ich verspreche ferner weder im Inlande noch im Auslande irgend ein Einverständniß zu pflegen, einer Beratung beizuwohnen oder eine Verbindung zu unterhalten, welche der öffentlichen Ruhe entgegen sein könnte; sollte ich innerhalb meiner Diözese oder anderswo von irgend einem Anschlage zum Nachtheile des Staates etwas erfahren, so werde ich es zur Kenntniß der Regierung bringen."

7. Die niedere Geistlichkeit hat den nämlichen Eid in die

Hände der von der Regierung bezeichneten bürgerlichen Behörden zu leisten.

8. In allen katholischen Kirchen Frankreichs ist am Schlusse des Gottesdienstes folgendes Gebet zu sprechen: Domine, salvam fac Rempublicam; Domine, salvos fac consules.

9. Die Bischöfe werden eine neue Abgrenzung der Pfarreien ihrer Diözesen vornehmen, welche aber erst nach erfolgter Zustimmung der Regierung wirksam wird.

10. Die Bischöfe haben die Pfarrer zu ernennen.

Ihre Wahl kann nur auf solche Personen fallen, welche der Regierung genehm sind.

11. Die Bischöfe dürfen bei ihrer Kathedrale ein Kapitel und ein Seminar für ihre Diözese halten; die Regierung übernimmt jedoch keine Verpflichtung sie auszustatten.

12. Alle nicht veräußerten Metropolitankirchen, Kathedralen, Pfarrkirchen und anderen Kirchen, welche für den Gottesdienst nothwendig sind, werden zur Verfügung der Bischöfe zurückgegeben.

13. Seine Heiligkeit erklärt im Interesse des Friedens und der glücklichen Wiedereinsetzung der katholischen Religion, daß weder sie noch ihre Nachfolger in irgend einer Weise die Erwerber von veräußerten Kirchengütern stören werden und daß demzufolge das Eigenthum an diesen Gütern, sowie die damit verbundenen Rechte und Einkünfte unabänderlich diesen Erwerbern oder ihren Rechtsnachfolgern verbleiben werden.

14. Die Regierung sichert den Bischöfen und Pfarrern, deren Diözesen und Pfarreien in der neuen Abgrenzung einbegriffen sind, ein angemessenes Gehalt zu.

15. Die Regierung wird ebenso Maßregeln treffen, damit die französischen Katholiken, wenn sie wollen, Stiftungen zu Gunsten der Kirchen machen können.

16. Seine Heiligkeit erkennt dem ersten Konsul der französischen Republik die nämlichen Rechte und Vorrechte zu, welche die frühere Regierung bei ihr genossen hat.

17. Es ist unter den vertragschließenden Theilen vereinbart, daß für den Fall, daß einer der Nachfolger des jetzigen ersten Konsuls nicht Katholik sein sollte, die im vorigen Artikel erwähnten Rechte und Vorrechte, sowie die Ernennung der Bischöfe bezüglich seiner durch eine neue Uebereinkunft zu regeln sind.

Organische Bestimmungen der Uebereinkunft vom 26. Messidor IX.

Erster Titel.

Ordnung der katholischen Kirche in ihren allgemeinen Beziehungen zu den Rechten und der Polizei des Staates.

Art. 1. Keine Bulle, kein Breve, Reskript, Dekret, Mandat, keine Verleihungsurkunde einer Stelle oder eine durch Unterschrift ertheilte Anweisung darauf, noch andere Ausfertigungen des römischen Hofes, selbst wenn sie nur Privatpersonen betreffen, dürfen ohne Ermächtigung der Regierung angenommen, veröffentlicht, gedruckt oder in anderer Weise in Vollzug gesetzt werden.

2. Niemand, er mag sich apostolischer Nuntius, Legat, Vikar oder Kommissar nennen oder irgend eine andere Bezeichnung gebrauchen, darf ohne gleiche Ermächtigung auf französischem Boden oder auswärts eine amtliche Thätigkeit ausüben, welche sich auf die Angelegenheiten der gallikanischen Kirche bezieht.

3. Die Beschlüsse auswärtiger Synoden, selbst diejenigen der allgemeinen Konzilien, dürfen in Frankreich nicht veröffentlicht werden, bevor die Regierung sie in Beziehung auf ihre Form, ihre Uebereinstimmung mit den Gesetzen, Rechten und Freiheiten der französischen Republik sowie auf alles, was bei ihrer Veröffentlichung die öffentliche Ruhe stören oder interessieren könnte, geprüft hat.

4. Kein National- oder Metropolitankonzil, keine Diözesansynode, keine berathende Versammlung darf ohne ausdrückliche Erlaubniß der Regierung stattfinden.

5. Alle geistlichen Amtsverrichtungen haben unentgeltlich zu geschehen, mit Ausnahme der durch die Verordnungen gestatteten und ihrem Betrage nach bestimmten Kasualien.

6. In allen Fällen des Mißbrauchs der geistlichen Gewalt seitens der geistlichen Vorgesetzten oder anderer geistlicher Personen ist Rekurs an den Staatsrath [1]) zulässig.

Die Fälle des Mißbrauchs sind: die Anmaßung oder Ueberschreitung der Gewalt, die Zuwiderhandlung gegen die Gesetze

[1]) Bundesrath (§ 9 Abs. 1 G. v. 30. Dez. 1871).

und Verordnungen der Republik, die Verletzung der durch die in Frankreich anerkannten kanonischen Satzungen festgestellten Vorschriften, der Angriff auf die Freiheiten, Rechte und Gewohnheiten der gallikanischen Kirchen, sowie jede Unternehmung und jedes Vorgehen, welches bei Ausübung des Kultus die Ehre der Bürger verletzen, ihr Gewissen willkürlich beunruhigen und gegen sie in Bedrückung oder Beleidigung, oder in öffentliches Aergernis ausarten kann.

7. Rekurs an den Staatsrath ist ferner zulässig, wenn die öffentliche Ausübung des Kultus und die durch die Gesetze und Verordnungen den Geistlichen gewährleistete Freiheit angetastet wird.

8. Der Rekurs steht jeder betheiligten Person zu. Mangels einer Beschwerde der Privatpersonen hat ihn der Präfekt von Amtswegen zu erheben.

Der Beamte, der Geistliche oder die Privatperson, welche diesen Rekurs erheben will, hat bei dem mit allen auf den Kultus bezüglichen Angelegenheiten betrauten Mitgliede des Staatsraths [1]) eine ins Einzelne gehende und unterzeichnete Denkschrift einzureichen. Letzteres muß in kürzester Frist alle erforderlichen Erhebungen machen; auf seinen Bericht wird die Sache auf dem Verwaltungswege verfolgt und endgültig erledigt oder erforderlichen Falles an die zuständigen Behörden verwiesen.

Zweiter Titel.

Geistliche.

Erster Abschnitt.

Allgemeine Bestimmungen.

9. Der katholische Kultus wird in den Diözesen, unter Leitung der Erzbischöfe und Bischöfe, und in den Pfarreien unter derjenigen der Pfarrer ausgeübt. [2])

---

[1]) Später Kultusminister, bezüglich dessen nunmehr § 2 G. v. 4. Juli 1879 zu vergleichen ist.

[2]) Nach Min.-Entsch. v. 21. Pluviose XIII steht die Polizei im Innern der Kirche dem Pfarrer oder Hülfspfarrer unter der Leitung des Bischofs zu.

10. Jedes Vorrecht, betreffend Befreiung von der bischöflichen Amtsgewalt oder Unterordnung unter dieselbe, ist aufgehoben.[1])

11. Die Erzbischöfe und Bischöfe dürfen mit Ermächtigung der Regierung in ihren Diözesen Kathedralkapitel und Seminare errichten. Alle anderen kirchlichen Anstalten sind unterdrückt.[2])

12. Es steht den Erzbischöfen und Bischöfen frei, ihrem Namen die Bezeichnung Bürger oder Herr beizufügen. Alle übrigen Benennungen sind verboten.

Zweiter Abschnitt.

Erzbischöfe oder Metropolitanen.

13. Die Erzbischöfe weihen ihre Suffraganbischöfe und setzen sie in ihr Amt ein. Im Falle ihrer Verhinderung oder Weigerung geschieht es durch den ältesten Bischof des Metropolitanbezirks.

14. Sie wachen über die Aufrechterhaltung des Glaubens und der Zucht in den zu ihrer Metropole gehörigen Diözesen.

15. Sie erkennen über die Beschwerden und Klagen, welche gegen die Führung und die Entscheidung der Suffraganbischöfe erhoben werden.

Dritter Abschnitt.

Bischöfe, Generalvikare und Seminare.

16. Man kann nicht zum Bischofe ernannt werden vor dem dreißigsten Lebensjahre und wenn man nicht Franzose von Herkunft ist.[3])

17. Vor der Ausfertigung der Bestallung muß der vorgeschlagene ein Zeugniß über guten Lebenswandel und Sittlichkeit beibringen, welches von dem Bischofe auszustellen ist, in dessen Diözese er seine geistliche Berufsthätigkeit ausgeübt hat. Be-

[1]) Die Aufhebung aller Vorrechte und Ausnahmegerichte der Geistlichkeit war schon ausgesprochen durch Art. 16 Tit. II G. v. 16. Aug. 1790 und Art. 13 D. v. 7. Sept. 1790.

[2]) Vgl. Art. 23 und Art. 1 G. v. 33. Vent. XII, ferner Art. 3 D. v. 17. März 1808, D. v. 9. April 1809, Artt. 107 ff. D. v. 10. Dez. 1809, Artt. 62—80 D. v. 6. Nov. 1813, sodann bezüglich der Freistellen D. v. 30. Sept. 1807 u. O. v. 2. Nov. 1835.

[3]) Vgl. Art. 4 G. v. 23. Vent. XII u. Art. 2 O. v. 25. Dez. 1830.

züglich seines Glaubens ist er von einem Bischofe und zwei Priestern, welche der erste Konsul beauftragt, einer Prüfung zu unterziehen, deren Ergebniß dem mit allen auf den Kultus bezüglichen Angelegenheiten betrauten Mitgliede des Staatsraths mitzutheilen ist.[1])

18. Der vom ersten Konsul ernannte Priester hat die kirchliche Einsetzung vom Papste zu erwirken.

Er darf keine Berufshandlung vornehmen, bevor die seine Einsetzung enthaltende Bulle die Genehmigung der Regierung erhalten und er in Person den Eid geleistet hat, welcher durch die zwischen der französischen Regierung und dem heiligen Stuhle abgeschlossene Uebereinkunft vorgeschrieben ist.

Dieser Eid wird dem ersten Konsul geleistet; vom Staatssekretär wird darüber ein Protokoll aufgenommen.

19. Die Bischöfe ernennen und setzen die Pfarrer ein. Sie dürfen jedoch diese Ernennung erst veröffentlichen und die kanonische Einsetzung vornehmen, nachdem die Ernennung von dem ersten Konsul genehmigt ist.

20. Sie müssen in ihren Diözesen ihren Aufenthalt nehmen; sie dürfen dieselben nur mit Erlaubniß des ersten Konsuls verlassen.

21. Jeder Bischof kann zwei, jeder Erzbischof drei Generalvikare ernennen; sie haben sie unter den Priestern auszuwählen, welche die zur Ernennung zum Bischof erforderlichen Eigenschaften besitzen.

22. Sie haben jährlich einen Theil ihrer Diözese und innerhalb fünf Jahren die ganze Diözese persönlich zu untersuchen. Im Falle einer rechtmäßigen Verhinderung wird die Untersuchung durch einen Generalvikar vorgenommen.

23. Die Bischöfe sind mit der Einrichtung ihrer Seminare beauftragt; die bezüglich dieser Einrichtung erlassenen Verordnungen sind der Genehmigung des ersten Konsuls unterworfen.

24. Diejenigen, welche für die Ertheilung des Unterrichts in den Seminaren ausgewählt werden, haben die von der Geistlichkeit Frankreichs im Jahre 1682 erlassene und durch ein Edikt des nämlichen Jahres verkündigte Erklärung zu unterzeichnen und sich zu verpflichten, die darin enthaltene Lehre

[1]) Vgl. Artt. 2 u. 3 D. v. 25. März 1813.

vorzutragen. Die Bischöfe haben eine Ausfertigung dieser Verpflichtung dem mit allen auf den Kultus bezüglichen Angelegenheiten betrauten Mitgliede des Staatsraths einzureichen.[1])

25. Die Bischöfe haben jedes Jahr diesem Mitgliede des Staatsraths die Namen der Personen mitzutheilen, die in den Seminaren studiren und sich dem geistlichen Stande widmen.

26. Sie dürfen Niemanden die geistlichen Weihen ertheilen, wenn er nicht die nach den in Frankreich anerkannten kanonischen Satzungen erforderlichen Eigenschaften besitzt.[2])

Die Bischöfe dürfen keine Weihe vornehmen, bevor die Anzahl der zu weihenden Personen zur Kenntniß der Regierung gebracht und von ihr genehmigt ist.

Vierter Abschnitt.

Pfarrer.

27. Die Pfarrer dürfen ihr Amt nicht antreten, bevor sie in die Hände des Präfekten den Eid geleistet haben, welcher durch die zwischen der Regierung und dem heiligen Stuhle abgeschlossene Uebereinkunft vorgeschrieben ist. Ueber diese Eidesleistung wird vom Generalsekretär der Präfektur ein Protokoll aufgenommen und den Pfarrern eine mit der Urschrift übereinstimmende Abschrift erteilt.

28. Sie werden durch einen vom Bischof bezeichneten Pfarrer oder Priester in den Besitz eingewiesen.

29. Sie müssen in ihren Pfarreien ihren Aufenthalt nehmen.

30. Die Pfarrer sind bezüglich der Ausübung ihres Amtes unmittelbar den Bischöfen unterstellt.[3])

31. Die Vikare und Hülfspfarrer üben ihr Amt unter Aufsicht und Leitung der Pfarrer aus.

Sie werden vom Bischofe ernannt und können von ihm abberufen werden.[4])

---

[1]) Vgl. D. v. 25. Febr. 1810. — Die Bestimmung des Art. 24 wurde in Frankreich thatsächlich nicht beobachtet.

[2]) Artt. 2—4 D. v. 28. Febr. 1810.

[3]) Vgl. Art. 29 D. v. 30. Dez. 1809, und St.-R.-G. v. 30. Juli 1824 und 8. Febr. 1831.

[4]) Vgl. Art. 63, ferner Art. 13 D. v. 30. Sept. 1807, Art. 38 D. v. 30. Dez. 1809, Art. 15 D. v. 17. Nov. 1811 u. betr. der Hausgeistlichen in den Pflegehäusern (Art. 18 O. v. 31. Okt. 1821).

32. Kein Ausländer darf ohne Erlaubniß der Regierung in einem geistlichen Amte angestellt werden.

33. Jede Amtshandlung ist jedem Geistlichen, selbst einem Franzosen, verboten, wenn er nicht einer Diözese zugehört.

34. Kein Priester darf ohne Erlaubniß seines Bischofs seine Diözese verlassen, um in einer andern geistliche Dienste zu versehen.

Fünfter Abschnitt.

Kathedralkapitel und Verwaltung der Diözesen bei Erledigung eines Sitzes.

35. Die Erzbischöfe und Bischöfe, welche von der ihnen gewährten Befugniß, Kapitel zu errichten, Gebrauch machen wollen, dürfen es nur thun, wenn sie sowohl für die Errichtung selbst wie für die Zahl und die Auswahl der zur Bildung der Kapitel bestimmten Geistlichen die Ermächtigung der Regierung erhalten haben.

36. Während der Erledigung eines Bischofssitzes ist durch den Metropolitan und in dessen Ermangelung durch den ältesten Suffraganbischof für die Verwaltung der Diözese Sorge zu tragen. [1])

37. Die Metropolitane sowie die Kathedralkapitel müssen der Regierung von der Erledigung des Bischofssitzes und den bezüglich der Verwaltung der erledigten Diözesen getroffenen Maßregeln unverzüglich Mittheilung machen. [2])

38. Die Generalvikare, welche während der Erledigung die Verwaltung führen, sowie die Metropolitane oder Kapitulare dürfen sich keine Neuerungen in den Gebräuchen und Gewohnheiten der Diözesen erlauben.

Dritter Titel.

Kultus.

39. Für alle katholischen Kirchen Frankreichs soll nur Eine Liturgie und Ein Katechismus bestehen.

40. Kein Pfarrer darf ohne besondere Erlaubniß des

[1]) Vgl. Artt. 5 u. 6 D. v. 28. Febr. 1810.

[2]) Vgl. Art. 6 D. v. 28. Febr. 1810.

Bischofs in seiner Pfarrei außerordentliche öffentliche Gebete anordnen.

41. Außer dem Sonntag darf kein Feiertag ohne Erlaubniß der Regierung eingeführt werden.[1])

42. Die Geistlichen bedienen sich bei den religiösen Feierlichkeiten der ihrer Stellung entsprechenden Kleidung und Gewänder; in keinem Falle und unter keinem Vorwande dürfen sie die Farbe und Abzeichen, welche den Bischöfen vorbehalten sind, annehmen.

43. Alle Geistlichen müssen nach französischer Art und in Schwarz sich kleiden.

Die Bischöfe können zu dieser Tracht das Hirtenkreuz und die violetten Strümpfe hinzufügen.[2])

44. Hauskapellen und Privatbethäuser dürfen nicht ohne ausdrückliche, auf Antrag des Bischofs bewilligte Erlaubniß der Regierung errichtet werden.[3])

45. In den Städten, in welchen sich Kirchen verschiedener Religionsbekenntnisse befinden, hat keine religiöse Feierlichkeit außerhalb der dem katholischen Kultus gewidmeten Gebäude stattzufinden.[4])

46. Eine und dieselbe Kirche darf nur einem und demselben Kultus gewidmet sein.[5])

47. In den Kathedralen und Pfarrkirchen muß ein Ehrenplatz für die Katholiken, welche Zivil- oder Militärämter bekleiden, vorhanden sein.

48. Der Bischof hat sich mit dem Präfekten über die Art zu verständigen, wie die Gläubigen durch das Geläute der Glocken zum Gottesdienste einzuladen sind. Zu einem andern Zwecke darf ohne Erlaubniß der Ortspolizeibehörde nicht geläutet werden.[6])

49. Wenn die Regierung öffentliche Gebete anordnet, so haben sich die Bischöfe mit dem Präfekten und dem kommandierenden Offiziere des Platzes über den Tag, die Stunde und

---

[1]) Vgl. B. v. 29. Germ. X.
[2]) Vgl. B. v. 17. Niv. XII.
[3]) Vgl. D. v. 22. Dez. 1812.
[4]) Bezüglich der Begräbnisse vgl. Art. 18 D. v. 23. Prair. XII.
[5]) Vgl. übrigens bezüglich des Simultaneums B. v. 22. April 1843.
[6]) Vgl. St.-R.-G. v. 21. Juli 1835, 17. Juni 1740 und Min.-Rundschr. v. 1859.

die Art und Weise der Ausführung dieser Ordonnanzen zu verständigen.[1])

50. Die feierlichen Predigten, sermons genannt, sowie diejenigen, welche unter dem Namen Advent- und Fastenstationen bekannt sind, dürfen nur von Priestern gehalten werden, welche dazu eine besondere Ermächtigung des Bischofs erhalten haben.

51. Die Pfarrer haben bei den Predigten der Pfarrmessen für die Wohlfahrt der französischen Republik und für die Konsuln zu beten und beten zu lassen.

52. Sie dürfen sich bei ihren Unterweisungen weder unmittelbar noch mittelbar irgend eine Beschuldigung gegen Personen oder gegen die übrigen vom Staate anerkannten Religionsbekenntnisse erlauben.

53. Bei der Predigt dürfen sie keine der Ausübung des Kultus fremde Verkündigung vornehmen, wenn solche nicht durch die Regierung angeordnet ist.[2])

54. Die kirchliche Trauung dürfen sie nur vornehmen, wenn der Abschluß der Ehe vor dem Standesbeamten in gehöriger Form nachgewiesen ist.[3])

55. Die von den Geistlichen geführten Register, welche sich nur auf die Verwaltung der Sakramente beziehen und beziehen können, dürfen keinenfalls die durch das Gesetz zur Feststellung des Personenstands der Franzosen vorgeschriebenen Register ersetzen.

57. Der Ruhetag der öffentlichen Beamten wird auf den Sonntag festgesetzt.

Vierter Titel.

Abgrenzung der Erzbisthümer, Bisthümer und Pfarreien. Zum Kultus bestimmte Gebäude und Gehalt der Geistlichen.

Erster Abschnitt.

Abgrenzung der Erzbisthümer und Bisthümer.

58. In Frankreich sollen zehn Erzbisthümer oder Metropolen und fünfzig Bisthümer bestehen.

[1]) Nähere Bestimmungen enthält Art. 5 D. v. 24. Messidor XII.
[2]) Vgl. § 130a St.-G.-B.
[3]) Vgl. § 67 G. v. 6. Febr. 1875.

59. Die Eintheilung der Metropolen und Diözesen erfolgt nach Maßgabe des angefügten Verzeichnisses.

Zweiter Abschnitt.

Abgrenzung der Pfarreien.

60. In jedem Friedensgerichtsbezirke soll wenigstens Eine Pfarrei bestehen.

Außerdem sollen Hülfspfarreien nach Bedürfniß errichtet werden.

61. Jeder Bischof bestimmt im Einvernehmen mit dem Präfekten die Zahl und den Umfang der Hülfspfarreien.

Die entworfenen Pläne sind der Regierung vorzulegen und dürfen ohne deren Genehmigung nicht in Ausführung gebracht werden.[1]

62. Kein Theil des französischen Gebietes darf ohne ausdrückliche Ermächtigung der Regierung zu einer Pfarrei oder Hülfspfarrei bestimmt werden.[2]

63. Die Hülfspfarrer werden von den Bischöfen ernannt.

Dritter Abschnitt.

Gehalt der Geistlichen.[3][5]

66. Die Pfarrer werden in zwei Klassen eingetheilt.[4]

67. Die Ruhegehälter, welche sie zufolge der Gesetze der konstituierenden Versammlung beziehen, sind bei ihrem Gehalt in Aufrechnung zu bringen.

Die Generalräte der großen Gemeinden können ihnen, wenn es die Verhältnisse erfordern, aus den Erträgnissen der

---

1) Vgl. noch D. v. 11. Prair. XII und Art. 21 Nr. 1 G. v. 18. Juli 1837. — Die Genehmigung ertheilt der Statthalter (V. v. 23. Juli 1879).

2) Aenderungen in der Abgrenzung der Pfarreien, welche nach Rundschr. Kult. v. 12. Aug. 1836 durch ein kaiserl. Dekret auf den Bericht des Kultusministers und das Gutachten des Staatsraths zu erfolgen hatten, bedürfen nunmehr der Ermächtigung des Statthalters (V. v. 23. Juli 1879). — Das Gutachten des Gemeinderaths muß vorhergehen (Art. 21 Nr. 1 G. v. 18. Juli 1837). — Bezüglich der Hülfspfarreien vgl. noch D. v. 30. Sept. 1807.

3) Vgl. V. v. 18. Germ. XI u. O. v. 4. Sept. 1820. Vgl. jetzt.

4) Vgl. V. v. 27. Brum. XI u. O. v. 6. April 1832.

5) Vgl. noch O. v. 13. März 1832. Vgl. jetzt.

Gemeindegüter oder der Verbrauchsteuer eine Zulage zum Gehalte gewähren.[1])

68. Die Vikare und Hülfspfarrer sind aus der Zahl der zufolge der Gesetze der konstituierenden Versammlung in Ruhestand versetzten Geistlichen zu entnehmen.

Der Betrag dieser Ruhegehälter und das Ergebniß der Kasualien bilden ihr Gehalt.[2])

69. Die Bischöfe fertigen die Entwürfe der Verordnungen bezüglich der Kasualien, welche die Geistlichen für die Verwaltung der Sakramente zu beziehen haben. Die von den Bischöfen in dieser Beziehung gefertigten Entwürfe dürfen weder verkündigt noch in anderer Weise in Vollzug gesetzt werden, bevor sie die Genehmigung der Regierung erlangt haben.[3])

70. Jeder Geistliche, welcher einen Ruhegehalt vom Staate bezieht, geht desselben verlustig, wenn er ohne rechtmäßigen Grund die Uebernahme des ihm übertragenen Amtes verweigert.

71. Die Generalräte der Bezirke sind ermächtigt, den Erzbischöfen und Bischöfen eine passende Wohnung zu überweisen.[4])

72. Die nicht veräußerten Pfarrhäuser und daran anstoßenden Gärten werden den Pfarrern und Hülfspfarrern zurückgegeben. Ist kein Pfarrhaus vorhanden, so sind die Generalräte der Gemeinden ermächtigt, ihnen eine Wohnung und einen Garten zu überweisen.[5])

73. Die Stiftungen, welche den Unterhalt der Geistlichen und die Ausübung des Kultus zum Gegenstande haben, dürfen nur in Statsrenten bestehen. Ihre Annahme erfolgt durch den Bischof der Diözese und sie können nur mit Ermächtigung der Regierung in Vollzug gesetzt werden.[6])

74. Andere Liegenschaften als die zur Wohnung bestimmten Gebäude und die daran anstoßenden Gärten dürfen nicht zu kirchlichen

---

[1]) Vgl. Art. 3 B. v. 18. Germ. XI.

[2]) Vgl. Art. 4 D. v. 11. Prair. XII.

[3]) Vgl. D. v. 26. Dez. 1813.

[4]) Vgl. Art. 1 B. v. 18. Germ. XI.

[5]) Vgl. D. v. 30. Mai 1806, 17. März 1809, und Art. 92 Nr. 2 D. v. 30. Dez. 1809. — Eine Besitzeinweisung durch ein vom Finanzminister bestätigtes Dekret des Präfekten ist erforderlich (St.=R.=G. v. 23. Dez. 1806, genehmigt am 25. Januar 1807.

[6]) Bezüglich der Staatsrenten abgeändert durch G. v. 2. Jan. 1817.

Zwecken bestimmt und ebensowenig von Geistlichen auf Grund ihres Amtes besessen werden. [1])

Vierter Abschnitt.

Dem Kultus gewidmete Gebäude.

75. Die ehemals dem katholischen Kultus gewidmeten Gebäude, welche gegenwärtig in den Händen des Staates sich befinden, sind, und zwar ein Gebäude für jede Pfarrei und jede Hülfspfarrei, durch Verordnung des Präfekten des Bezirks zur Verfügung der Bischöfe zu stellen. Eine Ausfertigung dieser Verordnungen ist dem mit allen auf den Kultus bezüglichen Angelegenheiten betrauten Mitgliede des Staatsraths mitzutheilen. [2])

76. Zur Ueberwachung der Unterhaltung und Instandhaltung der Kirchen, sowie der Verwaltung der Almosen sollen Fabriken eingesetzt werden. [3])

77. In den Pfarreien, in welchen sich kein für den Kultus verfügbares Gebäude befindet, hat sich der Bischof mit dem Präfekten über die Anweisung eines geeigneten Gebäudes ins Benehmen zu setzen.

Dekret über die Begräbnisse.

23. Prairial XII.

B. des L. IV Ser. Nr. 25.

Erster Titel.

Begräbnisse und Orte, welche denselben gewidmet sind.[4])

Art. 1. Beerdigungen dürfen in den Kirchen, Synagogen, Krankenhäusern, öffentlichen Kapellen und überhaupt in ge-

---

[1]) Aufgehoben durch D. v. 6. Nov. 1813 (Art. 1) und G. v. 2. Jan. 1817 (Art. 1).

[2]) Nach St.-R.-G. v. 2. Pluv. XIII sind die Kirchen Eigenthum der Gemeinden. — Vgl. D. v. 30. Mai 1806.

[3]) Die Einsetzung von Fabriken erfolgte durch Artt. 3—5 V. v. 7. Therm. XI, welche sodann durch das D. v. 30. Dez. 1809 ersetzt wurden

[4]) Durch Art. 1 O. v. 6. Dez. 1843 sind die Bestimmungen des ersten und zweiten Titels des D. v. 23. Prairial XII auf alle Ortschaften ausgedehnt.

schlossenen und bedeckten Gebäuden, in denen Bürger zur Abhaltung ihres Gottesdienstes sich vereinigen, und innerhalb der Mauern der Städte und Flecken nicht stattfinden.[1])

2. Außerhalb einer jeden Stadt und jedes Fleckens muß, in einer Entfernung von mindestens 35 bis 40[2]) Meter von den Mauern des Orts, ein Stück Land sich befinden, welches einzig und allein der Beerdigung der Todten gewidmet ist.

3. Hierzu sind vorzugsweise höchstgelegene und dem Nordwind ausgesetzte Oertlichkeiten zu wählen. Dieselben sind mit Mauern von mindestens 2 Meter Höhe zu umgeben. Auch sind sie mit Anpflanzungen zu versehen, wobei geeignete Vorsorge zu treffen, daß der Durchzug der Luft nicht behindert wird.

4. Jede Beerdigung hat in einer abgesonderten Grube stattzufinden. Jede Grube, die gegraben wird, muß 1,5 bis 2 Meter Tiefe auf 8 Decimeter Breite haben und nachher mit Erde wieder ausgefüllt und gut zugeworfen werden.

5. Die Gruben müssen von einander 3 bis 4 Decimeter auf den Seiten und 3 bis 5 Decimeter am Kopf- und Fußende entfernt sein.

6. Um die Gefahr, welche das zu rasche Wiederöffnen der Gruben nach sich zieht, zu vermeiden, darf das Oeffnen der Gruben für neue Begräbnisse nur von 5 zu 5 Jahren stattfinden. Die Grundstücke, welche die Begräbnißorte zu bilden bestimmt sind, müssen daher fünf mal so groß sein, als der Raum, der erforderlich ist, um die muthmaßliche Zahl der alljährlich zu beerdigenden Todten aufzunehmen.

Zweiter Titel.

Anlage neuer Kirchhöfe.[1])

7. Die Gemeinden, welche auf Grund der Artikel 1 und 2 des ersten Titels genöthigt sind, die bisherigen Kirchhöfe aufzugeben und sich neue außerhalb der Mauern des Orts zu beschaffen, können lediglich auf die durch die Deklaration vom 10. März 1776 ihnen ertheilte Ermächtigung hin die nöthigen Grundstücke erwerben,

[1]) Die Strafandrohung für diese u. andere Vorschriften des D. enthält Art. 471 Nr. 15 mit Artt. 474, 483 frz. St.-G.-B.

[2]) Vgl. Art. 1 D. v. 7. März 1808.

indem sie die nach der Verordnung vom 7. Germinal IX erforderlichen Förmlichkeiten erfüllen.[1])

8. Sobald die neuen Begräbnißplätze zur Aufnahme von Beerdigungen geeignet sind, werden die bestehenden Kirchhöfe geschlossen und bleiben 5 Jahre lang unbenutzt in ihrem bisherigen Zustand.

9. Nach Ablauf dieses Zeitraums können die Grundstücke, die bis jetzt als Kirchhöfe dienten, von den Gemeinden, denen sie gehören, verpachtet werden, jedoch mit der Maßgabe, daß sie nur besäet und bepflanzt werden. Dagegen darf eine Aushebung von Erde oder Anlegung von Grundmauern für Häuserbauten bis auf anderweite Verordnung nicht stattfinden.[2])

Dritter Titel.

Ueberlassung von Grund und Boden in den Kirchhöfen.[3])

10. Wenn die Größe der für Beerdigungen bestimmten Oertlichkeit es zuläßt, so kann eine Ueberlassung von Grund und Boden an die Personen stattfinden, welche einen getrennten und abgesonderten Platz zu besitzen wünschen, um auf demselben für sich und ihre Eltern oder Nachkommen Begräbnißstätten anzulegen und Todtengewölbe, Denksteine oder Grabmäler zu errichten.

11. Diese Rechte werden indes nur solchen eingeräumt, die, abgesehen von einer der Gemeinde zu zahlenden Summe, sich erbieten, Stiftungen oder Schenkungen zu Gunsten der Armen und der Krankenhäuser zu machen; und erst dann, wenn diese Stiftungen oder Schenkungen von der Regierung in den hergebrachten Formen auf Vorschlag des Gemeinderaths und Antrag des Präfekten genehmigt worden sind.

12. Es wird durch die beiden vorstehenden Artikel an der jedermann zustehenden Befugniß nichts geändert, ohne weitere

[1]) Abgeändert durch Art. 2 O. v. 6. Dez. 1843 (s. Bem. 2 zu dem gedachten Art.).

[2]) In freien Verkehr (durch Kauf oder Tausch) dürfen die ehemaligen Kirchhöfe erst 10 Jahre nach den letzten Beerdigungen gebracht werden; Art. 9 Abs. 2 G. v. 15. Mai 1791, betr. die den aufgehobenen Pfarr- oder Filial-Kirchen zugehörigen Güter (Lois et actes du gouvernement, Bd. III S. 199).

[3]) Näher geregelt durch Artt. 3—5 O. v. 6. Dez. 1843.

Genehmigung auf die Gruft eines Verwandten oder Freundes einen Grabstein oder ein anderes eine Grabstätte andeutendes Zeichen in der bisher üblichen Weise setzen zu lassen.

13. Die Bürgermeister können nicht minder auf Vorschlag der Krankenhaus-Verwaltungen gestatten, daß man innerhalb der Mauern der Krankenhäuser Denkmäler für die Stifter und Wohlthäter dieser Anstalten errichte, wenn dieselben einen solchen Wunsch in ihren Schenkungs- oder Stiftungs-Urkunden oder ihren letztwilligen Verfügungen niedergelegt haben.

14. Jedermann kann auf seinem Eigenthum beerdigt werden, vorausgesetzt daß sich dieses Eigenthum außerhalb der Mauern einer Stadt oder eines Fleckens und in der vorgeschriebenen[1]) Entfernung von denselben befindet.

Vierter Titel.

Polizei der Begräbnißorte.[2])

15. In den Gemeinden mit verschiedenen Religionsbekenntnissen muß für jedes Bekenntniß ein besonderer Beerdigungsort bestehen; falls nur ein einziger Kirchhof vorhanden sein sollte, ist derselbe durch Mauern, Hecken oder Gräben in ebensoviele, mit besonderem Eingang versehene Theile zu scheiden, als verschiedene Bekenntnisse da sind. Der Raum jedes Abschnittes ist der Einwohnerzahl des betreffenden Bekenntnisses anzupassen.

16. Die Begräbnißorte, mögen sie Gemeinden oder Privatleuten gehören, sind der obrigkeitlichen Gewalt, Polizei und Aufsicht der Gemeindeverwaltungen unterworfen.

17. Die Ortsbehörden haben insbesondere die Aufgabe, auf Befolgung der Gesetze und Verordnungen zu halten, welche Wiederausgrabungen verbieten, soweit dieselben nicht von der Behörde gestattet sind, und zu verhindern, daß an Begräbnißorten Ordnungswidrigkeiten begangen werden, oder daß man sich daselbst Handlungen erlaubt, welche der dem Andenken der Todten schuldigen Achtung zuwiderlaufen.[3])

---

[1]) S. oben Art. 2.
[2]) Vgl. Art. 6 O. v. 6. Dez. 1843.
[3]) Vgl. § 168 St.-G.-B.

Fünfter Titel.

Leichengepränge.[1])

18. Die früher bei Leichenzügen, entsprechend den verschiedenen Religionsbekenntnissen, üblichen Feierlichkeiten sind wieder gestattet, und es wird den Familien freigegeben, den hierbei zu machenden Aufwand, je nach ihren Mitteln und ihrem Vermögen, zu bemessen. Jedoch sind außerhalb der Mauern von Kirchen und Begräbnißorten religiöse Feierlichkeiten gemäß Artikel 45 des Gesetzes vom 18. Germinal X nur in Gemeinden mit einheitlichem Religionsbekenntniß zulässig.

19. Wenn ein Religionsdiener unter irgend einem Vorwande sich erlaubt, seine Dienste bei der Beerdigung einer Leiche zu verweigern, so beauftragt die bürgerliche Behörde von Amtswegen oder auf Anstehen der Familie einen anderen Geistlichen des gleichen Bekenntnisses mit Vornahme der betreffenden Amtshandlungen; jedenfalls hat die bürgerliche Behörde für das Fortschaffen der Leichen, die Verbringung derselben zur Kirche, die Niederstellung daselbst sowie die Beerdigung zu sorgen.[2])

20. Die Kosten und Gebühren, welche den Religionsdienern und sonstigen Bediensteten der Kirche für das Geleite bei den Leichenzügen sowie für die von den Familien in Anspruch genommenen Dienste zu zahlen sind, werden von der Regierung auf Vorschlag der Bischöfe, Konsistorien und Präfekten und auf den Antrag des mit den Kultusangelegenheiten betrauten Mitgliedes des Staatsraths festgesetzt. Es wird nichts vergütet für Mitwirkung bei der Beerdigung von Personen, welche in die Armenlisten eingetragen sind.

21. Die angemessenste Art der Leichenbeförderung wird nach den Ortsverhältnissen vorbehaltlich der Genehmigung des Präfekten durch die Bürgermeister bestimmt.

22. Die Kirchenfabriken und Konsistorien genießen allein das Recht, die Wagen, Behänge und Zierathen zu liefern und

---

[1]) Vgl. V. v. 18. Mai 1896 betr. den Dienst in den Kirchen und die Leichenzüge.

[2]) Ein Rundschr. Inn. v. 15. Juni 1847 gibt nähere Ausführungsbestimmungen.

überhaupt die bei Beerdigungen für die Würde oder das Gepränge der Leichenbegängnisse nöthigen Gegenstände aller Art zu beschaffen. — Die Fabriken und Konsistorien können dieses Recht mit Genehmigung der bürgerlichen Behörden, unter deren Aufsicht sie gestellt sind, selbst ausüben oder verpachten.[1])

24. Es ist allen anderen Personen, welches auch ihre amtliche Stellung sei, bei entsprechender Strafe[2]) ausdrücklich verboten, das obenerwähnte Recht auszuüben, doch unbeschadet der Rechte, die sich aus bestehenden zwischen Unternehmern und den Präfekten oder anderen bürgerlichen Behörden in Bezug auf Leichenzüge und Leichengepränge abgeschlossenen Verträgen ergeben.[3])

25. Die aus dem Nachlasse des Verstorbenen zu zahlenden Kosten für die Einladung zur Beerdigung, den Preis der Behänge, die Bahre und die Fortschaffung der Leiche sind durch einen von der Gemeindeverwaltung vorgeschlagenen und vom Präfekten festgesetzten Tarif zu bestimmen.

26. In Dörfern und anderen Orten, wo das vorerwähnte Recht von den Kirchenfabriken nicht ausgeübt werden kann, haben die Ortsbehörden vorbehaltlich der Genehmigung des Präfekten das Betreffende zu besorgen.[4])

Dekret, betreffend die Kirchenfabriken.

30. Dezember 1809.

B. des L. Ser. IV Nr. 5777.

Erstes Hauptstück.

Verwaltung der Fabriken.

Art. 1. Die zufolge Artikel 76 des Gesetzes vom 18. Germinal X eingesetzten Fabriken haben die Aufgabe über die

---

[1]) Die Erträge gehören zu den Einkünften der Kirchenfabrik, Art. 36 Nr. 10. D. v. 30. Dez. 1809.

[2]) D. h. bei der durch Artt. 471 Nr. 15, 474, 483 frz. St.-G.-B. angedrohten Strafe.

[3]) Artt. 22 u. 24 sind nicht anwendbar auf Juden (D. v. 10. Febr. 1806).

[4]) Vgl. Art. 3 Nr. 4 D. v. 18. Juni 1811.

Unterhaltung und Instandhaltung der Kirchen zu wachen; die Almosen, Güter und Renten sowie die durch die Gesetze und Verordnungen zugelassenen Einnahmen, die von den Gemeinden bezahlten Ergänzungszuschüsse und überhaupt alle für die Ausübung des Kultus bestimmten Gelder zu verwalten; endlich in den Kirchen, welchen sie beigegeben sind, diese Ausübung und die Aufrechthaltung der Würde des Gottesdienstes sicher zu stellen, indem sie die dazu erforderlichen Ausgaben festsetzen und die Mittel zu deren Deckung sicherstellen.

2. Jede Fabrik besteht aus einem Rathe und einem Ausschusse der Kirchenpfleger.

Erster Abschnitt.

Fabrikrath.

§ 1. Zusammensetzung des Fabrikraths.

3. In den Pfarreien mit einer Bevölkerung von 5000 Seelen und darüber besteht der Fabrikrath aus neun Mitgliedern, in allen übrigen Pfarreien aus fünf. Sie sind aus den Notabeln zu entnehmen, müssen katholisch und in der Pfarrei wohnhaft sein.

4. Ferner sind von Rechtswegen Mitglieder des Fabrikraths:

1) der Pfarrer oder Hülfspfarrer, welchem der erste Platz zukommt und der sich durch einen seiner Vikare vertreten lassen kann;

2) der Bürgermeister der Gemeinde des Hauptortes der Pfarrei oder Hülfspfarrei; er kann sich durch einen seiner Beigeordneten vertreten lassen. Ist der Bürgermeister nicht katholisch, so muß an seine Stelle ein katholischer Beigeordneter und, falls ein solcher nicht vorhanden ist, ein katholisches Mitglied des Gemeinderaths eintreten. Der Bürgermeister hat seinen Platz zur Linken und der Pfarrer oder Hülfspfarrer zur Rechten des Vorsitzenden.

5. In den Städten mit mehreren Pfarreien oder Hülfspfarreien ist der Bürgermeister von Rechtswegen Mitglied eines jeden Fabrikraths; er kann sich darin nach Maßgabe des vorhergehenden Artikels vertreten lassen.

6. In den Pfarreien oder Hülfspfarreien, in denen der Fabrikrath, ohne Einrechnung der Mitglieder von Rechtswegen,

aus neun Mitgliedern zusammengesetzt wird, steht für das erste Mal die Ernennung von fünf Mitgliedern dem Bischofe und die von vier Mitgliedern dem Präfekten zu; in denen, in welchen der Fabrikrath nur fünf Mitglieder hat, ernennt der Bischof drei, der Präfekt zwei Mitglieder. Sie treten am ersten Sonntage des Monats April nächsthin in Thätigkeit.

7. Der Fabrikrath ist alle drei Jahre zum Theil zu erneuern, und zwar in der Weise, daß in den Pfarreien, in denen er, abgesehen von den Mitgliedern von Rechtswegen, aus neun Mitgliedern besteht, nach Ablauf der drei ersten Jahre fünf Mitglieder, welche das erste Mal durch das Loos bestimmt werden, und sodann nach Ablauf von fünf Jahren die vier dienstältesten Mitglieder ausscheiden; und bei den Fabrikräthen mit fünf Mitgliedern, ohne Einrechnung der Mitglieder von Rechtswegen, daß drei durch das Loos bestimmte Mitglieder nach den drei ersten Jahren und die zwei andern nach Ablauf von sechs Jahren ausscheiden. In der Folge haben immer die dienstältesten Mitglieder auszuscheiden.[1])

8. Die an die Stelle der Ausscheidenden tretenden Mitglieder werden durch die im Amte bleibenden gewählt.[2])

Erfolgt die Ersetzung nicht zur bestimmten Zeit, so soll der Bischof eine Frist von einem Monate zur Wahl festsetzen, nach deren Ablauf ihm, jedoch nur für diesen besondern Fall, die Ernennung selbst zusteht.[3])

Die ausscheidenden Mitglieder sind wieder wählbar.

9. Der Fabrikrath ernennt seinen Schriftführer und seinen Vorsitzenden durch Abstimmung.[4]) Die Wahl ist jährlich am

[1]) Die Erneuerung erfolgt am Sonntage Quasimodo (Art. 2 O. v. 12. Jan. 1825). Die drei Jahre zählen stets von letzterem Sonntage an (St.-R.-G. v. 9. Juli 1839, Min.-Entsch. v. 16. Mai 1843. Rundschr. Kult. v. 31. Jan. 1861).

[2]) Bei der Wahl müssen in den Pfarreien von 5000 Seelen und darüber wenigstens 4 Mitglieder. einschließlich der Mitglieder von Rechtswegen, mitwirken, in den übrigen 3 (Min.-Entsch. v. 18. August 1841, 4. Okt. 1843, 23. Juni 1852, 3. April 1860).

[3]) Nach Art. 4 O. v. 12. Jan. 1825 tritt das Recht des Bischofs nach einem Monate von Rechtswegen ein, ohne daß eine Fristbestimmung erforderlich ist.

[4]) Der Pfarrer und der Bürgermeister, welche Mitglieder von Rechtswegen sind, können nicht als Vorsitzende gewählt werden (St.-R.-G. v. 7. Febr. 1867), wohl aber als Schriftführer (Min.-Entsch. v. 12. Febr. 1812).

ersten Sonntage des April zu erneuern und ist eine Wiederwahl zulässig. Bei Stimmengleichheit gibt die Stimme des Vorsitzenden den Ausschlag.

Der Fabrikrath kann nur bei Anwesenheit von mehr als der Hälfte seiner Mitglieder gültige Beschlüsse fassen. Alle anwesenden Mitglieder haben die Beschlüsse zu unterzeichnen; letztere werden mit Stimmenmehrheit gefaßt.

§ 2. Sitzungen des Fabrikraths.

10. Der Fabrikrath hat sich am ersten Sonntage der Monate April, Juli, Oktober und Januar nach dem Schlusse des Hochamtes oder der Vesper in der Kirche oder einem daranstoßenden Raume, oder im Pfarrhause zu versammeln.[1])

Die Anzeige einer jeden dieser Sitzungen ist am vorhergehenden Sonntage bei der Predigt im Hochamte zu verkünden.

Mit Ermächtigung des Bischofs oder Präfekten kann sich der Fabrikrath außerdem zu außerordentlicher Sitzung versammeln, wenn es die Dringlichkeit der Angelegenheiten oder unvorhergesehener Ausgaben erfordert.[2])

§ 3. Geschäftskreis des Fabrikraths.

11. Sobald der Fabrikrath gebildet ist, hat er durch Abstimmung aus seiner Mitte diejenigen zu wählen, welche als Kirchenpfleger in den Ausschuß treten. In Zukunft hat er in der Sitzung, welche dem Ablaufe der durch diese Verordnung für den Dienst der Kirchenpfleger festgesetzten Zeit entspricht, ebenfalls durch Abstimmung die Wahl seiner an die Stelle der ausscheidenden Pfleger tretenden Mitglieder vorzunehmen.

12. Der Beschlußfassung des Fabrikraths unterliegen:

1) der Voranschlag der Einnahmen und Ausgaben der Fabrik;

2) die jährliche Rechnungsablage ihres Schatzmeisters;

3) die Verwendung der die Ausgaben übersteigenden Ueberschüsse aus Vermächtnissen und Schenkungen, sowie die Wiederanlage der zurückgezahlten Kapitalien;

---

[1]) Die erste Sitzung ist am Sonntage Quasimodo abzuhalten (Art. 2 O. v. 12. Jan. 1825).

[2]) Vgl. Art. 6 O. v. 12. Jan. 1825.

4) alle außerordentlichen Ausgaben von mehr als fünfzig Frank in Pfarreien unter 1000 Seelen und von mehr als hundert Frank in den Pfarreien mit größerer Bevölkerung;

5) Die Einleitung von Prozessen oder Einlassung auf solche, Erbbestände oder Verpachtungen auf lange Jahre, Veräußerungen oder Tausche, und überhaupt alle die Grenzen der gewöhnlichen Verwaltung von Mündelgut überschreitenden Angelegenheiten.

Zweiter Abschnitt.

Ausschuß der Kirchenpfleger.

§ 1. Zusammensetzung des Ausschusses.

13. Der Ausschuß der Kirchenpfleger besteht:

1) aus dem Pfarrer oder Hülfspfarrer der Pfarrei oder Hülfspfarrei, welcher von Rechtswegen ständiges Mitglied ist;

2) aus drei Mitgliedern des Fabrikraths.[1])

Dem Pfarrer oder Hülfspfarrer kommt der erste Platz zu; sie können sich durch einen ihrer Vikare vertreten lassen.

14. Verwandte und Verschwägerte bis zum Grade von Oheim und Neffe einschließlich dürfen nicht gleichzeitig Mitglieder des Ausschusses sein. [2])

15. Am ersten Sonntage des Monats April eines jeden Jahres hat einer der Kirchenpfleger als Mitglied des Ausschusses auszuscheiden und ist derselbe zu ersetzen.

16. Von den drei Pflegern, welche das erste Mal durch den Fabrikrath ernannt werden, scheidet nach Ablauf des ersten und zweiten Jahres je einer nach dem Loose und der dritte nach Ablauf des dritten Jahres von Rechtswegen aus.

17. In der Folge hat immer der dienstälteste der Kirchenpfleger auszuscheiden.

18. Erfolgt die Wahl nicht zu der bestimmten Zeit, so ist sie durch den Bischof vorzunehmen.

---

[1]) Der Bürgermeister kann nicht gewählt werden (Min.-Entsch. v. 21. Aug. 1812, 25. März 1831, 28. März 1833, 13. Mai 1865).

[2]) Die Bestimmung ist nicht auf den Fabrikrath auszudehnen (St.-R.-G. v. 21. Mai 1828, Min.-Entsch. v. 15. Juli 1867).

19. Sie ernennen aus ihrer Mitte einen Vorsitzenden, einen Schriftführer und einen Schatzmeister.[1])

20. Zur Beschlußfassung der Mitglieder des Ausschusses ist die Anwesenheit von wenigstens drei Mitgliedern erforderlich.

Bei Stimmengleichheit gibt die Stimme des Vorsitzenden den Ausschlag.

Alle Beschlüsse sind von den anwesenden Mitgliedern zu unterzeichnen.

21. In den Pfarreien, in welchen es herkömmlich Ehrenkirchenpfleger gab, können zwei durch den Fabrikrat aus den ersten Beamten, welche in der Pfarrei ihren Wohnsitz haben, gewählt werden. Diese Kirchenpfleger und alle Mitglieder des Fabrikraths sollen in der Kirche einen Ehrenplatz haben, die sogenannte Fabrikrathsbank, welche möglichst der Kanzel gegenüber sich befinden soll. Der Pfarrer oder Hülfspfarrer hat darin den ersten Platz, wenn er der Predigt beiwohnt.

§ 2. Sitzungen des Ausschusses.

22. Der Ausschuß hat sich jeden Manat nach dem Schlusse der Pfarrmesse an dem für die Sitzungen des Fabrikraths bestimmten Orte zu versammeln.

23. In außerordentlichen Fällen wird der Ausschuß durch den Vorsitzenden von Amtswegen oder auf Antrag des Pfarrers oder Hülfspfarrers zusammengerufen.

§ 3. Geschäftskreis des Ausschusses.

24. Der Ausschuß der Kirchenpfleger hat den Voranschlag der Einnahmen und Ausgaben der Fabrik aufzustellen und die Angelegenheiten vorzubereiten, welche vor den Fabrikrath gebracht werden sollen; er ist mit dem Vollzuge der Beschlüsse des Fabrikraths und mit der täglichen Verwaltung der weltlichen Geschäfte der Pfarrei beauftragt.

25. Der Schatzmeister hat für den Eingang aller Ausstände der Fabrik Sorge zu tragen, mögen sie einen Theil der

[1]) Der Pfarrer kann nicht zum Vorsitzenden gewählt werden — vgl. Artt. 13, 50 und 56 — Min.-Entsch. v. 2. Okt. 1810, 17. Aug. 1811, 16. März 1846, 26. Okt. 1848), ebensowenig zum Schatzmeister (Min.-Entsch. v. 24. Aug. 1835), wohl aber zum Schriftführer (Min.-Entsch. v. 18. Febr. 1812).

jährlichen Einkünfte ausmachen oder aus irgend einem andern Grunde geschuldet sein.

26. Die Kirchenpfleger haben darüber zu wachen, daß alle Stiftungen nach dem Willen der Stifter getreulich erfüllt und vollzogen werden; die Gelder dürfen nicht zu anderen Zwecken verwendet werden.

Bei Beginn eines jeden Vierteljahres ist in der Sakristei ein Auszug aus dem Verzeichnisse der Stiftungsurkunden anzuschlagen, welcher die im Laufe des Vierteljahres zu erfüllenden Stiftungen unter Angabe des Namens des Stifters und des den Stiftungszweck ausführenden Geistlichen enthält.

Am Schlusse eines jeden Vierteljahres ist von dem Pfarrer oder Hülfspfarrer dem Ausschusse der Kirchenpfleger Rechnung über die während des Vierteljahres erfüllten Stiftungen abzulegen.

27. Die Kirchenpfleger haben das Oel, das Brod, den Wein, den Weihrauch, das Wachs und überhaupt alle für den Gottesdienst erforderlichen Gegenstände des Verbrauchs zu liefern; ebenso haben sie für die Ausbesserungen und die Anschaffung der Gewänder, Mobilien und Geräthschaften der Kirche und der Sakristei zu sorgen.

28. Alle Ankäufe werden von dem Ausschusse der Kirchenpfleger abgeschlossen und ebenso wie die Zahlungsanweisungen von dem Vorsitzenden unterzeichnet.

29. Der Pfarrer oder Hülfspfarrer hat sich nach den Anordnungen des Bischofs in allem zu richten, was den Gottesdienst, die Gebete und den Unterricht, sowie die Erfüllung der von Wohlthätern auferlegten frommen Werke betrifft; dem Bischofe bleibt jedoch vorbehalten, letztere nach Maßgabe der kanonischen Vorschriften herabzumindern, wenn das wegen des Mißverhältnisses erforderlich wird, in welchem die freigebigen Zuwendungen zur Größe der dafür zu erfüllenden Werke stehen.[1])

30. Der Pfarrer oder Hülfspfarrer hat die Hülfspriester zu genehmigen und ihnen ihren Dienst zuzuweisen.

In den Pfarreien, in welchen die Einrichtung besteht, hat er den Sakristan-Priester, den Vorsänger-Priester und die Chorknaben zu bezeichnen.

[1]) Vgl. Art. 30 G. v. 18. Germ. X.

Die Aufstellung der Bänke oder Stühle in der Kirche kann nicht ohne Zustimmung des Pfarrers oder Hülfspfarrers geschehen, vorbehaltlich der Beschwerde an den Bischof. [1])

31. Die Seelenmessen, für welche die Stifter eine Vergütung ausgesetzt haben, und überhaupt alle Seelenmessen, welche etwas eintragen, sind hauptsächlich den Vikaren zuzuweisen und dürfen nur in Ermangelung der letzteren von Hülfspriestern oder anderen Geistlichen besorgt werden, sofern nichts anderes durch die Stifter angeordnet ist.

32. Die Prediger werden mit Stimmenmehrheit auf den Vorschlag des Pfarrers oder Hülfspfarrers durch die Kirchenpfleger ernannt, und zwar mit der Auflage, für die Prediger die Ermächtigung des Bischofs zu erwirken.

33. Die Ernennung und Entlassung des Organisten, der Glöckner, Pedelle, Schweizer oder anderer Kirchendiener steht auf den Vorschlag des Pfarrers oder Hülfspfarrers den Kirchenpflegern zu. [2])

34. Der Schatzmeister muß alle drei Monate dem Ausschusse der Kirchenpfleger eine von ihm unterzeichnete und als richtig bescheinigte Uebersicht über den Vermögensstand der Fabrik während der drei vorhergehenden Monate vorlegen. Diese Verzeichnisse sind von den Theilnehmern an der Versammlung zu unterzeichnen und in der Kasse oder dem Schranke der Fabrik zu hinterlegen, um bei Ablegung der Jahresrechnung vorgelegt zu werden. [3])

Der Ausschuß hat in der nämlichen Sitzung den Betrag der Ausgaben für das folgende Jahr festzusetzen.

35. Alle Ausgaben der Kirche und die Kosten der Sakristei werden durch den Schatzmeister bezahlt; es kann daher nichts durch einen Kaufmann oder Handwerker ohne schriftliche Anweisung des Schatzmeisters geliefert werden, an deren Schluß der Sakristan oder die zur Empfangnahme der Lieferung berechtigte Person die Erfüllung des Inhalts der Anweisung zu bescheinigen hat.

---

[1]) Vgl. Art. 9 G. v. 18. Germ. X.

[2]) In den Landgemeinden dem Pfarrer, bezüglich der Sänger, Glöckner und Sakristane (Art. 7 O. v. 12. Jan. 1825).

[3]) Vgl. Art. 5 O. v. 12. Jan. 1825.

Zweites Hauptstück.

Einkünfte, Lasten, Voranschlag der Einnahmen und Ausgaben der Fabrik.

Erster Abschnitt.

Einkünfte der Fabrik.

36. Die Einkünfte einer jeden Fabrik bestehen:

1) aus den Erträgnissen der den Fabriken zurückgegebenen Güter und Renten, der Güter der Brüderschaften und überhaupt derjenigen Güter, welche den Fabriken durch Unsere verschiedenen Dekrete zugewendet wurden; [1])

2) aus den Erträgnissen der Gütter, Renten und Stiftungen, zu deren Annahme die Fabriken die Ermächtigung erhalten haben oder erhalten werden; [2])

3) aus den Erträgnissen der dem Staate verheimlichten Güter und Renten, in deren Besitz die Fabriken mit Ermächtigung sich gesetzt haben oder setzen werden; [3])

4) aus dem Wachsthum der als Friedhöfe dienenden Ländereien: [4])

5) aus dem Miethpreise der Kirchenstühle; [5])

6) aus der Gewährung von Bänken in der Kirche; [6])

7) aus den für die Kosten des Gottesdienstes veranstalteten Sammlungen; [7])

8) aus dem Ergebnisse der zu demselben Zwecke aufgestellten Opferstöcke;

---

[1]) Vgl. V. v. 7. Therm. XI und Bem. 1 daselbst.

[2]) Ueber die Ermächtigung zur Annahme von Schenkungen und Vermächtnissen vgl. V. v. 4. Pluv. XII, D. v. 12. Aug. 1807, D. v. 6. Nov. 1813 (Art. 67), G. v. 2. Jan. 1817, O. v. 2. April 1817. O. v. 14. Jan. 1831, D. v. 15. Febr. 1862, V. v. 5. Mai 1873, G. v. 4. Juli 1879. V. v. 23. Juli 1879.

[3]) Der Begriff der verheimlichten Güter wird durch Art. 2 V. v. 27. Frim. XI (B. d. L. Ser. III Nr. 2217) bestimmt.

[4]) Vgl. D. v. 23. Prair. XII. Ein St.-R.-G. v. 22. Jan. 1841 enthält nähere Ausführungen über die den Fabriken und den Gemeinden zukommende Nutznießung an den auf den Friedhöfen wachsenden Bäumen.

[5]) Vgl. unten Artt. 64 u. 65, sodann Art. 2 D. v. 18. Mai 1806.

[6]) Vgl. die vorhergehende Bem.

[7]) Vgl. unten Art. 75.

9) aus den der Fabrik dargebrachten Gaben;

10) aus den Gebühren, welche die Fabriken zufolge der von uns genehmigten bischöflichen Verordnungen beziehen, sowie demjenigen, was ihnen aus dem Ertrage der Beerdigungskosten zukommt; [1])

11) aus den etwaigen Zuschüssen der Gemeinden. [2])

Zweiter Abschnitt.

Lasten der Fabrik.

§ 1. Lasten im Allgemeinen.

37. Die Lasten der Fabrik sind:

1) die nothwendigen Kosten des Gottesdienstes zu bestreiten, nämlich die Gewänder, heiligen Gefäße, das Weißzeug, die Beleuchtung, das Brod, den Wein, den Weihrauch, die Bezahlung der Vikare, Sakristane, Sänger, Organisten, Glöckner, Schweizer, Pedelle und anderer Bediensteten der Kirche, wie sie dem Orte angemessen und durch das Bedürfniß geboten sind;

2) die Vergütung an die Predigten für Advent, die Karwoche und andere Feierlichkeiten zu bezahlen;

3) für die Ausschmückung und die Kosten der inneren Verschönerung der Kirche zu sorgen;

4) über die Unterhaltung der Kirchen, Pfarrhäuser und Friedhöfe zu wachen und im Falle der Unzulänglichkeit der Einkünfte der Fabrik alle erforderlichen Vorkehrungen zu treffen, damit für die Ausbesserungen und Umbauten gesorgt werde, wie dies in § 3 geordnet ist.

§ 2. Anstellung und Bezahlung der Vikare.

38. Die Anzahl der Hülfspriester und Vikare an jeder Kirche wird nach vorgängigem Beschlusse der Kirchenpfleger und Gutachten des Gemeinderaths durch den Bischof festgesetzt.

39. Erachtet der Bischof die Anstellung eines Vikars für nothwendig, die Fabrik ist aber nicht im Stande das Gehalt zu

---

[1]) Vgl. unten Art. 76, sodann Artt. 22—25 D. v. 23. Prair. XIII, Art. 7 D. v. 18. Mai 1806 und D. v. 26. Dez. 1813.

[2]) Vgl. Art. 30 Nr. 14 G. v. 18. Juli 1837.

bezahlen, so ist der Beschluß des Bischofs dem Präfekten vorzulegen. Es wird alsdann in der in Artikel 49 bezüglich der anderen Kosten der Feier des Gottesdienstes vorgeschriebenen Weise verfahren, bezüglich deren die Gemeinden bei Unzulänglichkeit der Einkünfte der Fabriken ergänzend einzutreten haben.[1])

40. Das Gehalt der Vikare hat höchstens 500 und mindestens 300 Frank zu betragen.[2])

§ 3. Ausbesserungen.

41. Die Kirchenpfleger und insbesondere der Schatzmeister müssen darüber wachen, daß alle Ausbesserungen gut und schnell ausgeführt werden. Sie haben bei Beginn des Frühjahrs und des Herbstes die Gebäude unter Zuziehung von Sachverständigen zu untersuchen.

Sie haben sofort mittels Vergebung aus freier Hand die kleinen Ausbesserungen, wie sie der Miether zu tragen hat, sowie diejenigen, welche das in Artikel 12 angegebene Maß nicht überschreiten, vornehmen zu lassen; die für den Gottesdienst festgesetzten Ausgaben dürfen jedoch dadurch nicht beeinträchtigt werden.

42. Uebersteigen die Kosten der Ausbesserungen die oben angegebene Summe, so hat der Ausschuß dem Fabrikrath Bericht zu erstatten. Letzterer ist befugt alle Ausbesserungen anzuordnen, deren Betrag in Gemeinden unter 1000 Seelen die Summe von hundert Frank und in solchen mit einer höheren Seelenzahl diejenige von zwei hundert Frank nicht übersteigt.

Der Fabrikrath kann indessen selbst auf die Ueberschüsse der Fabrik Ausbesserungen, welche den angegebenen Betrag übersteigen, nur in der Weise anordnen, daß er den Ausschuß beauftragt, einen Kostenvoranschlag zu fertigen und nach dreimaliger, von acht zu acht Tagen wiederholter Bekanntmachung durch Anschlagezettel zur Vergebung der Arbeiten durch Zuschlag an den Mindestfordernden oder im Wege der Uebernahme zu schreiten.

43. Wenn die in den Voranschlag der Einnahmen und

[1]) Vgl. unten Artt. 92 ff., 96; sodann Art. 15 D. v. 17. Nov. 1811, Art. 30 Nr. 14 G. v. 18. Juli 1837.

[2]) Vgl. O. v. 25. Aug. 1819, sowie Bem. zu Art. 68 G. v. 18. Germ. X, Art. 15 D. v. 17. Nov. 1811.

Ausgaben der Fabrik eingestellten ordentlichen Ausgaben für die Ausbesserungen gar keine verfügbaren Mittel oder nicht ausreichende Mittel übrig lassen, so hat der Ausschuß dem Fabrikrathe Bericht zu erstatten. Letzterer hat einen Beschluß zu fassen, dahin gehend, daß in der im vierten Hauptstücke dieser Verordnung vorgesehenen Weise Vorsorge getroffen werde. Dieser Beschluß ist durch den Vorsitzenden dem Präfekten vorzulegen.

44. Bei jedem Besitzantritt eines Pfarrers oder Hülfspfarrers ist auf Kosten der Gemeinde und auf Betreiben des Bürgermeisters eine Beschreibung des Pfarrhauses und seiner Zubehörungen aufzunehmen. Dem Pfarrer oder Hülfspfarrer fallen nur die einfachen Ausbesserungen, wie sie dem Miether obliegen, und die durch sein Verschulden eingetretenen Verschlechterungen zur Last. Dieselben Ausbesserungen und Verschlechterungen haben der abziehende Pfarrer oder Hülfspfarrer, oder seine Erben und Rechtsnachfolger zu tragen. [1])

Dritter Abschnitt.

Voranschlag der Einnahmen und Ausgaben der Fabrik.

45. Jedes Jahr ist dem Ausschusse durch den Pfarrer oder Hülfspfarrer ein ungefährer Ueberschlag der für die Ausübung des Kultus erforderlichen Ausgaben vorzulegen und zwar in Bezug auf die Gegenstände des Verbrauchs, sowie die Ausbesserung und Unterhaltung der Gewänder, Mobilien und Geräthschaften der Kirche.

Dieser Ueberschlag ist, nachdem ihn der Ausschuß in seinen einzelnen Posten genehmigt hat, in seiner Gesamtsumme unter der Bezeichnnng „Innere Ausgaben" in den Entwurf des allgemeinen Voranschlags zu setzen; die Einzelheiten dieser Ausgaben haben die Beilage zu jenem Entwurfe zu bilden.

46. Der Voranschlag hat die Einnahmen und Ausgaben der Kirche festzusetzen. Die Ausgabeposten sind in folgender Ordnung aufzuführen:

1) gewöhnliche Kosten des Gottesdienstes;

2) Kosten der Ausbesserung der Gewänder, Mobilien und Geräthschaften der Kirche;

[1]) Vgl. Art. 21 D. v. 6. Nov. 1813.

3) Gehälter der Beamten und Diener der Kirche;

4) Kosten der kleinen Ausbesserungen.

Der nach Bezahlung dieser Ausgaben verbleibende Rest der Einkünfte hat für das Gehalt der gesetzlich angestellten Vikare zu dienen; der etwaige Ueberschuß ist für die großen Ausbesserungen der dem Kultus gewidmeten Gebäude zu verwenden.

47. Der Voranschlag ist dem Fabrikrath in der Sitzung des Monats April eines jeden Jahres zu unterbreiten; derselbe ist nebst der Aufstellung der Ausgaben für den Gottesdienst dem Bischofe der Diözese zur Genehmigung vorzulegen. [1])

48. Falls die Einkünfte der Fabrik die in den Voranschlag aufgenommenen Ausgaben decken, so kann der Voranschlag ohne weitere Förmlichkeiten seinem ganzen Inhalte nach in Vollzug gesetzt werden.

49. Reichen die Einkünfte nicht aus zur Deckung der unumgänglich nothwendigen Kosten des Gottesdienstes, der zur Aufrechterhaltung seiner Würde erforderlichen Ausgaben, für die Gehälter der Beamten und Diener der Kirche, für die Ausbesserung der Gebäude oder zur Bestreitung des Unterhalts derjenigen Geistlichen, welche kein Gehalt vom Staate beziehen, so muß der Voranschlag einen Ueberschlag der zu diesem Zwecke von den Pfarrkindern nach den Vorschriften des vierten Hauptstücks aufzubringenden Beträge enthalten. [2])

Drittes Hauptstück.

Erster Abschnitt.

Verwaltung der Güter der Fabrik.

50. Jede Fabrik muß eine Kasse oder einen Schrank mit drei Schlössern besitzen. Ein Schlüssel muß in den Händen des Schatzmeisters, der andere in denen des Pfarrers oder Hülfspfarrers, der dritte in denen des Vorsitzenden des Ausschusses verbleiben.

51. In dieser Kasse sind alle der Fabrik gehörigen Gelder sowie die Schlüssel der Opferstöcke der Kirchen zu verwahren.

[1]) Vgl. Bem. zu Art. 10.

[2]) Vgl. unten Artt. 92 ff., sodann Art. 21 Nr. 7, 30 Nr. 13 u. 14 G. v. 18. Juli 1837.

52. Ohne Ermächtigung des Ausschusses und ohne Empfangsbescheinigung, welche in der Kasse hinterlegt bleibt, darf der letzteren kein Geld entnommen werden.

53. Hat der Schatzmeister den durch den Ausschuß für die laufenden Ausgaben des Vierteljahres festgesetzten Betrag nicht in Händen, so ist das fehlende aus der Kasse zu entnehmen; ebenso ist der etwaige Ueberschuß in die Kasse zu legen.

54. Ebenso sind in einer Kiste oder einem Schranke zu verwahren die auf die Einkünfte und Angelegenheiten der Fabrik bezüglichen Papiere, Urkunden und Schriften, insbesondere die Rechnungsstellungen mit den Belegen, die Register der Berathungen mit Ausnahme des laufenden, das Hauptbuch der Urkunden, sowie die in den zwei folgenden Artikeln erwähnten Inventare und deren Vergleichung.

55. Unverzüglich sind kostenfrei zwei Inventare aufzunehmen und zwar eins über die Gewänder, das Weißzeug, die heiligen Gefäße, das Silberzeug, die Geräthschaften und überhaupt über die ganze Fahrniß der Kirche; das andere über die Urkunden, Papiere und Nachweisungen mit Anführung der in jeder Urkunde enthaltenen Güter, deren Erträgnisse, sowie des Stiftungszweckes, zu welchem die Güter der Fabrik gegeben wurden. Eine zweite Ausfertigung des Inventars der Fahrniß ist dem Pfarrer oder Hülfspfarrer einzuhändigen.

Jedes Jahr ist eine Vergleichung dieser Inventare vorzunehmen, um die Zugänge, Abgänge und sonstigen Veränderungen einzutragen. Die Inventare und Vergleichungen sind von dem Pfarrer oder Hülfspfarrer, sowie von dem Vorsitzenden des Ausschusses zu unterzeichnen.

56. Der Schriftführer des Ausschusses hat in ein Hauptbuch unter fortlaufender Nummer nach der Zeitfolge einzutragen:

1) die Stiftungsurkunden und überhaupt alle Eigenthumsurkunden;

2) die Pacht- und Miethverträge.

Auf jeder Seite der Eintragung ist ein Rand freizulassen; der eine soll zur Vormerkung der Einkünfte, der andere zu derjenigen der Lasten dienen.

Jeder Eintrag ist von dem Pfarrer oder Hülfspfarrer, sowie von dem Vorsitzenden des Ausschusses zu unterzeichnen und seine Uebereinstimmung mit der Urschrift zu bescheinigen.

57. Keine Urkunde und kein Stück darf aus der Kiste

ohne Empfangsbescheinigung entnommen werden. Letztere hat das herausgenommene Stück, den Beschluß des Ausschusses, zufolge dessen die Entnahme gestattet wurde, die Eigenschaft des Empfängers der Urkunde und des Unterzeichners der Empfangsbescheinigung, den Grund, warum sie aus der Kiste oder dem Schranke entnommen wurde und, falls es eines Prozesses wegen geschah, das Gericht und den Namen des Anwalts zu bezeichnen.

Die Empfangsbescheinigung sowie die Entlastung bei der Rückgabe sind in das Urkundenhauptbuch einzutragen.

58. Jeder Notar, vor welchem eine Schenkung unter Lebenden oder eine testamentarische Verfügung zu Gunsten einer Fabrik aufgenommen wurde, muß dem Pfarrer oder Hülfspfarrer davon Nachricht geben.

59. Jede Urkunde, welche eine Schenkung oder Vermächtniß zu Gunsten einer Fabrik enthält, ist dem Schatzmeister einzuhändigen, welcher darüber in der nächsten Sitzung des Ausschusses Bericht zu erstatten hat. Die Urkunde ist sodann nebst den Bemerkungen des Ausschusses von dem Schatzmeister dem Erzbischofe oder Bischofe einzusenden, damit derselbe seine Entscheidung darüber abgebe, ob es geeignet sei anzunehmen oder nicht.

Alles ist sodann dem Kultusminister [1]) vorzulegen, auf dessen Bericht hin die Fabrik geeigneten Falles die Ermächtigung zur Annahme erhält. [2]) Die Urkunde über die Annahme, in welcher von der Ermächtigung Erwähnung geschehen muß, ist Namens der Fabrik von dem Schatzmeister zu unterzeichnen.

60. Die der Fabrik gehörigen Häuser und Grundstücke sind in der für die Gemeindegüter vorgeschriebenen Form von dem Ausschusse der Kirchenpfleger zu verpachten und zu verwalten. [3])

61. Kein Mitglied des Ausschusses der Kirchenpfleger darf

---

[1]) Vgl. § 2 G. v. 4. Juli 1879.

[2]) Vgl. D. v. 15. Febr. 1862 (§§ 1 u. 2 V. v. 5. Mai 1873, § 3 G. v. 4. Juli 1879), (§ 2 V. v. 5. Mai 1873, V. v. 23. Juli 1879).

[3]) Nach Rundschr. Kult. v. 16. Dez. 1839 fallen auch Vergleiche unter Art. 60 und kommen deshalb D. v. 21. Frim XII, Art. 59. G. v. 18. Juli 1837 und Dez.-D. v. 25. März 1852 Tab. A Nr. 50 in Betracht; nach letzterem ist die Ermächtigung des Präfekten erforderlich. — Ueber Verpachtungen vgl. G. v. 7. Germinal IX, V. v. 14. Vent. XI, D. v. 12. Aug. 1807.

bei Verkäufen, Verträgen über Ausbesserungen, Bauten oder Umbauten oder bei Verpachtungen von Fabrikgüthern als Steigerer und nicht einmal als Theilhaber eines solchen auftreten.

62. Die Liegenschaften der Kirche dürfen nur auf Grund eines Beschlusses des Fabrikraths, des Gutachtens des Bischofs der Diözese und Unserer Ermächtigung verkauft, veräußert, ausgetauscht oder auf länger als neun Jahre verpachtet werden. [1])

63. Die aus Schenkungen oder Vermächtnissen herrührenden Gelder, deren Verwendung durch die Stiftung nicht bestimmt ist, die abgelösten Renten, die Erlöse aus Verkäufen oder Herausbezahlungen bei Tausch, sowie die nach Bezahlung der gewöhnlichen Lasten verbleibenden Ueberschüsse der Einkünfte sind in der Weise anzulegen, wie es durch das am 21. Dezember 1808 genehmigte Staatsrathsgutachten bestimmt ist. [2])

Ist die Summe hierfür ungenügend, so hat sie in der Kasse zu verbleiben, sofern voraussichtlich in den nächsten sechs Monaten verfügbare Gelder eingehen, um die für diese Art der Anlage erforderliche Summe vollzählig zu machen; andernfalls hat der Fabrikrath über die Vornahme der Anlage Beschluß zu fassen und ist von dem Präfekten diejenige anzuordnen, welche ihm am vortheilhaftesten erscheint.

64. Der Preis der Stühle wird durch einen der Genehmigung des Fabrikraths unterliegenden Beschluß des Ausschusses für die verschiedenen Arten des Gottesdienstes festgesetzt. Dieser Beschluß ist in der Kirche auzuschlagen. [3])

65. Es ist ausdrücklich verboten, irgend eine Gebühr für den Zutritt zur Kirche zu erheben oder, unter welchem Vorwande es auch geschehen mag, innerhalb der Kirche etwas anderes als den Preis der Stühle zu erheben. [4])

---

[1]) Vgl. G. v. 2. Jan. 1817, Art. 21 Nr. 5 G. v. 18. Juli 1873. (§ 1 V. v. 5. Mai 1873, § 3 G. v. 4. Juli 1879, Artt. 1 u. 2 O. v. 14. Jan. 1831). Bezüglich der Anleihen O. v. 27. Dez. 1846 Nr. 7, § 1 V. v. 5. Mai 1873, § 3 G. v. 4. Juli 1879). — Betr. Verpachtungen von Ländereien vgl. G. v. 25. Mai 1835, Art. 47 G. v. 18. Juli 1837 in Verb. mit Dez.-D. v. 25. März 1852 Tab. A Nr. 50, § 1 c V. v. 28. Aug. 1875.

[2]) Vgl. noch D. v. 16. Juli 1810, O. v. 14. Jan. 1831 und Art. 4 Nr. 2 Dez.-D. v. 13. April 1861, sodann § 1 V. v. 5. Mai 1873.

[3]) Vgl. D. v. 13. Therm. XIII, Art. 2 D. v. 18. Mai 1806.

[4]) Vgl. Art. 1 D. v. 18. Mai 1806.

Es muß selbst in allen Kirchen ein Platz zur Verfügung stehen, an welchem die Gläubigen, welche keine Stühle oder Bänke miethen, bequem dem Gottesdienste beiwohnen und die Predigten anhören können.

66. Der Ausschuß der Kirchenpfleger kann vom Fabrikrathe ermächtigt werden, die Vermiethung der Bänke und Stühle in eigener Verwaltung vorzunehmen oder sie einem Pächter zu übertragen.

67. Soll die Vermiethung der Stühle einem Pächter übertragen werden, so hat die Vergebung nach dreimaliger, von acht zu acht Tagen wiederholter Bekanntmachung durch Anschlagzettel stattzufinden. Die Angebote sind bei dem Ausschusse der Fabrik einzureichen und der Zuschlag ist in Gegenwart der Kirchenpfleger dem Meistbietenden zu ertheilen. Alles dies ist in der Verpachtungsurkunde zu erwähnen und ist letzerer der Beschluß, durch welchen die Miethpreise der Stühle festgesetzt wurden, anzufügen.

68. Die Ueberlassung von Bänken oder Plätzen in der Kirche mittels Vermiethung für eine jährliche Leistung oder gegen Hingabe eines Kapitals oder einer Liegenschaft darf, abgesehen von der unten erwähnten Ausnahme, nicht über die Lebensdauer desjenigen hinaus, dem sie zugestanden wurde, bewilligt werden.[1])

69. Das betreffende Gesuch ist beim Ausschusse einzureichen, welcher es an drei Sonntagen bekannt machen und an der Thüre der Kirche während eines Monats anschlagen läßt, damit jeder durch ein vortheilhafteres Gebot den Vorzug sich verschaffen könne.

Handelt es sich um die Ueberlassung gegen eine Liegenschaft, so läßt der Ausschuß dieselbe nach dem Werte und den Erträgnissen abschätzen und die Abschätzung in die Anschläge und Bekanntmachungen aufnehmen.

70. Nach Erfüllung dieser Förmlichkeiten hat der Ausschuß dem Fabrikrathe Bericht zu erstatten.

Handelt es sich um die Ueberlassung mittels Vermiethung gegen eine jährliche Leistung und ist der Fabrikrath für die Bewilligung, so genügt sein Beschluß hiefür.

71. Handelt es sich um die Ueberlassung gegen eine Liegen-

[1]) Siehe unten Art. 72.

schaft, so muß auf Grund des Beschlusses des Fabrikraths Unsere Ermächtigung in derselben Form wie für Schenkungen und Vermächtnisse erholt werden. Handelt es sich um einen beweglichen Werth, so ist die Ermächtigung erforderlich, wenn der Betrag diejenige Summe erreicht, für welche Gemeinden und Pflegehäuser um solche einkommen müssen. [1])

72. Wer eine Kirche ganz erbaut hat, darf sich das Eigenthum einer Bank oder einer Kapelle für sich und seine Familie, so lange letztere besteht, vorbehalten. [2])

Jeder Schenker oder Wohlthäter einer Kirche kann auf das Gutachten des Fabrikraths mit Genehmigung des Bischofs und Kultusministers [3]) dieselbe Vergünstigung erlangen. [4])

73. Grabmäler, Inschriften oder Denkmäler irgend welcher Art dürfen im Innern der Kirchen nur auf Vorschlag des Bischofs der Diözese und mit Erlaubniß des Kultusministers [5]) angebracht werden.

74. Der Betrag der für Rechnung der Fabrik eingenommenen Gelder ohne Unterschied ist nach Maßgabe ihres Eingangs unter Angabe des Tages und Monats in ein mit Seitenzahl und Handzug versehenes Register einzutragen. Dasselbe hat in den Händen des Schatzmeisters zu verbleiben.

75. Alles, was auf die Vornahme von Sammlungen in den Kirchen Bezug hat, ist auf Grund des Berichtes der Kirchenpfleger durch den Bischof zu regeln. Die Sammlungen für die Armen werden jedoch hiervon nicht berührt; dieselben haben stets in den Kirchen stattzufinden, so oft es der Armenrath für geeignet hält.

76. Der Schatzmeister hat unter die Einnahmen in Natur die bei den geweihten Broden geopferten oder für die Seelenmessen abgegebenen Kerzen einzustellen und ebenso diejenigen,

---

[1]) Die Ermächtigung erteilt der Bez.-Präs. (D. v. 15. Febr. 1862) oder das Ministerium als Nachfolger des OPr. (§ 1 V. v. 5. Mai 1873, § 3 G. v. 4. Juli 1879).

[2]) Unter der Familie sind die Abkömmlinge und Verschwägerten in der geraden Linie zu verstehen (St.-R.-G. v. 24. Nov. 1838, Min.-Entsch. v. 15. Dez. 1849).

[3]) Vgl. § 2 G. v. 4. Juli 1879 nebst Bem.

[4]) Ueber die Größe der Schenkung, welche als Voraussetzung der Bewilligung des Abs. 2 dienen soll, sprechen sich Min.-Entsch. v. 6. Mai 1812, 17. Febr. 1813 u. 13. April 1819 aus.

[5]) Vgl. Bem. zu Art. 72.

welche bei den Beerdigungen und Trauergottesdiensten der Fabrik zufallen.[1])

77. Die Kirchenpfleger dürfen keinen Prozeß einleiten oder sich als Beklagte auf einen solchen einlassen, ohne die Ermächtigung des Präfekturraths erhalten zu haben, welchem der in dieser Beziehung von dem Fabrikrathe und Ausschusse gemeinschaftlich zu fassende Beschluß vorzulegen ist.

78. Es muß jedoch der Schatzmeister alle fürsorglichen Maßregeln zur Wahrung der Rechte der Fabrik und alle erforderlichen Schritte zur Eintreibung ihrer Einkünfte vornehmen.

79. Die Prozesse sind im Namen der Fabrik zu führen und auf Anstehen des Schatzmeisters zu betreiben, welcher von den betreffenden Prozeßhandlungen dem Ausschusse Kenntniß zu geben hat.

80. Alle Streitigkeiten bezüglich des Eigenthums der Güter und alle Verfolgungen behufs Beitreibung der Einkünfte gehören vor die ordentlichen Gerichte.

81. Die Register der Fabriken sind nicht stempelpflichtig. Die den letzteren gemachten Schenkungen und Vermächtnisse unterliegen nur einer festen Gebühr von einem Frank.[2])

Zweiter Abschnitt.

Rechnungsstellung.

82. Die vom Schatzmeister jährlich zu stellende Rechnung zerfällt in zwei Hauptstücke, das eine für die Einnahmen, das andere für die Ausgaben.

Das Hauptstück der Einnahmen zerfällt in drei Abschnitte: der erste für die ordentlichen Einnahmen, der zweite für die außerordentlichen Einnahmen und der dritte für den Theil der ordentlichen oder außerordentlichen Einnahmen, welche noch nicht eingegangen sind.

Der Ueberschuß einer Rechnung bildet immer den ersten Posten der folgenden Rechnung. Das Hauptstück der Ausgaben zerfällt ebenfalls in die ordentlichen Ausgaben, die außer-

[1]) Vgl. D. v. 20. Dez. 1813.
[2]) Die feste Gebühr wurde aufgehoben und die verhältnismäßige anwendbar erklärt durch Art. 17 G. v. 18. April 1831.

ordentlichen Ausgaben und die noch nicht bezahlten ordentlichen und außerordentlichen Ausgaben.

83. Bei jedem Posten der Einnahmen, mögen es Renten, Miethzinse oder andere Einkünfte sein, sind die Schuldner zu erwähnen, sowie die Pächter oder Miether, die Namen und Lage des Hauses und des Grundstückes, die Art der Rente, ob Grundrente oder bestellte Rente, die Zeitangabe der letzten Erneuerungsurkunde oder des letzten Pachtvertrags, und die Notare, welche sie aufgenommen, sowie auch die Stiftung, für welche die Rente bestimmt ist, sofern erstere bekannt ist.

84. Wenn in Folge des Todes des Schuldners oder der Theilung des mit einer Rente belasteten Hauses oder Grundstücks die Rente von mehreren Schuldnern zu zahlen ist, so wird dieselbe dennoch nur unter einem einzigen Posten in Einnahme gesetzt, bei welchem aller Schuldner Erwähnung geschieht; die etwaige Inanspruchnahme derselben als Gesammtschuldner wird dadurch nicht berührt.

85. Der Schatzmeister muß seine Jahresrechnung dem Ausschusse der Kirchenpfleger in der Sitzung am ersten Sonntage des Monats März vorlegen.

Die Rechnung ist ihnen nebst den Belegstücken gegen von einem derselben auszustellende Empfangsbescheinigung mitzutheilen. Sie haben dem Fabrikrathe in dessen Sitzung am ersten Sonntage des Monats April Bericht über die Rechnung zu erstatten. Letztere ist in der nämlichen Sitzung, welche erforderlichen Falles auch am folgenden Sonntage fortgesetzt werden kann, zu prüfen, abzuschließen und festzustellen.[1])

86. Ergeben sich bezüglich eines oder mehrerer Posten der Rechnung Anstände, so ist die Rechnung nichtsdestoweniger, jedoch unter Vorbehalt der bestrittenen Posten, abzuschließen.

87. Der Bischof kann einen Kommissar ernennen, welcher in seinem Namen der jährlichen Rechnungsstellung beiwohnen soll. Ist der Kommissar jemand anders als ein Generalvikar, so kann er bezüglich der Rechnung nichts anordnen, sondern nur ein Protokoll über den Stand der Fabrik sowie über die bezüglich der Kirche erforderlichen Lieferungen und Ausbesserungen aufnehmen.

---

[1]) Vgl. Art. 21 Nr. 7 G. v. 18. Juli 1837. — Die Sitzung findet am Sonntag Quasimodo statt (vgl. Bem. zu Art. 10).

Die Erzbischöfe und Bischöfe oder ihre Generalvikare können bei ihren Untersuchungsreisen alle Rechnungen, Register und Inventare sich vorlegen lassen und den Stand der Kasse prüfen.

88. Ist die Rechnung festgestellt, so ist der Ueberschuß dem Schatzmeister im Dienste auszuhändigen, welcher sich in Einnahme damit belasten muß. Zu gleicher Zeit ist ihm ein Verzeichniß über die Ausstände der Fabrik an Pachtzinsen, eine Abschrift des Tarifs der Kasualgebühren, eine annähernde Uebersicht über die Ausgaben, die beizutreibenden Ausstände und die nicht bezahlten Lasten und Lieferungen zu übergeben.

In derselben Sitzung ist in dem Register der Beschlüsse Urkunde über die erfolgte Uebergabe zu ertheilen. Eine ordnungsmäßige Abschrift davon erhält der abgehende Schatzmeister zu seiner Entlastung.

89. Die Jahresrechnung wird doppelt aufgestellt; eine Abschrift ist in der Kasse oder dem Schranke mit drei Schlössern; die andere auf der Bürgermeisterei zu hinterlegen.

90. Legt der Schatzmeister seine Rechnung nicht zu der bestimmten Zeit vor und bezahlt er den Ueberschuß nicht aus, so muß sein Nachfolger spätestens innerhalb Monatsfrist die erforderlichen Schritte tun, um ihn dazu zu zwingen. Unterläßt er es, so muß der kaiserliche Prokurator von Amtswegen oder auf die ihm seitens eines Mitglieds des Ausschusses oder Fabrikraths gewordene Mittheilung oder die vom Bischofe auf seiner Untersuchungsreise erlassene Verfügung den Rechnungspflichtigen vor dem Gerichte erster Instanz verfolgen und dessen Verurtheilung zur Zahlung des Ueberschusses, zur Erledigung der bestrittenen Posten oder zu der noch ausstehenden Rechnungsstellung innerhalb einer festzusetzenden Frist und bei Nichteinhaltung derselben zur vorläufigen Bezahlung einer dem halben Betrage der ordentlichen Einnahmen des vorhergehenden Jahres gleichkommenden Summe an die Fabrik, vorbehaltlich weiterer Verfolgungen, erwirken.[1])

Viertes Hauptstück.

Verpflichtungen der Gemeinden in Bezug auf den Kultus.

92. Die Verpflichtungen der Gemeinden in Bezug auf den Kultus sind:[2])

---

[1]) Das Recht der Staatsbehörde auf dem Zivilrechtswege einzuschreiten ist durch das G.-V.-G. u. die Z.-P.-O. in Wegfall gekommen.

[2]) Vgl. G. v. 14. Febr. 1810 und bezüglich der Vikare Art. 15 G. v. 17. Nov. 1811, sodann zu Nr. 2 Art. 72 G. v. 18. Germ. X sowie

1) bei Unzulänglichkeit der Einkünfte der Fabrik für die in Artikel 37 aufgeführten Verpflichtungen ergänzend einzutreten;

2) dem Pfarrer oder Hülfspfarrer ein Pfarrhaus oder in Ermangelung eines Pfarrhauses und einer Wohnung eine Geldentschädigung zu stellen;

3) für die großen Ausbesserungen der dem Kultus gewidmeten Gebäude aufzukommen.

93. Falls die Gemeinden bei Unzulänglichkeit der Einkünfte der Fabrik bezüglich der zwei ersten Punkte ergänzend einzutreten haben, ist der Voranschlag der Einnahmen und Ausgaben der Fabrik dem zu diesem Zwecke berufenen Gemeinderath zur geeigneten Beschlußfassung vorzulegen. Der Beschluß des Gemeinderathes muß dem Präfekten vorgelegt werden, welcher ihn dem Bischofe zur Kundgabe seiner Ansicht mitzutheilen hat. Falls der Bischof und der Präfekt verschiedener Ansicht sind, kann durch jeden von ihnen die Sache vor den Kultusminister [1]) gebracht werden. [2])

94. Handelt es sich von Ausbesserungen an den Gebäulichkeiten, gleichgültig welcher Natur erstere sind, und lassen die durch den Voranschlag abgeschlossenen ordentlichen Ausgaben keine oder ungenügende verfügbare Mittel für jene Ausbesserungen übrig, so hat der Ausschuß dem Fabrikrathe Bericht zu erstatten und letzterer hat einen Beschluß dahin zu fassen, daß von der Gemeinde dafür zu sorgen sei. Dieser Beschluß ist von dem Schatzmeister dem Präfekten vorzulegen.

95. Der Präfekt hat Sachverständige zu ernennen, durch welche in Gegenwart eines Mitgliedes des Gemeinderaths und eines Kirchenpflegers in thunlichster Bälde ein Kostenvorschlag

---

Art. 30 Nr. 13 u. 14 G. v. 18. Juli 1837. Nach St.-R.-G. v. 21. Aug. 1839, 21. April 1848 u. 14. Mai 1858 ist durch letzteres Gesetz an der obigen Bestimmung nichts geändert, wonach die Gemeinden erst im Falle der Unzulänglichkeit der Mittel der Fabrik zur Gewährung einer Wohnung an den Pfarrer oder Hülfspfarrer verpflichtet sind. — Bestehen in einer Gemeinde mehrere Pfarreien, so werden die für eine derselben erforderlichen Zuschüsse aus der Gemeindekasse und nicht von dem zur Pfarrei gehörigen Teile der Gemeinde getragen (St.-R.-G. v. 9. Dez. 1858 u. 23. Juni 1864).

[1]) Vgl. § 2 G. v. 4. Juli 1879 nebst Bem.

[2]) Bei Weigerung des Gemeinderaths hat der Kreisdirektor die Einsetzung des Postens in den Voranschlag der Gemeinde anzuordnen (Art. 39 G. v. 18. Juli 1837, Art. 1 D. v. 25. März 1852, § 1 Nr. 3 V. v. 20. Sept. 1873.

der Ausbesserungen aufzustellen ist. Der Präfekt hat diesen Voranschlag dem Gemeinderathe vorzulegen und sodann auf dessen Gutachten geeigneten Falles die Ausführung dieser Ausbesserungen auf Kosten der Gemeinde und deren Vergebung durch den Gemeinderath in der gewöhnlichen Weise durch Zuschlag an den Mindestfordernden anzuordnen.

96. Ist der Gemeinderath der Ansicht, eine Herabsetzung einiger Posten der Ausgaben für die Feier des Gottesdienstes begehren zu können oder erkennt er die Nothwendigkeit der Anstellung eines Vikars nicht an, so muß sein Beschluß die Gründe hiefür angeben.

Alle Schriftstücke sind dem Bischofe vorzulegen, welcher zu entscheiden hat.[1])

97. Entscheidet der Bischof gegen die Ansicht des Gemeinderaths, so kann sich letzterer an den Präfekten wenden. Dieser hat geeigneten Falles alle Schriftstücke dem Kultusminister vorzulegen, damit auf seinen Bericht durch Uns im Staatsrathe die erforderliche Entscheidung getroffen werde.

98. Handelt es sich von Kosten für Ausbesserungen oder Umbauten, welche nach Maßgabe des Artikels 95 festgestellt wurden, so hat der Präfekt die Bezahlung derselben aus den Einkünften der Gemeinde und deren Vergebung durch den Gemeinderath in der gewöhnlichen Weise durch Zuschlag an den Mindestfordernden anzuordnen.

99. Reichen die Einkünfte der Gemeinde nicht aus, so hat der Gemeinderath über die Aufbringung der Mittel für diese Ausgabe nach den gesetzlichen Vorschriften zu beschließen.

100. Falls sich indessen ergibt, daß die Einwohner einer Pfarrei in der Unmöglichkeit sich befinden selbst mittels außerordentlicher Umlagen die Kosten für die Ausbesserungen aufzubringen, so hat man sich an die Minister des Innern und des Kultus zu wenden, auf deren Bericht der Pfarrei die von ihnen vorgeschlagene Unterstützung zu bewilligen ist und welche dem durch das Gesetz vom 15. September 1807, betreffend den Staatshaushalt, geschaffenen allgemeinen Fonds zu entnehmen ist.[2])

---

[1]) Vgl. oben Art. 39.

[2]) Die Voraussetzungen der Bewilligung sind durch Min.-Rundschr. v. 29. Juni 1841, 31. Juli 1844, 7. Juli 1845, 15. Okt. 1850 geregelt. — Vgl. auch die folgende Bem.

101. In allen Fällen, in denen eine Gemeinde durch eine Fabrik in Anspruch genommen wird, hat der Präfekt eine neue Prüfung des Gemeindehaushalts vorzunehmen und zu entscheiden, ob die für den Kultus beanspruchte Ausgabe aus den Einkünften der Gemeinde entnommen werden kann und bis zur Höhe welcher Summe, jedoch mit Vorbehalt Unserer Genehmigung bezüglich der Gemeinden, deren Einkünfte den Betrag von zwanzig tausend Frank übersteigen.[1]

102. Umfaßt der Sprengel der Pfarrei mehrere Gemeinden, so ist in den Fällen, in welchen eine Zusammenberufung des Gemeinderaths stattzufinden hat, der Gemeinderath einer jeden Gemeinde einzeln zu berufen und hat er ebenso für sich seinen Beschluß zu fassen.

103. Eine außerordentliche Gemeindeumlage für Kultuskosten darf nur nach vorgängiger Erfüllung der gesetzlich vorgeschriebenen Förmlichkeiten erhoben werden.

Fünftes Hauptstück.

Kathedralkirchen, bischöfliche Paläste und Seminare.

104. Die Fabriken der Metropolitan- und Kathedralkirchen werden auch ferner in Gemäßheit der von Uns genehmigten bischöflichen Verordnungen gebildet und verwaltet.[2]

105. Alle die Fabriken der Pfarreien betreffenden Bestimmungen finden, soweit sie die innere Verwaltung derselben betreffen, auf die Fabriken der Kathedralen Anwendung.

106. Die zu einer Diözese gehörigen Bezirke haben gegen die Fabrik der Kathedrale dieselben Verpflichtungen, wie die Gemeinden gegen die Fabrik ihrer Pfarrei.[3]

---

[1]) Art. 101 erscheint nicht mehr anwendbar, seitdem das G. v. 18. Juli 1837 Art. 30 Nr. 14 die Ausgaben für den Kultus schlechthin als Pflichtausgaben erklärt hat. Die nach Maßgabe der Artt. 92—98 festgestellten Ausgaben sind in den Voranschlag der Gemeinde einzustellen oder, falls die Verpflichtung der Gemeinde erst nachträglich festgestellt wird, nach Maßgabe der Artt. 33 ff. G. v. 18. Juli 1837 zu genehmigen.

[2]) Schon durch B. v. 9. Floreal XI waren die Bischöfe ermächtigt worden bei ihren Kathedralen Fabriken einzurichten durch Ordnungen, welche von der Regierung genehmigt sein mußten. Bezüglich der Verwaltung vgl. D. v. 6. Nov. 1813.

[3]) Seit dem Finanzgesetze vom 10. Mai 1823 wurden die Kosten der Unterhaltung der Diözesangebäude, nämlich des bischöflichen Palastes, der Kathedrale und des großen Seminars, auf den Staat übernommen, sofern die Mittel der Fabrik nicht ausreichen. Dadurch ändern sich die Artt. 106—112, soweit sie die Beitragspflicht der Bezirke betreffen.

107. Sind an den Kathedralkirchen, bischöflichen Palästen und Diözesanseminaren große Ausbesserungen oder Umbauten vorzunehmen, so hat der Bischof dem Präfekten des Bezirks, in welchem sich der bischöfliche Sitz befindet, amtliche Nachricht davon zu geben; zugleich hat er eine gedrängte Uebersicht über die Einkünfte und Ausgaben seiner Fabrik mitzutheilen, wobei anzugeben ist, welcher Betrag von den Einkünften nach Deckung der ordentlichen Ausgaben für die Feier des Gottesdienstes übrig bleibt.

108. Der Präfekt hat anzuordnen, daß in Gegenwart eines Beauftragten des Bischofs in der für die öffentlichen Arbeiten vorgeschriebenen Form ein Kostenvoranschlag der auszuführenden Arbeiten aufzustellen sei. [1])

109. Der eingehende Bericht ist dem Bischofe mitzutheilen, welcher ihn dem Präfekten mit seinen Bemerkungen zurückzuschicken hat.

Diese Schriftstücke sind sodann durch den Präfekten nebst seinem Gutachten dem Minister des Innern vorzulegen; letzterer hat sie dem Kultusminister mitzutheilen. [2])

110. Sind die Ausbesserungen zu gleicher Zeit nothwendig und dringend, so hat der Minister des Innern deren Ausführung vorläufig mit den dem Präfekten zur Verfügung stehenden ersten Geldern anzuordnen, vorbehaltlich des Rückersatzes aus den zu diesem Zwecke vom Generalrathe des Bezirks angewiesenen Mitteln, nachdem demselben der Voranschlag der Fabrik der Kathedrale mitgetheilt wurde, wobei er von der den Gemeinderäthen nach Artikel 96 eingeräumten Befugniß Gebrauch machen kann.

111. Gehören zu der nämlichen Diözese mehrere Bezirke, so hat die Vertheilung unter denselben nach dem gewöhnlichen Verhältnisse stattzufinden; es muß jedoch der Bezirk, in welchem der Hauptort der Diözese sich befindet, ein Zehntel mehr bezahlen.

112. In den Bezirken, in welchen die Fabriken der Kathedralen Einkünfte haben, von denen ein Theil für bauliche Ausbesserungen bestimmt ist, ist diese Bestimmung auch ferner aus-

[1]) Ueber die Leitung und Ausführung der Dözesanbauten vgl. D. v. 7. März 1853.

[2]) Bezüglich der Minister vgl. § 2 G. v. 4. Juli 1879 nebst Bem.

zuführen; im Uebrigen sind die Ausbesserungen nach den oben gegebenen Vorschriften auszuführen.

113. Die den Kathedralen sowie den Seminaren gemachten Stiftungen, Schenkungen und Vermächtnisse werden von dem Diözesanbischofe angenommen, unter Vorbehalt Unserer Genehmigung, welche auf den Bericht des Kultusministers im Staatsrathe ertheilt wird. [1])

Dekret, betreffend die Erhaltung und Verwaltung der Güter, welche die Geistlichkeit in mehreren Theilen des Reiches besitzt.

6. November 1813.

B. des L. Ser. IV Nr. 9860.

Erster Titel.

Pfarrgüter.

Erster Abschnitt.

Verwaltung der Pfründeninhaber.

Art. 1. In allen Pfarreien, in welchen die Pfarrer oder Hülfspfarrer als solche liegende Güter oder Renten besitzen, hat die bei jeder Pfarrei bestehende Fabrik die Aufgabe über die Erhaltung dieser Güter zu wachen.

2. In einer der Fabrik gehörigen Kiste oder einem Schranke mit drei Schlössern sind alle diese Güter betreffenden Papiere, Urkunden und Schriftstücke zu hinterlegen.

Diese Hinterlegung hat innerhalb sechs Monaten von der Kündigung dieses Dekrets an zu erfolgen. Die bei den bischöflichen oder Erzbischöflichen Kanzleien hinterlegten Urkunden sind indessen in die Archive der Präfekturen gegen Empfangsbescheinigung und eine von den Präfekturen den Bisthümern ertheilte amtlich beglaubigte Abschrift zu verbringen.

---

[1]) Betr. der Ermächtigung vgl. §§ 1 u. 2 V. v. 5. Mai 1873, § 3 G. v. 4. Juli 1879, V. v. 23. Juli 1879.

3. In dieser Kiste oder diesem Schranke sind auch die Rechnungsstellungen, Register, Urkundenverzeichnisse und Inventare zu hinterlegen, alles wie es in Artikel 54 der Verordnung über die Fabriken[1]) bestimmt ist.

4. Kein Schriftstück darf daraus ohne ein mit Gründen versehenes und vom Pfarrer unterzeichnetes Gutachten entnommen werden.

5. In Gemäßheit der Artikel 55 und 56 jener Verordnung ist zur Aufnahme von Inventaren der Urkunden, Register und Papiere, zu deren Vergleichung, sowie zur Anlegung eines Hauptbuchs über die Urkunden zu schreiten.

6. Die Pfründeninhaber haben die Rechte der Nutznießung; ebenso haben sie deren Lasten zu tragen, alles wie es durch das bürgerliche Gesetzbuch festgesetzt ist und in Gemäßheit nachstehender Erläuterungen und Abänderungen.

7. Das von dem Friedensrichter[2]) aufgenommene Protokoll über ihren Besitzantritt hat das von ihnen unterschriebene Versprechen zu enthalten, die Güter wie ein ordentlicher Familienvater zu genießen, sie sorgfältig in Stand zu halten und sich jeder Anmaßung deren Besitzes oder Verschlechterung derselben zu widersetzen.

8. Den Pfründeninhabern sind verboten und werden für nichtig erklärt alle Veräußerungen, Tausche, Pfandbestellungen, Einräumungen von Dienstbarkeiten und überhaupt alle Verfügungen, welche eine Veränderung in der Natur dieser Güter oder einer Verminderung ihrer Erträgnisse bewirken, sofern nicht für diese Handlungen unsere Ermächtigung in der gewohnten Form gegeben wurde.[3])

9. Die Pfründeninhaber dürfen Verpachtungen auf länger als neun Jahre nur im Wege der öffentlichen Versteigerung und nachdem deren Nützlichkeit durch zwei Sachverständige erklärt ist, vornehmen. Letztere haben die Oertlichkeiten zu besichtigen und ihren Bericht zu erstatten; sie werden, wenn es sich von Pfarrgütern handelt, vom Unterpräfekten und, wenn

[1]) D. v. 30. Dez. 1809.

[2]) Der Ausschuß der Kirchenpfleger hat das Protokoll aufzunehmen (Art. 1 O. v. 13. März 1832).

[3]) § 1 V. v. 5. Mai 1873, § 3 G. v. 4. Juli 1879. — Vgl. noch Artt. 62 u. 63 D. v. 30. Dez. 1809.

es sich von Gütern der Bisthümer, Kapitel und Seminare handelt, vom Präfekten ernannt.

Die Fortsetzung dieser Verpachtungen kann gegenüber den Nachfolgern der Pfründeninhaber nur in der durch Artikel 1429 des bürgerlichen Gesetzbuchs vorgeschriebenen Weise erfolgen.

10. Es ist verboten bei der Verpachtung von Kirchengütern ein Draufgeld zu bedingen.

Hätte ein Pfründeninhaber ein solches Draufgeld angenommen, so hat der Nachfolger desselben die Befugniß, die Vernichtung des Pachtes vom Tage seines Besitzantritts an zu begehren oder gegen die Erben oder Vertreter des Pfründeninhabers oder gegen den Pächter einen Entschädigungsanspruch geltend zu machen.'

11. Die Rückzahlung der zur Ausstattung der Geistlichkeit gehörenden Kapitalien hat nach Maßgabe des Dekrets vom 16. Juli 1810 und des Staatsrathsgutachten vom 21. Dezember 1808 zu erfolgen.

Gehören die Kapitalien zu einer Pfarrei, so sind sie durch den Schuldner in die Kasse der Fabrik zu bezahlen. Derselbe wird nur mittels einer von den drei Verwahrern der Schlüssel unterzeichneten Entlastung von seiner Verbindlichkeit befreit.

12. Die Pfründeninhaber, zu deren Pfründen Waldungen gehören, haben den Genuß derselben nach Maßgabe des Artikels 590 des bürgerlichen Gesetzbuchs, wenn es sich um Niederwald handelt.

Bei Hochstämmen in Schlägen oder vereinzelt stehenden Hochstämmen müssen sie sich nach den für die Gemeindewaldungen bestehenden Vorschriften richten.

13. Die Pfründeninhaber müssen alle Ausbesserungen der Güter, deren Genuß sie haben, tragen, vorbehaltlich der auf die Pfarrhäuser bezüglichen Bestimmung des Artikels 21.

Handelt es sich von großen Ausbesserungen und befinden sich in der Kasse mit drei Schlössern aus den Erträgnissen der Pfarrei herrührende Mittel, so sind diese dazu zu verwenden.

Befinden sich keine Mittel in dieser Kasse, so muß der Pfründeninhaber solche bis zum Betrage eines Drittels der Erträgnisse aus den liegenden Gütern der Pfarrei liefern und zwar abgesehen von den andern ihm zur Last fallenden Ausbesserungen.

Bezüglich des das Drittel der Erträgnisse überschreitenden

Mehrbedarfs kann der Pfründeninhaber in der gewohnten Form von Uns zu einem Anleihen mit Pfandbestellung oder auch zur Veräußerung eines Theiles der Güter ermächtigt werden.

Das die Ermächtigung zu einem Anleihen ertheilende Dekret wird die Zeitpunkte der Abtragung, welche aus den Erträgnissen zu geschehen hat, bestimmen und zwar in der Weise, daß stets zwei Drittel der letzteren dem Pfarrer verbleiben.

In jedem Falle hat die Staatskasse soviel zuzulegen, daß das dem Pfarrer verbleibende Einkommen den ordentlichen Betrag der ihm zukommenden Bezüge erreicht.

14. Die Verfolgungen zur Beitreibung der Erträgnisse sind von den Pfründeninhabern auf ihre Kosten und Gefahr vorzunehmen.

Wenn es sich jedoch um dingliche Rechte der Pfarrei handelt, so dürfen sie nur mit Ermächtigung des Präfekturraths, welchem das Gutachten des Fabrikraths vorzulegen ist, als Kläger oder als Beklagter auftreten oder von einer Klage abstehen.

15. Die Prozeßkosten fallen in derselben Weise, wie es bei den Kosten für Ausbesserungen der Fall ist, der Pfarrei zur Last.

Zweiter Abschnitt.

Verwaltung der Pfarrgüter während der Erledigung der Stelle.

16. Bei Ableben des Inhabers einer Pfarrei muß der Friedensrichter von Amtswegen Siegel anlegen und zwar ohne Gebühren für ihn und den Gerichtsschreiber und ohne weitere Kosten als den Ersatz des verwendeten Stempelpapiers.

17. Die Siegelabnahme erfolgt auf Anstehen der Erben in Gegenwart des Schatzmeisters der Fabrik oder auf Anstehen des Schatzmeisters der Fabrik unter Vorladung der Erben.

18. In Gegenwart der Erben und des Schatzmeisters hat der Friedensrichter eine Vergleichung des letzten Inventars der zur Pfarrei gehörigen Fahrniß und Geräthschaften, sowie der die Pfarrei betreffenden Urkunden und Papiere vorzunehmen.

19. Eine Ausfertigung der über die Vergleichung aufgenommenen Urkunde ist dem Schatzmeister von dem Friedensrichter unter Uebergabe der die Pfarrei betreffenden Urkunden und Papiere einzuhändigen.

20. Ebenso ist bei jedem Wechsel des Pfründeninhabers

von dem Schatzmeister der Fabrik eine Vergleichung des Inventars der Urkunden und aller Ackerbaugeräthschaften, sowie aller sonstigen zur Wohnung oder zur Bebauung der Güter gehörigen Geräthschaften und Fahrniß vorzunehmen.

21. Der Schatzmeister der Fabrik hat gegen die Erben Verfolgungen einzuleiten, damit sie die Güter in denjenigen Stand setzen, in welchem sie dieselben zurückgeben müssen.

Die Pfarrer sind bezüglich der Pfarrhäuser nur zu dem einem Miether obliegenden Ausbesserungen verpflichtet, die übrigen fallen der Gemeinde zur Last.[1])

22. Hat der Schatzmeister versäumt vor dem Besitzantritt des neuen Pfründeninhabers die erforderlichen Verfolgungen einzuleiten, so muß letzterer selbst gegen die Erben vorgehen oder dem Schatzmeister der Fabrik eine Aufforderung zugehen lassen, in dieser Richtung seine Verpflichtungen zu erfüllen. Diese Aufforderung ist durch den Pfründeninhaber dem kaiserlichen Prokurator zur Kenntniß zu bringen, damit derselbe den Schatzmeister der Fabrik zum Vorgehen zwingt oder selbst von Amtswegen auf Kosten und Gefahr des Schatzmeisters und weiter auf die der Pfarrkinder die erforderlichen Verfolgungen einleitet.[2])

23. Die Erzbischöfe und Bischöf haben sich bei ihren Untersuchungsreisen nicht allein von dem Zustande der Kirche und des Pfarrhauses, sondern auch von demjenigen der Güter der Pfarrei zu unterrichten, um erforderlichen Falles zum Zwecke der Verfolgung des früheren Pfründeninhabers oder des neuen Verfügungen zu treffen. Eine Ausfertigung dieser Verfügung verbleibt zum Zwecke des Vollzugs in den Händen des Schatzmeisters; eine andere Ausfertigung ist dem kaiserlichen Prokurator vorzulegen, damit er erforderlichen Falles mit den oben angegebenen Mitteln den Schatzmeister dazu zwingt.[3])

24. In allen Fällen der Erledigung einer Pfarrei gehören die Erträgnisse des laufenden Jahres bis zum Tage des Eintritts der Erledigung dem bisherigen Pfründeninhaber oder seinen Erben, dagegen dem neuen Pfründeninhaber vom Tage seiner Ernennung an.[4])

[1]) Vgl, Artt. 44 D v. 30. Dez. 1809.

[2]) Das Recht der Staatsanwaltschaft, auf dem Zivilrechtswege vorzugehen, ist durch das GVG. und die ZPO. in Wegfall gekommen.

[3]) Vgl. die vorhergehende Bem.

[4]) Vom Tage des Besitzantritts (O. v. 13. März 1832).

Die Erträgnisse, welche sich vom Tage der Erledigung an bis zum Tage der Ernennung[1]) ergeben, sind in der Kasse mit drei Schlössern gemäß Artikel 13 zur Verwendung für die großen Ausbesserungen zurückzulegen, welche sich an den zur Pfründe gehörigen Gebäuden ergeben.

25. Das Ergebniß der Erträgnisse während des Jahres, in welchem die Erledigung eintrat, wird durch die Rechnungen festgestellt, welche der Schatzmeister für die Zeit der Erledigung und der neue Pfründeninhaber für den Rest des Jahres aufzustellen hat. Diese Rechnungen haben zugleich die Einnahmen des früheren Pfründeninhabers aus demselben Jahre zu enthalten; der etwaige Rückgriff gegen seinen Nachlaß bleibt vorbehalten.

26. Streitigkeiten über die Rechnungen oder Vertheilung der Erträgnisse in den im vorhergehenden Artikel angegebenen Fällen werden durch den Präfekturrath entschieden.

27. Falls ein Pfarrer oder Hülfspfarrer, welcher in Folge kanonischer Bestrafung zeitweilig seiner Stelle enthoben oder auf Grund polizeilicher Maßregeln von derselben entfernt ist, vorläufig ersetzt wird, ist die Entschädigung des vorläufigen Stellvertreters nach Maßgabe des Dekrets vom 17. November 1811 zu bestimmen.

Diese Bestimmung findet auf diejenigen Pfarreien und Hülfspfarreien Anwendung, deren Gehalt ganz oder zum Theil aus der Staatskasse bezahlt wird.

28. Während der Zeit, in welcher aus den oben angegebenen Gründen der Pfarrer oder Hülfspfarrer von der Pfarrei entfernt ist, hat der Schatzmeister der Fabrik bezüglich der Güter die dem Pfründeninhaber durch die Artikel 6 und 13 zugewiesenen Rechte und Pflichten auszuüben.

Zweiter Titel.

Bischöfliche Tafelgüter.

29. Die Erzbischöfe und Bischöfe haben die Verwaltung ihrer Tafelgüter nach Maßgabe des Artikels 6 ff. dieses Dekrets.

30. Die auf diese Tafelgüter bezüglichen Papiere, Ur-

[1]) Vgl. die vorhergehende Bem.

kunden und Schriftstücke, die Rechnungen, Register und Urkundenverzeichnisse, sind in den Archiven der erzbischöflichen und bischöflichen Kanzleien zu hinterlegen.

31. Es ist, falls es noch nicht geschehen ist, ein Inventar der Urkunden und Papiere aufzunehmen; auch ist nach Maßgabe des Artikels 56 der Verordnung über die Fabriken ein Urkundenhauptbuch anzulegen.

32. Die Archivurkunden des Tafelgutes sind in Kisten oder Schränken zu verschließen. Kein Stück darf daraus ohne eine vom Erzbischofe oder Bischofe im Urkundenhauptbuche unterschriebene Verfügung entnommen werden, an welche die Empfangsbescheinigung des Schriftführers sich anzuschließen hat.

Wird das Stück wieder an seinen Verwahrungsort verbracht, so hat der Erzbischof oder Bischof die Entlastung an den Rand der Empfangsbescheinigung zu setzen.

33. Das Regalienrecht wird auch ferner im Reiche in der Weise ausgeübt werden, wie es zu jeder Zeit durch Unsere fürstlichen Vorgänger geschah.

34. Beim Ableben eines jeden Erzbischofs oder Bischofs ist durch den Kultusminister [1]) ein Kommissar für die Verwaltung der bischöflichen Tafelgüter während der Erledigung des Sitzes zu ernennen.

35. Dieser Kommissar hat vor dem Gerichte der ersten Instanz den Eid zn leisten, den ihm gewordenen Auftrag mit Eifer und Treue zu erfüllen.

36. Er hat zwei Register zu führen, von denen das eine sein Tagebuch über Einnahmen und Ausgaben bildet; in das andere hat er in fortlaufender Folge mit der betreffenden Zeitangabe eine Abschrift der durch ihn oder auf sein Anstehen vorgenommenen Verwaltungshandlungen einzutragen. Diese Register sind von dem Präsidenten des Gerichts erster Instanz mit Seitenzahl und Handzug zu versehen.

37. Der Friedensrichter am Sitze eines Erzbischofs oder Bischofs hat, sobald er Kenntniß von dem Absterben desselben erhält, von Amtswegen in dem bischöflichen Palaste oder den anderen von jenem innegehabten Häusern Siegel anzulegen.

38. In diesem Falle wie in demjenigen, wenn der Siegel auf Anstehen der Erben, Testamentsvollstrecker oder Gläubiger

[1]) Vgl. § 2 G. v. 4. Juli 1879.

angelegt wurden, hat der für die Zeit der Erledigung ernannte Kommissar zur Wahrung der Rechte des Tafelgutes und insbesondere zur Sicherung der dem Nachlasse zur Last fallenden Ausbesserungen seinen Einspruch zu erheben.

39. Die Siegelabnahme und die Aufnahme der Inventare hat auf Anstehen des Kommissars in Gegenwart oder nach Vorladung der Erben oder auf Anstehen der Erben in Gegenwart des Kommissars stattzufinden.

40. Unmittelbar nach seiner Ernennung muß der Kommissar den Einnehmern, Pächtern oder Schuldnern davon Kenntniß geben. Dieselben müssen in seine Hände alle von den Tafelgütern herkommenden Gelder, Früchte oder anderen Gegenständen ausliefern, worüber er wem Rechtens Rechnung zu stellen hat.

41. Der Kommissar muß während seiner Verwaltung alle ordentlichen Lasten des Tafelgutes abtragen; er darf die Pachtverträge nicht erneuern und ebensowenig Hochstämme in geschlossenen Waldungen oder solche, die einzeln stehen, fällen oder Holzhiebe von Niederholz und was dazu gehört über die gewöhnlichen Schläge hinaus vornehmen.

Die Urkunden, Papiere und Schriftstücke darf er nur gegen seine eigene Empfangsbescheinigung aus ihrem Aufbewahrungsorte entnehmen.

42. Unmittelbar nach der Siegelabnahme hat er in Gegenwart der Erben oder nach deren Vorladung eine Besichtigung der Paläste, Häuser, Pachthöfe und sonstigen zum Tafelgute gehörigen Gebäude durch zwei vom Präsidenten des Gerichts erster Instanz von Amtswegen ernannte Sachverständige vornehmen zu lassen.

Diese Sachverständigen haben in ihrem Berichte die Zeit anzugeben, auf welche nach ihrer Meinung die vorzunehmenden Umbauten oder die dieselben veranlassenden Schäden zurückzuführen sind; ebenso haben sie einen Kostenvoranschlag über die vorzunehmenden Ausbesserungen und Umbauten aufzustellen.

43. Die Erben müssen innerhalb sechs Monaten nach der Besichtignng die Ausbesserungen an den Oertlichkeiten in ordentlicher und genügender Weise bewirken; andernfalls sind die Ausbesserungsarbeiten auf Betreiben des Kommissars für Rechnung der Erben an den Mindestfordernden zu vergeben.

44. Die Ausbesserungen, deren Dringlichkeit sich während seiner Verwaltung fühlbar macht, sind durch ihn aus den Ein-

künften des Tafelgutes ausführen zu lassen, und zwar auf dem Wege des Zuschlags an den Mindestfordernden, wenn die Kosten dreihundert Frank übersteigen.

45. Der Kommissar hat die Verwaltung vom Tage des Ablebens des Bischofs bis zu der Zeit zu führen, zu welcher der von seiner Majestät ernannte Nachfolger des letzteren den Besitz antritt.

Die Einkünfte des Tafelgutes gehören dem Nachfolger vom Tage seiner Ernennung an.[1])

46. Ueber den Besitzantritt hat der Friedensrichter ein Protokoll aufzunehmen. In demselben ist festzustellen, daß alle Fahrnisgegenstände, sowie alle auf das Tafelgut bezüglichen Urkunden, Papiere und Schriften ausgehändigt und daß die Register des Kommissars durch den Friedensrichter abgeschlossen wurden. Letztere Register sind mit den Urkunden des Tafelgutes zu hinterlegen.

47. Die Verfolgung der Rechnungspflichtigen auf Rechnungstellung oder Entscheidung über die bezüglich derselben sich ergebenden Streitigkeiten wird durch die vom Minister mit der Rechnungsabnahme beauftragte Person vor die zuständigen Gerichte gebracht.

48. Die Entschädigung des Kommissars wird durch den Kultusminister bestimmt; sie darf nicht mehr als fünf Centimes vom Frank der Einkünfte und drei Centimes vom Frank des Preises der zum Nachlasse gehörigen Fahrniß im Falle des Verkaufs betragen; darüber hinaus darf jedoch für Zeitaufwand und etwaige durch die Verwaltung erforderlich gewordene Reisen dem Kommissar nichts bewilligt werden.

Dritter Titel.

Güter der Kathedral= und Kollegiat=Kapitel.

49. Die Körperschaft eines jeden Kathedral= oder Kollegiatkapitels hat in Bezug auf die Verwaltung ihrer Güter dieselben Rechte und Verpflichtungen wie ein Pfründeninhaber von Pfarrgütern, vorbehaltlich nachstehender Erläuterungen und Abänderungen.

---

[1]) Vom Tage des Besitzantritts (Art. 1 O. v. 4. Sept. 1820).

50. Das Kapitel kann keinen Beschluß bezüglich der Verwaltung der Güter oder der Vertheilung der Einkünfte fassen, wenn die anwesenden Mitglieder nicht wenigstens vier Fünftel der Gesammtzahl der vorhandenen Kanoniker ausmachen.

51. Das Kapitel hat aus seiner Mitte mittels Abstimmung nach Stimmenmehrheit zwei seiner Mitglieder zu wählen, von denen der Bischof einen zum Schatzmeister ernennt.

Der Schatzmeister ist berechtigt von allen Pächtern und Schuldnern Zahlungen in Empfang zu nehmen, die Rechnungen abzuschließen, Quittung und Entlastung zu ertheilen, die Schuldner vor den Gerichten zu verfolgen, die Ladungen im Namen des Kapitels anzunehmen und nach gehöriger Ermächtigung dasselbe vor Gericht zu vertreten.

52. Der Schatzmeister kann stets durch das Kapitel gewechselt werden.

War der Schatzmeister fünf Jahre hintereinander im Amte, so hat eine Neuwahl zu erfolgen. Derselbe Schatzmeister kann wieder als eines der zwei Mitglieder in Vorschlag gebracht werden.

53. Der Schatzmeister kann ohne Beschluß des Kapitels und Ermächtigung des Präfekturraths weder als Kläger noch als Beklagter vor Gericht stehen, noch seine Zustimmung zu einem Klagabstande geben. Er hat alle fürsorglichen Maßregeln sowie die Beitreibung von Ausständen vorzunehmen.

54. Alle auf das Eigenthum bezüglichen Urkunden, Papiere und schriftlichen Bemerkungen sind in eine Kiste oder einen Schrank mit drei Schlössern zu legen.

Bei den Kathedralkapiteln erhält einen Schlüssel der erste Würdenträger, den zweiten der erste Beamte und den dritten der Schatzmeister.

Bei den Kollegiatkapiteln erhält einen dieser Schlüssel der Dekan, den zweiten der erste Beamte und den dritten der Schatzmeister.

55. In dieser Kiste sind die Papiere, Urkunden und Schriftstücke, die Rechnungsstellungen, Register, Urkundenverzeichnisse und Inventare zu hinterlegen, alles wie es durch Artikel 54 der Verordnung über die Fabriken bestimmt ist. Sie dürfen nur auf ein von den drei Verwahrern der Schlüssel unterzeichnetes mit Gründen versehenes Gutachten und außerdem unter Beobachtung der in Artikel 57 der nämlichen Verordnung enthaltenen Vorschriften daraus entnommen werden.

56. Die Errichtung der Inventare der Urkunden und Papiere, deren Vergleichung und die Anlage eines Urkundenhauptbuches erfolgt nach Artikel 55 und 56 der nämlichen Verordnung.

57. Die den Kapiteln gehörigen Häuser und liegenden Güter dürfen nur auf Grund eines durch Beschluß des Kapitels genehmigten Lastenheftes im Wege des öffentlichen Zuschlags vermiethet oder verpachtet werden, sofern das Kapitel nicht mit einer Stimmenmehrheit von vier Fünftel der vorhandenen Kanoniker den Schatzmeister ermächtigt hat unter den in seinem Beschlusse aufgestellten Bedingungen aus freier Hand das zu thun. Eine gleiche Ermächtigung ist erforderlich für Verpachtungen auf länger als neun Jahre; dieselben dürfen jedoch nur unter den Artikel 9 angegebenen Förmlichkeiten erfolgen.

58. Die Ausbesserungsarbeiten sind stets aus den Einkünften des Tafelgutes des Kapitels auszuführen. Tritt ein außerordentlicher Fall ein, welcher auf ein Mal mehr als die Hälfte der Gesammteinkünfte eines Jahres erfordert, so können die Kapitel durch Uns in der gewohnten Form ermächtigt werden, ein aus den Einkünften zu den festgesetzten Zielern rückzahlbares Darlehen aufzunehmen oder bis zur Höhe des Bedarfs Güter zu veräußern, unter der Auflage mit Ersparnissen aus den Einkünften der folgenden Jahre ein hinreichendes Kapital zu sammeln, um durch Erwerb von Ländereien oder in anderer Weise das in Abgang gekommene Einkommen zu ersetzen.

59. Im Monate Januar eines jeden Jahres ist von dem Schatzmeister vor zu diesem Zwecke vom Kapitel Beauftragten Rechnung über Einnahmen und Ausgaben zu stellen.

Diese Rechnung ist nach Maßgabe der Artikel 82, 83 und 84 der Verordnung über die Fabriken aufzustellen. Eine Abschrift derselben ist dem Kultusminister vorzulegen.

60. Die Kapitel sind berechtigt, den Betrag und den Zeitpunkt der Vertheilungen aus den Einkünften des Tafelgutes festzusetzen und für die in diesem Dekrete nicht vorgesehenen Fälle ergänzende Beschlüsse zu fassen, vorausgesetzt daß sie sich innerhalb der Grenzen der ihnen in ihrer Eigenschaft als Pfründeninhaber zustehenden Rechte halten.

61. In allen in diesem Titel angeführten Fällen unterliegen die Beschlüsse des Kapitels der Genehmigung des Bischofs.

Verweigert der Bischof die Genehmigung, während das Kapitel auf seinem Beschlusse besteht, so ist die Sache dem Kultusminister zur Entscheidung vorzulegen.

Vierter Titel.

Seminargüter.

62. Für die Verwaltung der Güter der Seminare einer jeden Diözese ist ein Ausschuß zu bilden aus einem der Generalvikare, welcher in Abwesenheit des Bischofs den Vorsitz führt, dem Vorstande und dem Verwalter des Seminars und einem vierten das Amt als Schatzmeister versehenden Mitgliede, welches auf das Gutachten des Bischofs und des Präfekten vom Kultusminister ernannt wird.

Das Amt als Schatzmeister ist unentgeltlich.

63. Der Schriftführer des Erzbisthums oder Bisthums ist zugleich Schriftführer dieses Ausschusses.

64. Der Verwaltungsausschuß des Hauptseminars hat zugleich die Verwaltung der anderen geistlichen Schulen der Diözese.

65. Für die Hinterlegung der Urkunden, Papiere und Schriftstücke, der Rechnungsaufstellungen, Register, Urkundenverzeichnisse und Inventare muß ebenfalls nach Maßgabe des Artikels 54 der Verordnung über die Fabriken eine Kiste oder ein Schrank mit drei Schlössern vorhanden sein, deren Schlüssel in den Händen von drei Mitgliedern des Ausschusses sich befinden müssen.

66. Was auf diese Weise hinterlegt ist, darf nur auf ein mit Gründen versehenes Gutachten der drei Verwahrer der Schlüssel, welches der Genehmigung des Erzbischofs oder Bischofs unterliegt, daraus entnommen werden; das so genehmigte Gutachten ist zu hinterlegen.

67. Jeder Notar, vor dem eine Urkunde aufgenommen wird, welche eine Schenkung unter Lebenden oder eine testamentarische Verfügung zum Vortheil eines Seminars oder einer geistlichen Sekundärschule enthält, muß davon dem Bischof Nachricht geben. Letztere hat die Schriftstücke mit seinem Gutachten dem Kultusminister vorzulegen, damit geeigneten Falles

die Ermächtigung zur Annahme in der gewohnten Form ertheilt werden kann. [1])

Diese Geschenke und Vermächtnisse unterliegen einer festen Enregistrementsgebühr von einem Frank. [2])

68. Die Zurückbezahlung und Anlage von Geldern aus den an Seminare oder Sekundärschulen gemachten Schenkungen oder Vermächtnissen haben nach Maßgabe der oben angeführten Dekrete und Entscheidungen zu geschehen. [3])

69. Die Häuser und liegenden Güter der Seminare und geistlichen Sekundärschulen dürfen nur auf dem Wege des öffentlichen Zuschlags vermiethet oder verpachtet werden, sofern nicht der Erzbischof oder Bischof und die Mitglieder des Ausschusses der Ansicht sind, daß solches aus freier Hand unter den von ihnen angegebenen Bedingungen geschehen könne. Der von ihnen unterzeichnete Entwurf der letzteren ist dem Schatzmeister einzuhändigen und sodann in der Kiste mit drei Schlössern zu hinterlegen. In der Vertragsurkunde ist das zu erwähnen.

Bezüglich der Verpachtungen auf die Dauer von mehr als neun Jahren sind die in Artikel 9 vorgeschriebenen Förmlichkeiten zu beobachten.

70. Kein Prozeß, sei es als Klägerin oder als Beklagte, darf ohne Ermächtigung des Präfekturraths nach vorherigem Vorschlage des Erzbischofs oder Bischofs, welchem ein Gutachten des Verwaltungsausschusses vorauszugehen hat, geführt werden.

71. Der Verwalter hat alle Ausgaben zu besorgen. Außerordentliche oder unvorhergesehene Ausgaben bedürfen der Genehmigung des Erzbischofs oder Bischofs, vor welcher das Gutachten des Ausschusses zu erholen ist; die Genehmigung ist der Rechnung beizufügen.

72. Für die Bedürfnisse des Hauptseminars ist stets im Voraus vor denjenigen der anderen geistlichen Schulen zu sorgen; sofern nicht zufolge der Stiftung dieser Sekundärschulen oder späterer Geschenke und Vermächtnisse Einkünfte vorhanden sind, welche letzteren besonders zugewendet wurden.

73. Alle zu Ausgaben für die Seminare bestimmten Gelder,

---

[1]) §§ 1 u. 2 V. v. Mai 1873, § 3 G. v. 4. Juli 1879, V. v. 23. Juli 1879.

[2]) Durch Art. 17 G. v. 18. April 1831 wurde die feste Gebühr aufgehoben und die verhältnismäßige an deren Stelle gesetzt.

[3]) Vgl. Art. 63 D. v. 30. Dez. 1808.

mögen sie aus Erträgnissen von liegenden Gütern oder Renten, aus zurückbezahlten Kapitalien, Unterstützungen der Regierung oder Zuwendungen der Gläubigen herrühren und überhaupt, welches auch ihr Ursprung sein mag, sind mit Rücksicht auf ihre Bestimmung zu öffentlichen Zwecken in eine Kasse mit drei Schlössern, welche an einem sichern Orte des Seminars aufzubewahren ist, zu legen. Ein Schlüssel hat sich in den Händen des Bischofs oder seines Generalvikars, der andere in denen des Vorstandes des Seminars und der dritte in denen des Schatzmeisters zu befinden.

74. Diese Einlieferung hat am ersten Tage eines jeden Monats durch den Schatzmeister auf Grund einer Aufstellung oder eines Zettels, auf welchem die Einnahmen des vorhergehenden Monats verzeichnet sowie angegeben ist, woher jede Summe kommt, zu erfolgen. Bei Geschenken braucht übrigens der Name des Schenkers nicht beigesetzt zu werden.

75. Der Schatzmeister darf, selbst nicht unter dem Vorwande der Dringlichkeit einer Ausgabe, nirgend anderswohin als in der Kasse mit den drei Schlössern eine Einzahlung machen.

76. Wer für das Seminar eine Zahlung empfangen hat, ohne deren Betrag innerhalb drei Monaten in die Hände des Schatzmeisters abzuliefern, sowie der Schatzmeister selbst, welcher nicht innerhalb eines Monats die Einzahlungen in die Kasse mit drei Schlössern gemacht hat, ist in Gemäßheit der die Beitreibung öffentlicher Gelder betreffenden Gesetze zu verfolgen.

77. Die Kasse hat am ersten Tage eines jeden Monats die Zahlungsanweisungen für die Ausgaben des laufenden Monats auszubezahlen. Diese Anweisungen sind vom Verwalter zu unterzeichnen und vom Bischofe als gesehen zu bescheinigen; im Eingange derselben sind die Gegenstände der Ausgabe gedrängt anzugeben.

78. Der Verwaltungsausschuß des Seminars hat dem Präfekten bei Beginn eines jeden Halbjahres das Verzeichniß der Zahlungen des Verwalters und die Anweisungen der gezahlten Summen vorzulegen. Der Präfekt hat darüber Entlastung zu ertheilen und die Duplikate dem Kultusminister mit seinen Bemerkungen vorzulegen.

79. Der Schatzmeister und der Verwalter eines jeden Seminars haben im Monat Januar ihre Rechnungen nach

Einnahmen und Ausgaben zu stellen; sie brauchen jedoch die Zöglinge nicht namhaft zu machen, welche Beträge aus den zu Almosen bestimmten Geldern erhalten haben; die vom Bischofe für Ausgaben der letzteren Art ertheilte Genehmigung vertritt die Stelle eines Belegstücks.

80. Die Rechnungen sind vom Bischofe als gesehen zu bescheinigen und dem Kultusminister vorzulegen. Besteht kein Grund die Genehmigung zu versagen, so hat sie der Minister dem Bischofe zurückzuschicken, welcher sie endgültig abzuschließen und Entlastung darüber zu ertheilen hat.

Ordonnanz, betreffend die Fabrikräthe der Kirchen.

12. Januar 1825.

B. des L. Ser. VIII Nr. 590.

Art. 1. In allen Pfarrkirchen, Hülfspfarrkirchen oder Vikariatskapellen, bei welchen der Fabrikrath nicht regelmäßig erneuert wurde, wie es in den Artikeln 7 und 8 des Dekrets vom 30. Dezember 1809 vorgeschrieben ist, ist unverzüglich zu einer neuen Ernennung der Fabrikrathsmitglieder in der durch Artikel 6 des nämlichen Dekrets bestimmten Weise zu schreiten.

2. In Zukunft ist die Sitzung der Fabrikräthe, welche nach der Vorschrift des Artikels 10 der allgemeinen Verordnung am ersten Sonntage des Monats April stattfinden soll, am Sonntage Quasimodo abzuhalten.

In dieser Sitzung müssen alle drei Jahre die durch das Dekret vom 30. Dezember 1809 vorgeschriebenen ordentlichen Wahlen vorgenommen werden.

3. Im Falle der Erledigung durch Tod oder Rücktritt hat die Ergänzungswahl in der ersten ordentlichen Sitzung des Fabrikraths nach Eintritt der Erledigung stattzufinden.

Die neuen Fabrikräthe werden nur für den Rest der Dienstzeit derjenigen gewählt, an deren Stelle sie treten.

4. Ist der Fabrikrath nicht innerhalb Monatsfrist nach dem in den zwei vorhergehenden Artikeln angegebenen Zeitpunkte

zur Wahl geschritten, so hat der Diözesanbischhof die Ernennungen selbst vorzunehmen. [1])

5. Auf Antrag der Bischöfe und das Gutachten der Präfekten kann der Kultus- und Unterrichtsminister [2]) einen Fabrikrath wegen Unterlassung der Vorlage des Voranschlags der Einnahmen und Ausgaben oder der Rechnungsstellung absetzen, wenn dieser Fabrikrath trotz der an ihn ergangenen Aufforderung diese Pflicht zu erfüllen es zu thun verweigert oder vernachlässigt, oder wenn andere gewichtigte Gründe vorliegen. [3])

In diesem Falle ist in der durch Artikel 6 des Dekrets vom 30. Dezember 1809 vorgeschriebenen Weise die Neubildung des Fabrikraths vorzunehmen.

6. Der Bischof und der Präfekt sollen sich gegenseitig von der in Gemäßheit des Artikels 10 des Dekrets vom 30. Dezember 1809 den Fabrikräthen ertheilten Ermächtigung zu außerordentlichen Versammlungen sowie von den Gegenständen, welche darin verhandelt werden sollen, Mittheilung machen.

7. In den Landgemeinden hat die Ernennung und Entlassung der Sänger, Glöckner und Sakristane durch den Pfarrer, Hülfspfarrer oder Vikare zu erfolgen; ihr Gehalt wird auch in Zukunft vom Fabrikrath festgesetzt und von wem Rechtens bezahlt.

8. Die allgemeine Verordnung über die Fabriken vom 30. Dezember 1809 ist auch ferner zu vollziehen, soweit sie durch diese Ordonnanz nicht abgeändert ist.

---

[1]) Art. 4 bezieht sich nur auf die theilweise Erneuerung eines Fabrikraths, die Ernennung eines ganzeu Fabrikraths geht vom Bischofe und Präfekten aus (Rundschr. v. 2. März 1833).

[2]) Vgl. § 2 G. v. 4. Juli 1879 und Bem. dazu.

[3]) Die Absetzung kann auch ohne Antrag des Bischofs erfolgen (StRG. v. 16. Nov. 1831, Min.-Entsch. v. 23. März 1842).

Gesetz, betreffend die Ermächtigung und den gesetzlichen Bestand der Kongregationen und religiösen Genossenschaften von Frauen.[1]

24. Mai 1825.

B. des L. Ser. VIII Nr. 921.

Art. 1. In Zukunft dürfen weibliche religiöse Kongregationen nur unter den in den folgenden Artikeln vorgeschriebenen Förmlichkeiten und Bedingungen die Ermächtigung erhalten und nach erhaltener Ermächtigung eine Niederlassung gründen.

2. Weibliche religiöse Kongregationen können die Ermächtigung nur erhalten, wenn ihre vom Diözesanbischofe gehörig genehmigten Satzungen im Staatsrathe in der für die Bullen der kanonischen Einsetzung erforderten Form geprüft und einregistrirt wurden. Diese Satzungen dürfen nur dann genehmigt und einregistrirt werden, wenn sie die Erklärung enthalten, daß die Kongregation in geistlichen Dingen sich der Gewalt des zuständigen Bischofs unterwirft.[2]

Nach der Prüfung und Einregistrirung wird den Kongregationen, welche am 1. Januar 1825 noch nicht bestanden haben, die Ermächtigung durch ein Gesetz ertheilt. Bezüglich derjenigen, welche vor dem 1. Januar 1825 schon bestanden haben, erfolgt die Ermächtigung durch eine Ordonnanz des Königs.

3. Keine Niederlassung einer schon ermächtigten weiblichen Kongregation darf gegründet werden, wenn nicht eine Untersuchung über die Zweckmäßigkeit und die Uebelstände der Niederlassung vorausgegangen ist und zur Unterstützung des Gesuchs die Zustimmung des Diözesanbischofs sowie das Gutachten der

[1]) Vgl. D. v. 18. Febr. 1809 u. 31. Jan. 1852. — Ein ausführlicher Erlaß des Kultusministers v. 17. Juli 1825 (Duvergier XXV, 2, 66) gibt nähere Ausführungsbestimmungen. — Ueber die Voraussetzungen zur Ertheilung der Ermächtigung handeln St.-R.-G. v. 31. Jan. u. 24. Febr. 1840.

[2]) Die Verwaltungsfunktionen des Staatsraths nimmt der OPr. (§ 9 Abs. 3 G. v. 30. Dez. 1871), jetzt das Ministerium (§ 3 G. v. 4. Juli 1879) wahr.

Gemeinde, in welcher die Niederlassung gegründet werden soll, beigebracht wird.

Die besondere Ermächtigung zur Gründung der Niederlassung wird durch eine königliche Ordonnanz ertheilt, welche innerhalb vierzehn Tagen in das Gesetzblatt einzurücken ist.

4. Die gehörig ermächtigten Niederlassungen dürfen mit besonderer Ermächtigung des Königs

1) bewegliche und unbewegliche Güter annehmen, welche ihnen durch Schenkung unter Lebenden oder durch Testament zugewendet werden, sofern es unter Sondertitel geschieht;

2) mittels entgeltlichen Titels Liegenschaften oder Renten erwerben;

3) Liegenschaften oder Renten, deren Eigenthümer sie sind, veräußern.

5. Wer zu einer ermächtigten Niederlassung gehört, darf weder durch Schenkung unter Lebenden noch durch Testament zu Gunsten der Niederlassung oder zum Vortheile eines ihrer Mitglieder über mehr als den vierten Theil seines Vermögens verfügen, sofern es sich um eine Schenkung oder ein Vermächtniß in einem höheren Betrage als zehntausend Frank handelt.

Dieses Verbot findet keine Anwendung auf die Mitglieder der Niederlassung, wenn die Vermächtnisnehmerin oder Beschenkte die Erbin der Erblasserin oder Schenkerin in der geraden Linie ist.

Dieser Artikel tritt für die schon ermächtigten Niederlassungen erst sechs Monate nach der Verkündigung dieses Gesetzes und für diejenigen, welche in Zukunst die Ermächtigung erhalten, sechs Monate nach Ertheilung derselben in Wirksamkeit.

6. Die den weiblichen Kongregationen ertheilte Ermächtigung darf nur durch ein Gesetz widerrufen werden.

Die Ermächtigung, welche einzelnen von diesen Kongregationen abhängigen Häusern ertheilt wurde, darf nur nach Einholung des Gutachtens des Diözesanbischofs und unter den übrigen durch Artikel 3 dieses Gesetzes vorgeschriebenen Förmlichkeiten widerrufen werden.

7. Im Falle der Auflösung einer weiblichen Kongregation oder eines Hauses derselben, sowie im Falle des Widerrufs der ertheilten Ermächtigung fallen die durch Schenkung unter Lebenden oder Verfügung auf den Todesfall erworbenen Güter

an die Schenker oder ihre erbberechtigten Verwandten sowie an diejenigen der Erblasser zurück.

Diejenigen Güter, welche nicht zurückfallen oder welche mittels entgeltlichen Titels erworben wurden, werden zur Hälfte den kirchlichen Anstalten, zur Hälfte den Pflegehäusern der Bezirke, in denen die nicht mehr bestehenden Niederlassungen gelegen waren, zugetheilt.

Der Uebertrag erfolgt mit den Lasten und Verpflichtungen, welche den früheren Besitzern oblagen.

Im Falle des im ersten Absatze vorgesehenen Widerrufs haben die Mitglieder der weiblichen Kongregation oder des Hauses derselben ein Recht auf einen Ruhegehalt, welcher zu entnehmen ist:

1) aus den mittels entgeltlichen Titels erworbenen Gütern;

2) erforderlichen Falles aus den mittels unentgeltlichen Titels erworbenen Gütern, welche alsdann an die Familien der Schenker und Erblasser erst nach Erlöschung der Ruhegehalte zurückfallen.

8. Alle Bestimmungen dieses Gesetzes, mit Ausnahme derjenigen, welche sich auf die Ermächtigung beziehen, finden auf die vor Verkündigung des Gesetzes vom 2. Januar 1817 ermächtigten weiblichen Kongregationen und deren Häuser Anwendung.

Ordonnanz, die Kirchhöfe betreffend.

6. Dezember 1843.

B. des L. Ser. IX Nr. 11062.

Erster Titel.

Verlegung der Kirchhöfe.

Art. 1. Die Bestimmungen der Titel I und II des Dekrets vom 23. Prairial XII, welche die Verlegung der Kirchhöfe außerhalb der Städte und Flecken vorschreiben, können künftig auf alle Ortschaften des Königreichs angewendet werden.

2. Wird die Verlegung des Kirchhofs nothwendig, so ist dieselbe durch einen Beschluß des Präfekten nach Anhörung des Gemeinderaths anzuordnen.

Der Präfekt hat in gleicher Weise auf Vorschlag des Gemeinderaths nach einem Vorverfahren über Vortheil und Nachtheil den neuen Kirchhofsplatz zu bestimmen.

Zweiter Titel.

Ueberlassung von Grund und Boden in den Kirchhöfen zur Anlegung von Privatbegräbnissen.[1])

3. Die Ueberlassungen von Grund und Boden in den Gemeindekirchhöfen zur Anlegung von Privatbegräbnissen werden künftig in drei Klassen eingetheilt:

1) dauernde Ruherechte;
2) 30jährige Ruherrechte;
3) zeitweilige Ruherechte.

Für jedes solches Ruherecht muß ein bestimmter Geldbetrag entrichtet werden, der zu 2/3 der Gemeinde und zu 1/3 den Armen oder den Wohlthätigkeitsanstalten zufließt.[2])

Die 30jährigen Ruherechte können jederzeit bei Ablauf eines Zeitraums von 30 Jahren mittels einer neuen Vergütung, die den Betrag der ersten nicht übersteigen darf, wieder erneuert werden.

Wird diese neue Vergütung nicht bezahlt, so fällt der abgetretene Grund und Boden an die Gemeinde zurück; jedoch kann er von derselben erst wieder in Besitz genommen werden 2 Jahre nach Ablauf des Zeitraums, für welchen er überlassen worden war, und im Laufe dieser 2 Jahre können die Inhaber eines Ruherechts oder ihre Rechtsnachfolger noch von ihrem Erneuerungsrecht Gebrauch machen.

Die zeitweiligen Ruherechte werden für höchstens 15 Jahre gewährt und können nicht erneuert werden.

4. Der Grund und Boden, welcher für die Scheidung der Grabstätten und die Wege um dieselben nothwendig ist, muß von der Gemeinde hergegeben werden.

---

[1]) S. Artt. 10 u. 11 D. v. 23. Prärial XII.

[2]) Vgl. § 1 G. v. 2. Febr. 1872, betr. die Kriegergrabstätten in E.-L.

5. Im Fall der Verlegung eines Kirchhofs sind die Inhaber eines Ruherechts befugt, in dem neuen Kirchhof einen Platz von gleichem Flächenraum zu verlangen wie das Bodenstück, welches ihnen im alten eingeräumt gewesen, und werden die Leichen, welche daselbst beerdigt waren, auf Kosten der Gemeinde übergeführt.

Dritter Titel.

Polizei der Kirchhöfe.[1])

6. Keine Inschrift darf auf die Leichensteine oder Grabdenkmäler gesetzt werden, ohne daß sie vorher der Billigung des Bürgermeisters unterworfen werden.

Vierter Titel.

Uebergangsbestimmungen.

7. Tarife, welche abgestufte Preise für die in Artikel 3 gedachten drei Klassen von Ruherechten auswerfen, werden von den Gemeinderäthen der Ortschaften in Vorschlag gebracht und durch Beschlüsse der Präfekten festgesetzt.

Die Tarife von Ortschaften, deren Einnahmen die Summe von 100 000 Frank übersteigen, sind Unserer Genehmigung zu unterbreiten.[2])

---

1) Vgl. Artt. 15 ff. D. v. 23. Prairial XII. Die Strafandrohung enthält Art. 471 Nr. 15 mit 474, 483 fr. StGB.

2) Nachdem die im letzten Absatz des Art. 7 vorbehaltene Genehmigung durch das Staatsoberhaupt bereits zufolge Dez.-D. v. 25. März 1852 (Art. 1 Tab. A Nr. 54) u. Dez.-D. v. 13. April 1861 (Art. 6 Nr. 9), wonach für alle Fälle die Genehmigung des Präfekten, bezw. Unter-Präfekten genügte, weggefallen war, regeln gemäß Art. 1 Nr. 6 und Schlußsatz G. v. 24. Juli 1867 die Gemeinderäthe den in Rede stehenden Tarif selbständig und bedürfen für ihre bezüglichen Beschlüsse der Genehmigung des Kreisdirektors nur, wenn Bürgermeister und Gemeinderath nicht übereinstimmen.

Alphabetisches Sachregister.

(Die kleinen Ziffern bedeuten die Anmerkungen.)

www.ingramcontent.com/pod-product-compliance
Lightning Source LLC
LaVergne TN
LVHW091042021026
849161LV00002BA/290